艺考直通车

播音主持
实用训练教程
BOYIN ZHUCHI SHIYONG XUNLIAN JIAOCHENG

叶 政 编著

 中国传媒大学出版社

·北京·

前　言

　　播音与主持艺术作为一个艺术门类，它的出现是我国社会发展的必然结果。随着广播电视事业的发展，播音与主持艺术专业的热度不断提升，报考的学生也越来越多。与此同时，习近平总书记在建党 95 周年庆祝大会的重要讲话中提出文化自信，他指出：文化是一个国家一个民族的灵魂，文化自信是更基础、更广泛、更深厚的自信，是更基本、更深沉、更持久的力量。在这一背景下，各大媒体及平台播出了包括《中国诗词大会》《朗读者》《见字如面》等一系列文化类节目，使得大家对有声语言艺术更是热情高涨。

　　编者在从事教学工作的过程中发现，市面上关于有声语言艺术普及和训练的教材较为缺乏，部分培训机构甚至没有一本完整且规范的教材，更不用说辅助材料，有的培训机构自行印制的教材中，还出现一些知识性错误。这些现象都不利于有声语言艺术的普及与学习，鉴于此，为配合播音与主持艺术专业理论教学，满足广大播音艺术考试学生和有声语言爱好者的学习和训练需要，编者编写了这本《播音主持实用训练教程》。

　　本书是按照播音与主持艺术专业教学的理论和学习规律，针对播音艺术考试学生和有声语言爱好者量身定制的学习和训练教材，是一本简单易懂，学习和训练相综合的简明播音教材。

　　《播音主持实用训练教程》包含四个部分，第一部分为语音发声基础篇，分为播音发声和普通话语音两个章节。在此部分中，首次把"声音"放在"语音"之前进行讲解和训练，使考生或有声语言艺术爱好者在训练中首先解决不良的发声习惯，为接下来语音的矫正打下基础。编者设置这一部分内容是因为对于任何一个艺术门类的学习，其入门的基础和系统训练都是非常重要的。在此部分的内容设置中，编者打破了传统的播音教学模式。在传统的播音教学中，考生只是"依葫芦画瓢"，训练中并不知道练什么，练的目的是什么，训练有一定的随意性和盲目性。所以在此教材中，针对每一部分的学习内容，编者都精心讲解梳理，使考生和有声语言爱好者对播音基础理论有一个整体的把握，并配合训练材料进行巩固练习。通过这种方式，把正确的理念、方法等较为完整地融入播音学习和训练之中，做到"知其然"并"知其所以然"。在播音发声的章节中，编者首次把动力、成声、吐字、共鸣与它们的控制训练分开讲解，以达到学习的精准性。考生通过对此部分的学习，可以在短时间内掌握声音和语音的训练方法，打牢扎实的基本功，为进入下一阶段的表达做准备。

第二部分为有声语言表达基础篇，分为正确的创作观、准备稿件、内部技巧、外部技巧四个章节。我们都知道播音与主持艺术是一种有声语言的再创造活动，编者设置这一部分内容是让考生和有声语言爱好者从一个专业的角度转变对语言表达和逻辑思维的认识，通过对有声语言表达基础的学习和训练，提高有稿播音时的表达感受力，以达到"播什么像什么"的表达要求，从而更加适应有声语言爱好者的需要。

第三部分为艺考备考基础篇，是专门针对播音艺考生设置的，这一部分内容分为艺考现状、艺考环节学习与训练、部分艺考院校历年考试真题汇总三个章节。艺考环节学习与训练这一章节，对每年开设播音专业的院校考试环节进行汇总，并对选择播音艺术专业的考生进行系统化的讲解训练，形成播音专业学习的基本状态，以提高艺考生的专业水平。部分艺考院校历年考试真题汇总这一章节可以使考生把握考试难度与方向，进行针对性训练。

第四部分为附录篇，分为普通话水平测试练习篇目、普通话水平测试用轻声词语表、普通话水平测试用儿化词语表、自备稿件练习篇目、全国招收播音与主持艺术专业院校地址和联系方式五个章节。编者设置这一部分内容是体现本书的工具性，选出普通话水平测试新大纲的短文测试篇目和普通话语音轻声、儿化训练表，作为艺考考生和有声语言爱好者补充训练材料使用。附录中还包括整理的自备稿件和招收播音专业艺术院校的联系方式，以供考生参考用。

《播音主持实用训练教程》中的四个部分，既可独立成章，又可合为一体，在使用时，可以按照目录排序进行系统性的学习和训练，考生和有声语言爱好者可以根据自身专业需要，进行有计划的学习。初学者在使用本书时，不建议"跳跃式"阅读，以免影响学习效果。针对在训练中反复出现的问题，一定要找到正确的训练方法后再进行强化训练，以达到彻底纠正并根除问题的目的。俗话说"工欲善其事，必先利其器"，播音与主持艺术的学习，是一个长期坚持的过程，只有打牢基本功，才能达到有稿播音时的"锦上添花"和无稿播音时的"出口成章"。

本书在编写过程中参照了多本播音与主持艺术理论研究书籍，在此向这些作者表示感谢。由于本书编写仓促，敬请读者和专家批评指正。

编者
2017 年 3 月 19 日

目 录

第一部分　语音发声基础篇

第一章　播音发声 / 3
　　第一节　动力器官　/ 4
　　第二节　成声器官　/ 12
　　第三节　共鸣器官　/ 13
　　第四节　吐字器官　/ 18
　　第五节　控制　/ 20
　　第六节　声音弹性　/ 39

第二章　普通话语音 / 55
　　第一节　普通话　/ 55
　　第二节　声母　/ 58
　　第三节　韵母　/ 77
　　第四节　声调　/ 99
　　第五节　语流音变　/ 106

第二部分　有声语言表达基础篇

第一章　备稿方法 / 127
　　第一节　正确的创作观　/ 127
　　第二节　准备稿件　/ 129

第二章　表达技巧 / 130
　　第一节　内部技巧　/ 130
　　第二节　外部技巧　/ 137

第三部分　艺考备考基础篇

第一章　艺考现状　/ 169

第二章　艺考环节学习与训练　/ 176
　　第一节　自备稿件　/ 176
　　第二节　指定稿件　/ 183
　　第三节　自我介绍　/ 186
　　第四节　即兴评述　/ 187
　　第五节　新闻评论　/ 191
　　第六节　新闻采访连线　/ 193
　　第七节　看图说话　/ 197
　　第八节　辩论　/ 197
　　第九节　主题讨论　/ 198
　　第十节　编讲故事　/ 201
　　第十一节　演讲　/ 204
　　第十二节　模拟主持　/ 206
　　第十三节　考官提问　/ 208

第三章　部分艺术院校往年考试真题汇总　/ 213

第四部分　附　录

　　附录一　普通话水平测试练习篇目　/ 231
　　附录二　普通话水平测试用轻声词语表　/ 269
　　附录三　普通话水平测试用儿化词语表　/ 278
　　附录四　自备稿件练习篇目　/ 283
　　附录五　全国招收播音与主持艺术专业院校地址和联系方式　/ 300

参考文献　/ 320

第一部分　语音发声基础篇

第一章　播音发声

人类的呼吸系统和其他动物不同，人类是地球上唯一能够自如控制自己呼吸的动物，这是发展出复杂发声系统的基础。人体发声系统由发声器官间的相互配合而形成，人体语言产生的过程首先是大脑语言中枢产生语言信号，不同的语言信号激发内在不同的情感运动，当情感运动达到一定量时，便实现了第一次生理转化，吸气肌和呼气肌（动力器官）控制呼吸将情感转化成气息。转化成气息的情感，在吸气肌和呼气肌的带动下，不断上行，通过气管冲破两片声带构成的下声门进入喉腔（成声器官），气息在冲破下声门时，使喉腔下端的声带产生了振动，便实现了第二次物理转化，声带将气息转化成声音，这种声音既微弱又不动听，我们叫它声带音或喉元音。这种声音产生后，声波扩散到人体的发声腔体（共鸣器官），使其得到了扩大和美化。扩大美化后的声音在口腔（吐字器官）内，首先经过唇、舌、颚、齿对这种扩大美化的有声气流进行阻碍，形成不同的辅音（声母），再由口腔开度大小、舌位的高低前后、唇形圆展的不同，形成不同的元音（韵母），声韵拼读组合后，形成了不同的音节（汉字），若干个音节汇成语流，形成了语言，语言又将人类的内在思想情感表达了出来（如图1-1）。

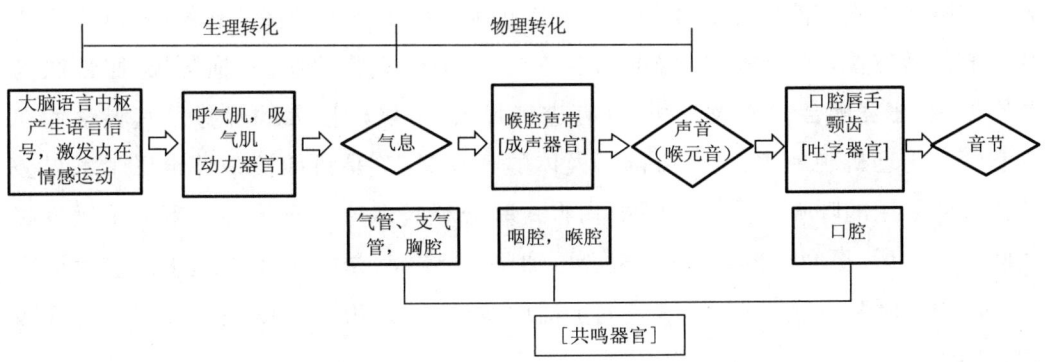

图1-1　人体发声原理示意图

第一节　动力器官

一、不同的呼吸方式

人类的呼吸通过动力器官吸气肌和呼气肌来控制，呼吸方式大体归为三种：

第一种为<u>胸式呼吸</u>。胸式呼吸又称浅呼吸，这种呼吸方式单靠肋骨的侧向扩张来吸气，以扩大胸廓的前后左右径，吸气时双肩上抬，气息吸得浅，因此也称为肩式呼吸。生活中胸式呼吸多见于女性。胸式呼吸不仅进气量小，呼吸过程提肩拉扯压迫喉部，从而挤压喉腔中的声带，所发出的声音轻飘、生硬，用声时间过长容易使得肩胸紧张、声带疲劳、声音僵化，无法满足艺术语言对于气息的需要。

第二种为<u>腹式呼吸</u>。腹式呼吸是一种深呼吸方式，它主要通过控制膈肌，使其上下移动来扩大胸腔容积，从而增加进气量。生活中腹式呼吸多见于男性。从人类进化的角度上来说，人类从依靠四肢行动的猿人到靠双脚行走的直立人，我们的呼吸方式也由腹式呼吸过渡到胸式呼吸，但在特定的状态下依然使用腹式呼吸，譬如我们平躺休息时，可以观察发现我们的腹部一起一落，这就是腹式呼吸。由于腹式呼吸在腹部放松的状态下吸气时外突，呼气时内凹，所以无法运用到艺术语言发声中。因此，腹式呼吸也不是一个理想的呼吸方式。

第三种为<u>胸腹式联合呼吸</u>。胸腹式联合呼吸是胸式呼吸与腹式呼吸的结合，将胸式呼吸扩大胸腔前后左右径与腹式呼吸扩大胸腔上下径的优势相结合，既有胸式呼吸的灵活方便，又有腹式呼吸的深沉持久，从而建立胸肋肌肉、横膈膜、腹部肌肉共同控制、相互配合的呼吸方法，具有进气量大、可操作性大的优势。其科学性在于它合乎生理机制规律、全面协调了人体的呼吸器官，是目前被中外声乐学术界公认并普遍采用的呼吸方法。生活中胸腹式联合呼吸多见于身体强健者。采用胸腹式联合呼吸后，更利于控制气息，声音更加坚实、响亮，是一种较为理想的艺术语言发声动力的呼吸方式。据考证，我们生活中所谓的"丹田气"，就是胸腹式联合呼吸的早期说法。

二、动力器官的构造及原理

人体发声的动力是气息，气息带动声带的振动从而发出声音，并将声音送到各个共鸣腔体。在我们原本的生活语言中运用的是胸式呼吸,在人体有氧交换的生理过程中完成了生活语言的表达,而艺术语言则运用的是丹田气,也就是我们所说的胸腹式联合呼吸的气息动力,通俗来讲就是在保持原有胸式呼吸或腹式呼吸的基础上,经过规范、刻苦的训练,形成新的呼吸方式。丹田位于脐下2~3指处,它是一个穴位,其周围是腹部斜拉肌和直拉肌相互交织而成的呼气肌,丹田的上方,胸腔与腹腔之间有一块横断面的肌肉,我们叫它横膈肌,它是重要的吸气肌,它紧紧托住肺的底部,中间有肠道相通,其本身是可以上下移动的,它每下降1cm,人体便会增加250ml~350ml的气息量。但是横膈肌(吸气肌)和丹田周围的呼气肌这两块重要的呼吸肌却很少被我们运用,从而变得萎缩无力、僵硬不灵活。丹田气的训练就是要使这两大肌肉通过训练得到强化和运用,从而使它们变得有力度、有灵活度。横膈肌(吸气肌)能够自如地把外界气息带到丹田,当情感在丹田转化成气息后,丹田周围的呼气肌便用力收缩,推动气息上行,所以丹田气息的训练就是对这两大肌肉的力度和灵活度的训练,经过训练形成丹田气息,继而形成了胸腹式联合呼吸的艺术语言发声动力系统。

三、气息基本状态训练

进行气息基本状态训练是为了体会和掌握胸腹式联合呼吸法的基本动作要领,形成符合播音发声要求的呼吸方式。练习者通过训练在最短的时间内形成新的丹田气息,为下一步气息控制运动打好基础,在训练过程中方法一定要正确,要领一定要规范,时间一定要有保证,但更重要的是从现在起,加强胸腹式联合呼吸动力的运用意识,改变原有单一胸式或腹式呼吸的发声方式,抓住符合要领的实际感觉,并在反复练习中稳定这种感觉,才能掌握并应用胸腹式联合呼吸法。

(一)无声训练法

无声训练法是指通过呼吸的运动,带动呼气肌和吸气肌两大肌肉群的强化和训练,这也是最直观、感受最明显的训练方式。在做无声训练时,要保持良好的精神状态,可在站姿或坐姿的状态下进行,在训练过程中肩胸放松是很重要的,如在训练过程中感受到有提肩耸肩等动作,应立即终止训练。吸气时要做到"兴奋从容两肋开,不觉吸气气自来",呼气时状态应自然松弛,不能为了延长使用时间而憋气、紧喉。

在吸气训练过程中应着重找以下感觉。第一,以衣襟中间的纽扣为标记,把气缓缓吸到最下面一个纽扣的位置,体会气息在体内的流动。第二,在站姿状态下,要求双脚分开与肩同宽,肩胸放松,手自然下垂,双手掐腰,自然呼吸,体会两肋打开的感觉。在坐姿状态下,坐在椅子的前沿,约椅子的前三分之一处,上身略向前倾呼吸,沿着后背将气缓缓吸入体内,通过这种方法排除了单纯地用胸部用力吸气的可能,体会两肋打开的感觉。第三,闻花香。远处飘来一股花香,闻一闻是什么花的香味呢?此时,气会吸得深入自然。通过这种方法可体会膈肌下降和两肋张开的感觉。第四,调整意念。感觉气息是从全身的毛孔吸入体内的。体会两肋较充分展开的感觉。第五,抬起重物和"倒拔垂杨柳"。想象在抬起重物和"倒拔垂杨柳"时,总要深吸一口气,憋住一股劲儿,此时,体会腰部、腹部的感觉。第六,"半打"哈欠。不张大嘴地打哈欠,体会最后一刻腹部的感觉。

在呼气训练过程中应着重找以下感觉:第一,以吸气方法呼出,并不带出任何语音,体会喉部放松的感觉;第二,缓缓持续地发出"ai"的声音,体会长叹气的感觉;第三,均匀、缓慢地吹气并想象吹去桌面上的尘土或想象吹歪蜡烛火苗,使其既不直也不灭,体会缓慢呼气的感觉;第四,发出纯净的、音高自然一致的"a"的延长音,体会气息带动声音无限延长的感觉;第五,数数儿,以每秒两个数的速度数"1、2、3、4……"或数葫芦,清晰地发出"一个葫芦,两个葫芦,三个葫芦,四个葫芦……",体会气息用尽的感觉。

无声训练法训练方式分为四种,分别为慢吸慢呼、快吸快呼、慢吸快呼、快吸慢呼。无声训练法是播音气息训练的基础,初学者在接触气息发声时,建议首先应进行3~6个月的无声呼吸训练,来体会胸腹式联合呼吸的呼吸方式,为以后的气息训练打好基础。

1. 慢吸慢呼

均匀缓慢地呼吸,吸气到极限,呼气到极限,切忌身体僵硬。练习者训练时可微闭双眼,想象自己身处广阔的草原之上,深呼吸,用呼吸感受自然。用闻花香或半打哈欠的感觉,将气息自然平静地慢慢吸入,慢慢感受气息到达腰围一圈的位置,训练过程中,要想象在自己的体内形成一个宽广的空间,以达到气息舒展、富有张力的状态,然后再将气息缓缓地、有控制地呼出。

慢吸:在正确的姿势下,口和鼻同时做深吸状态。此时,下肋骨附近扩张起来,横膈膜同时扩张。感觉气息一直吸到肺底部,腰部明显扩张,小腹此时要收缩,背部要挺立。

慢呼:用"si"的发音做呼气运动。呼气时,横膈膜、腰腹部都要保持吸气状态,也就是说,呼气时横膈膜一直保持向外扩张的状态。而小腹此时却是慢慢地随着气息的流动向内向上收缩。横膈膜扩张与小腹内收控制住了气息的流动,使我们吐出的"si"音平稳、均匀、连贯。这种保持与内收的对抗力支撑的时间越长,说明对气息的控制就越稳固。

要求：横膈膜及腰腹部的支撑要有一定的紧张度，但双肩和头部一定要放松。气息的吸入量因人而异，不要求一次吸得太深，关键是动作要协调。慢吸慢呼是一次性的练习，中间的间隔时间可根据学习的能力而定。

2. 快吸快呼

要求练习者急切快速地呼吸，一口气吸到底，一口气呼到底。快吸快呼，是为了加强呼吸肌群的弹性和灵活性。吸气时想象受到惊吓的状态，快速倒吸一口气，呼气时快速而灵活地将喉咙深处的"喝"弹出去，整个过程如同人在抽泣时一吸一松的状态。快吸快呼训练时中间要有间隔，长时间的训练会出现头部缺氧的状态，中间的间隔时间可根据学习的能力而定。

3. 慢吸快呼

要求练习者均匀缓慢吸入，吸气到极限，一口气吐干净。在平静柔和、深入均匀地吸气后，略作停顿，打开声门发出具有爆发力的声音。就像在闻花香般地慢慢吸气，保持住气息片刻后，将气息短促有力一口气地全部呼出，吸、呼循环交替进行。

4. 快吸慢呼

要求练习者一口气吸到底，均匀缓慢地呼出，呼到极限。快吸慢呼，是发声练习中用得最多的一种呼吸方法。用"吓一跳"的感觉瞬间吸进气，略保持之后，缓缓地、有控制地呼出。要求快吸时，腹肌具有高度的灵活性，使气吸得快而深。快吸，是指在很短的时间内，通过口、鼻迅速把气急速、深入地吸到肺底部，然后按照慢的要求吐气。此时，横膈膜仍然保持吸气状态。当换气时，横膈膜快速放松，要求气息迅速地吸到肺底部，紧接着马上慢呼，横膈膜继续用扩张运动来控制呼气的速度。不断重复横膈膜快速放松和慢速向外扩张的运动，才能达到快吸慢呼的发声需要。

在做以上四种无声呼吸练习时，要注意不论慢吸或快吸，最好都用口、鼻同时吸气，切忌抬胸、耸肩的动作；在快呼或慢呼时，呼出的气息都必须均匀、平稳、有控制力，切忌气息时多时少、时强时弱。在纯呼吸训练时，采用坐式、站式均可。

(二)发声训练法

发声训练法是我们最常用的气与声相结合的训练方法。它是通过声带的振动，使两大肌肉得到强化和刺激，我们可以借助对单元音、单音节、绕口令、词语的发声练习来进一步体会和掌握胸腹式联合呼吸法的基本动作要领。这些练习是以音阶、音程同元音与辅音结合构成的，目的仍在于使初学者体会和掌握正确的呼吸方法。这种练习更接近歌曲的歌唱，同时也比无声呼吸练习复杂得多。除呼吸外，还涉及各发声器官的状态正确与否，气与声协调配合的状态正确与否、平衡与否，以及声音的音色、音量、音域等问题。学生在选择有声练习时,应根据个人的程度,遵循先易后难、由浅入深、循序渐进的原则。

1. 元音训练

元音训练法就是借助单元音,对呼吸进行调控练习的方法。其训练种类很多,大致可划分为连音练习、断音练习、断连结合练习三种。连音练习,着重训练练习者保持气息的控制力与连贯性;断音练习,着重训练练习者运用气息的弹性与灵活性;断连结合的练习,着重综合训练练习者气息的连贯性与灵活性。

在进行元音训练时,要根据个人的具体情况来确定。如声音暗淡空闷、过分靠后时,最好多练元音"i""e";如声音与气息还结合不上时,可增加断音的练习;如喉头位置过高,肌肉过紧,有挤、卡、压、撑喉咙的现象时,就可多选元音"a""o""u"进行练习。

在元音训练过程中要注意以下要领:第一,口大开、舌位降,打开后咽腔;第二,想抬头,不要想张嘴;第三,要有对象感;第四,发长"a"、长"ü"时,"a"音重点练长度,"ü"音重点练强度。

2. 弹发音训练

训练一:"狗喘气"法

锻炼膈肌的传统方法是"狗喘气",即开口松喉,展开下肋,用笑的感觉使膈肌做有节律的颤动。这种练习使气流在喉部急速摩擦,容易造成对发声器官的不良影响,因此被很多人认为是得不偿失的练习方法。现在可使用经过改良的方法对膈肌进行训练。

方法一:变开口为闭门,这样做的好处是可以使喉部一次直接挡气变为鼻孔和喉的两次挡气,从而减轻了气流对喉部的摩擦。另外,气流经过鼻道时可以适当提高吸入空气的湿度,这样也减少了对喉部的刺激,避免了嗓音发干、发涩。

方法二:是变无声为有声。在呼气的同时,弹发"hei"音。这样做不仅可以减轻气流对舌的摩擦,而且可以通过声音来鉴定练习的效果。下面详细讲一下带有"hei"音的"狗喘气"的练习步骤和方法。第一步,深吸气后,用此一口气,发出两个扎实的"hei"音。不断重复,坚持数日。第二步,在做好第一步的基础上,增加弹发次数至一口气发七八次。弹发过程中给气的力量应该均匀,声音保持一定音高,音量、音色也要始终一致。第三步,在第二步坚持练习数日后,就会获得"自动"进气的感觉。此后要由慢到快,稳健、轻巧地连续弹发"hei"音,最后达到要慢即慢、要快即快的程度。第四步,在做好第一步的基础上,做改变音高、音量、音色的练习。

练习者在开始做这个练习的一段时间里,可能会感到下肋、膈肌和腹部的动作不能协调一致,也会感到动作与声音"不同步",练久了还会腰酸腹痛,这些都是正常现象,如能按照上述步骤坚持练习,就能获得动作与声音的和谐统一,膈肌的力量和灵活程度也会在练习中得到明显的提高。

训练二:吸好气,弹发"1、2、3、4",再吸气,弹发"2、2、3、4",像喊广播操一样的状态。

训练三:吸好气,弹发"hà"音,先慢后快,如同京剧老生大笑一样的状态。

训练四:反复弹发"yà""yè""hà""hèi""huò""hòu",短"hà"短"hèi",重点训练弹发,用"hà"练速度,用"hèi"练强度。

3. 四声用气训练

就汉语发音而言,汉语声调对于区分语意有着至关重要的作用,因此进行四声的气息基础训练是相当重要的,在训练过程中要注意以下要领。第一,阴平字高而平,寻找"铺满地面"的发音感觉;第二,阳平字取中而升,寻找"上一层楼梯"的发音感觉;第三,上声字先降而后升,寻找降时要"托"住气,升时"上楼梯"的发音感觉;第四,去声字取调而降到底,寻找"托住下楼梯"的发音感觉。

训练一:同声韵夸张训练(音程长,声调全)

bā	bá	bǎ	bà		dā	dá	dǎ	dà
巴	拔	把	爸		搭	答	打	大
fēi	féi	fěi	fèi		xiē	xié	xiě	xiè
非	肥	匪	费		些	鞋	写	泄
chū	chú	chǔ	chù		wāng	wáng	wǎng	wàng
出	除	杵	处		汪	王	枉	忘

训练二:四声韵组合训练

第一组　顺序组合——阴、阳、上、去

兵强马壮　阶级友爱　山穷水尽　山明水秀
山盟海誓　千锤百炼　飞檐走壁　飞禽走兽
风调雨顺　心怀叵测　心直口快　心明眼亮
瓜田李下　发凡起例　光明磊落　妖魔鬼怪
优柔寡断　安常处顺　阴谋诡计　花团锦簇
鸡鸣狗盗　鸡鸣犬吠　妻离子散　呼朋引伴
金迷纸醉　积年累月　孤云野鹤　孤行己见
轻裘缓带　胸无点墨　高文典册　膏粱子弟

深谋远虑　思前想后　身强体健　幡然悔悟

第二组　逆序组合——去、上、阳、阴

逆水行舟　妙手回春　热火朝天　兔死狐悲
驷马难追　信以为真　背井离乡　遍体鳞伤
步履维艰　万古流芳　倒果为因　地广人稀
调虎离山　奋起直追　叫苦连天　救死扶伤
刻骨铭心　量体裁衣　大好河山　下笔成章
墨守成规　木已成舟　暮鼓晨钟　弄假成真
弄巧成拙　破釜沉舟　剩水残山　视死如归
四海为家　痛改前非　万古长青　万里长征
袖手旁观　耀武扬威　异口同声　众寡悬殊

4. 绕口令训练

训练一：数枣

出东门，过大桥，大桥底下一树枣儿。拿着杆子去打枣，青的多，红的少。一个枣儿，两个枣儿，三个枣儿，四个枣儿，五个枣儿，六个枣儿，七个枣儿，八个枣儿，九个枣儿，十个枣儿。十个枣儿，九个枣儿，八个枣儿，七个枣儿，六个枣儿，五个枣儿，四个枣儿，三个枣儿，两个枣儿，一个枣儿。这是一个绕口令，一气儿说完才算好。

训练二：数葫芦

一口气数不了二十四个葫芦，一个葫芦，两个葫芦，三个葫芦，四个葫芦，五个葫芦，六个葫芦，七个葫芦，八个葫芦，九个葫芦，十个葫芦，十一个葫芦，十二个葫芦，十三个葫芦，十四个葫芦，十五个葫芦，十六个葫芦……

训练三：数旗

广场上，飘红旗，看你能数多少面旗，一面旗，两面旗，三面旗，四面旗，五面旗，六面旗，七面旗，八面旗，九面旗，十面旗，十一面旗，十二面旗，十三面旗，十四面旗，十五面旗，十六面旗……

训练四：一个葫芦两块瓢

一口气数不了二十四个葫芦四十八块瓢。一个葫芦两块瓢，两个葫芦四块瓢，三个葫芦六块瓢，四个葫芦八块瓢，五个葫芦十块瓢，六个葫芦十二块瓢，七个葫芦十四块瓢，八个葫芦十六块瓢，九个葫芦十八块瓢，十个葫芦二十块瓢，十一个葫芦二十二块瓢，十二个葫芦二十四块瓢，十三个葫芦二十六块瓢，十四个葫芦二十八块瓢，十五个葫芦三十块瓢，十六个葫芦三十二块瓢，十七个葫芦三十四块瓢，十八个葫芦三十六块瓢,十九个葫芦三十八块瓢,二十个葫芦四十块瓢,二十一个葫芦四十二块瓢,二十二个葫芦四十四块瓢,二十三个葫芦四十六块瓢,二十四个葫芦四十八块瓢。

训练五:

一二三,三二一,一二三四五六七,七六五四三二一,六五四,三二一,五四三二一,四三二一,三二一,二二一,一个一。数了半天一棵树,一棵树上七个枝,七个枝上结了七种果,结的是槟子橙子橘子柿子李子栗子梨。

(三)体能训练法

它是通过外部的体能训练,使两大呼吸肌得到强化和刺激。呼吸肌的力量和灵活度是控制并达到气息"自动化"运动的物质条件。像腹肌、膈肌等在日常生活中得不到充分活动的肌肉,应该列为训练的重点。

训练一:仰卧起坐

仰卧,双手枕于头下,屈身坐起。持续练习,逐步提高,起码应定男可连续做40次,女可连续做30次的标准。

训练二:端坐抬腿

端坐在椅子的前部(不能倚靠椅背),双腿伸直并拢,脚跟离地举起,无力放下后休息数秒,再重复上述动作。

训练三:负重挺腹

仰卧床上,将几本厚书放在腹部,腹肌力量向"丹田"位置集中,吸气顶起,呼气放下。

训练四:仰卧倒蹬

仰卧在床上,双手顺身体放在身体两侧以作支撑,双腿并拢,勾紧脚尖并缓慢抬起至与地面成90度,力量集中于腰腹,双腿保持垂直向上顶起,腰腹持续发力,缓慢放下再重复上述动作。

训练五:按摩丹田穴

用双手推拿按摩,把腹肌力量集中于丹田,以肚脐为中心,右统数圈,左统数圈,反复进行。

第二节　成声器官

一、人体声音的物理属性

声音是由发声体振动产生,并通过一定介质进行传播的物理现象,人体通过声带振动发出的声音具有音高、音强、音长、音色四种物理属性。

音高

它是指人体声音的高低,是由气息振动声带的频率决定的,它的赫兹值越大,音越高,反之则越低。

音强

它是指声音的强弱,也就是音量的大小,是由气息振动声带的幅度决定的,振幅越大,音越强,反之则越弱,如耳语为12分贝左右,口语40分贝左右,播读60分贝左右,朗读最强时可达80分贝左右。

音长

它是指声音的长短,是由气息振动声带持续的时间所决定的,持续时间越长,音越长,反之则越短。

音色

它是指一个人声音的个性化色彩,尤其是其中的音品与生俱来,不可更改,我们也把它叫作声音的模样,大千世界没有雷同的音品。这种先天性的音色,没有经过发声训练调控的人,其潜质就得不到充分的挖掘,甚至有些人因后天不良发声习惯的影响,其天生丽质的好嗓音受到破坏。所以要经过科学规范的发声训练和控制,使其潜质得到挖掘,不良音色得以纠正。音色除音品外,还有一部分可调控音色,更需要科学规范的训练、调控和运用,使其日趋完美。

二、成声器官的构造及原理

成声器官指人体的喉腔,它位于动力器官的上端,咽部的下端,是由软骨、肌肉、黏膜环绕构成的三角形的腔体。喉腔的最下端是环状软骨,它是喉腔的基座,具有使喉腔上提或下移的作用;喉腔中段是甲状软骨,它的凸起处是喉结,它具有使喉腔斜位前后伸缩的作用；喉腔上端是会厌软骨，它具有使喉腔开闭的作用。

环状软骨内侧的左右是两片薄薄的声带，正常呼吸时两片声带是分离的，使气息顺畅地通过喉腔。而当大脑语言中枢发出语音指令时，两片声带则以内侧位上提，轻轻地靠拢在一起，形成了下声门（两片声带）。此时气息要想经过喉腔，就必须冲破下声门，在冲破它的过程中，气息使两片声带（人体的发声体，女性薄短，男性厚长）产生振动，于是气息便实现了第二次转化（气息转化成声音），但这种声音既微弱又不动听，我们把它叫作声带音或喉元音，这种声音在喉腔的喉室喉前庭的初步共鸣修饰下，扩散到其他共鸣体。甲状软骨的内侧左右是两片假声带，当甲状软骨收缩，假声带会靠拢在一起，气息使其振动，便产生了假声，这种声音作为播音用声，是比较忌讳的。

三、成声器官基本状态训练

训练一：气泡音

声门闭合，气流从中均匀通过，发出一连串的气泡似的声音，也称喉元音。此时，两侧声带相互靠拢，声音明亮。气泡音可用于发声前的准备活动和发声后的嗓音恢复，但对初学者而言，错误的练声方式导致其一味模仿气泡音发声方式，故不建议初学者长期训练。

训练二：带疑问色彩的"m"音

声门开始呈闭合状态，然后迅速打开，闭口音发音时是带有疑问色彩的"m"，音色由明亮迅速转暗，音高由低变高。如果张口发音，音色类似于"eng"，通过发音可以体会声门由闭到开的变化过程。

第三节　共鸣器官

一、人体的共鸣腔体

人体的共鸣腔体有喉腔、咽腔、口腔、鼻腔、胸腔（气管、支气管、肺泡）、头腔，其中鼻腔为不可调控共鸣器官，口腔以下为可调控共鸣器官。

头腔

在头部，包括鼻腔、鼻咽腔、鼻窦、额窦、蝶窦等，声音进入其中，促使以上部位发生振动,产生共鸣。头腔共鸣多用于高音区,共鸣的感觉高亢明亮,具有强烈的穿透力,获得头腔共鸣必须先具有鼻腔共鸣、口腔共鸣。在有声语言艺术中,不适用头腔共鸣。

胸腔

胸腔由胸廓与膈围成,上界为胸廓上口,与颈部相连。胸腔中有承担人体呼吸任务的肺、支气管、气管。在发音的呼气过程中,把手放在前胸壁上会感觉胸部在振动,而且声音越低,振动越明显。在日常生活中,评价一个人声音好,都会用"声音有磁性"或"说话自带低音炮"来形容,这是因为胸腔的共鸣多属于低音共鸣,它能使音量提高,增加低频泛音,使声音听起来更洪亮、浑厚而有力。

喉腔

喉腔包括介于声带与假声带之间的喉室及位于假声带之上的喉前庭部,声带振动发声首先进入喉腔,产生喉元音,也就是我们所说的气泡音,喉腔共鸣多位于中低声区。喉腔形状的变化使得喉腔容积有所变化,影响共鸣强弱,所以喉腔中喉头放松对于充分发挥喉腔的共鸣作用非常重要。

咽腔

咽腔是前后略扁的漏斗状肌管,也叫咽管,它是一个容积较大的"交叉路口",由上到下分别连接鼻腔、口腔、喉腔,故咽腔也分为鼻咽、口咽和喉咽。咽腔由平滑的肌肉组成,通过肌肉的舒张和收缩,可以改变咽管的粗细和咽壁的坚韧度,因此会控制气流通过,控制声波在咽腔里的振动并影响进入相互连通的腔体,进而影响共鸣。

口腔

口腔由唇、舌、颚、齿等部分组成,口腔活动对于语言发声至关重要,口腔共鸣多位于中声区,声音从口腔内部空间振动产生。没有口腔活动就不能产生语言,不适当发挥口腔共鸣的作用就不可能使字音圆润动听。

鼻腔

鼻腔由垂直的鼻中隔分为左右对称的两部分,底部是硬腭,外面是鼻甲。鼻腔共鸣位于中高声区,在语音发声过程中,发鼻辅音或鼻元音时,声波分两路同时从口腔和鼻腔通过取得鼻腔共鸣。

二、共鸣器官的构造及原理

动力气息通过成声器官(喉腔)振动声带产生的喉原音(声带音)既微弱又不动听,但是它们在经过喉室、喉前庭的初步调控修饰和共鸣后,声波继续扩散到其他的发声腔体(共鸣器官),使声带音在发声腔体内击中管腔内壁,反弹回旋,使声波得到扩大和美化,从而实现了共鸣器官对声音的扩大美化作用,形成不同的语音音色,形成各种不同的声音色彩。

三、共鸣器官的基本状态训练

播音员发声有自己的共鸣特点,即以口腔共鸣为主,以胸腔共鸣为基础、其他共鸣器官为辅助共同参与的共鸣发声系统。声带本身发出的声音很微弱,在经过共鸣后才能得到扩大和美化,形成不同的语音音色,表现出各种不同的声音色彩。一个人的发音器官是天生的,无法改造,而共鸣的调节却是可以经后天训练而改善的,因而可以说,掌握共鸣的调节,是提高发声效率、改善声音质量的重要环节。播音发声的特点决定了播音对共鸣的要求,包括以下四点:第一要泛音适量;第二要声束集中;第三要字音清晰;第四要声音自然。

(一)共鸣器官的综合感觉训练

共鸣是元音的形成基础,同时也影响着意义之外的声音色彩,所以我们借助元音来进行共鸣器官的综合感觉训练。其训练过程中应注意以下几点:首先,要从丹田到硬腭之间形成一根厚实、明朗、通畅,气息稳定、均匀、自如的弹性声音柱;其次,声音柱要有丹田气座的支持经胸腔垂直向上,到口咽处流动向前,"挂"于硬腭前部,透出口外;最后,经口咽出来的声束,沿上腭中线前行,向硬腭前部流动冲击,从而有声音"挂"在硬腭穹窿上的感觉,声音明朗、润泽,发时省力。

训练一:发6个常用单元音 a、o、e、i、u、ü,把丹田作为最底端,以口腔硬腭为上端,上下贯通,直来直去,不断强化练习。

训练二:双唇音声母 b、p、m 与开口度大的元音韵母 a、o、e 进行拼读练习 ba、pa、ma。

(二)胸腔共鸣的训练

胸腔作为低频共鸣,能够使声音变得浑厚深沉,所以也要经常练习胸腔共鸣这一基础音,方法如下。

训练一:胸腔共鸣体会训练。用较低的声音发 xia 音,声音不要过于洪亮,这时的声音应是浑厚的,感觉是从胸腔发出的。如感觉不明显,可以逐渐降低音高,适当加大音量,也可用手轻控胸部,用 a 做练习音,从高到低,从实声到虚声发长音,体会哪一段声音易于产生胸腔共鸣。

训练二:a音低频训练。发a音,增加胸腔共鸣的适当音色后,用这种声音练习含有a音的词,在练习过程中,a开口度大,易于产生胸腔共鸣。

训练三:上声夸张训练。如:hǎo、měi、xiǎng。

训练四:低频色彩的词语训练。如:悲伤、忧郁、暗淡、深沉、黄昏、黑夜、武汉。

训练五:低音短诗训练。在训练过程中,应注意加强韵脚的胸腔共鸣。如:《望庐山瀑布》《静夜思》。

训练六:象声词的夸大训练。如:风声,呼呼、萧萧;雷声,咔嚓、隆隆、轰隆;雨声,滴答、滴沥、哗啦。

(三)喉腔共鸣的训练

喉腔共鸣是声带振动后,声波通过喉腔壁振动产生的共鸣。我们一般通过咽音,也就是气泡音的练习来训练喉腔共鸣。咽音是由气和声的力量配合适度产生的,咽音出自气泡音,是由最大的气泡开始,转入小气泡,最后通过密集的气泡发声。气泡音就是运用气息吹动声带使喉室内出现"吹泡泡"的效果。产生气泡音所用气息量不宜过大,发声腔体的其他肌肉完全放松,只有声带在喉室内发生紧张的运动。用气吹动声带产生气泡,使之反复循环。所以,气泡音是咽音发声的最基本的形象。训练喉腔共鸣方法是:放松胸部、肩部以及颈部肌肉,用少部分集中的气息吹动声带,产生一个气泡后并将其连接起来,便形成了气泡音。

(四)口腔共鸣的训练

口腔是播音发声中重要的共鸣腔体,所以说针对口腔共鸣的训练至关重要。在训练过程中要注意以下几点。第一,要注意唇齿相依。在发声过程中要保持上唇与唇齿贴近,提高声音明亮度。发音时有噘唇习惯的人,音色大多较暗而且不够清晰,练习者可以用收紧双唇,使其贴近上下齿的方式来改善共鸣。先用单元音做练习,然后用小的句段进行练习,比较它与自己的习惯发音音色有何不同。第二,要注意提颧肌。在发声过程中保持颧肌上提,嘴角略微上抬的状态,以消除消极音色。有的人发音时习惯于嘴角下垂,不善于表达欢乐、积极的感情。练习者应使嘴角略微上抬,声音色彩会有变化。练习时可先用单元音练习,然后用小的句段进行练习,比较它与习惯发音的不同。第三,要改善u、ü、o的音色。有的人在发带有u、ü、o音的字时,嘴唇凸起过长,使音色过暗,带有沉闷色彩。练习者可以将唇齿靠近,减小凸起,使音色得到改善。

训练一:声韵拼读的训练。

训练二:象声词的夸大训练。

训练三:激昂奔放的词语训练。

训练四：假设喊人训练。假定距离 5 米(嘿,站住),假定距离 10 米(嘿,站住),假定距离 15 米(嘿,站住),假定距离 30 米(嘿,站住),假定距离 50 米(嘿,站住)。

(五)鼻腔共鸣的训练

鼻腔作为不可调控共鸣器官,虽没有过多的声音变化,但要经过训练区别前后鼻音、区分口腔与鼻腔音。

训练一：体会鼻腔共鸣。鼻腔共鸣过多会形成鼻音,只有适当利用才能美化声音。训练时,软腭抬起可减少共鸣,用 i 和 a 做练习音,利用软腭下降将元音部分鼻化体会鼻腔共鸣。

训练二：发 an 韵练习前鼻音的明亮色彩,发 ang 韵练习后鼻音洪亮的共鸣色彩。

训练三：鼻音与口音的对比练习。鼻腔共鸣少的同学可使用这一练习,但切勿使共鸣过多形成鼻音。一般来说,a 的舌位低,鼻腔共鸣弱,软腭下降幅度可稍大些,i、u、ü 舌位高,口腔通路窄,气流容易进入鼻腔,产生鼻腔共鸣,软腭不可下降过多,否则会使元音完全鼻化,造成鼻音。可用 m、n 开头的音做练习,体会鼻腔共鸣,然后再发其他音。

妈妈　买卖　小猫　阴谋　隐瞒　出门　戏迷　分秒
人民　姓名　朽木　接纳　奶奶　头脑　困难　万能
西宁　温暖　妇女　女奴

训练四：减少鼻音色彩。鼻腔共鸣过多形成习惯性鼻音的同学可用这一练习来改善音色。首先应确定鼻音是否过多,有鼻音习惯的发音常常韵母的元音部分完全鼻化,可用手捏住鼻子,用下列音来检查是否过分使用鼻腔共鸣。如果鼻腔从元音开始就振动,表明鼻腔共鸣使用过度,应减少元音的鼻化程度。

渊源　yuān yuán　　　黄昏　huáng hūn
间断　jiàn duàn　　　湘江　xiāng jiāng
光芒　guāng máng　　荒凉　huāng liáng
中堂　zhōng táng　　　中央　zhōng yāng

训练五：鼻音的哼声练习。

以上是共鸣器官的构造原理和训练运用,训练中要结合气息、成声器官的训练一同进行,更要把它们用在每天的语言实践当中。

第四节　吐字器官

一、吐字器官的构造及原理

人体吐字器官是口腔,其中包括上唇、下唇、上齿、下齿、上齿背、下齿背、上齿龈、下齿龈、硬腭、软腭、舌尖、舌面、舌根。

共鸣器官扩大、美化、修饰、调控有声气流,首先在口腔经过唇、舌、颚、齿这些部位,对有声气流进行阻碍,阻碍过程分三个阶段:成阻、持阻、除阻,三个阶段瞬间完成,从而形成不同的辅音(声母);再由口腔的开度大小、舌位的高低前后、唇形圆展的不同变化形成不同的元音(韵母);声韵拼读后,便形成了音节(汉字),从而完成了吐字的过程。若干个音节汇成语流,形成了我们的语言,从而把内在的思想感情表达出来。所以说要想使每个音节做到吐字归音准确清晰、圆润动听,就必须加强口腔各器官的强化训练。

二、吐字器官的基本状态训练

(一)口腔开度训练

口腔开度训练也称打开口腔训练,播音时的口腔开度要比平时说话时大。打开口腔可以给舌提供加大运动幅度的可能,可以通过抬起上腭(提颧肌、打牙关、挺软腭)和放松下巴实现。应注意打开口腔并不等于张大嘴,而应前后同时打开,呈"马蹄"形,要有后腔高于前腔的感觉。这项训练主要是围绕"提打挺松"四个字完成。

训练一:提颧肌。练微笑,避免发音时嘴角过窄音发扁,避免唇齿之间距离过大音闷暗。微笑提颧肌并不是目的,而是通过这个动作,触发唇部肌肉的紧张感,使得上唇紧贴上齿,做到"唇齿相依",这样做使得在发音过程中发音状态积极自如,语音清晰。

训练二:打牙关。它是指打开上下后槽牙之间的距离,方法是半打哈欠。打开牙关后,会感觉上下后槽牙微微带力,有向上提的紧张感,上下后槽牙间会有一厘米左右的间隙。通过训练避免口腔开度过小或前口腔过大,后口腔过小,从而避免出现音不饱满、不响亮或声音发散。打开口腔训练并不是只在训练时"打开"口腔,而是将打开口腔这一状态运用到日常说话中,找到打开口腔的感觉并保持是这一动作的核心。

训练三:挺软腭。方法同样是半打哈欠,通过这项训练,使软腭这一鼻腔通路门户能够有力度关死和提高灵活度。

训练四：松下颌。下颌骨是口腔唯一最灵活的部位，没有经过训练的人，下颌死板、僵硬、不灵活，部分地区的方音发声时还存在下巴前送的状态，所以要对其进行放松练习。

(二) 口部操

口部操针对口腔中唇、舌、腭、齿四个部位进行训练，以唇舌练习为主。常做口部操可以有效地加强唇、舌部肌肉的力量，提高唇舌的灵活程度。

1. 唇

训练一：喷。双唇紧闭，阻住气流，突然放开，则发出[p]音。

训练二：咧。先把双唇紧闭噘起，然后将嘴角用力向两边伸展（咧），反复进行。

训练三：撇。先把双唇紧闭噘起，然后向右歪，向左歪，交错进行。

训练四：绕。先把双唇紧闭噘起，然后向右转360°，再向左转360°，再交替进行。

2. 舌

训练一：刮。舌尖抵下齿背，舌体用力，用上门齿沿从舌尖刮到舌面，反复进行。

训练二：弹。先将力量集中于舌尖，抵住上齿龈，阻住气流，然后突然弹开，爆发出[t]音，反复进行。

训练三：顶。闭唇，用舌尖顶左、右内颊，交替进行。

训练四：绕。闭唇，把舌尖伸到齿前唇后，向顺时针方向环绕360°，再向逆时针方向环绕360°，交替进行。

训练五：立。先将舌自然平放在下齿槽中，然后向左、右翻立，交替进行。

3. 上腭

训练一：弹。同弹舌一样，练习者先将力量集中于舌尖，抵住上齿龈，阻住气流，然后突然弹开，爆发出[t]音，反复进行，此法为训练硬腭；练习者先将力量集中于舌尖，抵住软硬腭交界处，阻住气流，然后突然弹开，发出轻声[t]音，反复进行，此法为训练软腭。

训练二：刮。舌体用力，舌尖从上齿龈从前向后刮到软腭，反复进行。

4. 齿

训练一：闭口咀嚼。一扣二磨。

训练二：开口咀嚼。一扣二磨三啃。

第五节　控　制

　　播音中的控制分为气息控制、喉腔控制、共鸣控制、口腔控制和体态控制,其中气息、喉腔、共鸣、口腔控制为声音层面的控制,体态控制在广义上也属于播音学习需要的控制范畴之一,因其与播音发声无关,在此我们只做简单介绍。

　　前几个章节,我们对播音发声的动力器官、成声器官、吐字器官进行了系统的学习,接下来我们要对不同的发声器官进行协调和控制,从而使我们在表达过程中可以根据需要,发出自己想要的声音。

一、气息控制与训练

　　气息作为发声的动力,起着内在的思想情感与外在声音形式间的桥梁作用,我们常说的"情为力之源,力为声之本",就是这个道理。气息在长效的训练过程中,形成了一定的动力基础,但其在使用过程中并非越大越好,学会科学地运用和分配气息至关重要。

(一)气息控制的原理

　　在我们进行语言表达的过程中,大脑语言中枢不断产生信号,刺激神经产生情感,气息动力把内在情感转化后向上运送,不同情感用气量不同,分量比重也不同,这就需要科学地分配气息动力,我们把这种气息分配叫作气息的控制。这种控制是依赖于以腹部斜拉肌为主的呼气肌和胸腹间的横膈肌(吸气肌)间的相互抵抗作用来完成的,也就是说丹田周围的呼气肌始终处于收缩运动状态,负责把不同的气息情感向上运送,而位于上部的呼气肌却要根据不同的思想情感,科学地控制气息的出量,形成了相互抵抗作用,这种抵抗作用的外部表现形式是"吞"与"吐"。"吞"是以内收感气息为主,"吐"则是以外送感气息为主,所以所有的思想情感都是在这"吞吞吐吐"的变化中实现的。

　　气息的控制分为强控制和弱控制,其区别是根据我们所要表达内容的需要而划分的。比如说在我们朗诵情绪激昂的稿件时,因情感需要,需要大量的气息作支撑,在朗诵过程中为了不出现破音、气息不足等情况,我们需要通过换气,使我们的气息得以补充,从而满足稿件对气息的需要,这种方式就是对气息的强控制。再比如我们在新闻播报中,并不需要大量的气息作为支撑,而是通过无声的呼吸方式进行播报,我们根据稿件内容调整换气方式,使气息平稳、持续,这种方式就是对气息的弱控制。

播音用声的特点决定了对气息控制要掌握以下五点:第一,要有持久的控制能力;第二,要保持较稳定的气息压力;第三,要呼气时间长;第四,要对气息的控制收纵自如;第五,要学会短时无声吸气。

(二)气息控制的方法

播音创作的内容是千变万化的,如果不掌握控制气息的基本方法,或不按作品内容调节气息,那么作品中感情色彩的变化就会失去依托,有声语言的表现力就会被削弱。练习者在气息运用过程中,首先遇到的是补换气息的问题。补是补充,一口气的使用长度是有限度的,我们不可能一口气把所有的话读完,也不可能将气无休止地用下去,因此要补;换是转换,补充气不能依前而就,自始至终状态如一,因此要换。这就需要在控制过程中不停地换气,但换气的方法有所不同,无论是哪种方法,都要符合思想情感表达的方式和规律。换气主要原则是依情取气,即依照感情的发展变化决定换气的位置(气口)、方式、进气量,等等。只有突出了感情的需要和作用,才可能获得"自动化"的、本能的呼吸状态。气息的补换是在语言的停顿处进行的,补换的基本方式为偷气、抢气、就气三种。进气量要依表达需要而定。

1. 偷气

它是指悄无声息的换气,要既短又轻,它一般用于起伏不大,较舒缓的句式中间的停顿。

2. 抢气

它是指不顾及有无声音的换气,要求急促明显,它一般用于情感跌宕起伏,语气紧张急促以及情感逐步递进时的换气。

3. 就气

它是指气息虽有停顿,但不从外界进气,而是调动腹内暂存的余气进行补充,它一般用于较长句式最后的补气,以及表达更加深沉而强烈的情感色彩。

学会了动作要领并不等于掌握了正确的呼吸,在实际运用中,气息的控制也不仅是补换气的问题,要通过大量反复的发声实践,达到呼吸控制能力、生理规律和播音需要的统一。

(三)气息控制的训练

训练一:
阿毛是你的小弟弟,只有四岁。这天你放学回到家里,妈妈正在厨房做饭……

阿毛在屋里玩,你放下书包,说"阿毛,你过来,我给你讲个故事。"

阿毛没在屋,你边找边喊:"阿毛,阿毛……"

阿毛经常到邻院去玩,你隔墙喊:"阿毛,阿毛……"

跑到院外,忽远忽近地喊:"阿毛,阿毛……"忽然看到远处的大河,脑子里闪过一个可怕的念头,喊:"阿毛,阿毛……"转身向家里跑,边跑边喊:"妈妈,妈妈,阿毛不见了。"

训练二:

你从雪山走来,春潮是你的丰采;
你向东海奔去,惊涛是你的气概。
你用甘甜的乳汁,哺育各族儿女;
你用健美的臂膀,挽起高山大海。
我们赞美长江,你是无穷的源泉;
我们依恋长江,你有母亲的情怀。

你从远古走来,巨浪荡涤着尘埃;
你向未来奔去,涛声回荡在天外。
你用纯洁的清流,灌溉花的国土;
你用磅礴的力量,推动新的时代。
我们赞美长江,你是无穷的源泉;
我们依恋长江,你有母亲的情怀。

(《长江之歌》,胡宏伟)

(四)气息控制应注意的问题

气息在控制中应注意以下问题:第一,换气虽是生理现象所决定的,但不能为换气而换气,要借情感表达停顿时换气;第二,换气方式要得当,要依据语句的思想情感内容,恰当地选择换气方式,该抢时勿偷,该偷时勿抢,换气时不但不能影响思想情感的表达,反过来要进一步烘托思想情感的气氛;第三,在语句思想情感逐步递进时,需要抢气来表现情感,随着递进的程度不同,可把抢气分为小抢、中抢、大抢。

二、喉腔控制与训练

(一)喉腔控制的原理

发音过程中音色的虚实明暗变化是由声门开合变化形成的,这种音色变化是丰富语言表现力、准确表达感情色彩的重要因素。通过这一部分的练习,可以使我们对声带的活动状态有正确的感受,并学会运用不同音色,从而克服日常口语单一色的消极发声习惯,以增强自身的发声能力。在发声过程中,要保证喉腔的相对稳定,做到喉腔既不能稳定不动,又不能提压幅度过大,而是保证在适合自身特点的、小幅度的、恰到好处的上提下移的情况下,适当提喉,使声音显得清晰明亮,而提喉过度,声音则会显得挤卡、尖锐、刺耳。适当压喉,声音会显得浑厚深沉,而压喉过度,声音则显得喑哑。

(二)喉腔控制的训练

声音的高低、强弱、长短以及不同的特色是普通话语音的物理基础。声音的高低就是音高,声音的强弱就是音强,声音的长短就是音长,声音的特色就是音色。这几种声音要素是播音员在播音创作中必须掌握和灵活运用的重要手段,经过科学的喉腔控制训练,我们可以剔除不好的音色,挖掘我们的声音潜质,提高我们声音的综合质量。

1. 喉腔的放松训练

它是指两片声带构成的下声门松紧度要适中,关得过紧,声音则过实、过重、挤卡难听;关得过松,声音则空浮。初学者在错误的用声状态下,长时间地压迫声带,会导致声带充血,可使用"lǜ""liǎ"这两个音来放松喉部。发声过程中以嘘声为主,找叹气的感觉。

2. 音高的变化训练

它主要是指拓展音域训练,音域也就是声音高低之间的距离,音高由声带的长度变化控制,音高练习的目的,是为了增强声带伸缩的肌肉力量和对声带长度变化的控制能力。没有经过发声训练、有不良用声习惯、发声偏高或偏低的人,通过这些练习,能找到适合播音的常用音高,在扩展音域的同时,灵活地运用音高变化加强语言表现力。

(1)音域扩展练习

通过向声音高低两个方向扩展,加大音域范围,对于发音高的同学,应着重向低音方向扩展;发音偏低的同学,应着重向高音方向扩展。

训练一:扩展高音。将自己发出的舒适的中音定为音阶1。用单元音 a、i、u、ü 做练习音,发长音,然后将声音升高,发音阶 2、3、4、5……注意,发高音时应避免过亮的实声,尽量使用柔和声色,升高时应当循序渐进,一个新高度发得不费力时再往上升,不可急于求成,以免损害发音器官。

训练二:扩展低音。将自己发出的舒适的中音定为音阶1。用单元音 a、i、u、ü 做练习音,发长音,然后将单阶 7、6、5、4 逐步降低,每次练到一个音,待到发此音不费力且发音完全自如时,再降至下一个音。声音下降时容易出现声门闭合过紧的喉音,练习时应尽量避免。发声时注意使声门稍开,尽量使用柔和音色,这样可避免对喉的伤害。

训练三:音域扩展综合训练。使用阶梯式升高法,发"a"音或数数字,由低逐步向高,再由高逐步向低,反复练习。使用螺旋式环绕法,发"a"音由低向高环绕缓冲上行,再由高环绕缓冲向下。

(2)高音稳定练习

训练一: 由高到低,分几个高度播读下面各个句子,然后进行比较,找出自己满意的、适合于播音的音高,把这一高度与自己习惯使用的音高比较,看看是否存在习惯性发声偏高或偏低的问题,根据自己的问题,确定进一步的练习内容。

a. 黄河远上白云间,一片孤城万仞山。
b. 羌笛何须怨杨柳,春风不度玉门关。
c. 坚持与毅力,这两者是连在一起的。
d. 要想成功,必须战胜自己。
e. 人生的意义在于奉献,而不是索取。
f. 由于现代科技的日新月异,生产设备的更新,生产工艺变动是非常迅速的。

训练二: 运用音高变化朗读下面这首词,注意声音的高低起伏。

北国风光,千里冰封,万里雪飘。望长城内外,惟余莽莽;大河上下,顿失滔滔。山舞银蛇,原驰蜡象,欲与天公试比高。须晴日,看红装素裹,分外妖娆。江山如此多娇,引无数英雄竞折腰。惜秦皇汉武,略输文采;唐宗宋祖,稍逊风骚。一代天骄,成吉思汗,只识弯弓射大雕。俱往矣,数风流人物,还看今朝。(《沁园春·雪》毛泽东)

训练三: 用适当的音高播读下面的文章,注意每个段落开始时的声音高度。

春种一颗籽,秋收万粒粮。春是希望的象征。人们在寒意尚未消失之前,就寻找春的足迹了,宋代诗人曾这样吟道:"终日寻春人醉乡,不知何处见春光。风条舞绿水杨柳,雨点飞红山海棠。"在这以前,唐代诗人杜甫也咏道:"侵陵雪色还萱草,漏泄春光有柳条。"

的确,在北方广大地区,感受春意最早的乔木是垂柳。您看,在那"侵陵雪色还萱草"的腊冻初消之际,首先将春光"泄露"人间的,不正是暗暗泛青的柳芽?您再看,大多数树木还在久睡乍醒时,垂柳已将粒粒柳芽抽成万缕烟丝。它那轻盈婆娑的树姿,那迎风摇曳的枝条,那青翠欲滴的细叶,不仅为绽苞吐蕊的桃杏增艳添丽,还给人以意态欣欣的青春气息!所以,有人吟道:"春色先从柳荫归","春风杨柳万千条"!

柳树枝干坚韧,耐水湿,不怕风吹浪打。即使洪水淹没树顶数月,也能安然无恙,是一种十分理想的防浪护岸的树种。

柳树木质轻柔,色泽褐红,纹理顺直,是农具、家具和农家小型建筑的优良用材。柳树还有其他用途。它到了化学家手里,能炼出火药;在医学家手中,可用作接骨材料;在农学家手中,是嫁接物的天然保护套。

柳树条虽较纤细,但很有韧性。在农村老人、妇女手中,又会编出柳篮、柳盔、柳箱、簸箕、抬筐等日用工艺品。

柳芽、柳絮、柳叶、柳根和柳皮的用途,也很广泛。柳芽含有丰富的蛋白质,可炒食,晒干后,也可泡茶。柳芽泡茶,色如碧泉,饮之清香。长期饮用,有防治黄肿病和筋骨酸病的功效。柳絮可作枕芯也可作鞋袜毡褥。因为柔软性凉,作枕芯对于不易入睡的失眠者,有催眠功效。将柳絮研与火汤同服,能止咯血。柳叶,柳根,柳皮入药,能除痰,明目,消热,防风,还可作浴汤洗涤疮疥之药。当然将它入药,均宜在医生指导下进行。柳树性喜潮湿,适应力强。我国南北,无论是塘边河岸还是丘陵山地,一经扦插,都能扎根生长。在一般情况下,十年左右就长成高达十几米,胸径二三十厘米的浓荫大树。所以,人们说"无心插柳柳成荫"。如有意栽培它,那生长更快,报效于人的,也就更多。(《报春使者垂柳》)

3. 音强的变化训练

训练一:弹发"i、ɑ"。 由轻低起音,逐渐加高加强,再逐渐降低减弱。注意气息与声带的配合与共鸣控制,反复多遍,使声音畅通,高低强弱活动自如。

训练二:做"ɑ"的绕音训练。 由低起,螺旋上升,控制好气息压力,尽量扩展音域,随着声音的提高,注意体会小腹与两肋对抗力量的变化,以及口腔内共鸣点似"指针后移"的感觉,此练习要量力而行,循序渐进,避免喊叫。

训练三:绕口令训练。 先轻声,逐渐加大音量,音高不变(即共鸣位置不变,小声时音不低下来,大声时音不高上去),注意气息控制,保护声音力度,小声不虚,大声不喊,防止轻声时气音过多,声音越轻,气息越要控制好。

4. 音长的变化训练

训练一:新闻播报训练。 用记录速度广播与用正常速度播音分别练习,体会字音音程长短的控制。

这部计划草案分十个部分,五十六章,全文约10万字。计划草案的十个部分是:一、主要任务和经济发展目标;二、产业结构和产业政策;三、地区布局和地区经济发展政策;四、科学技术发展和政策;五、教育发展及其政策;六、对外经济贸易和技术交流;七、投资结构和投资政策;八、经济体制改革的目标和任务;九、人民生活和社会保障;十、社会主义精神文明建设。

训练二:快口训练。 由一般速度的练习开始,逐渐加快速度。气息、吐字要配合好,气息通畅不紧,吐字清晰利落,感情有起伏扬抑的变化。

给诸位,道大喜,人民政府了不起!了不起,修臭沟,上边儿先给咱们穷人修,请诸位,想周全:东单、西四、鼓楼前;还有那,先农坛、天坛、八庙、颐和园;要讲修,都得修,为什么先管龙须沟?都只为,这儿脏,这儿臭,政府看着心里真难受!好政府,爱穷人,教咱们干干净净大翻身。修了沟,又修路,好教咱们挺着腰板儿迈大步;迈大步,笑嘻嘻,劳动人民努力又心齐。齐努力,多做工,国泰民安享太平!

5. 音色的变化训练

(1) 对比训练

通过音色的练习,我们的声音面貌日趋完美。对于标准音色,共有的审美标准是不沙不哑、不暗不沉、不爆不燥、不干不涩、不劈不裂、不纤不细、不喊不叫、不挤不卡,不空不浑,以中音(5个音高的3度)、实声为主,虚实结合,我们可按此进行调控。在练习过程中,每个音都是用相同音高,通过音色的变化体会声带的不同状态。

训练一:单元音对比

a. 两层次音色对比训练。每个单元音要有两种音色变化,体会喉部在发柔和的虚声与明亮的实声两种状态时的不同感觉。

a(实)→a(虚)　　　a(虚)→a(实)
o(实)→o(虚)　　　o(虚)→o(实)
e(实)→e(虚)　　　e(虚)→e(实)
ê(实)→ê(虚)　　　ê(虚)→ê(实)
i(实)→i(虚)　　　i(虚)→i(实)
u(实)→u(虚)　　　u(虚)→u(实)
ü(实)→ü(虚)　　　ü(虚)→ü(实)

b. 多层次音色对比训练。要求练习者在发每个音时都有两种层次以上的变化,开始时每个音可用虚的、柔和的和明亮的三种音色,随着能力的提高,每个音可以分成由最虚到最亮的多种不同音色。通过这一练习,锻炼自己对于音色的精细识别和控制能力。

a(实)——a(虚实)——a(虚)　　　o(实)——o(虚实)——o(虚)
e(实)——e(虚实)——e(虚)　　　ê(实)——ê(虚实)——ê(虚)
i(实)——i(虚实)——i(虚)　　　u(实)——u(虚实)——u(虚)
ü(实)——ü(虚实)——ü(虚)

训练二：语词对比

啊(实)→啊(虚)　　　　　　啊(虚)→啊(实)

大海(实)→大海(虚)　　　　大海(虚)→大海(实)

大海啊(实)→大海啊(虚)　　大海啊(虚)→大海啊(实)

(2)过渡训练

通过下列练习，练习者在发每个音时，使用相同的音高，使声音在不间断状态下产生从虚到实或从实到虚的音色变化。通过练习，可以增强声带对音色的控制能力，注意体会声门由闭到开或由开到闭的感觉。

训练一：单元音音色过渡训练

a. 音色由实到虚。练习者先吸一口气，然后屏住气，让声门保持在闭合状态，开始发音，此时声音是响亮的实声，然后逐渐打开声门，感受声音由明亮到柔和的音色变化，体会喉的变化感觉。

a(实) $\xrightarrow{实虚}$ a(虚)　　　　o(实) $\xrightarrow{实虚}$ o(虚)

e(实) $\xrightarrow{实虚}$ e(虚)　　　　ê(实) $\xrightarrow{实虚}$ ê(虚)

i(实) $\xrightarrow{实虚}$ i(虚)　　　　u(实) $\xrightarrow{实虚}$ u(虚)

ü(实) $\xrightarrow{实虚}$ ü(虚)

b. 音色由虚到实。练习者先吸一口气，保持吸气时喉的状态，(此时声门打开)开始发音，然后感受声音逐渐产生由柔和到明亮的变化，声门由打开逐渐转为关闭。体会喉的变化感觉。

a(虚) $\xrightarrow{虚实}$ a(实)　　　　o(虚) $\xrightarrow{虚实}$ o(实)

e(虚) $\xrightarrow{虚实}$ e(实)　　　　ê(虚) $\xrightarrow{虚实}$ ê(实)

i(虚) $\xrightarrow{虚实}$ i(实)　　　　u(虚) $\xrightarrow{虚实}$ u(实)

ü(虚) $\xrightarrow{虚实}$ ü(实)

c. 单元音过渡综合练习

a(实) $\xrightarrow{实虚}$ a(虚) $\xrightarrow{虚实}$ a(实)　　a(虚) $\xrightarrow{虚实}$ a(实) $\xrightarrow{实虚}$ a(虚)

o(实) $\xrightarrow{实虚}$ o(虚) $\xrightarrow{虚实}$ o(实)　　o(虚) $\xrightarrow{虚实}$ o(实) $\xrightarrow{实虚}$ o(虚)

e(实) $\xrightarrow{实虚}$ e(虚) $\xrightarrow{虚实}$ e(实)　　e(虚) $\xrightarrow{虚实}$ e(实) $\xrightarrow{实虚}$ e(虚)

ê(实) —实虚→ ê(虚) —虚实→ ê(实)　　ê(虚) —虚实→ ê(实) —实虚→ ê(虚)

i(实) —实虚→ i(虚) —虚实→ i(实)　　i(虚) —虚实→ i(实) —实虚→ i(虚)

u(实) —实虚→ u(虚) —虚实→ u(实)　　u(虚) —虚实→ u(实) —实虚→ u(虚)

ü(实) —实虚→ ü(虚) —虚实→ ü(实)　　ü(虚) —虚实→ ü(实) —实虚→ ü(虚)

训练二：复韵母音色过渡训练

ai(虚声)	ai(虚实声)	ai(实声)
ei(虚声)	ei(虚实声)	ei(实声)
ao(虚声)	ao(虚实声)	ao(实声)
ou(虚声)	ou(虚实声)	ou(实声)
an(虚声)	an(虚实声)	an(实声)
en(虚声)	en(虚实声)	en(实声)
ang(虚声)	ang(虚实声)	ang(实声)
eng(虚声)	eng(虚实声)	eng(实声)
ong(虚声)	ong(虚实声)	ong(实声)
ia(虚声)	ia(虚实声)	ia(实声)
ie(虚声)	ie(虚实声)	ie(实声)
iao(虚声)	iao(虚实声)	iao(实声)
iou(虚声)	iou(虚实声)	iou(实声)
ian(虚声)	ian(虚实声)	ian(实声)
in(虚声)	in(虚实声)	in(实声)
iang(虚声)	iang(虚实声)	iang(实声)
ing(虚声)	ing(虚实声)	ing(实声)
iong(虚声)	iong(虚实声)	iong(实声)
ua(虚声)	ua(虚实声)	ua(实声)
uo(虚声)	uo(虚实声)	uo(实声)
uai(虚声)	uai(虚实声)	uai(实声)
uei(虚声)	uei(虚实声)	uei(实声)
uan(虚声)	uan(虚实声)	uan(实声)
uen(虚声)	uen(虚实声)	uen(实声)
uang(虚声)	uang(虚实声)	uang(实声)
ueng(虚声)	ueng(虚实声)	ueng(实声)

üe（虚声）　　　üe（虚实声）　　　üe（实声）
üan（虚声）　　　üan（虚实声）　　　üan（实声）
ün（虚声）　　　ün（虚实声）　　　ün（实声）

训练三：语词音色过渡训练

下列词中包括了汉语普通话音节中的39个韵母，分别用虚声、虚实声和实声练习。注意韵母与声母结合时整个音节的音色变化，体会喉和发音器官的变化感觉，特别注意把握播音中常见的兼有虚实音色的柔和声音色彩。

把关	跋涉	播种	薄弱	讹诈	恶霸	职业	芝麻	子弟	自由
而且	尔后	煎熬	傲慢	欧洲	偶然	安插	繁华	恩赐	门户
昂扬	帮忙	比赛	衣裳	雅致	遐想	挑衅	飘扬	跌打	歇息
秋季	休息	编造	填写	新鲜	亲切	良好	江涛	聆听	星空
淋浴	杜绝	花絮	挖掘	夺取	作战	乖巧	衰败	威胁	追随
钻石	篡夺	温暖	敦厚	压重	双手	老翁	交通	迂回	旅行
鞋子	决策	蜷缩	劝说	功勋	询问	窘迫	穷尽		

(3)综合运用训练

以思想感情运动幅度较大的文学作品为练习材料，如诗歌、散文等，根据作品内容及思想感情表达的需要，具体设计运用虚实音色的变化。通过练习，学会在稿件播读中使用不同的音色，提高发声能力。在练习时应特别注意由音色变化所引起的感情、意境的微妙变化。

训练一：古诗训练

分别用虚声、虚实声和实声三种音色播读下面三首诗，然后变换使用三种音色播读，以达到能够随心所欲地变换音色的程度。

登鹳雀楼（王之涣）

白日　　依　　山尽，　　黄河　　入　　海流。
（虚实）→（虚）→（实虚）　（虚实）→（实）→（实虚）
欲穷　　千里　　目，　　更上　　一层　　楼。
（虚实）→（虚实）→（虚）　（虚实）→（虚实）→（实）

黄鹤楼送孟浩然之广陵（李白）

故人　　西辞　　黄鹤　　楼，　　烟花　　三月　　下　　扬州。

（虚实）→（实虚）→（虚）→（实）　　（虚实）→（实）→（虚）→（实）
孤帆　　远影　　碧空　　尽，　　唯见　　长江　　天际　　流。
（虚实）→（实虚）→（实）→（虚）　　（虚实）→（实实）→（虚）→（实）

望庐山瀑布（李白）

日照　　香炉　　生　　紫烟，　　遥看　　瀑布　　挂　　前川。
（实虚）→（虚）→（实）→（虚）　　（虚实）→（实）→（虚）→（实）
飞流　　直下　　三　　千尺，　　疑是　　银河　　落　　九天。
（实虚）→（虚）→（实）→（虚）　　（虚实）→（实）→（虚）→（实）

训练二：语段训练

根据要求，用不同音色播读下面各段。注意音色应与要求一致，有单一音色发声习惯的同学尤其要注意播读过程中不同音色控制的持久性。通过练习来矫正不良发声习惯，形成能自如变化的发声能力。

a. 偏实、稍明亮音色

有人习惯把豆腐和菠菜一起炖着吃。这种吃法不科学。因为豆腐中含有氯化镁、硫酸钙两种成分。当它们遇到菠菜中的草酸时，可产生化学反应，生成草酸镁和草酸钙，而这种白色沉淀物是不能被人们吸收的。如果长期这样食用，就会使人缺钙。

b. 偏虚、稍暗音色

将圆未圆的明月，渐渐升高到高空，一片透明的灰云，渐渐地遮住月光。田野上面，仿佛笼起一片轻烟，朦朦胧胧，如同进入梦境。晚云飘过之后，田野上烟消雾散，火一样的清光，冲洗着柔和的秋夜。

c. 偏实明亮音色

一个六七岁的小姑娘，活灵活现地站在我的眼前了。（偏虚柔和音色）她疏眉细眼，故意眯缝着瞧我，小鼻子微微地朝上翘着，薄薄的两片小嘴唇因为忍住笑而紧闭着，两颗小酒窝儿，在那又红又结实的腮上陷得很深。

d. 根据感情和意境变化，用不同音色播读

一阵风把蜡烛吹灭了，月光照进窗子来，茅屋里的一切好像披上了银纱，显得格外清幽，贝多芬望了望站在他身边的穷兄妹俩，借着清幽的月光，按起琴键来。

皮鞋匠静静地听着，他好像面对着大海，月亮正从水天相接的地平线上升起来，微波

浩渺的海面上，霎时间洒遍了银光，月亮越升越高，穿过一缕缕轻纱似的微云，忽然，海面上起了大风，卷起了巨浪。被月光照得雪亮的浪花，一个连一个朝着岸边涌过来。皮鞋匠看着他妹妹，月光正照在她那洁净的脸上，照着她睁得大大的眼睛，她仿佛也看到了，看到了她从来没有看到过的景象，在月光照耀下的波涛汹涌的大海。(《月光曲》)

训练三：文章训练

下面一段童话故事中的动物形象、性格要通过声音的前后、大小、强弱、高低、宽窄、明暗、刚柔、虚实等元素对比来塑造，练习者可在此基础上进行有声有色的朗读。

水牛爷爷是森林世界公认的谦虚人，很受大家尊重。小白兔夸它："水牛爷爷的劲儿最大了！""唉，过奖了，犀牛、野牛劲儿都比我大"；小山羊夸它："水牛爷爷贡献最多！"它就说："哎，不能这样讲了，奶牛吃下的是草，挤出的是奶，它的贡献比我多。"

狐狸艾克羡慕水牛爷爷谦虚的美名。它想："我也来谦虚一下吧。这谦虚太好学了。"它想了："水牛爷爷的谦虚不就是两点吗？一是把自己的什么都说小一点儿；二是把自己的什么都说少一点儿。对！就是这样！"

一天，艾克遇到一只小老鼠。小老鼠看到艾克一条火红蓬松的大尾巴，不禁发出了由衷的赞美："哎呀，艾克大叔，您这尾巴真大呀！"艾克学着水牛爷爷的口气，歪歪嘴说："唉，过奖了，你们老鼠的尾巴比我大多了。""啊，什么？"小老鼠大吃一惊："你长那么长的四条腿，却拖根比我还小的尾巴？"艾克谦虚地说："哎，不能这么讲，我哪有四条腿，三条了，三条了。"小老鼠以为艾克得了精神病吓跑了。

艾克的谦虚没有换来美名，倒换来一大堆谣言。大家说："哎，森林里出了一只妖狐狸，只有三条腿，还拖着比老鼠还小的尾巴……"

谦虚也要实事求是，不实事求是是瞎谦虚，那就不知道该叫什么了？(《谦虚过度》)

三、共鸣控制与训练

(一)可调控共鸣控制的原理

人体的口腔、咽腔、喉腔、胸腔为可调控共鸣器官，要经过反复的训练，才能掌握科学的调控方法。一个人的发音器官是天生的，无法改造的，而共鸣的调节却是可以经后天训练而改善的，所以要经过训练使振动点上下灵活地运动起来，才能调节共鸣、提高发声效率、改善声音质量，为表达丰富的情感色彩或多变的声音打下坚实的基础。

(二)可调控共鸣控制的训练

可调控共鸣的控制训练主要是找到可调控共鸣的振动点(响亮点),找到振动点后发 a 音,使其进行上下灵活的移动训练,边练边听。这个点位于胸骨的后面,本是可以上下移动的,但是没有经过语言艺术发声训练的人,往往都是按照自己的发声习惯,固定在一个位置不动,所以共鸣缺少变化。振动点沿胸骨上移,高频泛音色彩增强;振动点沿胸骨下移,则低频泛音色彩增强;振动点向前调,高频音明亮清晰;振动点向后调,低频音浑厚深沉。经过可调控共鸣控制训练,可以改变原有不变的定点。

四、口腔控制与训练

(一)口腔控制的原理

"字正腔圆"是人们对播音员吐字的要求与衡量标准,口腔作为吐字器官,对吐字归音起着至关重要的作用。所谓口腔控制与训练,就是要求吐字器官吐好字归好音,保持打开口腔时,做到提颧肌、打牙关、挺软腭、松下巴的口腔状态。

吐字这一环节看起来简单,会说话的人都会吐字,但在实际运用中却有大讲究。戏曲界有"千金念白四两唱"的说法,用来说明"说"比"唱"还需要功力。一些前辈艺人还曾有"咬字千斤重,听者自动容""清晰的口齿沉重的字,动人的声韵醉人的音"的说法,当然,"千金重"和"沉重的字"不是要用拙劲把字咬得死死的,而是要做到"咬字如禽虎",既不咬死,也不掉地,用巧功。播音员用有声语言进行创作时,必须充分重视这一环节。

字在口腔内形成,口腔是人类语言的制造场,讲究吐字实际上就是讲究口腔控制。播音员必须锻炼自己的口腔,使它适应播音吐字的要求:准确规范、清晰流畅、圆润集中、颗粒饱满、光泽晶莹、轻快连贯、如珠如流,字字皆动听众、观众之耳,声声皆动听众、观众之心,播者不费力,听者有美感。

口腔控制除了达到字正腔圆以外,还应该把握吐字时的声音路线。声音路线在发声时分为三个阶段:第一个阶段是声音气息由丹田以抛物线的形式到达喉腔,这一阶段使声音更加扎实,浑厚响亮,为下一步吐字发音做准备。第二个阶段是由喉腔内的声带振动产生的声音以抛物线的形式"打"在硬腭前端,即声挂前腭。这一阶段使得吐字更加圆润清晰,口腔共鸣更加强烈,起到美化字音的作用。第三个阶段是声音从口腔以抛物线的形式抛出,传达到受众耳中或收声器材中,这一阶段的目的是让声音更加柔和悦耳(如图 1-2)。

声音路线的三个过程实质上是体现出声音的情感,即声音的"温度",只有这样的声音才容易让受众接受和喜爱。

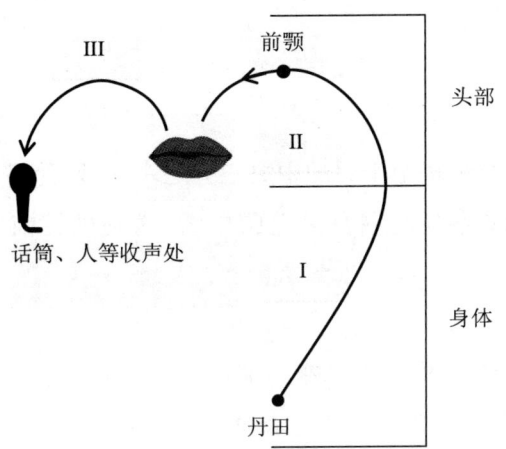

图 1-2　声音路线示意图

(二)口腔控制的方法

第一,字头要叼住弹出。练习者发声时,在保证字音准确清晰的基础上,使字头有弹动感、力度感。练习时具体做到成阻部位要准确,成阻要有力,除阻要迅速快捷,不拖泥带水,不软弱无力。叼是指吐字的力度的把握,过紧则咬死,用力过松则滑脱,不松不紧,力度适中为叼。

第二,字腹要声挂前(硬)腭。练习者发声时,在保证字腹饱满通畅基础上,注意口腔开度的控制。练习时具体做到在有声气流进入口腔后,口腔要上下开,适当收唇,里开大,外开小,使前声腔的硬腭发声时下降成为靶心,此时,有声气流击中靶心,反弹回旋,外口腔形成强烈共鸣后,再由口腔放出,此时的声音就得到了进一步的扩大和美化。

第三,字尾要渐弱归音。无论是开口度小的元音音素,还是鼻辅音音素,在归音时,都处在一种弱势状态,所以练习者发声时,要把握渐弱的度,既不可削弱尾音,也不可刻意过强使归音渐弱,应使尾音干净利索,不拖腔拉调。

第四,发声要圆润。它是指每个音节的发声做到略圆状态,不干不涩,圆润光滑,每一个字通过吐字归音后,形成枣核形。练习者发声时要具体做到圆唇音略窄点,窄唇音略圆点,使每个音都是圆润的,同时要控制好口腔均衡用力的松紧度,过紧则干涩,过松则松垮,掌握到最佳的度,使之圆润。

由此可以看出,口腔的控制和运用关系到每个字音的美感度、准确度、清晰度,所以要进一步加强口部操的训练,使唇舌腭齿的力度、灵活度得到进一步提高,但更重要的是,在语言实践中,发声者要形成口腔控制意识,每个字在发音时都要做到一叼二挂三渐弱四圆润。

(三)口腔控制的训练

1. 字词训练

发唇部音时,要把力量集中于唇的中央三分之一处;发舌部音时,力量应集中于舌的中纵线处,舌体取"收势",把字音沿上腭中线,送到硬腭前部,忌满口用力,声音散射。

(1)拼读训练

b——巴 白 宝 帮 必 布 标
　　本部 辨别 白布 标兵 表白

p——排 畔 盆 扑 配 怕 偏
　　评判 乒乓 偏旁 铺平 爬坡

m——妈 买 毛 面 门 灭 满
　　埋没 麻木 面貌 明媚 门面

f——发 泛 房 肥 奋 风 法
　　丰富 奋发 方法 反复 防范

d——搭 带 担 档 到 灯 笛
　　道德 电灯 带动 单调 打倒

t——他 台 坛 土 推 吞 妥
　　团体 贪图 梯田 推托 探听

n——南 脑 内 泥 娘 您 农
　　男女 恼怒 泥泞 能耐 南宁

l——来 铃 刘 龙 楼 路 论
　　理论 联络 料理 来路 嘹亮

g——概 根 古 甘 工 狗 耿
　　改革 公共 骨干 高贵 梗概

k——凯 坎 课 肯 口 哭 康
　　开垦 宽阔 可靠 困苦 坎坷

h——海 杭 河 好 黑 很 坏
　　黄河 横祸 缓和 航海 荷花

j——家 剑 脚 街 金 景 决

	经济	紧急	坚决	交界	积极
q——	恰 前 强 桥 秦 全 缺
	恰巧 亲切 请求 弃权 崎岖
x——	夏 先 香 小 瞎 些 修
	虚心 喜讯 习性 想象 休息
zh——	展 扎 庄 追 重 招 周
	政治 战争 执政 主张 郑重
ch——	折 厂 车 陈 除 吹 春
	戳穿 查抄 长城 生产 抽查
sh——	晒 山 勺 蛇 水 说 书
	事实 伤势 设施 时事 神圣
r——	然 热 软 忍 荣 染 辱
	柔软 仍然 柔韧 荣辱 容忍
z——	脏 咱 早 泽 走 祖 纵
	总则 宗族 曾祖 罪责 栽赃
c——	仓 册 层 辞 粗 寸 翠
	草丛 苍翠 层次 参差 残存
s——	赛 三 扫 苏 随 所 宋
	诉讼 琐碎 色素 洒扫 四散

（2）扁唇音和圆唇音的连续训练

训练一：齐——合

低估 涤纶 抵触 地位 计划 基础 起动 解除 益处 嫡传 急促
积存 极度 碧空 金库 平炉 例外 细微 新闻 比武 异物 基准
衣着

训练二：齐——撮

低云 抵御 缔约 积蓄 的确 鲫鱼 机遇 定局 检举 编剧 基于
交卷 坚决 友军 养女 郊区 汲取 健全 戏曲 气虚 音序 竞选
讲学 心血

2. 保持口腔开度训练

播音时的口腔开度要比平时说话时大，在通过提打挺松（提颧肌、打牙关、挺软腭、放松下巴）打开口腔后，还应注意以下几点。第一，打开口腔仅为口腔开度训练的基础部分,在打开口腔的同时,还应着重保持打开口腔的状态,打开口腔后,要感觉整个口腔因控制而被撑起,口腔壁绷紧,做到"腔圆壁紧"。第二,打开口腔要运用在有声语言表达的方方面面,不能把这种控制仅仅局限在成声器官基本状态训练中的口腔开度训练层面上,发声者必须要有打开口腔的控制意识,时刻保持打开口腔的状态,将其运用在有声语言表达及日常生活语言之中,形成一种自觉的控制状态。

训练一:成语

来龙去脉	来日方长	老马识途	狼狈不堪	浪子回头	牢不可破
老当益壮	老生常谈	雷厉风行	冷嘲热讽	两袖清风	量力而行
燎原烈火	龙腾虎跃	包罗万象	超群绝伦	刀山火海	道貌岸然
调兵遣将	泛滥成灾	防患未然	放虎归山	光明磊落	广开言路
高风亮节	高瞻远瞩	豪情壮志	好大喜功	浩浩荡荡	江河日下
娇生惯养	矫枉过正	慷慨激昂	冒名顶替	脑满肠肥	鸟语花香
庞然大物	抛砖引玉	乔装打扮	相安无事	相辅相成	响彻云霄
高朋满座	早出晚归	造谣惑众	张冠李戴	招摇过市	高文典册
逍遥法外	扬长而去	阳关大道	遥相呼应	咬牙切齿	耀武扬威

训练二:诗歌

黄河远上白云间,一片孤城万仞山。羌笛何须怨杨柳,春风不度玉门关。(王之涣·《凉州词》)

两个黄鹂鸣翠柳,一行白鹭上青天。窗含西岭千秋雪,门泊东吴万里船。(杜甫·《绝句》)

朝辞白帝彩云间,千里江陵一日还。两岸猿声啼不住,轻舟已过万重山。(李白·《早发白帝城》)

床前明月光,疑是地上霜。举头望明月,低头思故乡。(李白·《静夜思》)

3. 改善音色训练

改善音色以音位理论为基础,在不影响表意的前提下,可适当调整口腔的开合度和发音部位,做到"开音稍闭、闭音稍开,前音后发、后音前发,宽音窄发、窄音宽发,扁音圆发、圆音稍撮嘴角",使音色"圆润集中"、吐字"颗粒饱满"。这里"开音"指开口度较大的音节,"闭音"指开口度较小的音节,"前音"指发音位置偏前的音节,"后音"指发音位置偏后的音节。

(1)以"开音"(前一音节)带"闭音"(后一音节),达到"闭音"稍开。

安宁　按语　按理　傲气　奥秘　八股　巴黎　拔河

把戏　板栗　宝贝　保密　仓库　草地　抄袭　达因
打击　刚毅　傻气　康熙　来去　劳力　马蹄　毛衣

(2) 以"闭音"(前一音节)带"开音"(后一音节),达到"开音"稍闭。

技法　机械　苴麻　沮丧　苦熬　孤傲　提拔　渔霸
巨大　毒打　激发　立方　库房　寄放　里拉　蓖麻
出门　礼堂　碧桃　复杂　起赃　臆造　图章

(3) 以"前音"(前一音节)带"后音"(后一音节),达到"后音"稍前。

提高　预告　诗歌　体格　帝国　因果　阴沟　尸骨
难过　鼻孔　嗜好　刺客　理科　碧空　敌寇　司库
实况　余额　帝王　以往　失望　义务　比武

(4) 以"后音"(前一音节)带"前音"(后一音节),达到"前音"稍后。

刚毅　港币　高低　告捷　戈壁　革职　个别　更迭
梗死　宫女　共事　谷雨　过眼　船次　毫厘　合理
横笛　红利　厚意　蝴蝶　抗体　考妣　可以　乌鱼

4. 吐字归音训练

这部分练习是用来体会和实现咬字器官对音节各部位的控制的。具体要求是:字头部位准确,弹动轻快;字腹拉开立起,圆润饱满;字尾干净利索,趋向鲜明。

(1) 声母、韵母拼合练习

下面是普通话 21 个声母和韵母 a(开)、i(齐)、u(合)、ü(撮)的拼合练习。第一,要有一定力度,弹动轻快。第二,要注意唇形,即开口音唇形自然,口咧不要过大;齐齿音口咧不要太扁、太窄;合口音不要噘唇;撮口音唇形不要太圆,只撮上唇两角。

训练一:开口

ba、pa、ma、fa、da、ta、na、la、ga、ka、ha、zha、cha、sha、ra、za、ca、sa

训练二:齐齿

bi、pi、mi、di、ti、ni、li、ji、qi、xi

训练三:合口

bu、pu、mu、fu、du、tu、nu、lu、gu、ku、hu、zhu、chu、shu、ru、cu、su

训练四:撮口

nü、lü、jü、qü、xü

训练五：综合

ba、bi、bu，	la、li、lu，	zha、zhu，
pa、pi、pu，	ga、gu，	cha、chu，
ma、mi、mu，	ka、ku，	sha、shu，
fa、fu，	ha、hu，	ra、ru，
da、di、du，	jia、ji、jü，	za、zu，
ta、ti、tu，	qia、qi、qü，	ca、cu，
na、ni、nu，	xia、xi、xü，	sa、su，

(2) 声母、韵母拆合练习

b－a－ba　　　　　　　　　b－an－ban
p－a－pa　　　　　　　　　p－an－pan
b－ai－bai　　　　　　　　b－ang－bang
p－ai－pai　　　　　　　　p－ang－pang

(3) 象声词练习

吧嗒嗒　　滴溜溜　　咕隆隆　　乒乓乓　　唰啦啦　　哗啦啦　　噼啪啪　　当啷啷
呼啦啦　　咣当当　　叮咚咚　　滴答答　　滴沥沥　　轰隆隆　　扑通通　　淅沥沥
扑咻咻　　噗噜噜　　咯吱吱　　咯噔噔　　咕噜噜　　扑腾腾　　扑棱棱

五、体态控制与训练

体态是指身体的姿势，也就是我们平常所说的站姿、坐姿、走姿以及手势等。对体态的控制我们称其为体态控制。正确的体态控制能够让主持生动自然，营造良好的现场氛围，达到良好的传播效果。体态控制不属于播音发声中的控制内容，在此节中，我们对体态控制只做简单介绍，不做具体学习和训练。

第一，我们要有正确的站姿。正确的基本站姿应该首先是身体的各个部位都是放松的，不是僵直的，但要注意，这里的放松不是松懈，而是积极的放松状态。

第二，我们要有正确的坐姿。坐姿与站姿不同的是，站姿是将重心落在脚的前部，而坐姿是将重心落在臀部，给人很稳的感觉。另外，在背部重心稳定的前提下，身体可以略微前倾，给人一种积极交流的感觉，脚自然着地即可。

第三，我们要有正确的走姿。走姿是站姿的延续动作，是在站姿的基础上展示人的动态美，无论是在日常生活中还是在社交场合，走路往往是最引人注目的身体语言，也最能表现一个人的风度和活力。总的来说，优美自信的走姿是平稳轻盈的，一定不能拖拖沓沓、没精打采，表现不出良好的精神面貌。

第四，我们要有恰当的手势。手势也是一种辅助表达的手段，可以用来帮助我们传递信息，增进交流，但是要注意与内容的协调，呈现出手势本身的自然舒展以及明确简练。

第六节　声音弹性

一、何为声音弹性

声音弹性是指外部的声音条件和声音要素，对人们变化着的不同内在思想情感的适应能力，即声音随感情变化而来的伸缩性和可变性。播音员在创作中，思想感情是随着节目内容的进展而运动变化的，这种思想感情的运动状态是播音创作的内在动力，它要求气息、声音随之而运动变化，以体现出感受到的一切。简单来说，就是用你的声音为不同的思想情感服务，声音表现力越好，声音"造型"能力就越强，声音弹性也就越好，反之则差。

声音弹性的特点大体归为以下几点：第一，可变性。可变性主要表现为气息状态及声音色彩的变化。第二，对比性。比如各种声音要素之间的对比，如气息的深浅、疾徐，声音的高低、强弱、虚实、明暗、刚柔、厚薄、精细、连断、松紧、纵收等。第三，层次性。在每种对比项目中都有众多的层次，层次之间有细微的差别，声音的控制力越强，层次间的差别越细致。第四，复合性。声音弹性是以各种对比项目的复合形式出现的，由于复合的成分不同，各种成分的强度、浓度不同，便产生了变化万千的声音色彩及性格。第五，综合性。这一特点涉及的声音要素多，所有声音要素全部用于声音弹性的表现。使用的发声器官多，四个发声器官全部运用于声音弹性的表现。第六，不确定性。声音弹性存在于一个个语句当中，有时某些词组或短句本身就具有声音弹性。

声音弹性在语言表达过程中有着十分重要的作用，声音弹性为表达不同的思想情感打下了坚实的基础，同时促使外部声音条件逐步提高和强化，为多变的思想情感提供了条件。要想获得声音弹性，首先，情感体验是获得声音弹性的基础；其次，动力气息是获得声音弹性的桥梁；最后，外部发声条件的强化、拓展训练是获得声音弹性的条件。

总之，训练声音弹性目的是为了达到情声气相结合，一篇文章情感是内涵和依托，声音是形式和载体,气息是基础和动力。情声气结合过程中,情要取其高,声要取其中,气要取其深,以达到字正腔圆、清晰持久、刚柔自如、声情并茂的境地。

二、声音弹性的分类

(一)单一声音要素对比类型

它是指两个单一声音要素之间的对比,具体如下:

1. 高与低

它是指声音高与低的对比。一般情况下,向积极方向发展的情感色彩音都较高,反之则低。如兴奋的、激昂的、向上的、坚定的等情感色彩音表现较高,悲伤的、忧郁的、寂寞的、软弱的等情感色彩音则较低。

2. 强与弱

它是指声音强弱的对比。一般情况下,向积极方向发展的情感色彩音都较强,反之则弱。如坚强的、勇敢的、兴奋的、激烈的等情感色彩音表现较强,而向消极方向发展的情感色彩音都较弱,如懦弱的、胆怯的、温柔的。

3. 虚与实

它是指声音虚实的对比。一般情况下,虚幻的、朦胧的、梦境的、过去的、遥远的等情感状态表现为虚声,而现实的、真挚的、坚定的、紧张的等情感状态表现为实声。

4. 快与慢

它是指语速快慢的对比。一般情况下,紧张的、急促的、短暂的等情感色彩音表现为较快语速,而舒缓的、温柔的、休闲的、温馨的等情感色彩音表现为较慢语速。

5. 松与紧

它是口腔吐字松紧度的对比。一般情况下,坚定的、勇敢的、坚强的、有力的等情感色彩音表现为吐字着力较紧,而松散的、软弱的、无力的、和缓的等情感色彩音表现为吐字较松。

(二)多种声音要素的对比类型

它是指几种声音要素组合在一起与另外几种声音要素组合在一起的对比,具体如下:

1. 刚与柔

刚一般是音高、气强、声实、吐字略紧这几种声音要素联系在一起,常用于表现坚强的、勇敢的、激昂的、有力的、坚硬的等情感色彩；柔则是音较低、气势弱、声较虚、吐字略松这几种声音要素联系在一起，常用于表现温柔的、亲切的、软弱的等情感色彩。

2. 厚与薄

厚一般是音较低、声较虚、气较粗、吐字略松、低频泛音明显这几种声音要素联系在一起，常用于表现浑厚的、深沉的、浑浊的、热烈的、激烈的等情感色彩；薄一般是音较高、声较实、气较细、吐字略紧、高频泛音明显这几种声音要素联系在一起，常用于表现微弱的、明亮的、浅淡的、清晰的等情感色彩。

3. 明与暗

明一般是音较高、声较实、前共鸣明显、吐字略紧这几种声音要素联系在一起，常用于表现明亮的、开朗的、兴奋的等情感色彩；暗一般是音较低、声较虚、后共鸣明显、吐字略松这几种声音要素联系在一起，常用于表现暗淡的、沉闷的、深晦的、悲伤的、忧郁的等情感色彩。

4. 纵与收

纵一般是音较高、声较虚、外送感气息明显、音较长这几种声音要素联系在一起，常用于表现奔放的、绵长的、无限的、豪迈的等情感色彩；收是音较低、声较实、内收感气息明显、音较短这几种声音要素联系在一起，常用于表现真挚的、内在的、收敛的、贴近的等情感色彩。

三、声音弹性的训练

播音时思想情感的运动状态不同于日常生活，它比日常生活中的情感变化更集中、更鲜明，这就要求播音员有更加多样的声音色彩的变化，而这种变化能力却不是大多数未经训练的人所能轻易达到的。如果播音员的声音运用是僵持的、呆滞的，例如一味地笑眯眯或一味地板面孔，单纯地捏嗓子或喉咙，都会限制声音色彩的变化，反映到播音创作中就会产生"力不从心""口不从心"的感觉。因此，为了适应播音创作思想情感多变的要求，播音员必须加强声音弹性的训练。

（一）播音基调的变化训练

播音基调不是简单地指音调的高低、音量的强弱，基调是指稿件中总的感情色彩和分量以及播音员的具体态度。感情色彩有喜、怒、哀、乐之分，态度有肯定、否定、赞扬、批评之别，其中又有分寸火候的差异。播音员要从稿件的针对性和播出目的上去把握态度，更要从稿件中的人物、事件或作者倾向及其风格特点等综合因素上去揣摩稿件感情色彩总的特色。有造诣的播音员可以通过声音传达极为丰富的感情,产生巨大的甚至震撼人心的感染力。为此,我们将进行各种不同基调变化的基础训练。练习时应注意以下几点:第一,应先注意声音弹性的对比性,发声时做到欲高先低,欲强先弱,欲快先慢;第二,严格注意它的渐序性;第三,不同的语句间,由于感情色彩及分量不同,声音弹性的运用也应有所不同;第四,由于文章的思想情感千变万化,所以有时一个语句会有几种不同的声音弹性存在。

1. 清新舒展地

下面两段内容表现了作者对大自然的爱,训练时练习者可用偏小音量,使声音柔和、抒情,气息深而长。

(1)春天——春意盎然、生机勃勃

春天,大地从寒冬里苏醒复活过来,被人们砍割过的陈旧的草木桩上,又野性茁壮地抽出了嫩芽。不用人工修培,它们就在风吹雨浇和阳光的抚照下,生长起来。这时,遍野是望不到边的绿海,衬托着红的、白的、黄的、紫的……种种野花卉,一阵潮润的微风吹来,那浓郁的花粉和青草的气息,直向人心里钻。无论谁,都会把嘴张大,深深地向里呼吸,像痛饮甘露似的感到陶醉、清爽。

(2)夏天——万里晴空、空气清爽

一场夜雨,洗落了高原上的满天尘沙。天蓝得出奇,碧澄的湖水也为之逊色。天空燃烧着朝霞,像一簇簇盛开在山尖的红花,一群雄鹰刚健地在云边飞旋,越飞越高,清凉的晨风夹带着野花和奶子的香味儿,扑鼻而来,沁人心肺。啊,多美丽的早晨呀!

2. 高亢明亮地

下段内容充满感染力和号召力,练习者在训练时声音要庄重大方,采用宣读式,吐字要力度均匀、字正腔圆、粒粒外送,使声音有穿透力,气息要稳重扎实。

同志们,从本世纪20年代起,几十年来,中国共产主义的先驱者们,中国人民数以百万计的光荣革命战士和先烈,流血牺牲,英勇奋斗,奠定了今天中国的局面。在新的时期中,让我们继承先烈的遗志,在祖国的辽阔大地上,干出一番前人从来没有做过的伟大的事业吧!

3. 热情赞美地

下面两段内容充满了赞美之情,表现出作者对大庆人的襟怀、理想、光辉业绩由衷的敬佩赞扬以及对白杨树昂扬、挺拔、向上的"品格"由衷的赞美。这两段文字中的重点词语分量较大,训练时要求练习者声音柔中有刚,咬字力度大而不塞,气息深而不断流。

(1)大庆的秋天——赞美大庆人

赞美你呀!大庆的秋天!你像神奇的彩笔挥洒而成的巨幅画卷,你秋日的景色竟是这样五彩缤纷。草地上,一片鹅黄、一片嫣红、一片靛蓝、一片蛋青……你浑似一片气势雄伟的锦绣文章,读着你不能不引人思索,思索着城乡之间的大庆人,思索着整个中国的工人阶级,它的意志,它的力量,它的业绩,它的襟怀和理想……

(2)不平凡的树——赞美白杨树

那是力争上游的一种树,笔直的干,笔直的枝。它的干呢,通常是丈把高,像是加以人工似的,一丈以内,绝无旁枝;它所有的丫枝呢,一律向上,而且紧紧靠拢,也像是加以人工似的,成为一束,绝无横斜逸出;它的宽大的叶子也是片片向上,几乎没有斜生的,更不用说倒垂了;它的皮,光滑而有银色的晕圈,微微泛出淡青色。这是虽在北方的风雪的压迫下却保持着倔强挺立的一种树!哪怕只有碗来粗细罢,它却努力向上发展,高到丈许,两丈,参天耸立,不折不挠,对抗着西北风。

这就是白杨树,西北极普通的一种树,然而决不是平凡的树。

——节选自茅盾《白杨礼赞》

4. 义正词严地

下段内容较庄重严肃,就事论理,还有驳斥、反问色彩,态度义正词严。训练时要求练习者声音以刚为主、以实声为主、坚定有力结实,吐字颗粒饱满,字正腔圆,气息沉稳、扎实,有丹田气座支撑托声而出。朗读时应有理有力,切忌高喊,否则会声飘、气虚、字挤。

只要略有知觉的人就都知道:这回学生的请愿,是因为日本占据了辽吉,南京政府束手无策,单会去哀求国联,而国联却正和日本是一伙。读书呀,读书呀,不错,学生是应该读书的,但一面也要大人老爷们不至于葬送土地,这才能够安心读书。报上不是说过,东北大学逃散,冯庸大学逃散,日本兵看见学生模样的就枪毙吗?放下书包来请愿,真是已经可怜之至。不道国民党政府却在十二月十八日通电各地军政当局文里,又加上他们"捣毁机关,阻断交通,殴伤中委,拦劫汽车,攒击路人及公务人员,私逮刑讯,社会秩序,悉被破坏"的罪名,而且指出结果,说是"友邦人士,莫名惊诧,长此以往,国将不国"了!

好个"友邦人士"!日本帝国主义的军队强占了辽吉,炮轰机关,他们不惊诧;阻断铁路,追炸客车,捕禁官吏,枪毙人民,他们不惊诧。中国国民党治下的连年内战,空前水灾,卖儿救穷,砍头示众,秘密杀戮,电刑逼供,他们也不惊诧。在学生的请愿中有一点纷扰,他们就惊诧了!

好个国民党政府的"友邦人士"!是些什么东西!

——节选自鲁迅《"友邦惊诧"论》

5. 低沉悲痛地

下面两段内容充满悲痛哀伤的色彩,训练时要求练习者用声尽量暗弱、低沉偏虚,胸腔共鸣较多,节奏偏慢,字音缓缓送出,有时声伴字、字伴气地哭泣而出,断断续续发音,气有时颤抖,有时叹息。

(1)悼词

张刚遗体告别仪式在京举行。

我国政法战线的杰出领导人张刚同志在为党和人民奋斗了六十多后,安卧在鲜花丛中,终年八十七岁。

今天下午,党和国家领导人以及张刚同志生前好友到八宝山革命公墓,向我党优秀党员、忠诚的共产主义战士、无产阶级革命家张刚同志遗体告别。张刚同志一九二七年一月参加共青团,同年转为中共党员,他几十年如一日,以顽强的革命意志和忘我的战斗精神去完成党在各个历史时期交给他的艰巨任务。

(2)悼念敬爱的周总理

总理的灵车徐徐开来。灵车四周挂着黑黄两色的挽幛,上面佩着大白花,庄严,肃穆。人们怀着沉痛的心情,尾随着灵车移动。灵车所到之处,像是一个无声的指挥,老人、孩子、青年都不约而同地站直了身体,摘下了帽子,向灵车致敬,哭泣着,顾不上擦去腮边的泪水,舍不得眨一眨眼睛。人们心里都在深深地默念着:"敬爱的周总理,我们想念您啊,想念您!您永远活在我们心里,永远活在人民心中!"

6. 轻松活泼地

下段内容比较活泼、欢快,训练时要求练习者用声尽量偏前、音高柔和,口腔状态松弛,舌头较灵活,字音弹发快而饱满,气息灵活变化多,呈现出抒情昂扬向上之态。(发声状态较冷的同学可练习此段以使颧肌提起,增强声音的热情感和兴奋感。)

柳条儿青,柳条儿长,柳条儿随风在摇荡,摇来了春天,摇来了小鸟,摇得那湖水闪闪亮。

柳条儿青,柳条儿长,柳条儿随风在摇荡,我做支柳笛吹起来,嘀呖呖像小鸟儿在歌唱。

柳条儿青,柳条儿长,柳条儿随风在摇荡,请来春姑娘荡秋千,秋千挂在柳条儿上。

7. 低沉压抑地

下段内容比较忧伤、凄苦。训练时要求练习者用声较暗弱、偏沉,字伴着叹息发出,咬字迟滞,气息沉缓,伴有句中顿挫或句间停歇等。

月牙儿,像一把梳子挂在半空。人们都说月亮是位最善良、最好伤心和最易受感动的姑娘。谁有什么不幸和哀愁,她总是怜悯地注视着你,有时还会流下眼泪来!想必她是不忍心去看那些不幸的人吧?所以才掩住半个脸,但她那朦胧的淡光,还是同情地从窗缝间射进来,黑暗的屋子,也变得灰白起来。

8. 骄傲自豪地

下段内容充满自豪、抒情之意,歌颂大草原、歌颂大好河山。训练时要求练习者声音要宽厚明亮、开阔抒情,吐字清晰饱满、圆润集中,语势昂扬舒展,气息深厚、扎实、通畅。

大草原,多么平坦,多么宽敞。无边无际的原野,从眼前的四面八方伸展开去,直到那渺茫的尽头,远与天接。望着你,怎能不心旷神怡,豁然开朗!你啊,襟怀坦荡,气度恢宏的草原!

9. 深沉宁静地

下段内容充满平和、宁静之感。训练时要求练习者声音偏暗、虚、柔,吐字清晰,颗粒性强,节奏偏慢,朗读时运用音长,保持气息深匀,增强控制力。

明月,将圆未圆的明月,渐渐升到高空。一片透明的灰云,淡淡地遮住月光,田野上面,仿佛笼起一片轻烟,朦朦胧胧,如同坠入梦境。晚云飘过之后,田野上烟消雾散,水一样的清光,冲洗着柔和的秋夜。

10. 精神振奋地

下面两段内容激动、鼓舞、振奋人心。训练时要求练习者声音以实为主、高亢明亮,咬字力度强,清晰度高,声音清脆响亮,气息深厚、扎实,有丹田支点,声音节奏明快、昂扬向上。

(1) 为祖国争光

中华体育健儿近日连连为祖国争光,他们在一系列国际比赛中所表现的精神风貌和高超技艺多么激动人心啊!

"我们中华民族有自立于世界民族之林的能力"。

"团结起来,振兴中华!"

这是十几亿人民的共同心声。

(2) 卫星发射成功

我国成功发射了一组空间物理探测卫星。这是我国首次用一枚运载火箭发射三颗卫星,卫星准确入轨,各系统工作正常,已不断地向地面发送各种科学探测和试验数据。

11. 深切缅怀地

下段内容是深情回忆和怀念无产阶级革命家的文章,训练时要求练习者声音偏暗、较低沉、柔和,吐字音节较长,清晰度高,节奏缓慢,声音吐字伴随着记忆的感情线向前滚动送出,含蓄地如珠如流,气息深沉、舒缓、均匀。练习者在内容表达上一定要把握住"过去完成时"(过去那个时候)的感觉,切忌"正在进行时"(刚刚发生)的播出感觉,要用"回忆"的口吻朗读。

那是一九七六年。已经四月初了,冬天好像还没有过去,北风刮得正紧。

一个星期天的下午,爸爸妈妈拉着我的手,向天安门广场走去。我们胸前都戴着一朵小白花。

天安门广场上,花堆成了山,人汇成了海。我们随着送花圈的队伍,缓缓地走向人民英雄纪念碑。密密层层的花圈,把纪念碑四周的汉白玉栏杆都遮住了。一层一层的人肃立着,谁也不作声,脸上都挂着晶莹的泪珠。

我们走到纪念碑南边。爸爸低声告诉我说,碑上面的金字是周恩来爷爷亲笔写的。爸爸脱下了帽子,妈妈摘下了头巾。他们低下头向周爷爷默哀。我也低下头,轻轻地说:"敬爱的周爷爷,我们想念您,您永远活在我们心中。"说着,我忍不住哭了,妈妈拉着我的手,向纪念碑下边的松树林里走去。

松树上好像积了厚厚的雪,松枝上系着几千朵小白花。我们把胸前的小白花摘下来系在树枝上。

天渐渐暗下来,北风刮得更紧了。我们默默地离开了天安门广场。

12. 热情风趣地

　　下面这篇小故事《中计》主要是歌颂军民鱼水情的，鼓励人们自觉做好事。故事短小精悍，风趣幽默，很感染人。通过表现大爷、大娘"设计"和"解计"的故事，充分体现了军民一家情意深厚。故事中出现的三个人物要求用不同的声音色彩分别表现各自的"神态"。大爷的性格较粗犷、豪放，用声应偏后松弛、粗亮通畅，吐字应字正腔圆、颗粒性强，气息深厚扎实，语气富有幽默感；大娘的声音稍偏后、发扁，字真句拙，呈扁枣核型，气息较浅，朗读时可稍提嗓门儿；小洪的声音偏前、明亮、稍发颤，吐字快而硬，气息浅且不够均匀。通过这样不同状态的呈现，讲述就更加绘声绘色了，听者也觉得津津有味。

　　七月初的一天，在辽宁省海城县一个山村里，住在张大爷家的某侦察排的战士们刚刚起床，就看见房东张大爷气冲冲地走进屋来。张大爷绷着脸问道："昨天，你们谁进了我家东菜园，把菜踩得乱七八糟？"一句话把全排战士都问怔了，互相看了看，谁也没吭声。

　　这时候，有一个小战士脸一下子红到了耳根。他叫洪松彪，是今年才入伍的新战士。原来，昨晚上是他悄悄跑到菜地里，帮张大爷干活的。小洪心里直打鼓，他想，是不是我铲地的时候伤了苗？是不是水浇多了淹了菜？小洪越来越不安。这时候，张大娘又跑进来火上浇油地说："老头子，别跟他们说了，咱们去找指导员说个清楚。"话音未落，就拉着张大爷的袖子往外走。

　　刚刚十八岁的洪松彪，哪见过这个场面呀，小伙子沉不住气了，马上开口说："大爷、大娘别发火，昨天是我跑到菜地里去的。我看你们二老年纪大，大爷成天忙着队上的事儿，顾不了家，就抽空帮你们干了点活。谁知道我不会干，给你们添了麻烦，真对不起你们，有多大损失我一定赔。"说着伸手掏钱包。

　　张大爷看到这个情景，哈哈大笑起来。大娘也跟着笑起来，疼爱地拉着小洪的手说："孩子你受委屈了。"小洪纳闷地抬起头看着两位老人，老大爷得意地说："孩子，你中计了，打从你们到我们村子里面来搞训练，你们给大家伙干了那么多好事。可我们就是不知道谁干的，昨晚上我和你大娘一合计呀，就想出这个小计策来。果不出我所料，你们还真中计了。"

　　全排战士这才恍然大悟，和张大爷张大娘一起笑了起来，洪松彪，这个虎头虎脑的小伙子却像大姑娘似的，羞涩地低下了头。

13. 启发诱导地

　　下段内容表现的是热情地启发，引导青年勤于思考、勇于实践，把美丽的人生献给最伟大壮丽的事业,成为无愧于时代的高尚的人。训练时要求练习者的声音以实为主,较亲切柔和,态度要积极热情诚恳,吐字清晰度高,字音饱满,气息深长、舒缓而平和。

亲爱的朋友!任何一个有志气的青年都希望自己的青春能够闪闪发光,都希望自己的人生能够活得很有意义,成为一个对社会历史前进有所贡献的人,而不至成为历史累赘甚至历史的罪人。如果是这样你就应该坚定地树立起共产主义的革命人生观,按照这种革命的人生观安排自己的人生!

保尔说得好:"人最宝贵的是生命,生命每个人只有一次,人的一生应该这样度过:回忆往事时,他不会因虚度年华而悔恨,也不会因为生活庸俗而羞愧;临死的时候,他能够说:我的整个生命和全部精力,都献给了世界上最壮丽的事业——为解放全人类而斗争。"让我们用这段光彩夺目的话来激励和鞭策自己,成为一个无愧于我们时代的高尚的人。

14. 坚守昂扬地

下面两段内容表达了革命者向着胜利、向着光明执着追求的坚定信念和不可动摇的决心,训练时要求练习者用声吐字柔中有刚、坚定有力、充满信心。第一段用声可由弱渐强,吐字力度可由偏弱逐渐加强,气息可由偏小气量逐渐转向扎实、有力、托底;第二段则可由始至终声音结实,吐字有力,气息扎实。

(1)《草地夜行》(节选)

风,呼呼地刮着;雨,哗哗地下着;黑暗笼罩着大地。"要记住革命!"——我想起他牺牲前说的话。对,要记住革命!我抬起头来,透过天边的风雨,透过无边的黑暗,我仿佛看见一条光明的大路,这条大路一直通向遥远的陕北。我鼓起勇气,迈开大步,向着部队前进的方向走去。

(2)《我的"自白"书》(陈然)

任脚下响着沉重的铁镣,
任你把皮鞭举得高高,
我不需要什么自白,
哪怕胸口对着带血的刺刀!
人,不能低下高贵的头,
只有怕死鬼才乞求"自由"。
毒刑拷打算得了什么?

死亡也无法叫我开口!
对着死亡我放声大笑,
魔鬼的宫殿在笑声中动摇;
这就是我——一个共产党员的自白,
高唱凯歌埋葬蒋家王朝!

15. 亲切自然地

下段内容是服务性的稿件,训练时要求练习者语气亲切、自然,呈现出直接交流感,用声形式以实声为主,语气较弱、柔和;吐字清晰流畅,气息量偏小,表达舒缓平和。

只要有什么细小的东西落入眼里就会引起流泪,甚至葱的气味,也会催人泪下。一般情况下,每分钟人眼眨十三次左右。眨眼,就是让眼虎压迫泪水,把落入眼里的小异体冲洗到眼角。然后,再流到鼻腔内排除,泪水的成分包括油质、黏蛋白、水状液以及盐、糖、蛋白质,人体每天约产生四分之三到一克的泪水,大部分眨眼时蒸发了。泪水既可使人的眼皮能够和谐地在眼球上自由活动,又可杀死细菌。

流泪最多的情况是哭。哭,是一种安全、健康地发泄自己的强烈感情的方法。否则,强压于体内,它终究要以其他带有危险性的方式表现出来。某医生见过一起病例,一个内向的女人,遇到感情大波动时,常常会全身起疙瘩,而有一次,她大哭了一场则没有事。医生还发现,由于父母不让婴孩啼哭,孩子就经常用哮喘的方式来引起父母的注意。实际上,啼哭是婴孩发育的一个组成部分。哭,不仅可以扩大婴孩的肺活量,而且可以增强将来用以说、唱的肌肉组织,并且也是在学会说话以前,婴孩向大人表达思想的一种方式。

不知为什么,社会上存在着一个不成文的规定:成人不应该大哭。哭被解释成软弱的表现。实际上,在遭遇不幸时大哭一场,这是人体对不幸的自然反应。如果你不愿意哭或不会哭,那么精神上或身体上就会出点毛病。专家们大都认为,眼泪是一剂天赐的良药。

16. 庄重严肃地

下段的新闻内容庄重、严肃,训练时要求练习者用声偏厚,以实声为主,音色尽量偏高些,吐字力度强,声音表达要干脆利索、清晰度高、颗粒性强,语速节奏明快,勿拖泥带水,态度严正明朗。

外交部新闻发言人今天下午发表谈话说,中国政府和人民对南非军队6月14日入侵博茨瓦纳首都哈博罗内表示极大的愤慨和强烈的谴责。发言人指出,南非当局对博茨瓦纳的袭击不是一个孤立的事件。事实一再证明,南非当局顽固地坚持破坏邻国稳定和种族主义政策是南部非洲局势动荡、不安的根源。

他说,南非当局种种倒行逆施,只会激起非洲国家和人民更加强烈的反抗和更大的义愤。博茨瓦纳、安哥拉和莫桑比克等非洲前线国家反对种族主义、维护国家主权和领土完整、支持纳米比亚人民争取独立的斗争,得到全世界所有主持正义的国家和人民的同情和支持。中国政府和人民将一如既往,坚定地站在非洲国家和人民一边,坚决支持他们的正义斗争。

17. 批评教育地

下段新闻是国内消息,属批评性报道,内容也比较严肃,但较之国际新闻内容和态度,表达的分寸、火候有明显不同。在内容里,我们要求摆事实、讲道理,起到批评、教育、引导的作用。因此训练时要求练习者用声以实声为主,音色偏中,叙述清楚,刚中有柔,气息有小幅度变化,吐字力度稍强,态度要鲜明。

本台消息:北京市标准计量局前天公布,三季度对本市38个企业生产的无线电元件、棉纱、中学课本、铁皮玩具、自动化仪表、啤酒等11类52种产品的质量监督抽查中,有39种产品合格,13种产品不合格,合格率为75%。

从抽查结果来看,中学课本的质量问题较严重,抽查的8个生产中学课本的企业只有北京印刷一厂合格。存在的问题主要是坏字、丢字以致图字粘连、粘坏,无法阅读,在装订方面问题更为严重,有破页、坏钉、折角以及前后颠倒、散本等。

18. 悲愤激昂地

下面两段内容感情表达较为激愤。第一段体现了作者对敌寇无比痛恨、报仇雪耻的迫切心情以及收复中原失地的不可动摇的意志;第二段体现了旧社会在黑暗中的亿万青年为了真理和自由在血泊里挺胸昂首的坚守信念和决心。因此,训练时要求练习者用声偏刚、较宽厚,胸腔共鸣多些,吐字力度强,颗粒饱满,字正腔圆,个别句子牙偏紧,气息深厚、扎实,情绪变化幅度较大。

(1)《满江红》(岳飞)

怒发冲冠,凭阑处、潇潇雨歇。抬望眼、仰天长啸,壮怀激烈。三十功名尘与土,八千里路云和月。莫等闲、白了少年头,空悲切。靖康耻,犹未雪。臣子恨,何时灭。驾长车,踏破贺兰山缺。壮志饥餐胡虏肉,笑谈渴饮匈奴血。待从头、收拾旧山河,朝天阙。

(2)《为了真理和自由》

一九三二年上海的一个深秋,
乌云翻滚带得人气难透……
年轻的工人们,带着满身的尘垢,
为了真理和自由,到处奔走……
在那暗无天日的旧社会里,
寒风卷起他们的衣袖。
为了把真理探求,
他们热血沸腾心潮涌,浑身传暖流。
为了真理和自由,
他们不怕镣铐皮鞭抽,
不怕流血抛头颅。
地主的心肠狠,资本家更凶残!
工人们日夜劳累卖命,
却餐餐喝着稀粥,
衣不裹体,食不饱腹……
细雨洒在他们的脸上,
真理在胸精神抖!
亿万青年黑暗中奋勇战斗,
血泊里挺胸昂首!
漫天的云啊,快化作那滚滚的铁流,
将旧世界彻底毁灭、冲走……

19. 热情歌颂地

下段内容是歌颂平凡的人不平凡的事迹,我们要由衷地赞扬,给人以鼓舞和力量。训练时要求练习者用声较深沉,柔中有刚,吐字力度强,语速较慢,重音突出,气息控制有幅度变化,较深厚,要有发自内心的敬佩之情。

每一个患者在病魔的折磨中,都会感到护士的亲切温暖,她为你的痛苦而焦虑,为你的痊愈而欢欣。她接你进来的时候,和你一样愁眉不展,送你出去的时候,和你一样笑容满面。

她,为了患者生命的安全,为了别人的欢乐,走遍了各个房间,踏破了一道道门槛,日夜不眠,汗水成串;她,不为名图利,用自己的生命和热情,协助大夫使无数垂危的生命起死回生,转危为安;她,默默无闻地为患者贡献出自己的青春、智慧和心血。护士的这种高尚品德,我们各行各业的人无不肃然起敬。

20. 热烈欢呼地

下段内容比较振奋、激动人心,训练时要求练习者用声偏高、明亮、开阔、豪放、有气魄,吐字力度大,口腔开度大,气息深厚,气量强弱控制有大幅度变化,切忌捏挤着嗓子高喊。

随着暴风雨般的掌声,陈镜开踏上了举重台。

他在杠铃面前又做了一次深深的呼吸,全场安静得只听见电视摄影机卷动胶片的"吱、吱"声,三千多人都能清楚听见自己的心在猛烈地跳动。一瞬间,他把杠铃提起来了,翻在胸前锁骨的前面,他猛然一举,只听见一声吼叫,一百五十一点五公斤,几乎比陈镜开的体重重三倍的杠铃被他高高地举在头顶。

新的世界纪录又诞生了……

(二)综合感受训练

本书选编了一些不同体裁和内容的句子及选段,练习者用这些材料做播音发声练习,可以进一步提高把握准确语音的能力,提高呼吸、共鸣和咬字等方面的控制能力,使声音产生多种色彩,以适合播音工作的实际要求。

练习时应注意以下几点:第一,感情是产生声音色彩的源泉。无论是一句话还是一个段子,都要进行充分而具体的理解和感受,把要传达的内容消化并变成自己要说的话,有目的、有感情地表达出去。练习者要避免不动脑、不过心、眼观嘴读的机械运动,否则声音苍白无力,达不到利用本材料练习的目的。第二,情展声收,在形之于声的过程中,感情要充沛,要达到十分,而声音要有节制,只用其六七分,这就是情展声收的意思。练习者根据自身条件,掌握这一规律,可有效地提高声音的表现能力。第三,留有余地。练习者在开口之前,应对表达需要做出充分的估计,如句子较长,句中又不可能有多处顿歇进气的地方,吸气量就应大些,避免产生气不够用的被动局面;如感情起落较大,声音运动的基点就不能偏高或偏低,避免造成高不成低不下的被动局面。总之,练习者在练习时只有留有余地才可能产生表达所需要的声音色彩,在音调的高低、音量的大小、咬字的松紧等任何一方面达到极限程度都是有害无益的。第四,对比练习。声音色彩从对比中显现出来,如刚与柔、高与低、虚与实、明与暗,等等。

因此,对初学者来说,通过体验感情有明显对比的段落,体会声音"着色"的不同方法是有效且必要的。例如,用老汉和女孩的一段对话内容来练习,可以体会老汉和女孩的声音色彩方面的特征,并获得具体的发音感觉。同样道理,选择欢快与忧愁、激昂与平和、大方与娇柔等相互对应的段落来练习,也会取得相应的练声效果。此外,声音色彩还可能由于播讲对象及发声环境的不同而产生变化,所以可以在练声时进行多种设计和想象,以获得不同的发声感觉。

根据播音训练的规律,本书选入的句段是按先易后难的顺序排列的。前面选择的句段较简单,没有明显的声音变化,要求练习者音色偏实,音调适中,气息较平稳,咬字力度较均匀。后面选择的句段内容逐渐复杂,要求练习者呼吸、咬字和共鸣等方面有一定调节能力,使声音色彩随表情达意的需要产生相应变化。编者在个别句段下面作了简单提示,供参考。

1. 人生的意义在于奉献,而不是索取。(提示:这是警句,要求气息沉稳,字正腔圆,力度均匀,意味深长,声音不要偏高。)

2. 前线英模的报告,以其巨大的感染力,征服了成千上万的听众。他们的先进思想和事迹催人泪下,感人肺腑,发人沉思,催人奋进……(提示:后面的并列成分要读出更广的含义。)

3. 人不要把自己个人得失看得那么重,重要的是要看自己对人类、对党的事业贡献有多大。

4. 获悉埃德加·斯诺先生不幸病逝,我谨向你表示沉痛的哀悼和亲切的慰问。(提示:这令人沉痛的内容,应用偏暗、偏沉的音色,咬字迟滞,气息沉缓。)

5. 代表们发言热烈,普遍赞扬这个讲话实实在在、诚恳坦率,抓住了要害,观点鲜明,针对性强,听了很受鼓舞。(提示:声音实、明亮、字音饱满、气息扎实。)

6. 我们的提高,是在普及基础上的提高;我们的普及,是在提高指导下的普及。

7. 那时,周瑜是个"青年团员"、当时东吴的统帅。程普等老将不服,后来被说服了,还是由周瑜当统帅,结果打了胜仗。

8. 古今中外,谁看见过像陈铁军烈士那样有临刑前用敌人的枪声来为自己的婚礼庆贺的女英雄呢?

9. 年轻人如初生牛犊,可贵的一面是无所畏难,虎虎然,有斗志;不足的一面是有时又容易把困难的事情想得过于简单,或缺少理智的控制。我们要力戒志大才疏,才戒虚荣。

10.九层之台,起于累土。打基础要循序而进。无论德育、智育、体育、美育、技术教育,都要由浅入深、由低级到高级不断发展。革命先烈李大钊讲得好:"凡事都要脚踏实地去做,不驰于空想,不张于虚声,而惟以求实的态度作踏实的工作。以此态度求实,则真理可明,以此态度做事,则功业可就。"

训练材料11—80,见二维码1

二维码1

第二章 普通话语音

第一节 普通话

播音主持语言艺术运用的是普通话的标准语音,它不同于一般意义上的普通话,而是经过专业老师指导,经过对发声器官的训练,语音更加标准、规范的艺术语言发音。对于参加播音与主持艺术专业考试的学生而言,其普通话要达到相当于一级乙等的语音测试水平。

一、普通话概念

普通话是指以北方方言为基础方言,以北京语音为标准音,以典范的现代白话文著作为语法规范的国家通用语言。

(一)以北京语音为标准音

普通话规定"以北京语音为标准音",并不能理解为北京是我国首都,所以我们国家使用北京地区的语音标准。在语势语调方面,东北地区方言,在句子结尾时语言呈下坠趋势,我们称其为语势下坠,比如我们经常开玩笑时说的"你瞅啥""瞅你咋地"等东北口音,都明显体现出这一点。华北地区、华东地区、中南地区、西北地区方言,说话时在句尾处语势呈下滑趋势,我们称其为语势下滑。但唯独北京地区方言,儿化韵偏多,语势上扬,音调还具有一定的乐音成分,所以北京语音发音悦耳,这种乐音成分符合人们心理等方面的需要,因此我们采用北京地区的语音为标准音。但要注意,普通话仅在语音方面采用北京语音,但绝不能将北京话等同于普通话。

(二)以北方方言为基础方言

我国共有七大方言区:粤方言、吴方言、湘方言、赣方言、闽南方言、客家方言、北方方言,其中北方方言是分布地域最广、使用人口最多的方言。

"以北方方言为基础方言"这一条,让许多想要学习普通话的南方学生望而却步。大家普遍认为,北方方言是地理区位上的南北方,即以秦岭—淮河为分界线划分出来的南北方。其实不然,这里所讲的南北方是根据语言地理区位来划分的,北方方言区包括四川北部、云南北部、贵州北部等大部分地区。所以对于南方的学生而言,你们日常生活中所说的方言基本都属于北方方言,在学习普通话的过程中只需要剔除身处方言区的方言俚语,区分并改正部分语音的发音,勤加练习,即可使语音具有悠扬、响亮、通畅的美感。

(三)以典范的现代白话文著作为语法规范

典范的现代白话文不但是我们写作的语法规范,也是普通话语言的语法规范。"以典范的现代白话文著作为语法规范"可以理解为根据现代汉语所规定的主语、谓语、宾语等语法的使用规律为遣词造句的原则,改正以往身处方言区错误的语法习惯,建立新的语法规范的过程。

(四)国家通用语言

我国是一个多民族的国家,56个民族不管身处什么方言区,使用什么方言,原则上都应掌握普通话这一通用语言。中国是世界四大文明古国之一,是唯一没有文化断层的国家,所以汉语发展到现在,形成普通话,并作为一种多民族普遍使用的语言,是我们国家乃至整个民族的骄傲。普通话是作为中华民族的宏观语言而存在的,是规范化的、中国法定的全国通用语言。《中华人民共和国宪法》第十九条规定:"国家推广全国通用的普通话。"

二、普通话特点

各种民族语言在形成和发展的过程中,都能够产生一些独特的形式和规则。汉语与联合国使用的其他工作语言相比,具有许多显著的特点。首先,在语音方面,普通话音节界限分明、乐音成分多,加上声调的高低变化和语调的抑扬顿挫,因此具有极强的音乐性。主要表现为普通话语音没有复辅音,元音占优势,清声母多,发音清脆,声母和韵母的互相间隔,形成了分明的音节,使语言富有节律性,同时其声调变化鲜明,具有高低抑扬的音乐色彩。其次,在词汇方面,汉语普通话词汇在发展过程中已经逐渐趋向双音节化,从而显现出极其可贵的音乐性。最后,在语法方面,普通话的语法结构一致,词的功能性多,词语组合受语义、语境的制约,量词十分丰富,使汉语普通话还具有韵律协调的特点。

三、学习普通话的必要性

普通话是播音员、主持人、演员进行再创作的最重要的手段之一。1994年10月30日,国家语言文字工作委员会、国家教育委员会、广播电影电视部正式联合颁发了《国家语委、国家教委、广播电影电视部关于开展普通话水平测试工作的决定》(以下简称为《决定》)。《决定》中明确指出:县级以上(含县级)广播电台和电视台的播音员、节目主持人应达到一级水平(此要求列入广播电影电视部部颁岗位的规范,逐步实行持普通话等级合格证书上岗);同时还明确规定:电影、电视剧演员和配音演员以及相关院校专业毕业生应达到一级水平。2005年8月3日,国家广播电影电视总局向各省、自治区、直辖市广播影视局(厅),新疆生产建设兵团广播电视局印发《广播电视编辑记者、播音员主持人资格考试办法(试行)》,使普通话水平测试再次成为播音员主持人在职业从业考试中的考察项目。教师资格证也要求在全省统一组织的普通话考试中成绩达到二级乙等及以上水平方可获得。可见学习普通话越来越重要。

四、怎样学好普通话

学好普通话,第一要提高认识,树立信心,认识到学习普通话的重要性和必要性。第二要找准自己在学习普通话方面的难点,注意养成良好的学习习惯。第三要将理论与实践相结合。普通话是一门理论性很强的课程,同时更是一门只有在实践中才能学好的课程,在学习并熟练运用普通话之前,我们首先要能分辨出什么是标准的普通话,语言学习的开始都是靠模仿,在学习普通话的过程中,应养成每天早晨6:30—7:00收听中央人民广播电台《新闻和报纸摘要》节目以及每天晚上7:00—7:30收看中央电视台《新闻联播》节目的习惯,以达到学习普通话的语感基础,因此我们也把学习普通话称为"口耳之学"。

五、有关语音的名词解释

音素——它是构成音节的语音元素,是汉语的最小单位。
音节——它是汉语的最基本单位,也就是一个汉字,是由不同音素构成的。
字头——它是一个音节的开头部分,一般情况下,由辅音(声母)构成,在一个音节中主要起到区分不同音节的作用。
字腹——它是一个音节的中间部分,一般情况下,由开口度大的元音(韵母)音素构成,主要起到使音节饱满、响亮、通畅的作用。

字尾——它是一个音节的最后部分,一般情况下,由开口度小的元音音素或鼻辅音构成,主要起到让音节减弱归音的作用。

第二节 声 母

一、声母的概念

声母是指一个汉语音节起头的辅音,是一个音节的开头部分,声韵拼读时,起到区分不同音节的作用。普通话里共 22 个辅音,有 21 个声母,即 b、p、m、f、d、t、n、l、g、k、h、j、q、x、zh、ch、sh、r、z、c、s,鼻辅音 ng 不能做声母,所以我们也把声母称为辅音声母。

在普通话音节中,大部分音节由辅音声母经过声韵拼读后构成,还有一小部分音节没有辅音声母,而是由单元音或复元音自己独立承担一个音节,我们把没有辅音声母构成的音节叫作零声母音节,把没有辅音声母叫作零声母。(如图 2-1)

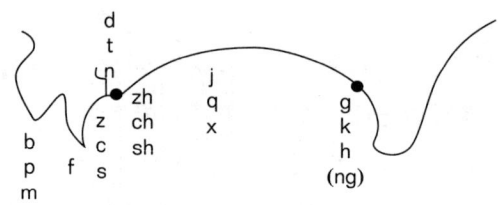

图 2-1 普通话声母发音示意图

二、声母的分类、发音方法及发音原则

发音时气流受到阻碍的位置叫作发音部位,气流在口腔中所受阻碍的部位不同,会形成不同的声母,受阻的方式不同也会形成不同的声母,气流的强弱不同和声带颤动或不颤动,还会形成不同的声母。我们把声母按发音部位的不同进行归纳总结,将其分为七类,分别为双唇阻,即上唇和下唇形成阻碍;唇齿阻,即上齿和下唇形成阻碍;舌尖前阻,即舌尖和上齿龈形成阻碍;舌尖中阻,即舌尖和上齿龈形成阻碍;舌尖后阻,即舌尖和硬腭前端形成阻碍;舌面阻,即舌面和硬腭形成阻碍;舌根阻,即舌根和软腭形成阻碍。

声母发音时,有声气流会在口腔中受到不同部位的阻碍,克服阻碍发音的过程就是声母的发音方法,一般分为三个阶段,即构成阻碍、保持阻碍、解除阻碍。第一阶段是构成阻碍,即吐字器官某部分由静止状态到形成阻碍的发音状态的过程;第二阶段是保持阻碍准备发音,它是正确发音状态的延续;第三阶段是解除阻碍发出声音。这三个阶段瞬间完成,是声母发音时所必须经历的过程。

要使字音准确清晰,不仅要掌握声母的发音方法,还要遵守声母发音的三项原则。原则一是成阻准,构成正确的发音状态,部位要准确;原则二是持阻强,要蓄积足够的气流,控制有度,有一定的力度;原则三是除阻快,做到除阻时干脆,弹吐有力,从而带动后面的韵母,使其声音响亮、清晰、穿透力强。

由于各个声母的发音条件比较复杂,所以要求练习者在学习过程中充分理解并掌握各个声母发音准确的部位、准确的方法以及准确的发音过程。声母发音的时间虽短,但应"咬紧"且"弹开",两者不得偏废,这样才能达到语音纯正且富有弹性,字音准确且清晰自然。

三、有关声母的名词解释

了解声母需要从以下几个名词解释中进一步感知,以下有关声母的名词解释是从声母发音中提取的,我们从形成阻碍的方式、声带是否颤动、气流的强弱等三个方面学习。首先,我们根据形成阻碍和解除阻碍的不同方式将声母发音分为塞音、擦音、塞擦音、鼻音、边音;其次,我们根据声带是否颤动将声母发音分为清音、浊音;最后,我们根据气流的强弱,将声母发音分为送气音和不送气音。(如图2-2)

塞音。它是指声母发声时,成阻前的口腔气流量要大,除阻时过多的气流不能从口腔一下放出,而在口腔内产生爆破的响度。

擦音。它是指声母发声时,除阻后口腔开度小,有声气流成阻的两个面产生的摩擦音。

塞擦音。它是指声母发音时,塞音和擦音两种发音方法的结合。

鼻音。它是指声母发音时,部分辅音不走口腔,走鼻腔,形成带有鼻音色彩的音。

边音。它是指声母发音时,除阻后的有声气流不沿唇舌中线从口腔走音,而是从舌的两边走音。

清辅音。它是指声母发音时,声带不振动,发出的声音不悠扬、不响亮。

浊辅音。它是指声母发音时,声带振动,发出的声音悠扬响亮,美感度强。

送气音。它是指声母发音时,除阻后的有声气流,除在口腔正常走音外,还人为地加大送气力度。

不送气音。它是指声母发音时,气流呼出微弱,为不送气音。

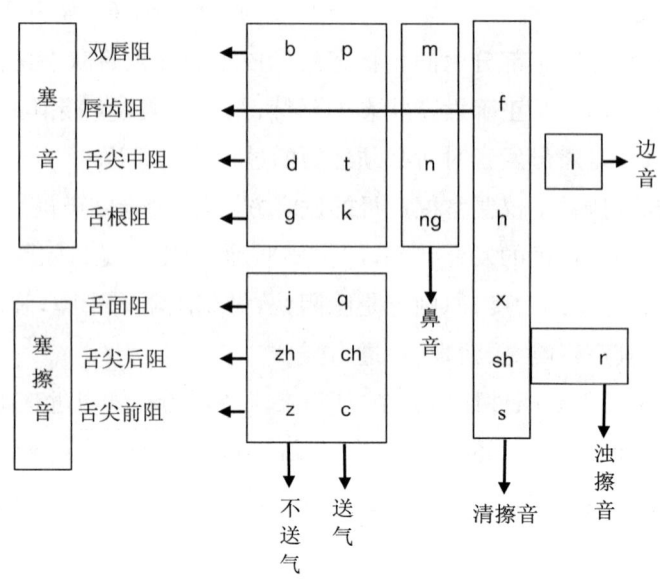

图 2-2　声母发音部位及发音方法

四、声母的发音训练

汉语中共 22 个辅音,有 21 个(鼻辅音 ng 除外)常用的辅音可以作普通话声母。在对语音的学习和训练过程中,要把握声母发音的三个特点:第一,大多数声母发音时,声带不振动;第二,声母发音时,哪个部位阻碍哪个部位紧张用力,其他部位均处于放松状态;第三,大多数声母都沿唇舌中线从口腔集中放出。除此之外,在声母发音训练过程中还应多听多看多感悟,反复记忆并运用于实践。

(一)双唇阻

1. 双唇阻音

它是由上唇与下唇构成阻碍之后发出的一类声母,要求上唇不动或微动,下唇向上运动。共有 b、p、m 三个。

(1)b　双唇阻不送气清塞音

发音时,声带不颤动。成阻时双唇闭拢,阻塞气流,软腭上升,堵住鼻腔通路。除阻时,突然打开双唇,爆发成声,气流较少。

单音节:播　布　北　宾　班　标　贝　别　崩　笨
双音节:百倍　本部　板报　包办　奔波　标兵　辨别　遍布
四音节:跋山涉水　百发百中　半路出家　包罗万象　暴跳如雷

　　　　悲欢离合　闭关自守　不谋而合　博采众长

(2)p　双唇阻送气清塞音

发音的情况和 b 相同,只是在除阻时有一股较强的气流冲开双唇。

单音节:平　盘　胖　排　批　漂　盆　坡　砰　拍

双音节:排炮　澎湃　批判　乒乓　偏旁　爬坡　平盆　偏僻

四音节:旁观者清　匹夫有责　抛砖引玉　跑马观花　披星戴月

　　　　萍水相逢　平易近人　破釜沉舟　普天同庆

(3)m　双唇阻浊鼻音

发音时,声带振动。成阻时双唇闭拢,气流不能从口腔流出。除阻时软腭下降,鼻腔通道打开,舌头自然平放,形成鼻音。当阻碍解除时,剩余的气流冲破双唇的阻碍,发出轻微的塞音。

单音节:妈　慢　门　明　米　谬　满　谋　美　民

双音节:明媚　美满　美妙　弥漫　秘密　买卖　麻木　牧民

四音节:埋头苦干　满城风雨　民富国强　马到成功　满面春风

　　　　弥天大谎　面目全非　莫名其妙　默默无闻

2. 双唇阻音训练注意事项

要想发好三个双唇阻音,就必须在成阻时使唇部收紧,双唇接触有力,而且力量集中的焦点在双唇的中部。发音时,注意气息的运用,控制小腹(丹田),集中气流,冲击双唇,使声音富于弹性,只有这样才能使字音准确、清晰、响亮、圆润。中国的传统戏曲中所说的"喷口"就是指带双唇的音节。

在学习双唇阻发音的过程中,往往会出现以下问题,提醒大家注意:第一,有的人在播出稿件时有咧嘴角的毛病,这样便影响了口腔开度,使力量不容易集中,双唇的爆发力必然减弱,结果使字音的清晰度下降,且声音扁而散;第二,有的人在发双唇阻浊鼻音 m 时,双唇没有力量,导致鼻音色彩加重,使字音闷暗而无光彩;第三,有的人在发这三个双唇音时,常常出现抿嘴和裹唇的毛病,这样便会影响音准,延缓发音的过程,使语音不甚流畅;第四,有的人在发双唇阻送气清塞音 p 时,气流太强,以致产生噪音,使话筒传出"扑扑"的杂音。

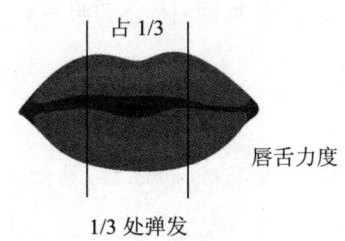

图 2-3　口腔唇的控制

3. 双唇阻音综合训练

(1)八百标兵奔北坡,炮兵并排北边跑,炮兵怕把标兵碰,标兵怕碰炮兵炮。

(2)民兵排,选标兵,六班的标兵,七班的标兵,八班的标兵,评比台前比先进,先进比先进,比比谁更先进,选拔八名标兵上北京。

(3)民兵排,民兵多,男民兵不比女民兵少,女民兵也不比男民兵多,男民兵百米跑步奔南坡,女民兵,练爆破,男民兵说女民兵爆破是能手,女民兵夸男民兵炮炮命中目标是英雄。

训练材料(4)—(6),见二维码2

(二)唇齿阻

二维码2

1. 唇齿阻音

它是由上门齿与下唇内缘构成阻碍之后发出的一类声母,要求上门齿不动或微动,下唇向上运动。唇齿阻音只有 f 一个。

f 唇齿阻清擦音

发音时,声带不颤动。成阻时,下唇内缘接近上齿,形成窄缝,软腭上升,堵塞鼻腔通道,舌位自然平放。除阻时,气流从窄缝中挤出,摩擦成声。

单音节:发　房　奋　佛　风　分　否　翻　冯　法

双音节:吩咐　非凡　芬芳　丰富　犯法　防范　仿佛　奋发

四音节:发扬光大　翻来覆去　反复无常　防患未然　飞沙走石

　　　　飞扬跋扈　分秒必争　风尘仆仆　风吹草动

2. 唇齿阻音训练注意事项

在学习唇齿音发音的过程中,往往会出现以下问题,提醒大家注意。第一,上齿与下唇形成阻碍时要自然接触,千万不要上齿咬住下唇发音,这样会造成成阻部位的面积增大,力量分散,容易发成塞音。第二,上齿与下唇形成阻碍时,上齿要与下唇的内缘接近,留出一条窄缝,千万不要形成上齿与下唇的中缘或者外缘接近,这样发出来的音,会显得十分笨拙。第三,发擦音很容易产生杂音,所以动作不宜过大,发音的过程也不宜过长,要学会控制气流。发音时,要体会到吸气的感觉,久而久之,必然会达到"字音清脆,口腔干净"的要求。

3. 唇齿阻音综合训练

(1)蜂花商场卖混纺,红混纺、黄混纺、粉混纺、粉红混纺、黄粉混纺、红粉混纺和黑混纺。

(2)粉红墙上画凤凰,红凤凰、粉红凤凰、粉凤凰、红粉凤凰,黄凤凰。

(3)丰丰和芳芳,上街买混纺。红混纺、粉混纺、黄混纺、灰混纺。红花混纺做裙子,粉花混纺做衣裳。穿上新衣多漂亮,丰丰和芳芳喜洋洋。感谢叔叔和阿姨,多纺红、粉、灰、黄好混纺。

训练材料(4)—(8),见二维码3

二维码3

(三)舌尖前阻

1. 舌尖前阻音

它是舌尖抵住或者接近上齿龈,气流在这一部位构成阻碍之后发出的一类声母,通常被我们称为平舌音。要求舌尖从下齿背向上划动成阻,到上齿背处除阻。共有z、c、s三个。

(1)z　舌尖前阻不送气清塞擦音

发音时,声带不振动。成阻时,舌尖抵住上齿龈,口腔不通气,软腭上升,堵塞鼻腔通路。除阻时,舌尖离开上齿龈,使舌尖与上齿龈成阻,并逐渐放松,留出一道窄缝,气流从窄缝中挤出,摩擦成声。

单音节:载　遭　贼　增　宗　尊　钻　资　租　嘴

双音节:自责　总则　自尊　祖宗　造作　再造　最早　自足

四音节:自得其乐　再接再厉　责无旁贷　座无虚席　坐吃山空
　　　　左右为难　罪魁祸首　自以为是　字里行间

(2)c　舌尖前阻送气清塞擦音

发音的情况和z相同。只是在除阻时有明显的气流从口腔中流出。

单音节:猜　擦　仓　策　此　村　匆　凑　粗　催

双音节:层次　草丛　仓促　措辞　参差　从此　猜测　苍翠

四音节:惨不忍睹　沧海桑田　草木皆兵　侧目而视　藏头露尾
　　　　此起彼伏　才疏学浅　惨无人道　藏龙卧虎

(3)s　舌尖前阻清擦音

发音时,声带不振动。成阻时,舌尖和上齿龈接近,有空隙,软腭上升,堵塞鼻腔通路。除阻时,气流从舌尖与上齿龈之间留出的一条缝隙中挤出而成声。

单音节:三　桑　松　思　苏　色　扫　酸　孙　四

双音节:色素　洒扫　琐碎　松散　思索　四散　搜索　诉讼

四音节:司空见惯　四面楚歌　四通八达　死有余辜　俗不可耐
　　　　所向无敌　随机应变　随声附和　损人利己

2. 舌尖前阻音训练注意事项

在学习舌尖前阻音的过程中,往往会出现以下问题,在此提醒大家注意。第一,有的同学在发这一组音时,舌尖没有与上齿龈成阻,而是将舌尖伸到两齿(上下齿)的中间去了,这样发出来的音就必然带有齿间音的色彩,这就是所谓的"大舌头"。为了避免将舌尖伸到上下齿中间或者碰到牙齿,在实际运用中,成阻的部位应该是舌尖轻抵上齿龈。而在除阻时,舌尖实际已经离开了上齿龈,悬垂在上齿龈的后面了。第二,还有的同学在发这一组音时,成阻的时候舌尖与上齿龈接触太紧,气流冲破阻碍时比较困难,发出"咝咝"的噪音,我们把这种噪音称为尖音。这就要求在实际运用中,口腔中部要打开,舌尖肌肉要放松,两齿之间要留有一定的距离,这样也就防止了声音偏前的问题。

3. 舌尖前阻音综合训练

(1)三月三,阿三撑伞上深山,上山又下山,下山又上山,出了满身汗,湿透了丝衬衫,上山下山上山跑了三里三。

(2)镇江路、镇江醋,镇江名醋出此处,买错出处买错醋,错买名醋味儿不足。

(3)刚往窗上糊字纸,你就隔着窗户撕字纸。一次撕下横字纸,一次撕下竖字纸,横竖两次撕了四十四张湿字纸。窗上没有纸,风吹满屋子。是字纸你就撕字纸,不是字纸你就不要胡乱地撕一地纸。

训练材料(4)—(5),见二维码4

二维码4

(四)舌尖中阻

1. 舌尖中阻音

它是指舌尖抵住上齿龈,气流在这一部位构成阻碍之后发出的一类声母。共有d、t、n、l四个。

(1)d 舌尖中阻不送气清塞音

发音时,声带不振动。成阻时,舌尖抵住上齿龈,气流不能从口腔中流出,软腭上升,堵塞鼻腔通路。除阻时,气流冲破舌尖与上齿龈的阻碍,爆发成声,气流较少。

单音节:搭 担 到 灯 叨 斗 多 肚 电 丢
双音节:等待 单调 到达 断定 当代 道德 大地 电灯
四音节:大刀阔斧 大公无私 点石成金 调虎离山 顶天立地
　　　　多多益善 多快好省 德高望重 单刀直入

(2) t　舌尖中阻送气清塞音

发音的情况和 d 相同,只是在除阻时有一股比较强的气流冲出口腔。

单音节:推　吞　淌　逃　铁　停　特　台　团　图

双音节:天堂　探听　跳台　团体　梯田　体贴　推托　探讨

四音节:谈虎色变　铁证如山　通宵达旦　同甘共苦　偷天换日
　　　　推波助澜　兔死狐悲　土崩瓦解　脱颖而出

(3) n　舌尖中阻浊鼻音

发音时,声带振动。成阻时,舌尖抵住上齿龈,气流不能从口腔流出。除阻时软腭下降,打开鼻腔通路,使带音的气流从鼻腔通过,发鼻音。

单音节:奶　闹　难　能　农　牛　内　南　您　娘

双音节:牛奶　南宁　难弄　男女　能耐　恼怒　泥泞　奶娘

四音节:南腔北调　南征北战　难分难解　难能可贵　能说会道
　　　　能者多劳　弄假成真　怒发冲冠　怒火中烧

(4) l　舌尖中阻浊边音

发音时,声带振动。成阻时,舌尖抵住上齿龈,软腭上升,堵塞鼻腔通路。除阻时,气流从舌头两边流出,发边音。

单音节:拉　铃　来　驴　楼　老　领　刘　吕　罗

双音节:理论　流利　玲珑　冷落　劳力　绿柳　勒令　嘹亮

四音节:来者不拒　劳苦功高　老态龙钟　冷若冰霜　离题万里
　　　　里应外合　两全其美　炉火纯青　落花流水

2. 舌尖中阻音训练注意事项

在学说普通话的过程中,练习好舌尖中阻音是十分重要的。试想当气流冲破成阻的部位时,而舌尖却表现得既无力度,又无弹性,这样势必会造成发音字音的松散,缺乏力度,甚至失去字音的准确性。所谓"唇舌无力"的"舌"就是指舌尖与上齿龈保持阻碍的力量不够强,具体表现在舌尖(舌尖前、舌尖中、舌尖后)抵住上齿龈形成阻碍之后,气流没有形成一定的压力,这样冲击成阻部位时,气流比较弱,舌尖的肌肉又紧张不起来,因而除阻也就没有力度。由于声母是确保字音准确、清晰的基础,声母"立"不起来,整个音节也就"立"不起来,甚至会影响到整个语句的表达,给人一种懒散之感。

在学习舌尖中阻音的过程中,往往会出现以下问题,在此提醒大家注意。第一,在发舌尖中阻浊鼻音 n 时,必须将舌尖与上齿龈全面接触,也就是说成阻时舌尖一定抵满上齿龈。试想如果舌尖抵不满上齿龈,一部分气流就会轻而易举地跑到口腔之外,由于进入鼻腔的气流减少,那么鼻音的色彩就会被冲淡。反之,如果发舌尖中阻浊边音l时,舌尖抵满了上齿龈,舌面就会相应地平坦、无力,松弛的舌肌不能给气流造成一定的压力,不但浪费气息,而且还会产生噪音。第二,有些方言区发此音时常常将舌尖中阻浊鼻音n与舌尖中阻浊边音l相混。首先应该明确的是n、l的发音部位是相同的,不同的是发音方法。n是鼻音,发音时气流应该从鼻腔流出,l是边音,发音时气流从舌头的两边流出,如果感觉不到,可以将鼻子堵住,发音困难的就是n,因为发n时软腭下降,气流从鼻腔流出,相反,发音不困难的就是l音。也可以这样体会,先将单纯的前鼻音发出,然后再突然爆发成舌尖中阻浊鼻音n,发出的浊鼻音声音状态比较柔和。

3. 舌尖中阻音综合训练

(1)梁木匠、梁瓦匠,俩梁有事齐商量,梁木匠天亮晾衣裳,梁瓦匠天亮量高粱。梁木匠晾衣裳受了凉,梁瓦匠量高粱少了粮。

(2)路东住着刘小柳,路南住着牛小妞。刘小柳拿着大皮球,牛小妞抱着大石榴。刘小柳把大皮球送给牛小妞,牛小妞把大石榴送给刘小柳。

(3)蓝教练,女教练,吕教练,男教练,蓝教练不是男教练,吕教练不是女教练。兰南是男篮主力,吕楠是女篮主力,蓝教练在男篮训练兰南,吕教练在女篮训练吕楠。

训练材料(4)—(9),见二维码5

(五)舌尖后阻

1. 舌尖后阻音

二维码5

它是舌尖与硬腭前端接触或者接近构成阻碍之后发出一类声母,通常被我们称为翘舌音,共有 zh、ch、sh、r 四个。

(1)zh 舌尖后阻不送气清塞擦音

发音时,声带不振动。成阻时,舌尖翘起,顶住硬腭前端,口腔不通气,软腭上升,堵塞鼻腔通路。除阻时,舌尖缓慢地离开硬腭前端,气流则从出现的一道窄缝中挤出,摩擦成声,气流不明显。

单音节:赵　招　郑　知　中　重　抓　追　庄　周

双音节:庄重　主张　支柱　指针　战争　政治　郑重　制止

四音节:掌上明珠　招兵买马　振振有词　争先恐后　珠圆玉润

　　　　郑重其事　知无不言　咫尺天涯　至高无上

(2)ch 舌尖后阻送气清塞擦音

发音的情况和 zh 相同,只是在除阻的时候,有一股明显的气流从口腔中流出。

单音节:产　吵　车　陈　程　船　吹　春　冲　除

双音节：超产　长城　车床　出产　拆穿　沉重　初春　出厂
四音节：触类旁通　长篇大论　畅所欲言　陈词滥调　沉默寡言
　　　　承上启下　吃苦耐劳　赤胆忠心　冲出虎口

(3) sh　舌尖后阻清擦音

发音时，声带不振动。成阻时，舌尖翘起与硬腭前端形成并且保持一条窄缝，软腭上升、堵塞鼻腔通路。除阻时，气流从舌尖和硬腭前端形成的窄缝中挤出，摩擦成声。

单音节：沙　省　双　书　生　山　水　诗　上　顺
双音节：山水　双手　闪烁　神圣　沙石　手术　赏识　上山
四音节：深入人心　神采奕奕　身价百倍　实事求是　史无前例
　　　　始终如一　世外桃源　适得其反　势如破竹

(4) r　舌尖后阻浊擦音

发音的情况和 sh 相近，只是气流摩擦比 sh 弱，同时声带振动，气流带音。

单音节：日　人　如　忍　软　若　柔　辱　荣　然
双音节：仍然　柔韧　容忍　荣辱　如若　软弱　忍让　忍辱
四音节：入情入理　若无其事　若有所思　如愿以偿　如箭在弦
　　　　仁至义尽　燃眉之急　日落西山　如梦初醒

2. 舌尖后阻音训练注意事项

练习者在学习舌尖后阻音的过程中，往往会出现以下问题，在此提醒大家注意。第一，有些方言区没有舌尖后阻音，因此在练习 zh、ch、sh、r 这一组声母时，发音的部位就很难掌握好、掌握准、掌握到位。有的方言区是将这组声母发得比较靠后，把翘舌音（即舌尖后阻音）发成了卷舌音（即 er，舌尖中不圆唇卷舌元音）。因此，练习者需要认真练习。舌尖翘起这个动作，可以对着镜子练习，使其翘舌的动作前伸，接近于伸平，目的是将舌尖移至硬腭前端，经过反复练习，就会达到翘起准确的目的了。有的方言区恰恰相反，发音的位置偏前，舌位较平，接近于平舌音的位置。在实际的练习过程中，舌尖应尽量往后移，顶住硬腭前端，再发舌尖后音，这样慢慢就矫正过来了。另外，发音部位偏前的原因，与口腔的开度也有直接的关系，口腔中部不开，空间自然窄小，声音必然变偏，位置也就当然靠前。第二，有的人在发舌尖后阻音时会噘起双唇，无形之中又给口腔共鸣增加了一个泛音共鸣点，有的会使声音变得闷暗，有的则会在发舌尖后音的同时出现一种好似吹口哨一样的噪音。双唇噘起既影响脸部美观，又破坏字音的准确。第三，有的人在发 sh 的时候，成阻的力量过大，成阻的时间过长，使舌头两边翻卷，出现空隙，气流从舌面两边缘摩擦通过，出现"边擦音"。正确的发音方式应该是舌头的两侧要放平收住，让气流从舌头中部自然流出。第四，有的人在发舌尖后阻音时,不是用舌尖翘起顶住硬腭前端这个位置发音,而是用翘起的舌面顶住硬腭的前端发出舌尖后音,这是一种十分笨拙的方法,这种发音方法极大地影响了字音的准确和语流的通畅,应该予以纠正。

3. 舌尖后阻音综合训练

(1)知道就是知道,不知道就是不知道。不要知道说不知道,也不要不知道装知道。

(2)史老师讲时事,常学时事长知识。学习时事看报纸,报纸登的是时事,常看报纸要多思,心里装着天下事。

(3)大柴和小柴,帮助爷爷晒白菜,大柴晒大白菜,小柴晒小白菜,大柴晒了四十四斤四两大白菜,小柴晒了三十三斤三两小白菜,大柴和小柴,一共晒了七十七斤七两大大小小的白菜。

训练材料(4)—(10),见二维码6

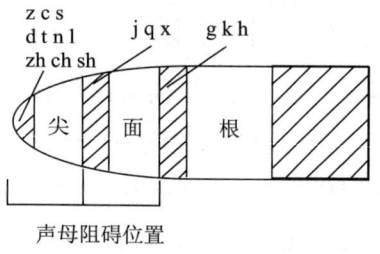

二维码6

不管是舌尖前阻音、舌尖中阻音还是舌尖后阻音,我们应该认识到,它们发音都是舌尖与上颚的某个发音部位构成阻碍,经过成阻、持阻、除阻后发出声音,而不是舌头的前部、中部或后部与上颚构成阻碍发音。

图 2-4 舌的结构示意图

(六)舌面阻

1. 舌面阻音

它是舌面的前半部抵住或者接近硬腭的前半部,气流在这一部位构成阻碍而发出的一类声母,共有 j、q、x 三个。

(1)j 舌面阻不送气清塞擦音

发音时,声带不振动。成阻时,舌面抵住硬腭。除阻时,软腭上升,堵塞鼻腔通路,软弱的气流把舌面的阻碍冲开一道窄缝,并从中挤出摩擦成声。

单音节:江 机 家 街 景 居 捐 决 金 炯

双音节:加紧 境界 交际 简洁 经济 积极 艰巨 佢强

四音节：饥寒交迫　积少成多　集思广益　假公济私　价廉物美
　　　　驾轻就熟　箭在弦上　皆大欢喜　解放思想

(2) q　舌面阻送气清塞擦音

发音的情况和 j 相似，只是在除阻时气流增强，摩擦这个阶段用强气流发出。

单音节：青　亲　欺　桥　枪　去　全　缺　情　球
双音节：亲切　恰巧　请求　轻巧　情趣　秋千　气球　齐全
四音节：取之不尽　奇珍异宝　旗鼓相当　千载难逢　岂有此理
　　　　气吞山河　千山万水　求同存异　恰如其分

(3) x　舌面阻清擦音

发音时，声带不振动。成阻时，舌面接近硬腭，成阻的部位呈现出一道缝隙，软腭上升，堵塞鼻腔通道。除阻时，气流从缝隙中挤出，摩擦成声。

单音节：先　西　香　新　小　雪　休　校　宣　许
双音节：学习　相认　虚心　消息　形象　喜讯　想象　详细
四音节：细水长流　下马观花　先声夺人　弦外之音　现身说法
　　　　相敬如宾　心急如火　谢天谢地　息息相关

2. 舌面阻音训练注意事项

练习者在学习舌面阻音的过程中，往往会出现以下问题，在此提醒大家注意。第一，舌面音是语音中最常见、最容易出现问题的一组音，我们都知道声母 j、q、x 跟 i、ü 或者是以 i、ü 起头的韵母相拼叫作团音，部分方言区里声母 z、c、s 跟 i、ü 或者是以 i、ü 起头的韵母相拼叫作尖音。然而，在普通话里，声母 z、c、s 不能和 i、ü 或者是以 i、ü 起头的韵母相拼，所以普通话里是没有尖音的。第二，目前之所以会出现尖音的泛滥和蔓延，是因为发声者没有掌握好舌面音的成阻部位和舌面发音时的集中用力点，发舌面音时，成阻的部位应该是舌面与硬腭，而舌尖则是自然放松地悬垂在下齿背之后的，集中用力点应该在舌面的成阻部位，而不应该在舌尖，更不允许舌尖碰到齿背或者是舌面前部碰到上齿背、上齿龈等不规范动作出现。第三，尖音的出现不但会影响音准，同时还会出现刺耳的杂音。男生尖音太多，其声音会显得女气；女生尖音太多，则声音既不庄重，又不朴实。因此，应该尽力避免尖音。

3. 舌面阻音综合训练

(1) 前院住了个男演员，南苑住了个女演员，男演员练单鞭，女演员唱单弦。两个演员的眼都挺圆，不知是男演员比女演员的眼圆，还是女演员比男演员的眼圆。

(2) 电影制片厂的电影演员姓钱，卷烟厂的卷烟检验员姓颜，姓钱的电影演员要扮演卷烟厂的检验员，就去卷烟厂找姓颜的检验员来把生活体验，他俩先前从没见过面，就请卷烟车间的卷烟员田艳莲来引见。

(3)文化宫里真有趣,有曲艺,有体育,有杂技,有象棋;文艺室里有谜语;音乐室里练兵器;芭蕾舞剧,革命曲艺,河南豫剧,山东吕剧,话剧剧团,多不胜举,观众济济,座无虚席,表演认真,不遗余力,精彩感人,深受教育。

训练材料(4)—(5),见二维码7

二维码7

(七)舌根阻

1. 舌根阻音

它是舌根后缩拢起抵住或者接近软腭,气流在这一部位构成阻碍之后发出的一类声母,共有 g、k、h 三个。

(1)g 舌根阻不送气清塞音

发音时,声带不振动。成阻时,舌头后缩,舌根隆起抵住软腭,软腭后部上升,使口腔、鼻腔不通气。除阻时,气流冲破舌根的阻碍,爆发成声,气流较少。

单音节:哥　钢　耕　姑　公　广　工　高　改　光

双音节:改革　巩固　高贵　光顾　公共　感观　规格　灌溉

四音节:甘心情愿　感人肺腑　高歌猛进　歌功颂德　纲举目张

　　　　赶尽杀绝　各自为敌　功德无量　光彩夺目

(2)k 舌根阻送气清塞音

发音时的情况与 g 相似,只是在除阻时有一股比较强的气流冲出口腔。

单音节:考　坑　课　口　空　看　哭　渴　扣　宽

双音节:开垦　宽阔　刻苦　可靠　空旷　坎坷　困苦　慷慨

四音节:开卷有益　康庄大道　刻骨铭心　空前绝后　口蜜腹剑

　　　　扣人心弦　苦尽甘来　宽大为怀　溃不成军

(3)h 舌根阻清擦音

发音时,声带不振动。成阻时,舌头后缩,舌根隆起,接近软腭,留有窄缝。除阻时,软腭上升,堵塞鼻腔通路,气流从缝隙中挤出,摩擦成声。

单音节:海　杭　好　河　糊　很　坏　灰　欢　画

双音节:欢呼　荷花　航海　绘画　浑厚　黄昏　悔恨　含混

四音节:海枯石烂　海阔天空　海誓山盟　骇人听闻　汗马功劳

　　　　好景不长　和平共处　含沙射影　豪情壮志

2. 舌根阻音训练注意事项

练习者在学习舌根阻音的过程中,往往会出现以下问题,在此提醒大家注意。第一,舌根音 g、k、h 是气流通过喉部进入口腔之后,发音部位的第一站舌根发出的音,因而它们在二十一个声母之中发音的位置是最靠后的,与其他的声母相比较,音色也是属于最暗的一组。有的人为了追求声音的宽厚,把这三个本来已经靠后的舌根音发得更加靠后,导致整个发音的状态由于更加靠后而产生喉音。为了避免这类现象的发生,应该在发音部位准确的前提下,舌位有意识地前移。第二,g、k 两声母在成阻时要有力地顶住软腭,要有往口腔外输送发音的感觉,这样才能使声音扎实、有力。应该特别注意的是声母 h,它在除阻的时候,舌根和软腭是没有接触的,如果不加强控制,不及时抬起软腭,就容易发出小舌头颤动的声音,不但会影响音准,同时还会产生噪音。舌根音的发音较之其他声母发音来说,发出杂音的机会更多一些,这就要求练习者在发音的时候,要控制好气息。只有气流有力地冲击成阻部位,才能使发出的声音既响亮,又具有弹性。第三,部分方言区存在着舌根音 h 与唇齿音 f 分辨不清的问题,这就要注意 f 和 h 在发音上有什么不同,它们的发音方法是相同的,都是清擦音,区别在成阻的部位上,唇齿音 f 是上齿和下唇形成的阻碍,而舌根音 h 的成阻部位是舌根与软腭。了解发音部位,掌握发音部位,着重练习发音部位是分辨这两个声母的前提。第四,发舌根音靠后的同学,可以做 g、k、h 与韵母 ai、ei、an 的拼合练习。

3. 舌根阻音综合训练

(1)大哥多大锅,二哥多二锅,大哥拿多的大锅,换二哥的二锅,二哥不拿二锅,换大哥的大锅。

(2)小郭画了朵红花,小葛画了朵黄花,小郭想拿他画的红花,换小葛画的黄花,小葛把他画的黄花,换了小郭画的红花。

(3)一班有个黄贺,二班有个王克,黄贺、王克二人搞创作,黄贺搞木刻,王克写诗歌,黄贺帮助王克写诗歌,王克帮助黄贺搞木刻,由于二人搞协作,黄贺完成了木刻,王克写好了诗歌。

训练材料(4)—(5),见二维码 8

五、声母的发音区分训练

二维码 8

(一)送气音与不送气音区分训练

1. 字的区分

b-p	d-t	g-k	j-q	z-c	zh-ch
罢怕	搭他	该开	交敲	杂擦	知吃

波	坡	单	滩	甘	刊	基	期	脏	苍	招	超
崩	碰	冬	通	刚	康	京	青	宗	葱	专	穿
不	铺	多	脱	工	空	江	腔	租	粗	钟	冲

2. 词的区分

b-p		d-t		g-k	
摆布	批评	担当	天堂	改革	刻苦
标兵	偏僻	调动	体贴	规格	困苦
颁布	皮袍	到达	探讨	巩固	宽阔
本部	铺平	答对	淘汰	关公	可靠
辨别	评判	打倒	坍塌	骨干	慷慨
包办	乒乓	抵挡	团体		

j-q		z-c		zh-ch	
艰巨	崎岖	自尊	层次	政治	戳穿
禁军	巧取	总则	猜测	战争	踌躇
将军	请求	祖宗	催促	郑重	抽查
积极	欠缺	自足	草丛	追逐	惆怅
倔强	亲切	曾祖	从此	正直	赤诚
解决	清泉	最早	措辞		

3. 对比区分

(1)

b-p：编排、被迫、奔跑、爆破
p-b：陪伴、配备、破败、盘剥
d-t：代替、地毯、带头、灯塔
t-d：坦荡、偷盗、态度、特点
g-k：赶快、港口、功课、高亢
k-g：肯干、客观、开关、考古

j-q：机器、价钱、近亲、坚强
q-j：千金、勤俭、抢救、请假
z-c：字词、早餐、杂草、最次
c-z：存在、脆枣、操作、刺字
zh-ch：支持、专长、战船、征程
ch-zh：车站、沉重、城镇、吃斋

(2)

b：被服、饱了、步子、鼻子
p：佩服、跑了、铺子、皮子
d：队伍、调动、河道、肚子
t：退伍、跳动、河套、兔子
g：挂上、关心、勾住、天宫

k：跨上、宽心、扣住、天空
j：尖子、吉利、橛子、长江
q：钎子、奇丽、瘸子、长枪
z：子弟、大字、组成、青枣
c：此地、大刺、促成、青草

zh：摘花、扎针、大致、竹纸　　　　　　ch：拆花、插针、大翅、竹尺

4. 对比声母意义区分

波动—破洞　奔放—喷放　背光—配光　败兵—派兵　鼻子—皮子
辫子—骗子　当面—汤面　到头—套头　淡化—碳化　肚子—兔子
毒药—涂药　当中—汤中　该打—开打　告吹—靠吹　怪事—快事
孤树—枯树　技巧—奇巧　激发—七发　挤压—欺压　净利—庆历
坚强—牵强　犟人—呛人　摘除—拆除　长成—常常　仗着—唱着
侄子—池子　质子—赤子　字数—次数　自私—刺丝　座位—错位
自序—次序　在场—菜场　大字—大刺

(二)舌根阻音 h 与唇齿阻音 f 区分训练

有些方言区分不清普通话辅音声母 f 和 h 的发音,这两个辅音声母发音方法相同,都是清擦音,但发音部位不同。f 的受阻部位是下唇与上门齿,h 是舌根与软腭。

1. 字的区分

f：发、飞、凡、粉、防、冯

h：哈、黑、寒、很、行、横

2. 词的区分

f：肺腑、方法、反复、仿佛、奋发、芬芳

h：航海、花卉、毁坏、欢呼、荷花、缓和

3. 对比区分

(1)

f-h：凤凰、繁华、符合、防护

h-f：恢复、会费、活佛、荒废

(2)

f：开发、开方、公费、废话、大夫

h：开花、开荒、工会、绘画、大呼

4. 对比声母意义区分

弧度—幅度　护花—复发　换人—犯人　航空—防空　会话—废话
互利—富丽　开花—开发　互助—附注　荒地—方地　皇后—房后

(三)舌尖中阻音边音 l 与舌尖中阻音鼻音 n 区分训练

很多方言区,普遍存在分不清辅音声母 n 与 l 的现象,这两个音的发音部位是一

样的,主要是发音方法不同。n 是鼻音,气流从鼻子里出来;l 是边音,气流是从舌头两边出来。

1. 字的区分

n:那、耐、内、脑、难、农

l:蜡、赖、泪、老、蓝、龙

2. 词的区分

n:牛奶、泥泞、恼怒、能耐、男女、忸怩

l:流利、嘹亮、玲珑、劳力、流量、留恋

3. 对比区分

(1)

n、l:哪里、脑力、奴隶、耐劳、农林、年轮、纳凉、奶酪、内涝、暖流、能力、凝练、逆流、年龄、奶牛、男女、恼怒、能耐、泥泞

l、n:烂泥、连年、留念、冷暖、岭南、辽宁、连年、来年、落难、历年、流脑、遛鸟、拉力、利落、流利、履历、罗列、轮流

(2)

n:女客、男子、难住、留念、大娘

l:旅客、篮子、拦住、留恋、大梁

4. 对比声母意义区分

脑子—老子	难住—拦住	恼怒—老路	泥巴—篱笆	无奈—无赖
大娘—大梁	水牛—水流	女伴—旅伴	黏合—联合	年节—廉洁
南部—蓝布	男袜—蓝袜	呢子—梨子	大年—大连	新娘—新粮
留念—留恋	蜗牛—涡流	浓重—隆重	内线—泪腺	允诺—陨落
闹灾—涝灾	鸟巢—了却	门内—门类	千年—牵连	泥浆—漓江

(四)舌尖前阻音 z、c、s 与舌尖后阻音 zh、ch、sh 区分训练

很多方言区的人,普遍分不清辅音声母 zh、ch、sh 与 z、c、s 的发音,这两组辅音声母发音方法相同,但发音部位不同。zh、ch、sh 是舌尖与硬腭前部成阻;z、c、s 是舌尖与上齿背成阻。正确掌握发音部位,是区分这两组声母的关键。

1. 字的区分

| z-zh | c-ch | s-sh |
| 杂 闸 | 擦 插 | 色 舍 |

则 折	词 池	四 世
资 知	猜 折	赛 晒
灾 摘	草 炒	搜 收
糟 招	灿 颤	三 山
走 肘	藏 长	桑 伤

2. 词的区分

z－zh	c－ch	s－sh
最早 庄重	猜测 车床	思索 闪烁
自尊 战争	层次 超产	洒扫 上山
总则 政治	催促 冲闯	色素 山水
自足 知足	摧残 惆怅	琐碎 设施
栽赃 执政	参差 长城	松散 绅士
祖宗 正中	璀璨 赤城	送死 双手
在职 杂志	财产 草场	三十 丧生
栽种 增长	猜出 采茶	扫射 私塾
自重 宗旨	彩绸 餐车	四十 四声

zh－z	ch－c	sh－s
渣滓 张嘴	车次 场次	哨所 山色
种族 长子	蠢材 纯粹	深思 神速
沼泽 振作	差错 陈词	上诉 深邃

3. 对比区分

(1)

z－zh：组织、杂志、再植、赞助
zh－z：种族、装载、种子、重载
c－ch：蚕虫、操场、财产、擦车
ch－c：炒菜、冲刺、尺寸、陈词
s－sh：似是、三山、四水、飒爽
sh－s：疏松、输送、失色、伤俗

(2)

z：自力、栽花、赞助、增补、暂时
zh：智力、摘花、站住、争捕、战时
c：操场、仓皇、草木、一层、参谋
ch：抄写、猖狂、炒菜、一成、搀扶
s：四十、三哥、塞子、撒网、散光
sh：事实、山歌、筛子、纱网、闪光

4. 对比声母意义区分

主力—阻力	砖洞—钻洞	征兵—增兵	摘桃—栽桃	照旧—造就
山脚—三角	棉纸—棉籽	支援—资源	竹子—卒子	木柴—木材
一成—一层	睡时—碎石	最初—最粗	推迟—推辞	插手—擦手

鱼翅—鱼刺　初步—粗布　事实—四十　乱吵—乱草　梳子—苏子
诗人—私人　商业—桑叶　师长—司长　收集—搜集

(五)舌尖后阻音 r 与舌尖中阻音 l 区分训练

有些方言区的人,对 r 与 l 难以区分,经常出现混淆不清的情况,为此要根据发音特点把这两个音区分开。声母 r 是翘舌音,l 是舌尖浊边音。

出入—出路　很热—很乐　洗染—展览　例如—火炉　天然—天蓝
荣幸—隆重　柔软—虫卵　利润—立论　温柔—高楼　谦让—波浪
褥子—路子　耻辱—俘虏

(六)舌尖后阻音 r 与单元音韵母 i 的区分训练

有些方言区的人,对 r 与 i 难以区分,经常出现混淆不清的情况,为此要根据发音特点把这两个音区分开。声母 r 是翘舌音,而 i 是单元音韵母。

人民　银行　鱼肉　围绕　需要　承认　大意
土壤　给养　仍然　营房　蹂躏　红日

(七)舌尖后阻音 zh、ch、sh、r 与卷舌元音韵母 er 的对比训练

有些方言区的人,对 zh、ch、sh、r 与 er 难以区分,经常出现混淆不清的情况,为此要根据发音特点把这几个音区分开。声母 zh、ch、sh、r 是翘舌音,er 是卷舌音,并且普通话语音中有且只有一个卷舌音,那就是 er。翘舌音是舌尖抵住硬腭前端,舌面部分不翘不接触;卷舌音是舌尖舌面卷起,与硬腭中部接触发音的。

六、零声母音节的发音训练

一个音节通常由声韵拼读的方式构成,零声母音节没有声母,它由单元音或复元音自己独立构成。我们按韵母开头元音的唇型特点将零声母音节分类,分为开口呼零声母音节、齐齿呼零声母音节、合口呼零声母音节、撮口呼零声母音节四类。下面我们按照开齐合撮零声母的分类分别进行训练。

(一)开口呼零声母音节

暗暗　昂昂　恩爱　偶尔　傲岸　二氧　嗷嗷　阿姨　安逸　熬夜
恶意　扼要　而已　昂扬　安稳　额外　扼腕　耳闻　讹误　安慰
安危　哀怨　按语　阿谀　厄运　恩怨　耳语　鳄鱼

(二)齐齿呼零声母音节

议案　要隘　银耳　幼儿　因而　友爱　诱饵　演义　扬言　摇曳
野营　一样　医药　意义　厌恶　要闻　业务　遗忘　义务　因为
烟雾　言语　演员　谚语　养育　遥远　业余　音乐

(三)合口呼零声母音节

巍峨　晚安　伟岸　万安　外耳　雾霭　问案　外因　蜿蜒　文艺
午夜　无疑　晚宴　威严　玩味　忘我　威望　威武　无畏　周闻
蛙泳　外语　外援　委员　谓语　位于　婉约

(四)撮口呼零声母音节

余额　悦耳　鱼饵　冤案　员额　云霭　拥有　用意　语言　鸳鸯
园艺　远洋　运营　渔网　欲望　冤枉　原文　援外　云雾　韵味
永远　踊跃　用语　运用　孕育　预约　云涌

第三节　韵　母

一、韵母的概念

韵母是指一个音节声母后面的部分,共有 39 个。韵母的主要成分是元音,有的韵母由一个元音组成,有的由两个或三个元音组成,还有的由一个或两个元音加上一个鼻辅音组成。

韵母的结构一般由韵头、韵腹、韵尾三部分构成(如图 2-5)。韵母发音时,要求韵头必须叼住,韵腹必须撑开立起、韵尾必须收紧归音到位,这样才能使字音响亮、集中、清晰、圆润且有力度。在学习训练的过程中,要特别注意掌握韵母的归音问题。

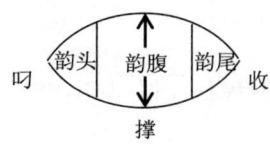

图 2-5　韵母结构图

韵母与元音的关系密不可分(如图 2-6)。一般情况下元音是一个音节的字腹或字尾部分,多充当字腹,口腔开合度大的元音饱满、响亮、通畅、美感极强,为一个音节增添了悠扬、响亮的乐音色彩。从声韵拼读的角度来讲,我们一般把元音叫作韵母,但严格来说,元音就是元音,因为有些韵母里还有辅音音素的参与。

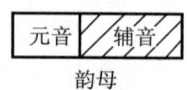

图 2-6 元音与韵母的关系示意图

元音在音节里最响亮,发音时气流通过声门,冲开闭拢的声带,声带振动产生的乐音声波经过口腔,受口腔形状、舌位变化的影响(在韵母发音的过程中,舌头较高的部位叫"舌位"),发出不同的元音,同时调动口腔、胸腔、鼻腔、头腔等共鸣腔体使声音美化、扩大。

所有的元音在发音时,都沿唇舌中线由口腔集中放出,有声气流在口腔中不受任何部位的阻碍,振动声带,表现为浊声乐音,声音通畅、悠扬、响亮。口腔开合度的大小、舌位的前后高低、唇形的圆展变化等因素的影响会形成不同的元音。元音不像辅音那样,哪个部分阻碍气流,哪个部位紧张,元音发音时气流在口腔中,口腔器官均衡紧张。

二、韵母的分类

(一)按结构分类

按韵母的结构分类可以分为单元音韵母、复合元音韵母(复韵母)、带鼻尾音韵母(鼻韵母)三类。韵母的结构分类会在发音及训练中着重讲解。

1. 单元音韵母

a、o、e、i、u、ü、ê、-i[前]、-i[后]、er

2. 复合元音韵母(复韵母)

ai、ei、ao、ou、ia、iê、ua、uo、üe、iao、iou、uai、uei

3. 带鼻尾音韵母(鼻韵母)

an、en、in、ün、ian、uan、üan、uen、ang、eng、ing、ong、iong、iang、uang、ueng

(二)按开头元音的唇型特点分类

按韵母开头元音的唇形特点分类可以分为开口呼、齐齿呼、合口呼、撮口呼四类。

1. 开口呼

开口呼是指没有韵头,韵腹不是 i、u、ü 的韵母,此韵母的发音发力于喉。普通话中共 15 个韵母属开口呼:a、o、e、ai、ei、ao、ou、an、en、ang、eng、ê、-i(前 i)、-i(后 i)、er。

2. 齐齿呼

齐齿呼是指韵头或韵腹是 i 的韵母,此韵母的发音发力于齿。普通话中共 9 个韵母属齐齿呼:i、ia、ie、iao、iou、ian、in、iang、ing。

3. 合口呼

合口呼是指韵头或韵腹是 u 的韵母,此韵母的发音发力在满口。普通话中共 10 个韵母属合口呼:u、ua、uo、uai、uei、uan、uen、uang、ueng、ong。

4. 撮口呼

撮口呼是指韵头或韵腹是 ü 的韵母。普通话中共 5 个韵母属撮口呼:ü、üe、üan、ün、iong。

三、韵母的发音训练

在韵母发音过程中,舌位可以抬高、降低、伸前、缩后,开口度可大可小,唇形更是可圆可不圆。我们可以从以下三个方面对元音的发音进行把握。第一,舌位的高低,即开口度的大小。舌位越高口腔开度越小,舌位越低口腔开度越大。第二,舌位的前后,即声音的前后。舌位越靠前声音越靠前,舌位越靠后声音越靠后。第三,圆唇不圆唇,即唇形的圆展。

(一)单元音韵母

1. 单元音韵母的概念

单元音韵母是由单元音独立充当韵母,我们也叫它基础元音,普通话里有 10 个单元音韵母。舌面元音韵母 7 个:a、o、e、i、u、ü、ê。特殊元音韵母 3 个,其中包含舌尖元音韵母 2 个:-i[前]、-i[后],卷舌元音韵母 1 个:er。因为汉语语音的韵母大多是由它们复合而成的,所以发好基础元音尤其重要。

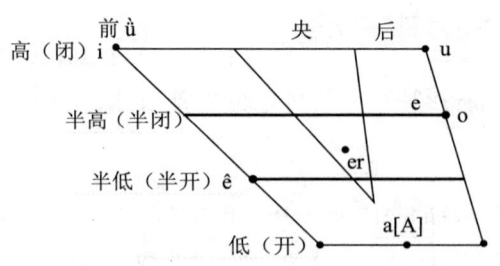

图 2-7 普通话舌面元音舌位图([ ]内为国际音标)

2. 单元音韵母的发音训练

(1) a 舌面央低不圆唇元音

开口发音时,舌尖从下齿背向后移动到下齿龈处。因为舌位越低,口腔开度越大,舌位越高,口腔开度越小,所以,a 这个低舌位音,口腔开度最大。舌位压低,舌面凹陷。a 在发音时,分为前 a、央 a、后 a 三种。

单音节:阿 巴 妈 发 搭 他 拉 哈 扎 杀

双音节:发达 打靶 喇叭 砝码 大妈 哈达 拉萨 沙发

四音节:八面玲珑 跋山涉水 茶余饭后 大有作为 大智若愚
煞有其事 飒爽英姿 马不停蹄 八面威风

绕口令:张大妈,夏大妈,你看咱社的好庄稼,高的是玉米,矮的是芝麻,开黄紫花的是棉花,圆溜溜的是西瓜,谷穗长得像镰把,勾着想把地压塌。张大妈,夏大妈,边看边乐不住地夸。

初八,十八,二十八,八个小孩拔萝卜,你也拔,我也拔,看谁拔的多,看谁拔的大,你拔的不多个儿不小,我拔的不少个儿不大,一个萝卜一个坑,算算多少用车拉,一个加两,两加三,七十二个加十八,拿个算盘打一打,一百差两九十八。

一个胖娃娃,捉了三个大花活蛤蟆,三个胖娃娃,捉了一个大花活蛤蟆,捉了一个大花活蛤蟆的三个胖娃娃,真不如捉了三个大花活蛤蟆的一个胖娃娃。

(2) o 舌面后半高圆唇元音

开口发音时,舌位半抬起,舌根后缩,圆唇发音。

单音节:泼 播 摸 佛 破 博 摩 婆 迫 墨

双音节:薄膜 磨破 默默 菠萝 薄弱 破获 萝卜 泼墨

四音节:莫名其妙 默默无闻 博学多才 博古通今 迫在眉睫
破涕为笑 破釜沉舟 迫不及待 拨乱反正

绕口令:张伯伯,李伯伯,饽饽铺里买饽饽,张伯伯买了个饽饽大,李伯伯买了个大饽饽,拿回家里给婆婆,婆婆又去比饽饽,也不知是张伯伯买的饽饽大,还是李伯伯买的大饽饽。

颗颗豆子进石磨,磨成豆腐送哥哥,哥哥说我的生产虽然小,可是小小的生产贡献多。

兴修水利好处多,绿水笑着上山坡,山青稻香水磨响,日子越过越好过。

(3)e 舌面后半高不圆唇元音

开口发音时,舌根后缩半抬起,不圆唇发音。

单音节:哥 渴 喝 遮 车 德 鹅 乐 策 热

双音节:特赦 折合 特色 客车 色泽 合格 苛刻 隔阂

四音节:责无旁贷 克己奉公 得心应手 歌舞升平 可歌可泣
　　　　刻骨铭心 何去何从 隔岸观火 革故鼎新

绕口令:坡上立着一只鹅,坡下就是一条河,宽宽的河,肥肥的鹅,鹅要过河,河要渡鹅,不知是鹅过河,还是河渡鹅。

村东有条清水河,河岸是个小山坡,社员坡上挖红薯,闹闹嚷嚷笑呵呵。忽听河里一声响,河水溅起一丈多,吓得我忙大声喊:"谁不小心掉下河?!"大家一听笑呵呵,有个姑娘告诉我:"不是有人掉下河,是个红薯滚下坡。"

(4)i 舌面前高不圆唇元音

开口发音时,舌位前移抬起,与上齿龈接近,前高不圆唇发音。

单音节:衣 戏 笔 器 稀 泥 低 批 梯 基

双音节:笔记 地理 霹雳 袭击 离奇 立即 秘密 起义

四音节:立竿见影 地大物博 一技之长 避难就易 比比皆是
　　　　毕恭毕敬 低声下气 鸡犬不宁 急中生智

绕口令:一二三,三二一,一二三四五六七,七六五四三二一,七个姑娘来聚齐。七只花篮手中提,一齐来到果园里,摘的是槟子、橙子、橘子、李子、栗子、梨子。

人心齐,泰山移,男女老少齐出力,要与老天比高低。挖了干渠几十里,保浇了万亩良田地。

七队的齐老七和戚小七,清晨起来抢簸箕,抢起簸箕簸荠荠,簸完荠荠把墙砌。砌完墙又一口气地修机器,他们心红手巧为集体。

(5)u 舌面后高圆唇元音

开口发音时,口腔开度小,舌位后高,双唇收缩成圆形,稍向前突,中间留一小孔,舌后缩,舌面后部高度隆起,发音室声带颤动,软腭上升,关闭鼻腔通路。

单音节：促　出　肚　服　姑　路　宿　主　突　祖

双音节：突出　互助　图书　出路　读书　出租　孤独　补助

四音节：不共戴天　路不拾遗　露宿风餐　突飞猛进　图谋不轨
　　　　孤军奋战　出奇制胜　触景生情　呼风唤雨

绕口令：出南门，进皮铺，买下块鹿皮补皮裤，是鹿皮，补皮裤；不是鹿皮不必补皮裤。

有个老头本姓顾，人们叫他顾老五，顾老五上街买醋带打醋，回来碰见鹰叼兔，兔子绊倒了顾老五，碰掉了他的布，打翻了他的醋，这事儿活活气坏了顾老五。

动物园，看动物，有禽兽，有水族，野兽部最突出，熊猫、老虎、大袋鼠、狮子、野猪、长颈鹿，水禽兽，不胜数，大开眼界心情舒。

(6) ü　舌面前高圆唇元音

开口发音时，开口度较小，舌位前高，双唇撮圆，略向前突，中部留一扁圆小孔，舌尖抵下齿背，舌面前部隆起，发音时，声带颤动，软腭上升抬起，关闭鼻腔通路。

单音节：迂　女　吕　虚　屈　居　菊　巨　取　炬

双音节：沮丧　聚集　语句　区域　豫剧　序曲　旅居　履历

四音节：举目无亲　绿水青山　屡教不改　据理力争　屈指可数
　　　　取长补短　女娲补天　虚度年华　旭日东升

绕口令：老齐欲想去卖鱼，巧遇老吕去牵驴，老齐要用老吕的驴去驮鱼，老吕说老齐要用我的驴去驮鱼就得给我鱼。要不给我鱼，就别用我老吕的驴去驮鱼，二人争来又争去，都误了去赶集。

这天天下雨，体育运动委员会穿绿雨衣的女小吕，去找计划生育委员会不穿绿雨衣的女老李。体育运动委员会穿绿雨衣的女小吕，没找着计划生育委员会不穿绿雨衣的女老李；计划生育委员会不穿绿雨衣的女老李，也没见着体育运动委员会穿绿雨衣的女小吕。

老徐和老许，二人看曲剧，曲剧观众多，剧场无虚席，曲剧确有趣，娱乐受教育，曲剧群众喜，群众喜曲剧。

以上6个为基础元音的常用单元音，也就是说它们可与大多数辅音进行拼读。以下4个为特殊单元音，它们具有一定的特殊性和使用范围的局限性。

(7) ê　舌面前半低不圆唇元音

开口发音时，舌位前移，在常用元音 i 的下方开口发音。它的特殊性是与任何声母都不能拼读，而是和常用元音 i、ü 复合成韵母 iê、üê。元音 ê 永远只与 i、ü 拼合成复韵母，一般不能单独使用，不直接与声母相拼合。

双音节：强烈　事业　白雪　求学

绕口令：早打铁，晚打铁，打把镰刀送爷爷，爷爷说谢谢，留我歇一歇，我一歇也不歇，爷爷也别谢，我要连夜打铁支援农业。

一阵粉笔的细末，一场无声的瑞雪，这雪滋润了生机勃发的田野，求知的心田上，嫩芽在暗暗拔节。瑞雪，丰年是人民的期望，期望这雪带来丰收的喜悦。

谢老爹在街上扫雪，薛大爷在屋里打铁。薛大爷见谢老爹在街上扫雪，就急忙放下手里正在打着的铁，跑到街上帮助谢老爹来扫雪；谢老爹扫完了街上的雪，就急忙进屋里帮薛大爷打铁。二人一同扫雪，二人一同打铁。

(8) -i(前 i)　舌尖前高不圆唇元音

开口发音时，舌位前移，舌高点集中在舌尖处，与上齿背接近。在普通话里-i(前 i)只能与声母中的舌尖前阻音(z、c、s)进行拼读，相拼为 zī、cī、sī，-i(前 i)不能自成音节。如：

单音节：资　此　思　字

双音节：四次　自私　次子　刺死

(9) -i(后 i)　舌尖后高不圆唇元音

开口发音时，舌尖后翘，与硬腭前端接近。在普通话里-i[后]只能与声母中的舌尖后阻音(zh、ch、sh、r)进行拼读，相拼为 zhī、chī、shī、rī，不能自成音节。如：

单音节：知　吃　诗　日

双音节：知识　指示　秩序　时事　日月

(10) er　央卷舌不圆唇元音

开口发音时，口腔自然打开，舌位不前不后，不高不低，舌前部上抬，舌尖向后卷，卷向硬腭，但不接触。发音时，声带振动，软腭上升抬起，关闭鼻腔通路。它与任何声母都不能拼读，而是自成音节。

单音节：儿　耳　二　尔　而　洱

双音节：儿女　而且　儿戏　二胡　儿童　尔后　耳语　洱海

四音节：耳目一新　耳濡目染　耳听八方　耳闻目睹　尔虞我诈

　　　　儿女情长　而今而后　二八佳人　耳目众多

绕口令：有个小孩儿叫小兰儿，提着水桶上井台儿，摔了跟头儿捡了钱儿，又打醋来又买盐儿，还买了个小饭碗儿，小饭碗儿真好玩儿，没有边儿，没有沿儿，中间有个小红点儿。

进了门儿，倒杯水儿，喝了两口儿运运气儿，顺手儿拿起小唱本儿，唱了一曲儿又一曲儿。练完嗓子我练嘴皮儿，绕口令儿，练字音儿，还有单弦儿牌子曲儿，小快板儿，大鼓词儿,越说越唱越带劲儿。

你别看就那么两间小门脸儿,你别看屋子不大点儿,你别看设备不起眼儿,代销员为人民服务的思想贴心坎儿。有火柴,有烟卷儿,有背心儿,有裤衩儿,有手电、蜡烛,盘子碗儿,有刀子勺子,小饭铲儿,这起个早儿,贪个晚儿,买什么都在家跟前儿。

3. 单元音韵母训练注意事项

第一,要掌握正确的训练方法。声音的偏前、偏后主要表现在元音上,在训练过程中,要正确地区分舌位前后高低的变化,摆正单个音素、舌位、口形、唇形的位置再进行训练,同时还要结合自身的生理条件来进行行之有效、持之以恒的练习,这样才能达到高音不挤不破,低音不压不散的理想效果。

第二,要避免出现元音的鼻音化。元音的鼻音化是一种错误的发声方法,有些元音在发音时,应严格控制软腭,鼻腔通路的开与合不但会影响声音的清晰度和美感,同时也会使字音变得含混、轻飘、缺乏力度。

第三,重视发好"a"音。在十个单元音中,a音是开口度最大,舌位最低,最饱满、响亮、通畅的。在汉语400多个常用基本音节中,它作为其中的音素占160多个,使用概率最大,因此我们也叫它主元音,发好a音至关重要。

a音靠前男声女气,女声嗲气;a音靠后女声男气,男声老气;a音过展音发扁;a音过圆音就闷暗;后口腔开度过小,a音饱满通畅度不高;前口腔开度过大,a音发散。我们要在a音规范训练的基础上,带动其他五个单元音的训练,只有发好a音,才能打开口腔,使声音响亮、圆润。与此同时,在不影响单元音韵母o、e、i、u、ü音准的前提下,其音位、音色均向a音靠近。

第四,遵循元音音素发音的共同点。按照6个常用单元音口腔开度和舌位唇形位置变化的不同,我们把它们分为开口呼:a、o、e;齐齿呼:i;合口呼:u;撮口呼:ü。普通话里绝大多数音节都与这六个元音有关,一个元音发音的不规范,就会影响与它相拼合的一系列音节。因此,在训练中要按照开齐合撮的变化,发准每个元音,并且要发音圆润、明亮、清晰、集中,不断训练、不断调整、不断辨析,在每个元音发音时,都应注意口形的开闭、舌位的高低前后、唇形的圆展。一旦确认发音之后,上述的可变因素,则固定不变。以此训练,使基础元音发音既准确又动听。

(二)复合元音韵母(复韵母)

1. 复合元音韵母的概念

复合元音韵母简称复韵母,是由两个或三个元音组合而成的。我们按照参与复合的音素数量,把复合元音韵母分为两合复元音韵母和三合复元音韵母。两合复元音韵母是由两个音素复合而成的,我们又按照开口度大的音素的位置不同,分为前响复元音韵母和后响复元音韵母。前响复元音韵母是前面的音素开口度大,响亮通畅,分别有:ai、ei、ao、ou;后响复元音韵母是后面的音素开口度大,响亮通畅,分别有 ia、ie、ua、uo、üe。三合复元音韵母是由三个音素复合而成的,中间的音素开口度大,响亮通畅,所以也叫中响复元音韵母,分别有 iao、iou、uai、uei。无论是两个元音复合,还是三个元音复合,复合元音在发音过程中,舌位的前后、高低,唇形圆展都要发生连续的移动变化,我们把舌位移动的过程叫作"舌位的动程"。

复合元音韵母的发音是从一个元音的发音状态快速向另一个元音的发音状态过渡的过程,其舌位的高低、前后,口腔的开合度,唇形的圆展,都是逐渐变动的,这些变动不是突变的跳跃式的,中间应该有过渡音,保证气流不中断且没有明显的界限,使之成为一个整体。这就是说,复合元音韵母并不是一两个、两三个元音的简单相加,而是一种有机的结合,当它们结合成复韵母之后,实际上已经具有了一种特殊的音色,同原来的单元音韵母的音色就完全不同了。

复合元音韵母的结构是由韵头、韵腹、韵尾三部分组成。韵头一般由开口度小的元音音素构成,声韵拼读时,作介音使用;韵腹一般由开口度大、声音较为响亮的元音音素构成,声韵拼读时,主要起到让音节饱满、响亮、通畅的作用,是构成韵母的中心成分;韵尾一般由开口度小的元音音素或鼻辅音构成,主要起渐弱归音的作用。在所有的复合元音韵母中,可以没有韵头,也可以没有韵尾,但韵腹是必不可少的。

2. 复合元音韵母的发音训练

前响复韵母 ai、ei、ao、ou 在发音时,口腔由开到闭,舌位由低到高,声音由较响亮到较含混。

(1)ai(a-i-ai)

单音节:白 拍 柴 开 来 海 拆 灾 晒 菜

双音节:彩排 开采 买卖 灾害 海带 白菜 晒台 爱戴

四音节:爱莫能助 拍手称快 开诚布公 百花争艳 白手起家

待人接物 海枯石烂 排除万难 来之不易

绕口令:小艾和小戴,一起来卖菜,小艾把一斤菜给了小戴,小戴有比小艾多一倍的菜;小戴把一斤菜给小艾,小艾小戴就有一般多的菜,请你想想猜猜,小艾和小戴各买了多少菜?

艾白凯买来海带和白菜,泡开海带切白菜,艾白凯爱吃海带拌白菜。

(2)ei(e-i-ei)

单音节:杯 梅 内 非 北 累 飞 贝 媚 雷

双音节：配备　肥美　蓓蕾　黑煤　妹妹　背煤　北美　北非

四音节：黑白分明　飞黄腾达　飞沙走石　飞扬跋扈　费尽心机
　　　　废寝忘食　悲欢离合　杯弓蛇影　背道而驰

绕口令：贝贝飞纸飞机，菲菲要贝贝的纸飞机，贝贝不给菲菲自己的纸飞机，贝贝教菲菲自己做能飞的纸飞机。

有水无肥花不肥，有肥无水花不美。种花施肥又浇水，肥肥水肥花更美。

(3) ao(a-o-ao)

单音节：包　抛　猫　刀　捞　脑　老　耗　招　抄

双音节：报告　高潮　逃跑　早操　号召　照抄　劳保　操劳

四音节：劳而无功　老态龙钟　饱食终日　报仇雪恨　草木皆兵
　　　　操之过急　稍胜一筹　少见多怪　少年老成

绕口令：毛毛和涛涛，跳高又练跑，毛毛教涛涛练跑，涛涛教毛毛跳高，毛毛学会了跳高，涛涛学会了练跑。

(4) ou(o-u-ou)

单音节：凑　搜　柔　抽　收　舟　候　沟　扣　偷

双音节：收购　抖擞　欧洲　喉头　丑陋　豆蔻　走漏　漏斗

四音节：踌躇不前　手舞足蹈　愁眉不展　厚古薄今　臭名远扬
　　　　收回成本　偷工减料　投亲靠友　口说无凭

绕口令：李小牛，往前走，脚下踢起一颗豆，捡起豆，四下瞅，一辆大车往前走，"老爷爷，慢点走，车上麻袋有裂口。"大车停下不再走，找呀找，找裂口。找到了，缝裂口。老爷爷乐得直点头。

猴子山上上山猴，猴山山陡猴发愁。猴子发愁猴挠头，猴挠猴头愁山猴。

后响复韵母 ia、ua、uo、üe、ie 在发音时，口腔由闭到开，舌位由高到低，声音由较含混到较响亮。

(5) ia(i-a-ia)

单音节：俩　家　恰　瞎　甲　压　下　牙　峡　虾

双音节：假牙　加价　夏家　恰恰　假价　压下　霞光　加压

四音节：驾轻就熟　嫁祸于人　价值连城　恰如其分　狭路相逢
　　　　下里巴人　虾兵蟹将　家喻户晓　假仁假义

绕口令：贾家有女初出嫁，嫁到夏家学养虾。喂养的对虾个头儿大，卖到市场直加价。贾家爹爹会养鸭，鸭子虽肥伤庄稼。邻里吵架不融洽，贾家也学养对虾。小虾卡住鸭子牙,大鸭咬住虾的夹。夏家公公劝,贾家爹爹压,大鸭不怕吓,小虾装得嗲,夏家贾家没办法。

天空飘着一片霞,水上游来一群鸭。霞是五彩霞,鸭是麻花鸭。麻花鸭游进五彩霞,五彩霞网住麻花鸭。乐坏了鸭,拍碎了霞,分不清是鸭还是霞。

(6)ua(u－a－ua)

单音节:夸　挂　花　抓　蛙　刷　华　瓜　垮　袜

双音节:花袜　耍滑　挂花　娃娃　呱呱　挂花　刷牙　抓紧

四音节:画龙点睛　抓耳挠腮　华而不实　花好月圆　画饼充饥
　　　　哗众取宠　夸夸其谈　寡见少闻　瓜田李下

绕口令:王婆卖瓜又卖花,一边卖来一边夸。又夸花,又夸瓜,夸瓜大,夸花,瓜大花好笑哈哈。

瓜棚挂瓜,瓜挂瓜棚。风刮瓜,瓜碰棚。风刮棚,棚碰瓜。

(7)uo(u－o－uo)

单音节:多　托　罗　过　妥　阔　所　错　昨　活

双音节:着落　蹉跎　哆嗦　过错　错过　活泼　硕果　没落

四音节:脱颖而出　若无其事　弱肉强食　落井下石　络绎不绝
　　　　脱口而出　过河拆桥　国色天香　缩手缩脚

绕口令:霍湖、郭海和汪活,三人一起烧茶喝。霍湖点火,郭海烧锅,汪活劈柴火。霍湖问郭海为何未烧锅?郭海问汪活为何未劈柴火?霍湖怪郭海,郭海怪汪活,汪活怪劈柴火为何劈不破?

坡上长菠萝,坡下玩陀螺。坡上掉菠萝,菠萝砸陀螺。砸破陀螺补陀螺,顶破菠萝剥菠萝。

(8)üe(ü－e－üe)

单音节:决　缺　掠　虐　靴　雪　约　阅　学　月

双音节:月缺　乐章　悦耳　雪夜　学界　决策　雀跃　缺雪

四音节:绝无仅有　却之不恭　绝路逢生　略胜一筹　鹊桥相会
　　　　掠人之美　学以致用　缺一不可　雪中送炭

绕口令:南面来了个瘸子,腰里别着个橛子,北边来了个矬子,肩上挑着担茄子。别橛子的瘸子要用橛子换挑茄子的矬子的茄子,挑茄子的矬子不给别橛子的瘸子茄子。别橛子的瘸子抽出腰里的橛子打了挑茄子的矬子一橛子,挑茄子的矬子拿起茄子打了别橛子的瘸子一茄子。

第一部分 语音发声基础篇

一群灰喜鹊,一群黑喜鹊。灰喜鹊飞进黑喜鹊群,黑喜鹊群里有灰喜鹊。黑喜鹊飞进灰喜鹊群,灰喜鹊群里有黑喜鹊。

(9)ie(i-e-ie)

单音节:爹　铁　列　切　耶　贴　聂　洁　别　些
双音节:贴切　借鞋　结业　斜街　节烈　铁鞋　谢谢　结节
四音节:铁面无私　夜长梦多　别出心裁　锲而不舍　喋喋不休
　　　　切磋琢磨　别有用心　借题发挥　叶公好龙

中响复韵母 iao、iou、uai、uei 在发音时,口腔由闭到开再到闭,声音由较含混到逐渐响亮,又到较含混。

(10)中响复韵母 iao(i-ao-iao)

单音节:飘　秒　挑　刁　交　巧　小　表　妙　跳
双音节:巧妙　苗条　逍遥　小鸟　教条　脚镣　吊桥　疗效
四音节:标新立异　雕虫小技　咬文嚼字　调兵遣将　交头接耳
　　　　摇摇欲坠　焦头烂额　脚踏实地　挑肥拣瘦

绕口令:水上漂着一只表,表上落着一只鸟。鸟看表,表瞪鸟,鸟不认识表,表也不认识鸟。

表慢,慢表,慢表慢半秒。慢半秒,拨半秒,拨过半秒多半秒;多半秒,拨半秒,拨过半秒少半秒。拨来拨去是慢表,慢表表慢慢半秒。

(11)iou(i-ou-iou)

单音节:丢　牛　刘　纠　秀　球　溜　修　秋　优
双音节:绣球　牛油　悠久　琉球　求救　优秀　妞妞　秋游
四音节:丢卒保车　流芳百世　咎由自取　求全责备　救死扶伤
　　　　油然而生　袖手旁观　朽木粪土　有口皆碑

绕口令:春雨贵如油,渠水是美酒,美酒灌麦田,醉得麦田绿油油。

小六骑车去打油,遇着小友踢足球。足球飞到车轮上,摔下小六撒了油。小友急忙扶小六,赔你一只小足球。小六摇头谢小友,我不要你的小足球。

(12)uai(u-ai-uai)

单音节:快　乖　槐　衰　怪　歪　甩　拐　坏　块
双音节:外快　怀揣　摔坏　乖乖　快拽　甩卖　衰败　外踝
四音节:歪风邪气　外强中干　拐弯抹角　快马加鞭　脍炙人口
　　　　怀柔天下　怪模怪样　怀才不遇　快人快语

绕口令：炉东有个锤快锤，炉西有个锤锤快，两人炉前来比赛，不知是锤快锤比锤锤快锤得快，还是锤锤快比锤快锤锤得快。

槐树歪歪，坐个乖乖，乖乖用手，摔了老酒，酒瓶摔坏，奶奶不怪，怀抱乖乖，出外买卖。

(13) uei(u−ei−uei)

单音节：推 堆 追 吹 悔 嘴 威 虽 回 退
双音节：回归 摧毁 溃退 吹灰 水位 翠微 垂危 醉鬼
四音节：对答如流 推陈出新 归心似箭 微乎其微 挥汗如雨
　　　　绘声绘色 回味无穷 摧枯拉朽 脆而不坚

绕口令：嘴说腿，腿说嘴，嘴说腿爱跑腿，腿说嘴爱卖嘴。光动嘴不动腿，光动腿不动嘴，不如不长腿和嘴。

梅小卫叫飞毛腿，卫小辉叫风难追。两人参加运动会，百米赛跑快如飞。飞毛腿追风难追，风难追追飞毛腿。梅小卫和卫小辉，最后不知谁胜谁。

3. 复合元音韵母训练注意事项

第一，前响复元音缺失韵头，拼读时没有介音过渡，后响复元音缺韵尾，在开口度最大、最响亮处结束，没有渐弱归音。中响复元音既有介音过渡，又有渐弱归音，中间响亮通畅。

第二，参与复合的元音音素，一定要有各自明显的发音位置和特点，不可削弱和丢失任何一方的特点。

第三，复合元音韵母发音要注意唇形圆展的相互照应，宽音窄发，窄音宽发，前音后发，后音前发，圆唇扁发，扁唇圆发。只有这样才能使其语音响亮、圆润。

第四，一定要注意动程的完整，不要发出缺少动程的趋向音。

第五，作为韵尾部分的音素，已处于渐弱归音的地位，虽不能丢失和削弱但也不可以刻意强调。

第六，中响复元音韵母，两头的音素向中间靠拢相互照应，中间开口度大的音素不可偏向任何一方，韵头、韵尾都不可削弱和丢失。

第七，在归音问题上，i 作韵尾时，舌位应提到一定高度；u 作韵尾时，唇形应撮起收圆；en 作韵尾时，舌尖收到上齿龈；eng 作韵尾时，舌根收到软硬腭交汇处；ou 作韵尾及 iao、ao 作韵母时，要在发到 u 的过程中收音。

(三)带鼻尾音韵母(鼻韵母)

1. 带鼻尾音韵母的概念

普通话带鼻尾音韵母简称鼻韵母,它是在不同元音复合的基础上,在韵尾部分添加了鼻辅音音素 n 或 ng 而成的。在元音后面韵尾部分添加辅音 n 构成前鼻音韵母,此时 n 只成阻不除阻,这使 n 的尾音不能从口腔放出,而是回流到舌根处。此时软腭下垂,鼻咽通路打开,有声气流顺势进入鼻腔,因有声气流没有助力,气流逐步减弱,归入较近的前鼻腔,形成了前鼻音色彩,分别有:an、en、in、ün、ian、uan、üan、uen。在复合元音或鼻辅音 n 的后面添加辅音 g 构成后鼻音韵母,此时 g 不走口腔走鼻腔,从而为回流到舌根处的 n 音形成助力作用,舌根后缩拢起,使尾音气流力度加强,进入较远的后鼻腔,形成后鼻音色彩,分别有:ang、eng、ing、ong、iong、iang、uang、ueng。

2. 带鼻尾音韵母的发音训练

an、en、in、ün 在发音时,首先发元音,紧接着软腭下降,增加鼻音色彩,舌面前部往上齿龈移动,最后抵住上齿龈发 n,整体韵母发音完毕之后才能除阻。

(1)an

单音节:三　山　兰　干　咱　安　担　坎　占　餐

双音节:汗衫　展览　散漫　漫谈　淡蓝　感染　反叛　难堪

四音节:安居乐业　暗箭伤人　按兵不动　半路出家　看风使舵
　　　　昙花一现　三言两语　攀龙附凤　磐石之固

(2)en

单音节:恩　奔　本　深　神　沈　肾　人　忍　怎

双音节:深沉　认真　根本　愤恨　人参　振奋　分神　审慎

四音节:分门别类　奔走相告　笨鸟先飞　门庭若市　人才出众
　　　　针锋相对　奋不顾身　身不由己　恨入骨髓

(3)in

单音节:音　印　滨　贫　品　民　您　林　凛　赁

双音节:亲近　拼音　信心　金银　亲信　殷勤　贫民　亲临

四音节:饮水思源　引人注目　隐姓埋名　彬彬有礼　宾至如归
　　　　心神不定　亲临其境　金碧辉煌　信口开河

(4)ün

单音节:晕　云　允　陨　军　群　寻　训　峻　勋

双音节：军训　均匀　熏陶　寻衅　逡巡　寻菌　云云　询问
四音节：循序渐进　寻根究底　群魔乱舞　运用自如　寻事生非
　　　　循循善诱　君子之交　群策群力　峻宇雕墙

ian、uan、üan、uen 在发音时，首先从前面的轻而短的元音(韵头)，滑到中间较响亮的主要元音(韵腹)，紧接着软腭逐渐降下来，鼻腔通路打开。舌面前部往上齿龈移动，最后抵住上齿龈发 n，整个韵母发音完毕之后才能除阻。

(5) ian
单音节：烟　严　眼　艳　片　棉　免　面　碘　天
双音节：电线　简便　偏见　年限　鲜艳　牵连　减免　变迁
四音节：年富力强　坚持不懈　颠沛流离　点石成金　天涯海角
　　　　先声夺人　恋恋不舍　见利忘义　面黄肌瘦

(6) uan
单音节：弯　完　晚　暖　款　欢　环　串　钻　酸
双音节：贯穿　软缎　乱窜　专断　转弯　婉转　专款　转换
四音节：欢天喜地　缓兵之计　关门大吉　冠冕堂皇　官样文章
　　　　川流不息　穿云裂石　全心全意　万水千山

(7) üan
单音节：员　全　捐　远　犬　选　玄　楦　眩　劝
双音节：源泉　圆圈　全权　渊源　捐献　劝说　宣传　选员
四音节：全力以赴　卷土重来　喧宾夺主　怨天尤人　原封不动
　　　　捐躯殉国　冤家路窄　犬马之劳　绚丽多彩

(8) uen
单音节：温　文　稳　问　准　唇　顺　润　孙　笋
双音节：春笋　混沌　温顺　昆仑　论文　温存　滚滚　稳准
四音节：魂飞胆裂　浑然一体　混淆视听　温文尔雅　文过饰非
　　　　闻过则喜　滚瓜烂熟　寸步难行　稳扎稳打

ang、eng、iong、ing、ong 在发音时，首先发元音，紧接着舌根往软腭移动并抵住软腭发 ng，整个韵母发音完毕之后才能除阻。

(9) ang
单音节：昂　邦　胖　方　防　厂　舱　脏　让　粮
双音节：长江　厂房　沧桑　帮忙　党章　长方　肮脏　昂扬

第一部分　语音发声基础篇

91

四音节:长生不老　畅所欲言　当机立断　纲举目张　防患未然
　　　　放任自流　当之无愧　浪迹江湖　沧海桑田

(10) eng

单音节:崩　冯　能　省　冷　更　成　仍　增　赠
双音节:风筝　猛增　更生　逞能　乘风　丰盛　风声　鹏程
四音节:成竹在胸　乘人之危　称王称霸　风和日暖　逢场作戏
　　　　横眉怒目　冷若冰霜　能言善辩　成人之美

(11) iong

单音节:拥　踊　用　迥　琼　凶　兄　雄　熊　勇
双音节:汹涌　熊熊　炯炯　庸医　迥然　永远　穷凶　茕茕
四音节:庸人自扰　穷则思变　用兵如神　永垂不朽　凶多吉少
　　　　汹涌澎湃　迥然不同　雄心壮志　勇往直前

(12) ing

单音节:英　迎　硬　冰　平　名　定　亭　零　岭
双音节:宁静　倾听　晶莹　明星　英明　聆听　精英　明镜
四音节:兵贵神速　冰清玉洁　并驾齐驱　病入膏肓　惊天动地
　　　　井底之蛙　令人发指　萍水相逢　情至义尽

(13) ong

单音节:东　浓　龙　功　虹　崇　宠　从　松　送
双音节:隆冬　洪钟　共同　隆重　苍龙　交通　从容　工农
四音节:耸人听闻　洪水猛兽　动人心弦　公而忘私　功德无量
　　　　供过于求　烘云托月　龙飞凤舞　洞房花烛

iang、uang、ueng 在发音时,先发前面的韵头,韵头发音轻而短,只表示舌位从那里开始移动,紧接着发 ang、eng,整个韵母发音完毕之后才能除阻。

(14) iang

单音节:央　样　娘　良　讲　抢　香　乡　详　响
双音节:想象　两样　向阳　将相　亮相　湘江　强将　像样
四音节:将功折罪　江河日下　两全其美　量力而行　良药苦口
　　　　枪林弹雨　强词夺理　相提并论

(15) uang

单音节:汪　光　广　慌　皇　状　创　床　双　爽
双音节:状况　双簧　狂妄　黄光　光芒　汪洋　往返　矿床

四音节：旷日持久　亡羊补牢　狂风暴雨　望尘莫及　光明正大
　　　　广开言路　狂风恶浪　窗明几净

(16)ueng
单音节：翁　嗡　瓮　蓊
双音节：渔翁　老翁　嗡嗡　蓊郁
四音节：瓮中捉鳖　瓮中之鳖

3. 带鼻尾音韵母的发音区分训练

(1)前后鼻韵母的区分

通俗来讲，带鼻尾音韵母分为前鼻韵母和后鼻韵母，有些地区的方音发音习惯使得前后鼻韵母发音不清晰，在表情达意中容易造成分歧。下面的训练我们将对前鼻韵母和后鼻韵母进行区分训练。

训练一：an—ang

安—肮　般—帮　盘—旁　瞒—忙　反—访　单—当　三—桑
谈—堂　餐—苍　山—商　难—囊　兰—郎　甘—刚　看—炕
含—航　战—丈　赞—葬　染—嚷　产—场
烂漫—浪漫　反问—访问　赞颂—葬送　开饭—开放　担心—当心
弹词—搪瓷　鱼竿—鱼缸　施展—师长　一般—一帮　寒天—航天
心烦—心房　散失—丧失　产房—厂房　小县—小巷　山口—伤口
(an—ang)　担当　安放　班长　繁忙　山岗　南方　反抗
　　　　　安康　返航　漫长　肝脏　擅长　战场　班长
(ang—an)　商贩　当然　傍晚　畅谈　上班　账单　方案
　　　　　商战　汤饭　钢板　房山　浪漫　档案

训练二：en—eng

奔—崩　盆—棚　门—盟　分—风　嫩—能　跟—耕　肯—坑　痕—横
真—争　陈—成　深—声　人—仍　怎—增　岑—层　森—僧
陈旧—成就　真理—争理　申明—声明　木盆—木棚　清真—清蒸
瓜分—刮风　绅士—声势　人参—人生　诊治—整治　沉积—乘机
长针—长征　粉刺—讽刺
(en—eng)　真诚　本能　深层　奔腾　真正　神圣　纷争
　　　　　门缝　人称　人生　门风　分封　晨风
(eng—en)　成本　成分　登门　承认　成人　诚恳　城镇
　　　　　风尘　锋刃　能人　胜任　正门　证人　生根

训练三：in—ing

音—应　宾—兵　贫—平　民—明　您—宁　林—铃
进—静　亲—清　新—星

亲生—轻生　金质—精致　人民—人名　信服—幸福
频繁—平凡　亲近—清静　贫民—平民　金银—经营
弹琴—谈情　进攻—静功　信誉—性欲　轻信—青杏

(in—ing)　心情　禁令　新兴　民警　品行　聘请　进行
　　　　　新型　尽情　心灵　拼命　民兵　金星　新颖

(ing—in)　听信　灵敏　清新　挺进　平民　迎新　影印
　　　　　警民　领巾　精心　轻信　病因　定亲　京津

训练四：ian—iang

妍—阳　年—娘　连—良　间—将　前—强　线—向
险象—想象　简历—奖励　坚硬—僵硬　浅显—抢险　老年—老娘
大连—大梁　眼光—仰光　试验—式样　鲜花—香花　兼职—僵直
钳制—强制　简单—奖章　廉价—粮价　仙姑—香菇

(ian—iang)　演讲　点将　现象　健将　边疆　坚强　变相　偏向
　　　　　　勉强　联想　绵羊　天象　限量

(iang—ian)　相见　镶嵌　香甜　相片　想念　香烟　两边　量变
　　　　　　强辩　抢险　讲演　样片　相连

训练五：uan—uang

完—王　关—光　宽—筐　环—黄　专—装　船—床　拴—双
机关—激光　专车—装车　心欢—心慌　关节—光洁　串演—创演
奉还—凤凰　晚年—往年　车船—车床　栓剂—霜剂　管饭—广泛
万年—忘年

(uan—uang)　观光　管状　宽广　观望　万状　端庄　关窗
　　　　　　船王　蒜黄　罐装　冠状

(uang—uan)　光环　慌乱　狂欢　双关　王冠　皇冠　壮观
　　　　　　装船　双环　匡算

训练六：uen—ueng

温—翁　盾—动　吞—通　轮—龙　滚—拱　昆—空　混—哄
准—肿　春—冲

存钱—从前　依存—依从　春分—冲锋　吞并—通病　轮子—笼子
余温—渔翁　炖肉—冻肉　乡村—香葱　浑水—洪水　鲲鹏—空棚

滚开—拱开

(uen—ueng)　稳重　滚动　顺从　昆虫　滚筒　混同　尊重　轮空　混充

(ueng—uen)　农村　中文　龙孙　公文　共存　通顺　红润　公论　重孙
　　　　　　红唇

训练七：ün—iong

运—用　军—炯　群—穷　寻—雄

运费—用费　晕车—用车　因循—英雄　群像—穷相　人群—人穷

工运—公用　勋章—胸章　韵脚—用脚　巡幸—雄性　寻机—雄鸡

(ün—iong)　运用　军用　群雄　云涌　驯熊

(iong—ün)　拥军　用韵

(2)前后鼻韵母的发音宽窄区分

前鼻韵母和后鼻韵母在发音时，口腔宽窄程度也有所不同，这决定着前后鼻韵母发音时的准确性。接下来我们要对前后鼻韵母发音宽窄进行区分训练。

训练一：

(an—en)　安分　翻身　烦闷　闪身　犯人　版本　残忍
　　　　　山神　班门　干粉　难分　满门　山珍　咱们

(en—an)　分散　伸展　侦探　分担　审判　衬衫　深山
　　　　　肯干　震颤　人犯　门槛　笨蛋
　　　　　战士—阵势　翻身—分身　遗憾—遗恨　盘子—盆子　板子—本子

训练二：

(ang—eng)　长征　长生　章程　航程　党政　昌盛　长城
　　　　　　刚正　抗衡　旁证　放风　仿生　方正

(eng—ang)　生长　膨胀　正常　风浪　增长　登场　争芳
　　　　　　僧房　成钢　蜂房　登堂　锋芒　风尚
　　　　　　长度—程度　商人—生人　东方—东风
　　　　　　长工—成功　躺椅—藤椅　伤身—生身

训练三：

(ian—in)　前进　闲心　天津　面筋　变心　边民　偏心
　　　　　怜悯　现金　便民　点心　联姻　千金　潜心

(in—ian)　阴天　心间　金钱　金边　觐见　今年　新年
　　　　　隐现　阴险　民间　金殿
　　　　　钱行—进行　颜色—银色　先进—新型
　　　　　联姻—林阴　心间—薪金　眼线—隐现

训练四：

(iang—ing) 相应　良性　详情　将领　象形　强行　乡情
　　　　　　香型　两性　相轻　相迎　阳平　凉亭

(ing—iang) 形象　营养　领奖　领养　行将　明亮　清凉
　　　　　　影响　竞相　星相　清香　清样　平凉
　　　　　　讲价—井架　明亮—明令　粮食—零售
　　　　　　枪弹—氢弹　香型—星星　相向—星相

训练五：

(uan—uen) 传闻　换文　晚婚　完婚　万吨
　　　　　　还魂　转存　乱伦　缓存　断魂

(uen—uan) 存款　轮船　论断　紊乱　文官　趸船　轮换　寸断
　　　　　　万端—万吨　攒款—存款　乱断—论断　传情—纯情

训练六：

(uang—ueng) 皇宫　广东　矿工
(ueng—uang) 工装　冬装　童装
　　　　　　　黄光—皇宫

训练七：

(üan—ün) 援军　全军　眩晕
(ün—üan) 军权　军犬　寻源
　　　　　　全体—群体　元宵—云霄　原油—云游

4. 带鼻尾音韵母的发音综合训练

(1) 君不见黄河之水天上来,奔流到海不复回。君不见高堂明镜悲白发,朝如青丝暮成雪。人生得意须尽欢,莫使金樽空对月。天生我材必有用,千金散尽还复来。烹羊宰牛且为乐,会须一饮三百杯。岑夫子,丹丘生,将进酒,杯莫停。与君歌一曲,请君为我倾耳听。钟鼓馔玉不足贵,但愿长醉不复醒。古来圣贤皆寂寞,惟有饮者留其名。陈王昔时宴平乐,斗酒十千恣欢谑。主人何为言少钱,径须沽取对君酌。五花马,千金裘,呼儿将出换美酒,与尔同销万古愁。(《将进酒》李白)

(2) 寒蝉凄切,对长亭晚,骤雨初歇。都门帐饮无绪,留恋处,兰舟催发。执手相看泪眼,竟无语凝噎。念去去,千里烟波,暮霭沉沉楚天阔。多情自古伤离别,更那堪,冷落清秋节!今宵酒醒何处?杨柳岸,晓风残月。此去经年,应是良辰好景虚设。便纵有千种风情,更与何人说?(《雨霖铃》柳永)

(3) 老夫聊发少年狂,左牵黄,右擎苍,锦帽貂裘,千骑卷平冈。为报倾城随太守,亲射虎,看孙郎。酒酣胸胆尚开张。鬓微霜,又何妨！持节云中,何日遣冯唐？会挽雕弓如满月,西北望,射天狼。(《江城子·密州出猎》苏轼)

(4)明月几时有？把酒问青天。不知天上宫阙,今夕是何年？我欲乘风归去,又恐琼楼玉宇,高处不胜寒。起舞弄清影,何似在人间？转朱阁,低绮户,照无眠。不应有恨,何事长向别时圆？人有悲欢离合,月有阴晴圆缺,此事古难全。但愿人长久,千里共婵娟。(《水调歌头·明月几时有》苏轼)

(5)红藕香残玉簟秋,轻解罗裳,独上兰舟。云中谁寄锦书来？雁字回时,月满西楼。花自飘零水自流,一种相思,两处闲愁。此情无计可消除,才下眉头,却上心头。(《一剪梅》李清照)

(6)大江东去,浪淘尽,千古风流人物。故垒西边,人道是,三国周郎赤壁。乱石穿空,惊涛拍岸,卷起千堆雪。江山如画,一时多少豪杰。遥想公瑾当年,小乔初嫁了,雄姿英发。羽扇纶巾,谈笑间,樯橹灰飞烟灭。故国神游,多情应笑我,早生华发。人生如梦,一樽还酹江月。(《念奴娇·赤壁怀古》苏轼)

5. 带鼻尾音韵母训练注意事项

第一,注意元音切忌鼻化。前鼻音韵母基本与复元音相同,尤其要强调的是口腔与鼻腔开合的时间,只有等 n 音成阻口腔关闭,鼻咽通路才能打开,不能使部分元音音素进入鼻腔,更不能口腔、鼻腔同时打开,发出错误的趋向音;后鼻音韵母基本与前鼻音相同,尤其要注意的是舌根助力作用一定要达到使有声气流能够进入较远较深的后鼻腔,形成振动骨壁的窦体共鸣,避免出现前后鼻音区分不清的现象。

第二,在发带鼻尾音韵母的音时,前面的元音与后面的鼻辅音不是生硬地拼合在一起,而是鼻音色彩逐渐增加,这样逐渐地由元音的发音状态向鼻辅音过渡,最后软腭小舌下垂,发音部位闭塞,完全变成鼻音。

第三,在前鼻音韵母和后鼻音韵母的发音训练中,发音要到位,发音时韵尾要收住,发音要完整、纯正。前鼻音韵尾的常见发音问题是舌面前部只向韵尾方向移动,并没有抵住硬腭前就停了下来,软腭下垂,部分气流从鼻腔流出,使主要元音带上鼻音,如:根本、拼音;后鼻音韵尾的常见发音问题是舌根只是向软腭方向隆起,并未接触软腭就停了下来,软腭下垂,部分气流从鼻腔流出,使主要元音带上鼻音,如:命令、风声。

第四,确保舌位的准确,主要是指发单元音韵母 ê 时舌面隆起点前移或后移,开口度过大,造成语音缺陷。如果 ê 发音不准,发 ie、üe 时也会出现相同错误,如:贴切、雀跃。

第五,注意复韵母舌位动程的完整,如发复韵母 ai、ei、uei、ao 等时虽没发成单韵母,但舌位动程明显不够,如:白菜、配置、归队、高潮。

第六,保持口腔开度,否则会造成开口呼韵母的开口度明显不够,听感性质明显不符标准,如:发达、薄膜。

(四)齐齿呼、撮口呼韵母的发音区分训练

按韵母开头元音的唇型特点分类后我们发现,齐齿呼和撮口呼韵母是发音时唇形展、撮对比最为明显的两类韵母。唇型的变化直接影响元音的音色,特别是在相邻音节中交替出现时,更需要双唇展撮运动的灵活性,以提高发音质量并避免误读引发歧义。以下我们将进行齐齿呼、撮口呼韵母的发音区分训练。

训练一:

(i—ü)　继续　纪律　体育　例句　地域　依据　疑虑　移居
　　　　抑郁　鲤鱼　骑驴　器具　戏剧
　　　　里—旅　你—女　离—驴　利—率　衣—淤　移—鱼　椅—语
　　　　意—遇　鸡—居　急—局　挤—举　寄—锯　妻—区　骑—渠
　　　　起—取　气—去　吸—需　席—徐　洗—许　戏—续

(ü—i)　履历　语气　距离　曲艺　预习　玉米　淤积　余悸
　　　　雨季　玉器　蓄意　具体　举例
　　　　比翼—比喻　前面—全面　经济—京剧　分期—分区　名义—名誉
　　　　容易—荣誉　季节—拒绝　雨季—雨具　办理—伴侣　适宜—适于
　　　　书籍—书局　大姨—大鱼　得意—德育　里程—旅程　实际—实据
　　　　戏曲—序曲　臆测—预测　遗传—渔船　移民—渔民　意见—遇见
　　　　防疫—防御　夜幕—悦目　拟人—女人　起来—取来　起义—曲艺
　　　　继续—巨细

训练二:

(ie—üe)　解决　列缺　节约　借阅　谢绝　灭绝　孑孓　鞋靴
　　　　　谐谑　协约　谢却　劫掠　铁血
　　　　　耶—约　夜—月　列—掠　聂—虐　街—撅　节—决
　　　　　姐—蹶　界—倔　切—缺　茄—瘸　锲—确　些—靴
　　　　　携—学　写—雪　卸—噱

(üe—ie)　雪夜　学界　决裂　月夜　血液　学业　雪野　越野　确切
　　　　　夜色—月色　夜夜—月月　协会—学会　绱鞋—上学
　　　　　切实—确实　茄子—瘸子　大写—大雪

训练三:

(in—ün)　氤氲　音讯　阴云　进军　音韵　新军　禁运　因循　嶙峋

　　　　　　今—军　进—俊　秦—群　新—熏　信—讯
　　　　　　因—晕　银—云　隐—允　印—运
(ün—in)　寻衅　寻亲　军心　熏心　云鬓　军民　云锦
　　　　　　金人—军人　心机—熏鸡　信誉—训谕

训练四：
(ing—iong)　英雄　英勇　应用　平庸　顶用　停用　挺胸　零用
　　　　　　英—拥　影—蛹　硬—用　井—窘　情—琼　星—胸　刑—熊
(iong—ing)　雄性　用刑　雄鹰　雄兵　用情　泳镜
　　　　　　英才—庸才　情人—穷人　大型—大熊

训练五：
(ian—üan)　演员　奸权　前缘　衔冤　田园　联选　健全
　　　　　　钱权　天渊　厌倦　烟卷　眼圈　天源
　　　　　　烟—渊　盐—原　眼—远　厌—怨　尖—捐
　　　　　　剪—卷　见—倦　铅—圈　钱—权　浅—犬
　　　　　　欠—劝　鲜—宣　咸—悬　显—选　现—绚
(üan—ian)　悬念　捐献　卷烟　原盐　眷恋　卷帘
　　　　　　选编　原先　权限　原件　元年　泉眼
　　　　　　前面—全面　前部—全部　闲心—悬心
　　　　　　大雁—大院　有钱—有权　咸盐—轩辕

第四节　声　调

　　声调是普通话语音重要的组成部分，具有纯正字音、区别词义、调节气息的功能，同时也是增强语音音乐美的重要手段。练习者结合用气发声，通过声母、韵母、声调的综合练习，可以使口腔各部分肌肉积极地活动起来，获得良好的口腔共鸣。

一、声调的概念

　　声调是指某些语言中每一个音节所固有的能区别意义的声音的高低和升降。一般情况下，音节是汉语中最小的使用单位，一个汉字就是一个音节，所以声调又叫作字调。我们把一个音节分成字头（声母）、字腹（开口度大的元音韵母）、字尾（开口度小的元音或鼻辅音）和声调四个部分。声调在一个音节中占有举足轻重的地位，通常我们把声母比喻为音节的骨架,把韵母比喻为音节的血肉,而声调则是一个音节的灵魂,因为它通过声音的高低、语音走势的升降曲折和语气强弱的不同变化,赋予了音节起伏的动感,使音节具有鲜活的生命力。

早在古时候,文人墨客就把韵律运用到诗词作品中,同时又融入了声调的艺术美感。诗词中不同的词牌主要取决于平仄声调的不同,声调的变化使诗词作品更具艺术魅力。平是指阴平阳平,仄是指上声去声。我们在学习普通话时,学好声调非常重要,如果声调不准,发音就失去了汉语的特点,显露不出抑扬顿挫的音乐美。

二、声调的分类

声调的分类又叫调类,普通话中有阴、阳、上、去四种调类,通俗讲就是我们平时说的一声、二声、三声、四声。调类是声调的"名",其分类原则是把调值相同的字归纳在一起。调值是指声调高低、升降、曲直、长短的变化形式,是声调的实际读音,调值是声调的"实"。调值主要是由音高构成,构成调值的相对音高在读音上是连续的,中间没有停顿、跳跃。在普通话声调中,我们按照五度标记法来定义阴、阳、上、去四种调类,五度标记法是把汉语普通话的四个声调规定到五个度数中的方法,即阴平55调,阳平35调,上声214调,去声51调。

阴平,又叫作高平调,发音时起音高平莫低昂,用气平均不紧张。

阳平,又叫作中升调,发音时从中起音向上扬,用气弱起逐渐强。

上声,又叫作降升调,发音时上声先降转上扬,降时气稳扬时强。

去声,又叫作全降调,发音时从高起音向下降,强起到弱气通畅。

三、声调相对调值在语言表达中的绝对意义

调值是一个音节必不可少的部分,汉语普通话规定了阴平、阳平、上声、去声四种调类,运用到普通话中就是我们所说的四声调值。在日常发音的过程中,有时往往会出现去声的音调比阳平的音调高,这是为什么呢?接下来我们就讲解一下普通话相对调值在语言表达中的绝对意义。

在日常的讲话与交流中,没有人一直用特别高的声调讲话,也没有人一直用特别低的声调讲话,大家都是以中音区的声调进行交流。普通话所规定的调值也是根据我们平时经常使用的中音区声调确立的,也就是说除去我们经常使用的中音区声调外,也会用到低音区和高音区的声调进行表达。这就像钢琴的键盘一样,有一个标准的中央C调,里面包含CDEFGAB七个音,这就是钢琴的中音区;从中音区往右有另一组

音,里面也包含CDEFGAB七个音,但这七个音比中音区音调高,这就是钢琴的高音区;同理,在中音区左边也有CDEFGAB七个音,这七个音比中音区音调低,这就是钢琴的低音区。汉语普通话的声调同钢琴是一样的,我们可以把普通话声调和钢琴音调做一下类比,汉语普通话是运用五度标记法定义调值,钢琴是通过七度标记法定义调值,一首曲子在弹奏时会因情绪表达需要运用到低音区和高音区的音调,普通话的表达也是一样的,有时会运用到低音区的声调,有时也会运用到高音区的声调,不同音区的相同调值是相对的,调值与调值之间表达的意义是绝对的,这也是为什么我们朗诵时会听到去声音调比阴平音调高了。

四、声调的发音训练

每个人的生理构造不一样,人与人之间的声带存在一定的差异。声调的发音训练目的就是根据每个人不同的生理构造,确定相对稳定的中音区调值。在训练过程中,要求练习者大量反复地练习单音节、双音节、四音节、诗、段子、绕口令等。同时,要求练习者做到音高有限度,高而不喊;高低有力度,低而不散;音高声轻,轻而不浮,音低字沉,沉而不浊;音量加大时,气足而不拙,音量减小时,气竭而不衰。

(一)同声韵四声音节的发音训练

中音区调值最高为5度,最低为1度,这里的5度到1度就是中音区发音的音域,所以确定中音区音域很重要。我们观察普通话四声调值发现,其中有阴平(55)、阳平(35)、去声(51)三个声调都与中音区最高5度音调有关,所以这就需要我们首先要找到5度音调。在寻找的过程中,身体和心理要保持放松的状态,以我们中音区任意音调为起点,不断升调,直至到达我们中音区发音的最高5度音调。接下来我们确定中音区最低调1度音调,与这个调值有关的声调为去声(51)。我们同样以中音区任意音调为起点,不断降调,直至到达我们中音区发音最低1度音调。根据我们确定的5度音调,延长发音,就能得到普通话里的阴平(55)。从5度音调到1度音调过渡,就能得到普通话里的去声(51)。从5度音调向下降2个音调,到达3度音调,从3度音调到5度音调,就能得到普通话里的阳平(35)。上声音调最复杂,我们先从1度音调向上升一个调,到达2度音调的位置,再从5度音调下降1个音调,到达4度音调的位置,音调变化从2度音调到1度音调,再由1度音调到4度音调,就得到普通话里的上声(214)。这时我们就找到并确定了中音区四声调值。

四声的训练要求先从阴平开始,巩固中音区音域的上限,其余音调均不能超过阴平调值,其次我们要进行去声音调的训练,巩固中音区音域的下限,其余音调均不能低于去声调值,然后训练阳平,最后训练上声。在声韵拼读声调的训练中,声母、韵母、声调是组成一个音节的三要素,四声均要准确,字头要咬紧,字腹要撑开,字尾要收住。练习者要力求做到音断气不断,气断情不断,"声、字、气、情"配合默契自如。

1. 辅音声母

(1) 双唇阻音

| bā | bá | bǎ | bà | pō | pó | pǒ | pò | māo | máo | mǎo | mào |
| 巴 | 拔 | 把 | 罢 | 坡 | 婆 | 叵 | 破 | 猫 | 毛 | 卯 | 帽 |

(2) 唇齿阻音

fāng fáng fǎng fàng
方　 房　 仿　 放

(3) 舌尖前阻音

| zuō | zuó | zuǒ | zuò | cāi | cái | cǎi | cài | suī | suí | suǐ | suì |
| 作 | 昨 | 左 | 做 | 猜 | 才 | 采 | 菜 | 虽 | 随 | 髓 | 岁 |

(4) 舌尖中阻音

| dī | dí | dǐ | dì | tōng | tóng | tǒng | tòng | niū | niú | niǔ | niù |
| 低 | 敌 | 底 | 地 | 通 | 同 | 统 | 痛 | 妞 | 牛 | 扭 | 拗 |

liāo liáo liǎo liào
撩　 聊　 了　 料

(5) 舌尖后阻音

| zhī | zhí | zhǐ | zhì | | chēng | chéng | chěng | chèng |
| 知 | 职 | 止 | 至 | | 称 | 成 | 逞 | 秤 |

| shēn | shén | shěn | shèn | | rú | rǔ | rù |
| 申 | 神 | 沈 | 甚 | △rū | 如 | 乳 | 入 |

(6) 舌面阻音

| jū | jú | jǔ | jù | qīng | qíng | qǐng | qìng |
| 居 | 局 | 举 | 据 | 青 | 情 | 请 | 庆 |

xiāng xiáng xiǎng xiàng
香　 降　 想　 象

(7) 舌根阻音

| gū | gú | gǔ | gù | kē | ké | kě | kè | hān | hán | hǎn | hàn |
| 姑 | △ | 古 | 顾 | 科 | 咳 | 可 | 刻 | 酣 | 含 | 喊 | 汉 |

2. 元音韵母

(1) 开口呼

| bāi | bái | bǎi | bài | pāo | páo | pǎo | pào | fēi | féi | fěi | fèi |
| 掰 | 白 | 摆 | 败 | 抛 | 刨 | 跑 | 泡 | 飞 | 肥 | 匪 | 费 |

lōu lóu lǒu lòu
䁖　 楼　 篓　 漏

(2)齐齿呼

jiā	jiá	jiǎ	jià	qīn	qín	qǐn	qìn	xiē	xié	xiě	xiè
家	夹	甲	架	亲	勤	寝	沁	些	斜	写	谢

△liān　lián　liǎn　liàn
　　　　联　　脸　　炼

(3)合口呼

chuāng	chuáng	chuǎng	chuàng	wā	wá	wǎ	wà
窗	床	闯	创	蛙	娃	瓦	袜

huān	huán	huǎn	huàn	guāi	△guái	guǎi	guài
欢	还	缓	幻	乖		拐	怪

(4)撮口呼

xuē	xué	xuě	xuè	yūn	yún	yǔn	yùn	quān	quán	quǎn	quàn
薛	学	雪	谑	晕	云	允	运	圈	全	犬	劝

(二)双音节词声调的发音训练

"气动则声发",字要说在气流上,声要发在感情上。在训练过程中,四个声调调值须准确无误,阳平、去声不要拐弯,上声的下行、上升均要在气柱中运行。练习者发音时要做到阴平平稳,气势平稳不紧张;阳平用气,弱起逐渐强;上声降时气稳扬时强;去声强起气通畅,同时要注意词的轻重格式。

1. 阴阴(一、一)

参加　西安　播音　工兵　拥军　丰收　香蕉　江山　咖啡　班车　单一　发声

2. 阴阳(一、/)

资源　坚决　鲜明　飘扬　新闻　编排　发言　加强　星球　中国　签名　安全

3. 阴上(一、ᐯ)

批准　发展　班长　听讲　灯塔　生产　艰苦　歌舞　公款　签署　根本　方法

4. 阴去(一、\)

庄重　播送　音乐　规范　通信　飞快　单位　希望　欢乐　中外　失事　加快

5. 阳阴(/、一)

国歌　联欢　革新　南方　群居　农村　长江　航空　围巾　营私　原封　图书

6. 阳阳(/、/)

直达　滑翔　儿童　团结　人民　模型　联合　驰名　临时　吉祥　灵活　豪华

7. 阳上(/、ᐯ)

华北　黄海　遥远　泉水　勤恳　民主　情感　描写　难免　迷惘　平坦　旋转

8. 阳去(/、\)

豪迈　辽阔　模范　林业　盘踞　局势　革命　同志　于是　雄厚　行政　球赛

9. 上阴(∨、—)

指标　统一　转播　北京　纺织　整装　掌声　法医　演出　广播　讲师　取消

10. 上阳(∨、/)

指南　普及　反常　谴责　讲完　朗读　考察　里程　起航　软席　领衔　党员

11. 上上(∨、∨)

古典　北海　领导　鼓掌　广场　展览　友好　导演　首长　总理　感想　理想

12. 上去(∨、\)

改造　舞剧　主要　访问　考试　想象　土地　广大　写作　典范　选派　讲课

13. 去阴(\、—)

下乡　矿工　象征　地方　贵宾　列车　卫星　认真　降低　特征　印刷　气温

14. 去阳(\、/)

自然　化学　措辞　特别　电台　会谈　政权　配合　未来　要闻　调查　辨别

15. 去上(\、∨)

耐久　剧本　跳伞　下雨　运转　外语　办法　信仰　戏曲　电影　历史　探险

16. 去去(\、\)

日月　大厦　破例　庆贺　宴会　画像　示范　大会　快报　致意　建造　快步

(三)四音节词声调的发音训练

　　在训练过程中,应按词的含义进行朗读,声、韵、调要准确。练习者通过练习,灵活运用四声正音的技巧,注意气息的运用,练习时声音要由小到大,由弱到强,刚柔结合,大小适度,同时要注意音强、音高的练习,以达到扩大音域的目的。

1. 四声顺序发音

中国伟大　山明水秀　英明果断　风调雨顺
兵强马壮　心明眼亮　高扬转降　千锤百炼

2. 四声逆序发音

大好河山　信以为真　破釜沉舟　寿比南山
万古流芳　妙手回春　袖手旁观　字里行间

3. 四声同调发音

东风飘香　春天花开　江山多娇　珍惜光阴
牛羊成群　严格执行　儿童文学　回国华侨
远景美好　产品展览　打井引水　请你指导
气势壮大　进步向上　艺术创作　世世代代

(四)声调的发音综合训练

1. 鲍指导让小宝去拿刨,小宝知道刨是鲍指导的宝,路上遇雹,雹打宝,宝保刨,衣包刨,宝抱刨,雹打宝头两个包,刨被宝保仍完好,鲍指导知道,宝为保刨头起包,鲍抱宝,宝抱鲍。

2. 姥姥喝酪,酪落,姥姥捞酪;舅舅驾鸠,鸠飞,舅舅揪鸠;妈妈骑马,马慢,妈妈骂马;妞妞轰牛,牛拧,妞妞拧牛。

3. 篓漏油,油篓漏。漏油篓,漏篓油。油篓漏油补油篓,补住漏篓不漏油。油篓不漏油不漏,不漏油篓不漏油。

训练材料 4—8,见二维码 9

五、声调的发音训练注意事项

二维码 9

第一,高平调发音不够高。高平调的调值是 55,训练时会将 55 读成 44 或 54,调值明显偏低或调势呈下滑趋势。

第二,中升调上升不够,或在上升过程中有拐弯。普通话的阳平是中升调,调值是 35,部分方言区方言的阳平调调值一般是 21 或 31,两者距离较大,调形完全不同,所以阳平调的调值经常念不准,这是暴露方音的主要原因。

第三,降升调降不到位或升不到位。上声是降升调,音量最低,音长最长,所以上声在发音时最易产生缺陷。首先,多出现降调降不到位的情况。部分方言区的上声调值类似普通话的去声,是半降调而不是降升调,调值大多是 53、52、42 等,因此在进行上声训练时,起点太高,往往不能降到 1 便上扬,曲折较短促,有的甚至缺少曲折,从听感上判别与阳平相近。其次,多出现升调升不到位的情况。在降升调发音时往往升不到相对高点 4 而只到 3 甚至 2 就结束发音。最后,多出现上声变调调值不准的情况。两个上声相连,前一个音节的调值受后一个音节上声的影响,由 214 变成阳平 35,后一个字仍读本调。部分方言区方言在这样的上声词语中,往往将后一个上声的后半截声调读残,有时又将变调的位置由前一个音节错变成后一个音节。

第四,去声降不到位。四个声调中问题出现最少的一个声调就是去声,但部分方言区方言的去声近似普通话的上声,于是在念全降调去声时尾音往往较高。

第五节　语流音变

一、关于语流音变

声、韵、调是构成一个音节的基础,不同的音节在汇成语流时,受情感表达的需要和音节间结构的影响,某些音节的声调发生了改变,我们把这种现象叫作语流音变。音变是指语音在语流中的变化,在语流中音素、音节、声调之间都会相互影响,要想使普通话说得自然流畅,就必须了解和掌握普通话的音变规律,这样才能在语言表达的过程中做到语调自然、表达流畅、以情带声、悦耳动听。

任何语言的语音变化都必须服从于一定的变化规律,但语音的变化规律并不是可以用于任何语言的一般规律。比方说,我们平时方言讲得十分自如,但坐到话筒前、摄像机前或站在舞台上使用普通话的时候,语言表达就显得不够流畅,其原因就在于我们的语音长期受生活环境的影响,自然而然地形成了方言语音的变化规律,而对于新学习的普通话语音的变化规律,还没有掌握和固定。即使我们能按照普通话的要求发好单个音节,但到了语流中,仍然不能熟练地把握音素、音节、声调间互相影响所产生的语音变化,所以我们说的普通话仍然不规范。因此,在学习声、韵、调的基础上,掌握和运用普通话的语流音变规律,并将其运用到平时说话上,逐渐形成自觉讲普通话的意识,是非常重要的。在学习过程中,要坚持长效持久的训练,中途不可再说方言,否则将会前功尽弃。练习者在没有掌握普通话语音变化规律之前,切莫模仿其他地区的方言俚语。

二、轻声

轻声是指某些音节汇成语流后,失去了原有的声调,变成了一种又轻又短的新调子。轻声会引起音强、音长、音高、音色的变化,为表达亲切自然的情感色彩奠定了基础。此外,轻声还具有区分词性、区分词义的作用。

(一)轻声的音变规律

轻声表达有规律,音高度数要牢记,声调阴阳上和去,对应2、3、4和1。

规律一:阴平后面的轻声读半低调2度

如:天上、桌子、杯子、出来、风筝、妈妈、哥哥、叔叔、功夫、结实、衣服、舒服

规律二:阳平后面的轻声读中调3度

如:回来、谈过、毛病、行吗、抬吧、拔吧、停着、旁的、床上、沿着、蓝的、苗头

规律三:上声后面轻声读半高调4度

如:手上、小的、我的、本子、好了、想着、左边、等着、椅子、讲究、打量、喜欢

规律四:去声后面轻声读低调1度

如:地上、月亮、胖子、坏了、吓着、大夫、告诉、谢谢、帽子、凳子、费用、对付

(二)轻声的适用范围

范围一:语气词"吧、吗、呢、啊"等

如:去吧、走吗、怎么哟、说啊

范围二:助词"的、地、得、着、了、们"等

如:我的、慢慢地、好得很、拿着、走了、我们、这还了得

范围三:一些名词的后缀"子、儿、头"等

如:桌子、女儿、后头

范围四:一些重叠的名词、动词的后一个音节

如:看看、说说、写写、想想、动动

范围五:某些方位词和趋向词

如:家里、桌子、地下

范围六:量词中"个"

如:一个、两个、三个

范围七:趋向动词

如:回来、出去、跑出来、走进去

范围八:作宾语的人称代词

如:请你、叫他

范围九:北方人约定俗成的习惯轻声

如:一块儿、一会儿、一点儿

(三)轻声的发音训练

1. 词语训练

(1)

爱人	案子	巴掌	把子	爸爸	白净	班子	板子	帮手	梆子	膀子
棒槌	棒子	包袱	包涵	包子	豹子	杯子	被子	本事	本子	鼻子
比方	鞭子	扁担	辫子	别扭	饼子	拨弄	脖子	簸箕	补丁	部分
裁缝	财主	苍蝇	差事	柴火	肠子	厂子	场子	车子	皇上	幌子
称呼	池子	尺子	虫子	绸子	除了	锄头	畜生	窗户	窗子	锤子

(2)

刺猬	凑合	橘子	耷拉	答应	打扮	打点	打发	打量	打算	打听
大方	大爷	大夫	带子	袋子	耽搁	耽误	单子	胆子	担子	刀子
道士	稻子	灯笼	凳子	提防	笛子	底子	地道	地方	弟弟	弟兄
点心	调子	钉子	东家	东西	动静	动弹	豆腐	豆子	嘟囔	犊子
肚子	缎子	对付	对头	队伍	多么	蛾子	儿子	耳朵	贩子	房子

(3)

废物	份子	风筝	疯子	麸子	斧子	盖子	甘蔗	杆子	干事	杠子
高梁	膏药	稿子	告诉	疙瘩	哥哥	胳膊	鸽子	格子	个子	根子
跟头	工夫	弓子	公公	功夫	钩子	姑姑	姑娘	谷子	骨子	故事
寡妇	褂子	怪物	关系	官司	罐头	罐子	规矩	闺女	鬼子	柜子
棍子	锅子	果子	蛤蟆	孩子	含糊	汉子	行当	合同	和尚	核桃

(4)

盒子	红火	猴子	后头	厚道	狐狸	胡琴	糊涂	厉害	利落	利索
活泼	火候	伙计	护士	机灵	脊梁	记号	记性	夹子	家伙	架势
架子	嫁妆	尖子	剪子	见识	毽子	将就	交情	饺子	叫唤	轿子
结实	街坊	姐夫	姐姐	戒指	金子	精神	镜子	舅舅	橘子	句子
卷子	咳嗽	客气	空子	口袋	口子	扣子	窟窿	裤子	快活	筷子

(5)

框子	困难	阔气	喇嘛	篮子	懒得	浪头	老婆	老实	老爷	老子
姥姥	累赘	篱笆	里头	力气	例子	栗子	痢疾	连累	帘子	凉快
粮食	料子	林子	领子	作坊	琢磨	嘴巴	主任	嘱咐	资格	左边
溜达	聋子	笼子	炉子	路子	轮子	萝卜	骡子	骆驼	妈妈	麻烦

第一部分 语音发声基础篇

麻利	麻子	马虎	码头	买卖	麦子	馒头	忙活	冒失	帽子	眉毛
(6)										
媒人	妹妹	门道	眯缝	迷糊	木匠	木头	那么	奶奶	难为	脑袋
脑子	能耐	你们	念叨	娘家	镊子	奴才	女婿	暖和	疟疾	拍子
牌楼	牌子	盘算	盘子	胖子	狍子	盆子	朋友	棚子	脾气	皮子
痞子	屁股	片子	便宜	骗子	票子	漂亮	瓶子	婆家	婆婆	铺盖
欺负	旗子	前头	钳子	茄子	亲戚	勤快	清楚	亲家	曲子	圈子
(7)										
拳头	裙子	热闹	人家	人们	认识	日子	褥子	塞子	嗓子	嫂子
扫帚	沙子	傻子	扇子	商量	晌午	上司	上头	烧饼	勺子	少爷
哨子	舌头	身子	什么	婶子	生意	牲口	绳子	师父	师傅	虱子
狮子	石匠	石榴	石头	时候	实在	拾掇	使唤	世故	似的	事情
柿子	收成	收拾	首饰	叔叔	梳子	舒服	舒坦	疏忽	爽快	思量
(8)										
算计	岁数	孙子	他们	台子	太太	摊子	坛子	毯子	桃子	特务
梯子	蹄子	挑剔	挑子	条子	跳蚤	铁匠	亭子	头发	头子	兔子
妥当	唾沫	挖苦	娃娃	袜子	晚上	尾巴	委屈	为了	位置	位子
蚊子	稳当	我们	屋子	稀罕	席子	媳妇	喜欢	瞎子	匣子	下巴
吓唬	先生	乡下	箱子	相声	消息	小气	小子	笑话	谢谢	知道
(9)										
心思	星星	行李	性子	兄弟	休息	秀才	秀气	袖子	靴子	学生
学问	丫头	鸭子	衙门	哑巴	胭脂	烟筒	眼睛	燕子	秧歌	养活
样子	吆喝	妖精	钥匙	椰子	爷爷	叶子	衣服	衣裳	椅子	值得
意思	银子	影子	应酬	柚子	冤枉	院子	月饼	月亮	云彩	运气
在乎	咱们	早上	怎么	扎实	眨巴	栅栏	宅子	寨子	张罗	丈夫
(10)										
帐篷	丈人	帐子	招呼	招牌	折腾	这个	这么	枕头	镇子	芝麻
知识	侄子	指甲	指头	种子	珠子	竹子	主意	主子	柱子	爪子
转悠	庄稼	庄子	壮实	状元	锥子	桌子	字号	自在	粽子	祖宗
报酬	报复	别人	玻璃	长处	成分	城市	出来	出去	刺激	聪明
错误	答复	道理	底下	地下	懂得	多少	反正	费用	分量	夫人
(11)										
父亲	干净	感激	跟前	工人	公平	固执	过来	过去	后边	后面

花费	回来	回去	活动	机会	机器	家具	价钱	讲究	进来	进去
看见	会计	里边	里面	力量	邻居	逻辑	没有	棉花	摸索	母亲
佩服	菩萨	葡萄	妻子	起来	气氛	前边	前面	情形	情绪	任务
容易	上边	上来	上面	上去	身份	神气	使得	势力	书记	熟悉

(12)

说法	太阳	态度	听见	痛快	外边	外面	味道	西瓜	下边	下来
下面	下去	显得	折磨	小姐	小心	晓得	心里	新鲜	摇晃	夜里
已经	意见	意识	因为	应付	用处	右边	遇见	愿意	早晨	照顾
把手	摆布	摆弄	摆设	报应	抱怨	北边	本钱	鼻涕	抽屉	座位
当铺	得罪	点缀	惦记	东边	风水	凤凰	扶手	服饰	斧头	干粮

(13)

告示	格式	公家	功劳	恭维	估量	行家	和气	荒唐	黄瓜	恍惚
晦气	伙食	祸害	忌讳	缰绳	近视	宽敞	魁梧	拉拢	牢骚	冷清
现实	伶俐	琉璃	卖弄	玫瑰	眉目	门面	牡丹	南边	南瓜	南面
挪动	排场	牌坊	喷嚏	碰见	琵琶	篇幅	撇开	泼辣	破绽	魄力
敲打	俏皮	亲事	轻巧	这里	洒脱	势头	手巾	算盘	孙女	太监

(14)

提拔	体谅	替换	通融	透亮	徒弟	围裙	修行	妖怪	意气	溢出
右面	鸳鸯	月季	匀称	糟蹋	渣滓	照应	阵势	侄女	志气	左面
不由得	不在乎	小伙子	一辈子	胡萝卜	老太太	老头子	两口子			

2. 短句训练

读下列短句，注意区别加点词语的读音和意义。

(1)我们"兄弟"不在家。我们"兄弟"之间感情很好。

(2)这本书"多少"钱买的？干工作不要计较"多少"。

(3)小张的"买卖"倒闭了，小李的"买卖"很公平。

(4)她掀开"帘子"往里看，丈夫已经把"莲子"剥完了。

(5)他太"大意"了，把"段落大意"都写错了。

(6)他"本事"可真大，把与"本事"有牵连的人一一查清了。

(7)刘"大麻子"去粮店卖"大麻籽"，一次就卖了十斤。

(8)从"背面儿"看这床"被面儿"比正面还好。

(9)杨参谋的"干事"陈明"干事"可真精明儿。

(10)张小虎在"地道"里挖了一条"地道"的排水沟。

3. 语段训练

(1) 小草偷偷地从土里钻出来,嫩嫩的,绿绿的。园子里,田野里,瞧去,一大片一大片满是的。坐着,躺着,打两个滚,踢几脚球,赛几趟跑,捉几回迷藏。风轻悄悄的,草软绵绵的……(朱自清《春》)

(2) 天上风筝渐渐多了,地上孩子也多了。城里乡下,家家户户,老老小小,也赶趟儿似的,一个个都出来了。舒活舒活筋骨,抖擞抖擞精神,各做各的一份儿事去。"一年之计在于春",刚起头儿,有的是工夫,有的是希望。(朱自清《春》)

(3) 假日到河滩上转转,看见许多孩子在放风筝。一根根长长的引线,一头系在天上,一头系在地上,孩子同风筝都在天与地之间悠荡,连心也被悠荡得恍恍惚惚了,好像又回到了童年。(李恒瑞《风筝畅想曲》)

(4) 慈爱的水手们决定放开它,让它回到大海的摇篮去,回到蓝色的故乡去。离别前,这个大自然的朋友与水手们留影纪念。它站在许多人的头上、肩上、掌上、胳膊上,与喂养过它的人们,一起融进那蓝色的画面……(王文杰《可爱的小鸟》)

(5) 花生的好处很多,有一样最可贵:它的果实埋在地里,不像桃子、石榴、苹果那样,把鲜红嫩绿的果实高高地挂在枝头上,使人一见就生爱慕之心。你们看它矮矮地长在地上,等到成熟了,也不能立刻分辨出来它有没有果实,必须挖出来才知道。(许地山《落花生》)

(6) 朋友新烫了个头,不敢回家见母亲,恐怕惊骇了老人家,却欢天喜地来见我们,老朋友颇能以一种趣味性的眼光欣赏这个改变。(杏林子《朋友和其他》)

(7) 我和母亲走在前面,我的妻子和儿子走在后面。小家伙突然叫起来:"前面是妈妈和儿子,后面也是妈妈和儿子。"我们都笑了。(莫怀戚《散步》)

4. 绕口令训练

(1) 天上日头,嘴里舌头,地上石头,桌上纸头,手掌指头,大腿骨头,小脚趾头,树上枝头,集上市头。

(2) 小铁头,小柱头,学习英雄有劲头。放学后,抬砖头,跑了东头跑西头。抬砖头,几筐头,送到猪场砌墙头。墙头高,过人头,乐得他俩直点头,人人夸:"小哥俩,集体装在心里头。"

(3) 桃子、李子、梨子、栗子、橘子、槟子、榛子,栽满院子、村子和寨子。刀子、斧子、锯子、凿子、锤子、刨子和尺子,做出桌子、椅子和箱子。

(4) 打南边来了个瘸子,手里托着碟子,碟子里装着茄子。地上钉着橛子,绊倒了这个瘸子,撒了碟子里的茄子,气得瘸子撇了碟子,拔了橛子,踩茄子。

(5)屋子里有箱子,箱子里有匣子,匣子里有盒子,盒子里有镯子,镯子外面有盒子,盒子外面有匣子,匣子外面有箱子,箱子外面有屋子。

(四)轻声的发音训练注意事项

第一,使用轻声要严格区分不同的语体。在日常表达中,自然亲切的口语可略多一些,文学作品朗诵时可少一些,新闻播读中可用可不用时就不用。

第二,轻声使用要区分不同的语境。相对放松、亲切自然的语言环境,轻声可多用些,郑重严肃的语言环境轻声可少用些。

第三,针对北方人轻声过多,南方人轻声过少的现象,北方人除语法要求使用的轻声外,习惯轻声可少用些,南方人要多用些,尤其是语法要求使用的轻声。

三、儿化

儿化是指根据思想情感表达的需要,某些词组的后缀"儿"不自成音节,而是和它前一个音节的韵母复合,成为一个音节,使前一个音节的韵母带上卷舌音色的一种特殊音变现象,这种卷舌化了的韵母就叫作"儿化韵"。儿化在普通话里,还同词汇和语法有着密切的关系,使用儿化有区别词义和区分词性的作用。

(一)儿化的音变规律

就音节拼写而言,儿化音节一律在音节末尾加上一个 r 表示,实际发音时,儿化音往往会引起韵母发生不同程度的音变。

规律一: 韵尾音素是 a、o、e、u 的,儿化后只在原韵母后加卷舌动作。

如:上哪儿 nǎr　腊八儿 bār　山坡儿 pōr　花朵儿 duǒr　唱歌儿 gēr
　　风车儿 chēr　眼珠儿 zhūr　火炉儿 lúr

规律二: 韵尾音素是 i 的,儿化时去掉韵尾,加卷舌动作。

如:小孩儿 hair-hár　冒牌儿 pair-pár　宝贝儿 bèir-bèr

规律三: 韵尾音素是 n、ng 时,儿化时去掉 n、ng,前面的主要元音变成鼻化元音,同时加卷舌动作。

如:被单儿 dānr-dār　手绢儿 juànr-juàr　帮忙儿 mángr-már
　　吊嗓儿 sǎngr-sǎr　板凳儿 dèngr-dèr　胡同儿 tòngr-tòr

规律四: 主要元音是 i、ü 的,要在原韵母后加 er。

如:打旗儿 qír-qíer　金鱼儿 yúr-yúer　马驹儿 jūr-jūer

规律五：主要元音是[-i]前和[-i]后的,去掉主要元音,在声母后直接加上 er。

如：墨汁儿 zhī-zhēr　　小事儿 shìr-shèr　　字儿 zìr-zèr
　　带刺儿 cìr-cèr　　拔丝儿 sīr-sēr

(二)儿化的适用范围

范围一：表示少或小的意思时用儿化

如：门隙儿、一点儿、小猫儿、小狗儿

范围二：表达喜爱或亲切的情感色彩时用儿化

如：女孩儿、鲜花儿

(三)儿化的发音训练

1. 词语训练

(1) a-ar　　刀把儿　号码儿　戏法儿　在哪儿　找碴儿　打杂儿　板擦儿

(2) ai-ar　　名牌儿　鞋带儿　壶盖儿　小孩儿　加塞儿

(3) an-ar　　快板儿　老伴儿　蒜瓣儿　脸盘儿　脸蛋儿　收摊儿　笔杆儿
　　　　　　门槛儿

(4) ang-ar(鼻化)　药方儿　赶趟儿　香肠儿　瓜瓤儿

(5) ia-iar　　掉价儿　一下儿　豆芽儿

(6) ian-iar　小辫儿　照片儿　扇面儿　差点儿　一点儿　雨点儿　聊天儿
　　　　　　冒尖儿

(7) iang-iar(鼻化)　鼻梁儿　透亮儿　花样儿

(8) ua-uar　脑瓜儿　大褂儿　麻花儿　笑话儿　牙刷儿

(9) uai-uar　一块儿

(10) uan-uar　茶馆儿　饭馆儿　火罐儿　落款儿　打转儿　拐弯儿　好玩儿
　　　　　　大腕儿

(11) uang-uar(鼻化)　蛋黄儿　打晃儿　天窗儿

(12) üan-üar　烟卷儿　手绢儿　出圈儿　包圆儿　人缘儿　绕远儿　杂院儿

(13) ei-er　　刀背儿　摸黑儿

(14) en-er　　老本儿　花盆儿　嗓门儿　把门儿　哥们儿　纳闷儿　后跟儿
　　　　　　刀刃儿

(15) eng-er(鼻化)　钢镚儿　夹缝儿　提成儿

(16) ie-ier　　半截儿　小鞋儿

(17) üe – üer　　旦角儿　　主角儿

(18) uei – uer　　跑腿儿　　一会儿　　耳垂儿　　墨水儿　　围嘴儿　　走味儿

(19) uen – uer　　打盹儿　　胖墩儿　　砂轮儿　　冰棍儿　　没准儿　　开春儿

(20) ueng – uer(鼻化) 小瓮儿

(21) -i(前) – er 瓜子儿　　石子儿　　没词儿　　挑刺儿

(22) -i(后) – er 墨汁儿　　锯齿儿　　记事儿

(23) i – i:er　　针鼻儿　　垫底儿　　肚脐儿　　玩意儿

(24) in – i:er　　有劲儿　　送信儿　　脚印儿

(25) ing – i:er(鼻化) 花瓶儿　　打鸣儿　　图钉儿　　门铃儿　　眼镜儿　　蛋清儿

(26) ü – ü:er　　毛驴儿　　小曲儿　　痰盂儿

(27) e – er　　模特儿　　逗乐儿　　唱歌儿　　挨个儿　　打嗝儿　　饭盒儿　　在这儿

(28) u – ur　　碎步儿　　没谱儿　　儿媳妇儿　　梨核儿　　泪珠儿　　有数儿

(29) ong – or(鼻化) 果冻儿　　门洞儿　　胡同儿　　抽空儿　　酒盅儿　　小葱儿

(30) iong – ior(鼻化) 小熊儿

(31) ao – aor　　红包儿　　灯泡儿　　半道儿　　手套儿　　跳高儿　　叫好儿　　口罩儿

(32) iao – iaor　　鱼漂儿　　火苗儿　　跑调儿　　面条儿　　豆角儿　　开窍儿

(33) ou – our　　衣兜儿　　老头儿　　年头儿　　小偷儿　　门口儿　　纽扣儿　　线轴儿

(34) iou – iour　　顶牛儿　　抓阄儿　　棉球儿　　加油儿

(35) uo – uor　　火锅儿　　做活儿　　小伙儿　　邮戳儿　　小说儿　　被窝儿

(36) (o) – or　　耳膜儿　　粉末儿

2. 字词对比训练

对比下列字词,并做造句练习,体会儿化区别词义、词性的作用。

(1)

班—班儿　帮—帮儿　包—包儿　当—当儿　点—点儿　堆—堆儿

钉—钉儿　盖—盖儿　滚—滚儿　黄—黄儿　卷—卷儿　亮—亮儿

脑—脑儿　片—片儿　圈—圈儿　头—头儿　罩—罩儿

(2)

白面—白面儿　本色—本色儿　光棍—光棍儿　火星—火星儿

记事—记事儿　加油—加油儿　接头—接头儿　开怀—开怀儿

零碎—零碎儿　破烂—破烂儿　上座—上座儿　算计—算计儿

台风—台风儿　贴身—贴身儿　小人—小人儿　一块—一块儿

拉链—拉链儿　灵活—灵活儿　小便—小辫儿

3. 短句训练

(1)漂亮的小花猫儿。

(2)好看的小脸盆儿。

(3)小刚用一根儿铁丝儿捆了一堆儿小铁片儿。

(4)小丽用一根儿麻绳儿捆了一堆儿小木板儿。

(5)天真黑,连个亮儿也没有。

(6)一位小女孩儿,扎着个红小辫儿,手拿一朵小红花儿,正在和小朋友们一起玩儿。

(7)科科、磊磊小哥俩儿,红红的脸蛋儿胖乎乎儿。

(8)老李昼夜研究,终于找到了攻关的窍门儿。

4. 语句训练

读下列语句,注意区别加点词语的读音和意义。

(1)小敏最喜欢在运动场的沙坑里玩儿堆沙堆儿的游戏。

(2)为了让孩子们能活下去,他可是什么脏活儿、累活儿都干过。

(3)王局长在文伯草稿的右上角圈了个圈儿,就表示他看过,同意下发。

(4)刘大婶儿三个儿女,就数老三个儿最高。

(5)把你那小褂儿挂在衣帽架上,别到处乱扔。

(6)她这一手儿针线活儿没几个人比得上,大家都夸她心灵手巧。

(7)那间屋子很破烂,里面装的都是不值钱的破烂儿。

(8)把这个灯罩儿罩上,免得风把灯吹灭了。

(9)做纸花要先把皱纹纸卷成卷儿,这样做出来的花才好看。

(10)火星上是找不到一点火星儿的。

(11)把瘦猪肉片成片儿,加上佐料拌匀了,再放进锅里煮。

(12)周大爷刚喊了一声"滚",只看到他们家的小狗菲菲立即就在地上打了几个滚儿。

5. 绕口令训练

(1)进了门儿,倒杯水儿,喝了两口儿运运气儿,顺手儿拿起小唱本儿,唱一曲儿,又一曲儿,练完嗓子练嘴皮儿。绕口令儿,练字音儿,还有单弦儿牌子曲儿,小快板儿,大鼓词儿,越说越唱越带劲儿。

(2)我们那儿有个王小三儿,在门口儿摆着一个杂货摊儿,卖的是煤油火柴和烟卷儿,红糖白糖花椒大料瓣儿,鸡子儿挂面酱油盐儿,糖葫芦一串儿又一串儿,花生瓜子儿还有酸杏干儿。王小三儿不识字儿,写账记账净闹稀罕事儿。街坊买了他六十个鸡子儿,他就在账本儿上画了六十个圆圈儿。过了两天人家还了他的账,他说人家短了他一串儿糖葫芦儿没有给他钱儿。

(3)有那么一个杂货店儿,只有两间小门脸儿。别看地方不大点儿,卖的东西不起眼儿,有火柴,有烟卷儿;有背心儿,有裤衩儿;有蜡烛,有灯捻儿;还有刀子、勺子、小菜板儿。起个早儿,贪个晚儿,买什么都在跟前儿。

(4)有个小男孩儿,穿件蓝小褂儿,拿着小竹篮儿,装着年糕和镰刀。有个小女孩儿,穿件绿花儿裙儿,梳着两小辫儿,拉着一头老奶牛。俩人儿手拉手儿,唱着快乐的牧牛歌儿,拉着牛拿着篮儿,溜溜达达向前走。走到柳林边,拴上牛放下篮儿,拿出年糕和镰刀,吃了甜年糕,拿起小镰刀,提着竹篮儿去割草。割了一篮儿一篮儿嫩绿嫩绿的好青草,欢欢喜喜地喂饱了那头老奶牛。

(四)儿化的发音训练注意事项

第一,使用儿化要严格注意区分不同的语体。尤其是在对新闻类文体进行播报时,尽量不用儿化。

第二,使用儿话要严格注意区分不同的语境。儿化韵在有区别词义和分辨词性作用的时候一定要儿化,该儿化时而不儿化,就会产生误会。

第三,使用儿化要根据不同方言区进行合理把控。有些儿化词虽没有区别词义和分辨词性的作用,但已经被普通话吸收,不儿化反而不顺耳。而针对北方人儿化过多的现象,我们也要注意,避免过度使用儿化。

四、变调

在语流中,有些音节的声调起了一定的变化,而与单字发音时的调值不同,这种变化叫作变调。

(一)变调的音变规律

规律一:阴平的变调,阴阴相连前降度。两个阴平连续时,前一个音节降一度,即调值由55变成44,后一个音节不变。

如:"播音"是55-55,两个阴平相连,"播"字由55变成44。

"中央"是55-55,两个阴平相连,"中"字由55变成44。

"高空"是55-55,两个阴平相连,"高"字由55变成44。

规律二:阳平的变调,阳阳相连前降度。两个阳平连续时,前一个音节降一度,即调值由 35 变成 34,后一个音节不变。

> 如:"来来"是 35-35,两个阳平相连,"来"字由 35 变成 34。
>
> "人民"是 35-35,两个阳平相连,"人"字由 35 变成 34。

规律三:上声的变调分以下四种情况。

情况一,单独尾音发全上。上声字单念或在句尾时不变,仍读本调 214。

情况二,非上之前变半上。上声加阴平、阳平、去声,上声 214 变成半上 211。

> 如:"老师"是 214-55,"老"字在阴平"师"字前面,"老"字由 214 变成 211。
>
> "领航"是 214-35,"领"字在阳平"航"字前面,"领"字由 214 变成 211。
>
> "体育"是 214-51,"体"字在去声"育"字前面,"体"字由 214 变成 211。

情况三,上上相连前变阳。上声和上声相连,前面一个变直上 34,听起来像阳平,但并非阳平,后一个音节不变。

> 如:"友好"是 214-214,两个上声相连,"友"字由 214 变成 34。
>
> "理想"是 214-214,两个上声相连,"理"字由 214 变成 34。
>
> "领土"是 214-214,两个上声相连,"领"字由 214 变成 34。

情况四,三连上声细分析。

当词语的结构是"双单格"时,前两个音节都变为 35,跟阳平调值基本一样,后一个音节调值不变。像"展览馆"这种三音节词,"展览"是一部分,"馆"是一部分,前两个音节意思联系比较紧密,后一个音节相对于前两个音节意思联系比较稀疏,这样的词语我们称其为"双单格"词语。

> 如:双单格"展览馆"是 214-214-214,"展览"由 214-214 变成 35-35,"馆"214 不变。
>
> 双单格"手写体"是 214-214-214,"手写"由 214-214 变成 35-35,"体"214 不变。
>
> 双单格"选举法"是 214-214-214,"选举"由 214-214 变成 35-35,"法"214 不变。

当词语的结构是"单双格"时,前一个音节变半上 211,后两个音节遵循上声的变调规律进行。像"纸雨伞"这种三音节词,"纸"是一部分,"雨伞"是一部分,后两个音节意思联系比较紧密,前一个音节相对于后两个音节意思联系比较稀疏,这样的词语我们称其为"单双格"词语。

> 如:单双格"纸雨伞"是 214-214-214,"纸"由 214 变成 211,"雨伞"由 214-214 变成 34-214。
>
> 单双格"李厂长"是 214-214-214,"李"由 214 变成 211,"厂长"由 214-214 变成 34-214。

单双格"好导演"是 214－214－214,"好"由 214 变成 211,"导演"由 214－214 变成 34－214。

规律四:去声的变调分以下两种情况。

情况一,去在非去前不变。去声在非去声字前一律不变,仍读本调 51。

情况二,去去相连前半降。去声在去声字前则由全降变为半降,后一个音节不变。即调值由 51 变成 53。

如:"扩大"是 51－51,两个去声相连,"扩"字由 51 变成 53。

"电话"是 51－51,两个去声相连,"电"字由 51 变成 53。

"信念"是 51－51,两个去声相连,"信"字由 51 变成 53。

规律五:"一"的变调分以下四种情况。

情况一,非去之前读去声。"一"单独使用或用在词句末尾表示序数、基数等时,读原来的调子,即阴平。

如:一、第一、初一、万一、统一、星期一、说一不二、数一数二

情况二,去声之前读阳平。"一"在去声前变阳平。

如:一切、一阵、一块、一半、一旦、一贯、一路、一样、一致、一律

情况三,非去之前读去声。"一"在非去声前变去声。

如:一生、一直、一杯、一心、一早、一同、一晃、一举、一般、一时

情况四,夹在词中读轻声。"一"夹在重叠动词中间变轻声。

如:看一看、试一试、等一等、想一想、管一管、谈一谈

规律六:"不"的变调分以下四种情况。

情况一,非去之前读去声。"不"在非去声前读原来的声调,即去声。

如:不说、不巧、不能、不敢

情况二,去声之前读阳平。"不"在去声前变阳平。

如:不必、不便、不会、不用、不对、不过、不利、不料、不但

情况三,夹在词中读轻声。"不"夹在词语中间变轻声。

如:去不去、肯不肯、会不会、了不起、吃不了、看不看

情况四,单读句尾不变声。"不"在单独使用或者在词句末尾时,读原来的声调,即去声。

如:不、我不、偏不

(二)变调的发音训练

1. 一二三,三二一,一二三四五六七,七六五四三二一。一个姑娘来摘李,一个小伙儿来摘梨,一个小孩儿来捡栗。三个人一齐出大力,收完李子栗子梨,一起拉到市上

去赶集。

2. 有一个小伙子,手拿着一束鲜花儿,在一个公园门口儿,等待一位好姑娘。这位好姑娘,骑着一辆自行车,从一个拐角儿出来一直骑到公园门口儿。俩人一见如故,并肩携手一同走进大门口儿。他们一边走一边把情话谈,一个说:"我一定努力学习,天天进步。"一个说:"我一定好好工作绝不落后。"俩人越谈越热乎……一同表示要在攻关小组立新功,为建设四化共同迈大步!

3. 冬冬不小心打碎了一个花瓶儿,他急得团团转不可开交。爸爸见了不动声色,这使冬冬更不知所措,妈妈不慌不忙走过来,和蔼地安慰冬冬说:"今天这个花瓶儿不是你故意打碎的,妈妈不批评你。不过,以后干事情可不要再粗心了。"冬冬歉意地点了点头。接着,爸爸又风趣地说:"旧的不去,新的不来嘛!"这才使冬冬心头儿的一块石头落了地,他连连向爸爸表示说:"以后我再也不粗心大意不管不顾了。"

4. 王老汉拿一根不长不短的鞭子,赶着辆不新不旧的大马车。拉着满车不计其数的公粮,奔驰在一条不宽不窄的大道上。到了粮库门口儿,他不慌不忙地停住了那辆不新不旧的大马车,不声不响地放下了手中那根不长不短的鞭子。他不遗余力地肩扛一包又一包不计其数的公粮,不厌其烦地装进了国家的大仓房。

五、语气词"啊"的音变

语气词"啊"是在口语表达中使用频率很高的一个单音词,语气词"啊"本身作为轻声词的同时,又有着自身特有的音变规律。对"啊"正确、恰当的使用会让语气自然、大方、准确、色彩丰富。

(一)语气词"啊"的音变规律

规律一: "啊"处于一句话的开头处或单独使用时,发"a"音。

如:啊(a)!祖国,我的母亲。

规律二: "啊"前面一个音节的韵母或韵母的尾音是 a、e、ê、o(ao、iao 除外)、i、ü、uo、ei 时,一般发"ya(呀)"音。

如:他呀! tā—ya

你快说呀! shuō—ya

必须先把敌人的碉堡攻破呀! pò—ya

你说什么呀! me—ya

你写呀! xiě—ya

提高警惕呀！tí—ya

快回去呀！qù—ya

规律三："啊"前面一个音节的韵母和尾音是"n"时，一般发"na(哪)"音。

如：军民是一家人哪。rén—na

你要小心哪。xīn—na

规律四："啊"前面一个音节的韵母尾音是"ng"时，一般发"nga"音。舌根后缩，与软腭成阻，向前滑动。

如：杨子荣是英雄啊！xióng—nga

大家一起唱啊！chàng—nga

规律五："啊"前面一个音节的韵母或韵母尾音是 u、ao、iao 时，一般发"wa(哇)"音。

如：谁在打鼓哇！gǔ—wa

我们的生活多么美好哇！hǎo—wa

全托共产党和毛主席的福哇！fú—wa

规律六："啊"前面一个韵母和尾音是 r、i(后 i)和 er 时，一般发"ra"音。

如：你有什么事啊！shì—ra

你倒是吃啊！chī—ra

规律七："啊"前面一个韵母尾音是 -i(前 i)时，一般发"za"音。

如：你去过北京几次啊！cì—za

这是谁写的字啊！zì—za

(二)语气词"啊"的发音训练

1. 短句训练

(1)幼儿园这些孩子啊(-i 前-za)

(2)会跳会唱真可爱啊(ai-ya)

(3)大家都来看啊(an-na)

(4)他们玩得多高兴啊(ing-nga)

(5)有的孩子在朗读诗啊(-i 后-ra)

(6)有的孩子在画画啊(ua-ya)

(7)这些孩子们又是唱啊(ang-nga)

(8)又是跑又是跳啊(iao-wa)

(9)啊(a)！他们是多么幸福啊(u-wa)

2. 语段训练

今天是他的生日啊,他起了个大早啊,等待着亲人的来临啊。不一会儿的工夫啊,他的爷啊、奶啊、姑啊、姨啊、舅啊、妗子啊、表哥啊、表姐啊、外婆啊、外公啊,有的拎着鸡啊、鱼啊,有的牵着牛啊、羊啊,赶着一群猪啊,还有的捧着鲜花儿啊,拿着蛋糕啊,纷纷进了门啊。这时跑来他的二姨夫啊,身穿大棉袄啊,还没到门口啊,就摔了个大跟头啊。二姨生气地说啊,你怎么这么笨啊,大家哈哈大笑啊。这时,他的妈妈喊啊,啊,快把你二姨夫扶起来啊,进屋一块儿切蛋糕吃啊。这时表嫂打来电话啊,你过生日怎么不给我通知啊,我来不及上去了啊,给你写一首生日诗啊,电话里念给你听啊。他非常高兴啊,激动地说啊,谢谢大家啊,今天的生日令我终生难忘啊。

3. 绕口令训练

(1)菜市场的货物真丰富,鸡啊(ya),鸭啊(ya),鱼啊(ya),肉啊(wa),盐啊(na),酱啊(nga),油醋啊(wa),生的熟的应有尽有。

(2)鸡呀、鸭呀、猫哇、狗哇,一块儿水里游哇!牛哇,羊啊(nga),马呀,骡呀,一块儿进鸡窝呀!狼啊(nga),虫啊(nga),虎哇,豹哇,一块儿街上跑哇!兔哇,鹿哇,鼠哇,孩子啊(za),一块儿上窗台儿啊(ra)!

(三)语气词"啊"的发音训练注意事项

第一,"啊"无论怎么发生音变,在句尾它都是轻声,注意它音高度的变化。
第二,"啊"在儿化韵后面时,要按儿化的 er 韵发音。
第三,针对多数人"啊"的音变不正确的现象,要反复训练形成习惯。

六、轻重格式

轻重格式又称词的轻重格式,在实际运用中,每个音节都有轻重强弱的不同。造成各音节轻重差别的原因有词义、词性的不同,有习惯性感情表达的需要。词的轻重格式是一种特殊的音变现象,如果将短而弱的音节定义为轻,那么长而强的音节则为重,介于二者之间的就称为中,轻与重是相对的,表达之中要自然、准确。

(一)轻重格式的音变规律

规律一:双音节词的音变规律分以下三种情况。

情况一,中重格式。这类词多,读时第二个音节比第一个重些、长些。

如:人民、大会、广播、刻苦、满意、革命、动员、年轻、广播、飞机、电视、家乡、自然情况二,重中格式。这类词不太多,读时第一个音节比第二个重一些、长一些。

如:斗争、柔和、突然、责任、学者、作家

情况三,重轻格式。第二个音节又短又弱,就是前面讲到的轻声。

如:弟弟、去吧、拿来、出去、老子、木头、行李

规律二: 三音节词的音变规律分以下三种情况。

情况一,中中重格式。

如:共产党、东方红、国务院、电视机、图书室、办公室

情况二,中重轻格式。

如:打拍子、小姑娘、捏起来、站不住、老头子、小伙子、大木头、小石头、过日子

情况三,重轻轻格式。

如:飞起来、投进去、哗啦啦、乐呵呵

规律三: 四音节词的音变规律分以下三种情况。

情况一,中重中重格式。

如:儿童广播　友谊第一　安居乐业　并驾齐驱
　　标点符号　百炼成钢　鸟语花香

情况二,中轻中重格式。

如:高高兴兴　嘻嘻哈哈　拉拉扯扯

情况三,重中中重格式。

如:惨不忍睹　目不暇接

(二)轻重格式的发音训练

1. 容易读错的双音节词语训练

峭壁	惬意	苍穹	蜷缩	商榷	缝纫	坚韧	烹饪	冗长	蠕动	褥子
花蕊	霎时	搭讪	修缮	赡养	妊娠	虱子	狩猎	倏然	私塾	庶民
别墅	瞬时	闪烁	厮杀	寺庙	怂恿	抖擞	庸俗	深邃	唆使	蓑衣
坍塌	绦虫	号啕	剔除	窈窕	眺望	湍急	迷惘	桅杆	帷幕	唯恐
伪装	会晤	潮汐	唏嘘	奚落	白皙	蜥蜴	空隙	闲暇	遐想	娴熟
舷窗	衔接	混淆	咆哮	机械	亵渎	馨香	挑衅	炫耀	眩晕	渲染
穴位	戏谑	湮没	筵席	俨然	溃疡	吆喝	佳肴	徭役	耶稣	贻误
屹立	呓语	驿站	翌日	后裔	熠熠	臆造	荫庇	龇龈	萦绕	臃肿
甬道	柚子	须臾	丰腴	驾驭	纷纭	陨落	蕴涵	跳蚤	啧啧	眨眼
蚱蜢	精湛	肇事	海蜇	动辄	斟酌	对峙	滞销	伫立	贮备	撰写

122

2. 容易读错的三音节词语训练

差不多	传教士	传染病	创造性	大学生	大自然	蛋白质	对不起
多边形	发动机	法西斯	方法论	放射线	服务员	共和国	机械化
积极性	基督教	继承人	寄生虫	加速度	解放军	锦标赛	进化论
决定性	来不及	老百姓	老人家	老太太	老头子	了不起	农作物
偶然性	派出所	乒乓球	葡萄糖	轻工业	染色体	三角形	舍不得
社会学	生命力	水蒸气	太阳能	太阳系	天然气	天主教	微生物
维生素	显微镜	研究生	艺术家	荧光屏	原子核	中学生	啄木鸟
安理会	八仙桌	芭蕾舞	白话文	百分比	班主任	半成品	保护色
保险丝	保证金	保证人	抱不平	暴风雪	暴风雨	北半球	北极星
必需品	避雷针	变压器	辩护人	病原体	博览会	博物馆	不得了
不得已	不动产	不敢当	不见得	不像话	不锈钢	不由得	不在乎
不至于	参议院	长臂猿	长方形	长颈鹿	超导体	超声波	乘务员
吃不消	出生率	穿山甲	催化剂	打火机	打交道	大本营	大不了
大理石	大陆架	大气层	大气压	大人物	胆固醇	胆小鬼	地平线
地下室	电磁场	电气化	电影院	东道主	东正教	董事会	动画片
动物园	鹅卵石	恶作剧	发言人	反义词	方向盘	防护林	纺织品
放大镜	放射线	飞行器	飞行员	肺活量	肺结核	分水岭	副作用
高血压	工艺品	工作日	公积金	公务员	古兰经	管弦乐	规范化
哈密瓜	海岸线	红外线	胡萝卜	化妆品	画外音	黄澄澄	黄鼠狼
回归线	回忆录	混合物	混凝土	基本功	吉普车	集装箱	记忆力
继承权	甲状腺	交响乐	交易所	脚手架	教科书	金龟子	金丝猴
金字塔	禁不住	进行曲	经纪人	俱乐部	爵士乐	靠不住	老天爷
冷不防	里程碑	连环画	连衣裙	两口子	疗养院	了不得	林荫道
领事馆	留声机	流水线	龙卷风	螺旋桨	马铃薯	猫头鹰	蒙古包
穆斯林	南半球	难为情	内燃机	霓虹灯	牛仔裤	判决书	漂白粉
平衡木	葡萄酒	蒲公英	青霉素	轻音乐	清真寺	人行道	三角洲
三轮车	神经病	神经质	圣诞节	食物链	视网膜	体育场	体育馆
天花板	同位素	统一体	外祖父	外祖母	西红柿	细胞核	向日葵
小夜曲	协奏曲	写字台	形容词	蓄电池	亚热带	叶绿素	胰岛素
咏叹调	幼儿园	羽毛球	圆舞曲	蒸馏水	正比例	指南针	志愿军

3. 容易读错的四音节词语训练

安居乐业　百花齐放　无可奈何　新陈代谢　因地制宜　自力更生

百家争鸣	百科全书	包罗万象	背道而驰	标新立异	别出心裁
别具一格	别开生面	别有用心	冰天雪地	不动声色	不计其数
不胫而走	不可思议	不可一世	不速之客	不言而喻	不以为然
不约而同	层出不穷	畅所欲言	持之以恒	出类拔萃	出其不意
出人意料	触目惊心	川流不息	此起彼伏	错综复杂	大公无私
大惊小怪	大同小异	大显身手	大相径庭	得天独厚	得心应手
独一无二	方兴未艾	非同小可	奋不顾身	风驰电掣	风起云涌
根深蒂固	顾名思义	海市蜃楼	汗流浃背	后顾之忧	焕然一新
急中生智	家喻户晓	矫揉造作	精益求精	鞠躬尽瘁	举足轻重
刻不容缓	脍炙人口	来龙去脉	理直气壮	了如指掌	淋漓尽致
琳琅满目	屡见不鲜	漫不经心	慢条斯理	毛骨悚然	眉飞色舞
眉开眼笑	梦寐以求	名副其实	名列前茅	目不转睛	目瞪口呆
弄虚作假	排忧解难	迫不及待	岂有此理	千钧一发	前仆后继
潜移默化	轻而易举	情不自禁	如释重负	若无其事	司空见惯
似是而非	肆无忌惮	随心所欲	啼笑皆非	天经地义	万紫千红
忘恩负义	相得益彰	心不在焉	心旷神怡	兴高采烈	胸有成竹
一筹莫展	一帆风顺	一丝不苟	抑扬顿挫	有的放矢	与日俱增
语重心长	震耳欲聋	周而复始	诸如此类	自始至终	自以为是

第二部分　有声语言表达基础篇

第一章　备稿方法

我们通过第一部分的学习和训练，掌握了科学的发音习惯和发音技巧，提高了声音质量，使我们的声音趋于完善，可以说第一部分的内容是服务于有声语言表达的。有声语言表达广义上包括生活语言的表达和艺术语言的表达，这里所说的有声语言表达是指狭义上播音与主持艺术语言的表达。

不管是艺术语言还是生活语言，语言的核心是传递信息，表达思想和情感，是对事物和问题观察理解后的思辨。进入有声语言表达基础篇我们就进入了播音学习的另一个阶段，即播音创作部分。本书中，我们把有声语言表达基础分为有稿播音和无稿播音两大部分。

无稿播音的核心在于综合表达能力。因为无稿播音没有稿件，所以表达者对于"说什么""为什么说"等问题，需要根据创作意图认真观察、积极思索，对接收到的信息进行迅速的加工整理，形成观点，而后，运用语言知识，选择准确的词语和恰当的句式，形成语言链条，以清晰准确、生动传神的有声语言传达出来。无稿播音为一度创作，在表达过程中要做到出口成章，准确、鲜明、生动地表达作品的思想情感。本书着重讲解有稿播音这一部分，对无稿播音部分不作赘述。

优美动听的有声语言和规范的文字语言一样，是一个合格的播音员、主持人不可或缺的名片。在有声语言表达实践的过程中，播音员、主持人都有这样的体验：乍看一篇稿件、一组串词，似乎平常，但经过反复分析、感受，就会感到韵味很浓、含义不浅。这正是播音员、主持人对稿件、节目认识的由表及里深化的结果。播音员、主持人是把有声语言传送出去给听（观）众听的，不是对空发言，不是自言自语，更不是自我欣赏。受众是我们传播的对象，这就要求我们在有声语言表达前，对所要传递的稿件进行准备和分析，真正理解稿件作者的思想情感及写作意图，从而更好地进行艺术创作。本章我们主要学习播音员和主持人正确的创作观，解决如何理解和分析稿件的问题。

第一节　正确的创作观

在正式学习之前，首先要树立正确的创作观，我们将其概括为三个意识：第一，要树立创作意识。有声语言表达是一种"艺术创作",它和美术家创作出一幅唯美的图画、音乐家创作出一首悦耳的曲目是一样的,是人们主观能动性的一种表现形式。只不过在有声语言表达中创作的主体是有声语言表达工作者,而这里的创作主体特指播音者,创作材料是普通话,创作的基本形式包括有稿播音和无稿播音,创作后的产物是艺术语言,包括朗诵、评论等语言艺术形式。第二,要树立主体意识。有声语言表达创作的主体是播音者,其创作客体在有稿播音中为文稿,在无稿播音中为客观事件,播报内容包括新闻、选题、社会现象、各种事件、话题等。主体对客体的认识过程要紧随主流价值取向,传播积极正能量的内容。对于创作主体而言,要通过不断"修炼"得以提高,所谓的"修炼",就是把握"话语权",形成喉舌意识。第三,要树立受众意识。播音者要将创作出的成果进行传播,就要考虑传播对象是谁的问题。受众意识就是要求创作者在创作过程中,根据受众的不同接受方式进行表达,以达到广泛传播的效果。

培养和树立正确的创作观,可以使我们在掌握语言的基础上对语言有一定的独立思考、独立判断的能力,从而形成自己的表达个性,推动有声语言艺术的发展。

表达是为了传递信息,信息的传递是有目的的,因此,有稿播音的核心在于对稿件的理解能力。"说什么"的问题已经在稿件中规定好了,"为什么说"存在于稿件的字里行间,需要播音者来把握,"怎么说"的问题稿件已经帮我们解决了一部分,但如何用清晰准确、声情并茂的声音形式把稿件的思想内容、情感态度传达出来并适应接收对象心理,是有稿播音的构思重点。

在进行有稿播音的准备工作前,我们首先要把握正确的创作道路。正确的创作道路是创作主体坚持主流价值取向的关键。我们的思想情感转化为有声语言的过程,是需要创作意识参与的,正确的创作道路能够起到规范我们创作意识的作用。播音员、主持人在创作的过程中,要站在无产阶级和党的政策立场上,以新闻工作者特有的敏感,把握国内外形势的变化和人民群众的思想,准确、及时、高效率、高质量地完成"理解稿件,具体感受,形之于声,及于受众"的创作过程,以在话筒前、镜头前积极自如的状态,进行有声语言的创作,达到恰切的思想情感和尽可能完美的语言技巧的统一,达到题材风格与声音形式的统一,准确、鲜明、生动地传达出作品的精神实质,发挥广播电视传播信息、引导舆论、鼓舞人民群众的作用。

"理解稿件,具体感受,形之于声,及于受众"是正确创作道路的16字方针,我们可以把"理解稿件"解读为"理解在前,表述在后"。理解稿件就是准备稿件的过程,这一过程包括广义备稿和狭义备稿,其中广义备稿就是经过长期积累达到"一看便知"的能力,是播音创作的基础;狭义备稿就是理解即将要准备的稿件,把握稿件言辞语境的过程,即备稿六步。我们可以把"具体感受"解读为"感知于外,受之于心"。一般表现稿件的内部技巧,即内在语、对象感、情景再现,实现这一过程需要调动创作者的感官,使创作者拥有读懂稿件的状态,从而将其转化为第二语言信号系统。我们可以把"形之于声"解读为表现稿件的"外部技巧",即重音、停连、语气、节奏。在我们准备好稿件之后,就进入有声语言的创作实践阶段,不管我们运用什么样的表达技巧,都是为了表情达意的需要,切不可堆砌技巧,见字发声。

第二节　准备稿件

我们这里所说的准备稿件是狭义备稿的过程,即分析理解现有稿件的层次、结构、目的等准备工作,为下一步有声语言表达做基础。准备稿件一般分为以下六个步骤。

第一步:划分层次。划分层次就是通读稿件后,对稿件内容进行层次的划分,明确稿件中各自然段之间的关系,是归并整合的过程。

第二步:概括主题。概括主题是将归并整合的段落进行中心思想的提炼,抓住稿件主要内容,透视其本质。概括主题要切中题旨,言简意赅,做到概括准确,有思想深度,概括客观,不离开稿件个性,不空洞笼统,概括的主题有情感色彩。

第三步:联系背景。联系背景是联系作者写作时的背景。背景分为历史背景、时代背景、社会背景、世界背景,通过联系背景来了解作者为何写下此篇稿件。联系背景时要深刻全面,从两个方面进行分析。一是上情,即与稿件有关的党性政治性,包括党和政府的路线、方针和政策;二是下情,即国内外的现实情况及其变化,在分析下情时注意把握主流和支流。

第四步:明确目的。目的一般从稿件内容和主题中引申,目的不等于主题,它一般以背景为依托。明确目的可以让创作者弄清稿件是什么、怎么播,以达到播出后的社会效果。

第五步:分清主次。稿件在创作之初是带有目的性的,所以稿件的内容有主次之分,只有分清稿件的主次关系,才能找出稿件的重点,达到二次创作的目的。不同的稿件重点分布不同,有些稿件重点分布集中,有些稿件重点分布分散。一般而言,稿件的重点常分布在最能表现主题的地方、最能表现目的的地方、最能抒发情感的地方、最能直接感染受众的地方。

第六步:把握基调。基调是一篇稿件基本的感情色彩,它是稿件总的态度和倾向,不是某一句某一段的感情色彩。虽然感情色彩在稿件中统一而又有变化,但大的基调是不会改变的。

第二章　表达技巧

张颂先生曾总结过这样一句话:"播音风格,就是指播音员在播音创作中所体现出来的创作个性和艺术特色,它以运动的状态贯穿播音创作的全过程,又以相对稳定的状态凝结在播音作品上。"同样,一个合格的播音员、主持人,应该传播出具有艺术美的声音,这就间接地要求播音员、主持人需要在专业基本功扎实的前提下,培养出一种听(观)众认可的播音风格,而确立并实现我们的播音风格,首先应在加强感受的前提下,熟练地运用不同的表达技巧来完成有声语言的表达,只有这样,播音风格才能具有可感性。所有绘声绘色的语言表达,都包含着文字中所蕴含的声音、色彩,更融汇着起伏跌宕的感情。面对静默着的一排排文字,我们要运用恰切的表达技巧将其中蕴含的思想、情感尽可能完美地表达出来。本章我们从技巧的层面出发,对有声语言表达技巧进行系统的梳理和训练,将我们理解和分析的稿件变为有内容、有目的、有感情、有对象的有声语言。

第一节　内部技巧

一、情景再现

情景再现是在符合稿件需求的前提下,以稿件提供的材料为原型,使稿件中的人物、事件、情节、场景、情绪等在播音员脑海中不断浮现,形成连续活动的画面,并不断引发相应态度、情感的过程。情景再现产生于具体的感受之中,想要实现这一过程,首先需要创作者理清头绪,设身处地去感受,其次需要创作者触景生情,最后需要创作者结合自己的感受,进行表达。

接下来我们进行情景再现的感受训练,在训练过程中,要以稿件为依据,在分析理解稿件的基础上产生具体感受,只有这样才能为稿件主题和播出目的服务。

1.《瓦尔登湖》(节选) 梭罗

有时,在一个夏天的清晨,在松树、山核桃树和漆树当中,在未受打扰的孤独和寂静之中,我坐在我的阳光明媚的门口,耽于幻想,从太阳升起一直坐到中午。与此同时,鸟儿在四周鸣唱,或者无声地从房屋里掠过,直到阳光落在我的西窗,或者从远处的马路上传来旅行者的马车的喧闹声,才让我想起时光的流逝。

2.《瓦尔登湖》(节选)梭罗

划桨到了那些地方,我才惊奇地发现我自己已给成亿万的小鲈鱼围住,都只五英尺长;绿水中有了华丽的铜色……在这样的水中,我好像坐了氢气球飘浮在空中,鲈鱼的游泳又是多么像盘旋飞翔,仿佛它们成了一群飞鸟,就在我所处的高度上,或左或右地飞绕;它们的鳍像帆一样,饱满地张挂着……等我漫不经心地接近它们,它们惊慌起来,突然尾巴横扫,激起水花,好像有人用一根毛刷般的树枝鞭挞了水波,立刻它们都躲到深水底下去了。

3.《晨昏诺日朗》(节选)赵丽宏

从车上下来,站在路边,远处的诺日朗瀑布浩浩荡荡地袒露在我的眼底。大瀑布离公路不到一百米,瀑布从一片绿色的灌木丛中流出来,突然跌入深谷,形成一缕缕雪白的水帘,千姿百态地垂挂在宽阔的绝壁上,深谷中,飞扬起一片飘忽的水雾。也许是想象中的诺日朗太雄伟,眼前这瀑布,宽则宽矣,然而那些飘然而下的水帘显得有些单薄,有些柔美,似乎缺乏了一些壮阔的气势。只有那水的轰鸣,和我的想象吻合。那震撼天地的声响,是水流在峭壁和岩石上撞击出的音乐,这音乐雄浑、粗犷,带有奔放不羁的野性,无拘无束地在山林里荡漾回旋。

训练材料4—5,见二维码10

二维码10

二、对象感

对象感又称交流感,是指播音员设想和感觉到对象的存在与反应,从感觉上意识到受众的心理、要求、愿望、情绪等,并由此调动自己的思想情感,使之处于运动的状态。播音员的交流形式一般分为与想象对象的"交流"、与对手的交流以达到与受众的间接"交流"和与受众直接"交流"三种。接下来我们进行对象感的感受训练,在训练过程中,播音员要做到"目中无人,心中有人"。

1.《不是天下母亲都无需回报》安宁

亲爱的孩子,今天你来跟我告别,说为了给男友庆祝生日,你要提前赶回学校去,给他挑选合适的礼物。我只不过是回了一句,你从来不记得给妈妈买生日礼物呢,你便生了气,说,为什么别人的妈妈,都从来没主动向孩子索取过礼物呢?她们疼自己孩子还来不及呢,哪像你一样,时时地抱怨?况且,爱情怎能拿来与亲情相比呢?

孩子,你或许现在还无法明白,一个母亲,如果不是心里真的有委屈在,是不会抱怨给自己的孩子听的,她宁肯独自一人默默承受,也不愿给孩子的笑容里添上她自己品过的忧愁。或许妈妈真的像你说的那样,不如别人那么高尚无私,这样的词汇,我也无力承担。上天给了我母亲的称号,并不是要求我时刻都要勇敢,坚强,伟大,奉献,无怨无悔。它还给了我每一个女人都有的脆弱,敏感,虚荣,甚至自私。所以你也无权要求妈妈,无限制地为你付出,却没有你应该给予的回报。

每一个假期,你都是匆忙地来去,爱情,几乎成了你生活的全部内容,你对男友说过的每一句话,都要拿出来咀嚼几次,而后无端地自寻烦恼。你这样地敏感,怎么却忘了,你无意中说出的话,也同样让我心烦意乱?你可以逃课去看男友,陪他逛街、聊天、轧马路,你却从没有想过,短而又短的假期,你的母亲,同样需要你的陪伴。你除了上网,与男友煲电话粥,走亲访友,又真正有多少时间,是分给母亲的?你向我抱怨,说每月的手机费,要200元,我也极想对你抱怨,这其中,你有几元钱,是花在母亲的身上呢?你订了幽默短信,逗男友开心,但你却从没有想过,给时刻想念着你的母亲,也发送一条,让她在无尽的担忧里,能够稍稍得到宽慰。

其实你小时候,就已是个自私的孩子。你让母亲早起为你做饭,饭菜不合口味便拒绝去吃;放学后你让母亲去接,却常常不说一声,便与别的同学,跑去玩到天昏地暗,让妈妈在黑暗里,大街小巷地哭喊着找你。临睡前一杯热气腾腾的牛奶,你在喝着的时候,不知道想着妈妈的好,却是因为我偶尔的一次,忘记了,就生气不肯理我。你考试之前从来都是没心没肺地丢给我一句,说,这次怕是考不好,不要我对你抱太大的希望。可是孩子,你一味地要求母亲对你负责,那么,你考出优秀的成绩,是不是你应该给予我的回报?你告诉男友,爱情需要彼此付出,亦需要彼此回报,那么,一辈子都无法割舍的亲情,难道不同样需要我们用心地呵护?

并不是妈妈嫉妒你对男友的痴狂和迷恋,毕竟,爱情亦是一种情感的体验和滋养。妈妈只是希望你能在对爱情的回报里,想起母亲曾经为你付出的22年的汗水和辛劳,想起你肯拿一生来回报男友给你的一年的爱情,那么,是否应该拿一年的关爱,给予永不会停止爱你的母亲?这样的索取,比起妈妈的付出,比例严重地失衡,但我仍然知足。即便你在母亲生日的时候,什么也不买,只是遥遥地打个电话,让我听到你的祝福;即便你在假期的时候游山玩水,却记得途中给母亲报声平安,让我不至于因为担心,而半夜失眠;即便你对待学习漫不经心,但在讨要补考费的时候,却知道对母亲说声抱歉;即便你打工挣到的钱,都给男友买了名牌的衣服,却记得发一个短信,告诉母亲,原来挣每一分钱,都是如此辛苦。

这样的回报,我想许多的母亲,都会需要。而敏感的我,只不过比她们,记得清晰。

我知道让一个孩子,记住母亲的每一点好,且知道一一地回报,是太过于苛刻。只有当你自己也有了孩子,且要为他一次次的冷漠和无礼,而流与汗水一样多的眼泪时,你才会真正地明白,母亲所要求的回报,其实是多么微不足道。而你,却为这样卑微的索取,而觉得自己的母亲,没有书中所写的那样无私和伟大;那么,亲爱的孩子,真正自私的那个人,又究竟是谁?

2.《人是如何变坏的》列夫·托尔斯泰

有个老魔鬼看到人间的生活过得太幸福了,他对小魔鬼们说:"我们要去扰乱一下,要不然魔鬼就无法存在了。"

他先派了一个小魔鬼去扰乱一个农夫。因为他看到那个农夫每天辛勤地工作,可是所得却少得可怜,但农夫还是那么快乐,非常知足。

小魔鬼开始想,怎样才能把农夫变坏呢?他就把农夫的田地变得很硬,想让农夫知难而退。农夫挖了半天,很辛苦,但他休息了一会儿后,还是继续挖,没有一声抱怨。小魔鬼看到计策失败,只好摸摸鼻子回去了。

老魔鬼又派了第二个小魔鬼去。第二个小魔鬼想,既然让他更加辛苦没有用,那就拿走他所拥有的东西吧!小魔鬼把农夫午餐的面包和水偷走了。他想,农夫干得那么辛苦,又累又饿,这下面包和水都不见了,农夫一定会暴跳如雷。

农夫又渴又饿,来到树下休息,想不到面包和水都不见了。"不晓得是哪个可怜的人比我更需要那块面包跟水?如果这些东西能让他得到温饱的话,那就好了。"农夫说。计划又失败了,小魔鬼弃甲而逃。

老魔鬼觉得奇怪,难道没有任何办法能把这农夫变坏?就在这时,第三个小魔鬼出来了。他对老魔鬼讲:"我有办法,一定能把他变坏。"

小魔鬼先去跟农夫做朋友,农夫很高兴地和他做了朋友。因为魔鬼有预知的能力,他就告诉农夫,明年会遇到干旱,让农夫把稻谷种在湿地上,农夫便照做。果然,第二年别人没有收成,只有农夫的收成满满,他因此而富裕起来。

小魔鬼每年都对农夫说当年适合种什么,三年下来,农夫就变得非常富有。他又让农夫把米拿去酿酒贩卖,赚取更多的钱。慢慢地,农夫开始不工作了,靠着贩卖的方式,获得大量金钱。

有一天,老魔鬼来了,小魔鬼告诉老魔鬼说:"您看!我现在要展示我的成果了。农夫身上现在已经有猪的血液了。"只见农夫办了个晚宴,所有富有的人都来参加,喝最好的酒,吃最精美的餐点,还有好多仆人服侍。他们吃喝得非常浪费,衣裳凌乱,醉得不省人事,看上去痴肥愚蠢。

"您还会看到他身上有狼的血液。"小魔鬼又说。这时,一个仆人端着葡萄酒出来,不小心跌了一跤。农夫就开始骂他:"你做事怎么这么不小心!""唉! 主人,我们到现在都没有吃饭,饿得浑身无力。""事情没有做完,你们怎么可以吃饭!"

老魔鬼见了,高兴地对小魔鬼说:"你太了不起了! 你是怎么办到的?"小魔鬼说:"我只不过是让他拥有的比他需要的更多而已,这样就可以引发他人性中的贪婪。"

三、内在语

内在语是指播音语言中一些不便于表露、不能表露、没有完全表露出来和没有直接表露出来的语句关系和语句本质。我们可以将其理解为话里有话、言外之意、弦外之音、潜台词。

内在语的作用有二:首先是体现语句本质,即结合语言环境和上下文来确定语句的深层含义;其次是承接语言链条,即体现语句间的逻辑关系。

(一)内在语的分类

1. 发语性内在语

发语性内在语,就是在呼号、语句、段落、层次、稿件、节目起始处之前,加上适当的词语,这些词语是播音员、主持人在心里播读的,需要与原稿件进行自然恰当的衔接,以起到播好开头的作用。例如:

(1)(听众朋友们)这里是中央人民广播电台!

(2)(俗话说)明日复明日,明日何其多。因此我们不能浪费时间。

2. 寓意性内在语

寓意性内在语起到隐藏语句深层意义、挖掘语句本质和语句目的的作用,是稿件的"弦外之音"。例如:

(1)卸下行李之后,他爬回车内,准备回去,明明启动了引擎,却又摇下车窗,头伸出来说:"女儿,爸爸觉得很对不起你,这种车子实在不是送大学教授的车子。"

(2)因为生孩子是件很"自私"的事情,所以母亲节那天,看到铺天盖地"感谢母亲""伟大的母爱"之类的口号时,我只觉得不安甚至难堪。

3. 关联性内在语

关联性内在语是指那些能够体现语句逻辑关系和语法意义的隐含性关键词和关联词短语。例如:

(1)宋朝皇帝只喜欢吃喝玩乐。(因为)他喜欢踢球,就把一个流氓封为殿师太尉。

(2)(虽然)芦花村的孩子们几乎都会凫水,(但是)能像雨来游得这么好的没有几个。

4. 提示性内在语

提示性内在语用于语句、段落、层次之间,解决上下句语气衔接问题。例如:

(1)世界给我的第一个记忆是:我躺在奶奶怀里,拼命地哭,打着挺儿,也不知道为了什么,哭得好伤心。

(2)最近有篇文章刷爆了各大自媒体平台,而许多人看了后也不得不承认该文章的文笔流畅而细腻。

5. 回味性内在语

回味性内在语是在稿件段落、层次和全文结尾处设置的相应词语,提示播音员、主持人的语气或回味、或思考、或想象、或憧憬,给人以语气尽、情尚存的印象。回味性内在语可以分为寓意式回味、反问式回味、意境式回味、线索式回味四类。

(1)寓意式回味。用内在语把前句的深刻寓意体现出来,并造成一种耐人寻味的氛围。例如:

我慢慢相信,每一个活过的人,都能给后人的路上添些光亮。

(2)反问式回味。这种内在语用在结尾处对前句语意或前篇结论有肯定和强调意义,并对前句句尾语势所体现的色彩有引申、指向和推动作用。例如:

冬天来了,春天还会远吗?

(3)意境式回味。这种内在语营造某种意境和氛围,引人有所思、有所感、有所憧憬、有所遐想。例如:

这个字对你对我对他,与生俱来,排山倒海。

(4)线索式回味。有些稿件,在一些段落、层次和全文结尾处重复出现相同的句子,针对这些线索式出现的句子,通过联系上下文进行表达设计,达到调动受众的想象、深化主题、加深印象的目的。例如:

我是被妈妈宠坏的孩子,我任性。

6. 反语性内在语

反语性内在语直接体现了句子表层意义和深层内在意义的对立关系或对比关系,可以使表达方式更具冲击性、表达内容更具有回味性。例如:

(1)我除了羡慕这些人"自我感觉过分良好"外,不敢赞一词。

(2)至于男盗和女娼,那是非但无害,而且有益,男盗可以多刮几层地皮,女娼可以多弄几个"裙带官儿"的位置。

(二)内在语的感受训练

1.《补旧》(节选)朱光潜

他的这身棉衣,是抗美援朝期间有次回国,为了外出方便买来穿上"打掩护的"。质料很一般,外头连罩衫也没有。就是这身棉衣,伴着他在吴家花园度过了六七个寒冬,后来又穿着它到了西南。直到他被林彪、江青派来的一伙人揪上北京,我们最后分别时,他穿的还是这身黑蓝颜色、上头闪着一层油光的土布棉衣。

记不得是哪个冬天了,也是一个风和日丽的日子,彭总在院子里补衣服,我带着家里人照相玩。走过他面前,故意逗趣他说:"这位老大爷,照张相吧?"我们都以为他不会干的,还会说"我这个人长得丑"之类的话。谁知这一回,他抬起头来,笑呵呵地坐正了,说:"照吧!"

笑声中,我给他拍了一张"老人补旧"的照片。

这张照片的主人已经不在人间了,照片本身也在一场浩劫中化成了灰烬,但是当时的情景,却永远留在我和妻子的心里。

2.《中计》(节选)

刚刚十八岁的洪松彪,哪见过这个场面呀,小伙子沉不住气了,马上开口说:"大爷、大娘别发火,昨天是我跑到菜地里去的。我看你们二老年纪大,大爷成天忙着队上的事儿,顾不了家,就抽空帮你们干了点活。谁知道我不会干,给你们添了麻烦,真对不起你们,有多大的损失我一定赔。"说着就伸手掏钱包。张大爷看到这个情景,倒哈哈大笑起来。大娘也跟着笑起来,她疼爱地拉着小洪的手说:"孩子你受委屈了。"小洪纳闷地抬起头来看着两位老人,张大爷得意地说:"孩子,你中计了,打从你们到我们村来搞训练,给大家伙干了那么多的好事。可我们就是不知道是谁干的,昨晚上我和你大娘一合计呀,就想出这个小计策来。果不出所料,你们还真中计了。"全排战士这才恍然大悟,和张大爷、张大娘一块笑了起来,洪松彪,这个虎头虎脑的小伙子却像大姑娘似的,羞涩地低下了头。

3.《妈妈喜欢吃鱼头》(节选)陈运松

在我依稀记事的时候,家中很穷,一个月难得吃上一次鱼肉。每次吃鱼,妈妈先把鱼头夹在自己碗里,将鱼肚子上的肉夹下,极仔细地捡去很少的几根大刺,放在我碗里,其余的便是父亲的了。当我也吵着要吃鱼头时,她总是说:"妈妈喜欢吃鱼头。"我想,鱼头一定很好吃的。有一次父亲不在家,我趁妈妈盛饭之际,夹了一个,吃来吃去,觉得没鱼肚子上的肉好吃。

那年外婆从江北到我家,妈妈做了家乡很金贵的鲢鱼。吃饭时,妈妈把本属于我的那块鱼肚子上的肉,夹进了外婆的碗里。外婆说:"你忘啦?妈妈最喜欢吃鱼头。"外婆眯缝着眼,慢慢地挑去那几根大刺,放进我的碗里,并说:"孩子,你吃。"

训练材料4—5,见二维码11

二维码11

第二节　外部技巧

从本节开始,我们就进入有声语言表达外部技巧的学习。外部技巧的运用能够直观、深刻地把不同内在思想感情表现出来,所以外部技巧的学习尤其重要。

一、重音

重音是语言表达者根据不同情感表达的需要,表达时加以特别强调的词组或短句。重音以语句为单位,因此我们也把重音叫语句重音。重音的运用,不仅能够把不同语句的目的和情感表达得更清楚、更深刻,还能够使语句自身具有轻重起伏的节奏美感。

重音的使用方法有三种,分别为:强弱停连法、快慢停连法、虚实停连法。强弱停连法是指表达者通过声音高低、音量大小的对比,把重音体现出来。重音词组或短句声音高音量大,而非重音词组或短句声音低音量小。快慢停连法是指表达者通过语速快慢、语句停顿连接的对比,把重音表现出来,一般在重音前后停顿,并且放慢语速。

(一)重音的分类

1. 并列性重音

并列性重音是指语句中那些并列的词组或短句用同等重音表现出来。例如:

(1)全国最大城市展览馆贵阳开馆

《人民日报》(2012年7月31日11版)

本报贵阳7月31日电(记者黄娟)贵阳城乡规划展览馆日前在贵阳开馆。该馆是目前国内展览面积、布展面积、沙盘面积最大的城市展览馆。

贵阳城乡规划展览馆总建筑面积近2万平方米,展馆分为百年贵阳展区、生态文明城市建设成果展区、交通规划展区等5大篇章24个展区。该展览馆26日起免费对外开放,将成为展示贵阳形象的重要平台。

(2)27 部国内外剧目低票价巡演 中国儿童戏剧节开幕

《人民日报》(2012年7月14日02版)

本报北京7月13日电(记者徐馨)13日,《西游记》(第二部)拉开了由中国儿童艺术剧院主办的第二届中国儿童戏剧节的帷幕。自7月13日至8月26日,27部国内外优秀剧目将在本届戏剧节中依次亮相,秉承"高品质、低票价、公益性"的特点,演出以北京为中心,并在苏州、大连、广州、湖州等地巡演,同时组织优秀剧目进社区进农村。

(3)十艺节"群星奖"举行颁奖仪式

《人民日报》(2013年10月26日04版)

本报威海10月25日电(记者潘俊强、王珏)25日晚,第十届中国艺术节"群星奖"颁布仪式在山东省威海市举行。本届"群星奖"共有884件作品、157个公共文化项目和117个"群文之星"候选人参评,共决出220个作品类"群星奖"、110个项目类"群星奖"以及100位"群文之星"。

作品类"群星奖"决赛分为音乐、舞蹈、戏剧、曲艺4个门类,项目类"群星奖"涵盖演出、展览、民俗活动等各类群众文化活动。"群文之星"全部从基层文化工作者中产生。

2. 对比性重音

对比性重音是指语句中那些带有对比性色彩的词组或短句用同等重音表现出来。

如:"会来事"与"会做事"

《人民日报》(2011年5月31日04版)

在现代语境中,"会来事"即是精于看前后左右关系尤其是看上司脸色行事,善为己谋。"会做事"就是会干工作,体现的是履职尽责水平,他们一般都是素质高、能力强或业务好、技能精的人才。显然,事业的兴旺发达,需要的是"会做事"而不是"会来事"的干部。

"会做事"固然难得,"会来事"也非易事。因为要"会来事",就得不断揣摩上级意图,时刻观察领导脸色,还要到处去"活动",广结关系网……这就必然牵扯大量的精力,所以很难专注于做事。与此相反,要"会做事"的话,就得"在其位,谋其政",就得把精力集中于工作上,因而很少有心思去搞关系。

值得注意的是,有不少干部只想"会来事",不想"会做事"。他们崇拜"关系学",深谙关系之道,在谋求屯粮积草的关键时刻,不是凭真本事,而是通过投机钻营来达到目的,多数情况是,"会来事"的一旦得势和获利,"会做事"的就会受到冷落、遭到排挤。现实中确实有些同志,尽管工作表现好,但因不善交际、没有关系,所以被"逆淘汰"。

为什么会造成这种颠倒呢？因为"会来事"者,经常与领导套近乎,善于表现、乐于表功,容易留下好印象。而"会做事"者很少出头露面,不会恭维奉迎,所以不被人注意和了解,所谓"做得好不如说得好,说得好不如拍得好",原因就在于此。除此之外,恐怕还有利益的关系。靠"活动"获得一官半职,大多要付出利益成本。"会来事"的能跑会送,易被提拔使用;"会做事"的不跑不送,常原地不动。

"会来事"与"会做事",虽都是说"事",但此"事"非彼"事"。前者是投上所好之事,后者是关系到单位发展建设之事。在一个单位,如果"会来事"的吃香,就会有更多人效仿,这样就会树立不好导向,形成不良风气。而"会做事"的吃亏,不仅耽误个人的成长进步,更影响到单位的发展建设。

作为各级领导,无论是从维护个人利益出发,还是着眼于单位大局,都应当对"会做事"的人给予关注,对"会来事"的人保持警惕。我们强调不让老实人吃亏,实际上就是不让"会做事"的人吃亏;对他们既要关心和支持,更要尊重和重用。做到这一点,除了党性原则、端正思想作用外,关键还要建立科学的考核评价机制。只有对干部全面深入地了解、公道正派地使用,"会做事"的才会脱颖而出,"会来事"的才会没有市场。

3. 呼应性重音

呼应性重音是指语句中那些呼应性的句式、呼与应的词组或短句用同等重音表现出来,包括一呼一应和一呼几应也用同等重音。呼应式重音有三种形式,分别为:问答式呼应重音;线索式呼应重音;领起式综合呼应重音。

4. 递进性重音

递进性重音是指语句中那些带有递进情感色彩的词组或短句用不同的重音表现出来。递进式重音有两种形式,分别为:连续性重音和连珠性重音。

如:海口至长沙、西安跨海列车首发

《人民日报》(2012年7月3日13版)

本报海口7月2日电(记者马跃峰)海口至长沙(K408/5/8　K407/6/7次)、海口至西安(K1168/9　K1170/67次)跨海旅客列车7月1日首发。两对列车的开通,不仅使进出海南岛列车增至5对,还结束了海南与西北地区不通火车的历史。

据介绍,海口至长沙跨海列车沿途停靠13个车站,途经海口、徐闻、雷州、湛江西、茂名东、肇庆、佛山、广州、韶关东、郴州、衡阳、株洲、长沙,全程1502公里,行程19小时43分。海口至西安列车沿途停靠26个火车站,全程2970公里,行程39小时35分。

5. 转换性重音

转换性重音是指语句中一种思想情感转向另一种思想情感时,转换前后的词组或短句用同等重音表现出来。

如:印度汉语教学质量资源供不应求

《人民日报》(2012年8月10日03版)

本报新德里8月9日电(记者廖政军)首届印度汉语教学圆桌会议9日在新德里举行。本次会议是由印度尼赫鲁大学中文与东南亚系主办,与会者围绕印度汉语教学现状与前景、教学方法、新媒体运用以及大学合作等议题展开讨论。

尼赫鲁大学中文系教授狄伯杰介绍说:"印度'汉语热'趋势越来越明显,教学规模也在不断扩大,但依然存在资源不足、教材陈旧、缺乏奖学金支持等难题。"印度各大院校没有适时更新汉语教材,有关研究资料和数据库也严重缺乏,语言和学科之间的结合仍然存在很大问题。此外,两国政府及教育机构所提供的奖学金项目显然数额规模太小。

6. 肯定性重音

肯定性重音是指语句中那些带有肯定性情感色彩的词组或短句用重音。

如:宁夏应对60年一遇强降水

《人民日报》(2012年7月31日09版)

本报银川7月30日电(记者刘峰)7月29日19时至30日早10时,宁夏贺兰山东麓南起吴忠市青铜峡、北至石嘴山市的200公里沿线地带突降暴雨。据气象部门数据,至30日10时,银川市市区降雨量超过116毫米,贺兰山滚钟口降雨量超过166毫米,均为1951年有气象资料记载以来单日最高值。

29日20时35分,宁夏气象台发布暴雨黄色预警信号,22时17分升级为橙色。自治区党委、政府第一时间启动防汛应急预案。银川市市政管理、城建系统连夜组织20多支抢险队进入现场,排查城市排水泵站、污水厂、地下空间设施。目前,没有出现重大灾情及人员伤亡。

7. 强调性重音

强调性重音是指语句中根据思想情感需要,特别予以强调的词组或短句用重音表现出来。例如:

如:(1)北京地铁日客流超千万

《人民日报》(2013年3月10日02版)

本报北京3月9日电(记者王明浩)记者9日从北京市交通委获悉:3月8日,北京轨道交通途中客运量首次突破1000万大关,达到1027.54万人次,再创历史新高。

(2)热浪席卷澳大利亚

《人民日报》(2013年1月6日02版)

本报堪培拉1月5日电(记者李景卫)澳大利亚全国大部分地区近日热浪滚滚,其中有些地方山火肆虐,给人们的生活和生命财产带来极大不便和损失。

据澳大利亚气象局公布的数据,南澳大利亚州首府阿德莱德4日的气温上升至45摄氏度,该州的伍丁纳地区则成为全澳最热的地区,气温飙升至48.2摄氏度,接近1960年1月2日该州乌德纳达塔地区记录下的50.7摄氏度的全澳最高气温。

澳气象局预测,未来几天将持续高温,全国平均气温将攀升至40摄氏度以上,甚至超过1972年21日创下的40.17摄氏度纪录。

4日,塔斯马尼亚州的气温升至41.3摄氏度,引发40多场山火,造成1名男子丧生,并烧毁逾百所住房,其中80幢房屋完全化为灰烬。与此同时,惊魂未定的维多利亚州居民在热浪滚滚而来时更是万分紧张。他们随时都急切想了解所在区域的山火情势。该州火警网站的点击率骤然冲至每秒700次,超过设定最高值的2倍,井喷式的点击率导致网站崩溃。

8. 比喻性重音

比喻性重音是指语句中那些带有比喻性色彩的词组或短句用重音表现出来。

如:无锡清名桥与大运河"打包"申遗

《人民日报》(2012年7月2日14版)

本报南京7月1日电(记者王伟健)江苏无锡市南长区政府近日宣布,将对清名桥历史文化街区与京杭大运河明年"打包"申遗,争取2014年能够列入世界遗产名录。

无锡清名桥街区内的古运河段,是京杭大运河申报世界文化遗产的典型风貌河段,集寺、塔、河、街、窑、宅、坊、弄、馆等众多人文景观于一体。

南长区政府相关负责人表示,清名桥历史文化街区将与其他运河流经城市联合进行京杭大运河申遗工作,并于2013年提交申遗文本,争取2014年能够列入世界遗产名录。

9. 反义性重音

反义性重音是指语句中那些带有正话反说意味和反义色彩的词组或短句用重音表现出来。

如:绝不能靠低俗吸引眼球(节选)

《人民日报》(2010年6月22日04版)

事实上,在娱乐日益市场化的时代,类似的圈套早已在"造星"的流水线上批量生产。对观众的"审美疲劳"熟谙于胸的策划人,最懂得怎样挠人的痒处。如云的俊男靓女当中,丑星反而"鹤立鸡群";夫妻恩爱不是新闻,绯闻离婚才会广受关注;教科书式的美德太传统了,叔侄争遗产、导演潜规则才离"人性"最近……当差异化竞争策略走向极致时,新影片的"预热"便往往会牵扯出演员的三角恋,畅销书的推广也常常伴随众多"花絮"出炉,形形色色的"吆喝"声里充满"跳楼""放血"式的噱头和诱惑。

10. 拟声性重音

拟声性重音是指语句中那些带有象声词的词组或短句用重音表现出来。

如:此时,火舌顺着风势蹿上树梢,发出吱吱的响声,恐怖的红色火焰托举着黑色的烟雾,直冲云霄。用专业术语说,这已经形成"树冠火"。

(二)重音的感受训练

1. 25省会级城市气温破冰点

《人民日报》(2014年2月11日09版)

本报北京2月10日电(记者刘毅)近期,我国大部分地区持续受到低温天气困扰,南北方气温均下降。中央气象台预计,10日夜间,除重庆、昆明、福州、南宁、海口、广州外,其余25个省会级城市最低气温均在0摄氏度以下。中央气象台预计,2月中旬,由于冷空气活动频繁,我国大部分地区平均气温仍比常年同期偏低1—2摄氏度,部分地区气温偏低3摄氏度以上。

此外,据中央气象台预报,未来3天,南方地区将持续雨雪天气。11日至13日,青藏高原东部、西北地区东部、黄淮西部和南部、江淮、江南中西部等地有小到中雪或雨夹雪,其中,江西北部、湖南东北部的部分地区有大到暴雪。

10日夜间到11日白天,西藏东部和南部、青海东南部、四川北部、贵州、江南西南部等地有小到中雪或雨夹雪;贵州中部部分地区有冻雨。

2. 雅砻江水电装机突破千万千瓦

《人民日报》(2013年12月21日02版)

本报北京12月20日电(记者鲍丹)记者从国家开发投资公司了解到,拥有世界第一高拱坝的锦屏一级水电站3号(60万千瓦)机组近日投产发电,雅砻江流域开发有限公司水电装机规模首次突破1000万千瓦。据测算,该装机容量,一年发电量达450亿度,可满足1600多万人口的成都市全年的用电量。

3.《路》

路,世界上有各种各样的路:大路小路、弯路直路、公路铁路、山路水路、沙路石路……纵横交错。路把高山和河流联结在一起,路把村庄和田野联结在一起,路的花纹镶遍了祖国大地,使江山更添锦绣,使人生充满活力。

路,有平坦的,有险阻的。平坦的路上,留下了开拓者艰辛的足迹;险阻的路,也拦不住勇敢者前进的脚步。

谁说山间没有路？抓着草根，攀着古藤，抠着石缝，勒着石棱，一步步，一寸寸，爬着攀着，攀着爬着，跳涧越崖，向大自然迈开阔步。前面是理想的山巅，努力吧，朋友，无限风光在险峰。

山顶上看来没有路了，然而，天上还有路，是的，天上还有路！现在不就是在云天拓路吗？

路啊，没有尽头的路……

训练材料4—7，见二维码12

(三)重音的感受训练注意事项

二维码12

第一，在一个语句中可以有多处重音位置，但是要根据思想情感不同，分为重音、次重音、非重音。

第二，不同语句间，由于表达的思想情感不同，语句的重音比重也不同。

第三，在重音表达时，一定要根据不同的思想情感确定表达方法，温柔的情感色彩明显时，不能用高低强弱法，反之则可运用高低强弱法。有时为突显主重音而又不影响情感色彩，可两种方法并用。

第四，在实际运用中，可使用快速识别法。一般情况下，播音员可快速识别文章中哪些名词、数量词、形容词属重音表达范畴，但要根据思想情感分清主次。

第五，运用快慢停连法时，根据主重音的分量不同，停顿时间也应有所不同，分量越大，时间越长。

第六，重音不等于词的轻重格式，不等同于重读，习惯性重音不符合情感的表达规律。

二、停连

停连是指停顿和连接，在语言表达过程中，休止的地方叫停顿，不休止的地方叫连接。停连对于创作者和受众来说，有生理和心理的双重要求，并不是单一的。生理要求是指一口气说不完一个话题，一口气播不完一篇稿件，中间要换气、调节声音、休息声带，心理要求是指应该以积极自如的状态服务情感的需要。停连可以使文章层次、语句结构更加清晰，能够把不同的思想感情更加深刻地展现出来，为语句自身增添节奏的美感，同时还为生理换气提供契机。

在有声语言表达过程中，标点符号只是作为参考，它是作者在创作文字稿件时的语法停连。语言艺术的停连不同于语法的停连，它是按照思想情感的表达而设置的，所以我们把它称为情感停连。通常情况下,文章有标点符号时,情感表达反而不停,无标点符号时,情感表达反而停顿。

停顿有扬停强收、落停缓收两种使用方法,连接有停而徐连、紧停紧连两种使用方法。停而徐连有一种似停非停的感觉,是用语气先抑后扬的方式把语句前后词组、短句连接起来的方法;紧停紧连是停顿后用抢气的方式紧连起来的方法。

(一)停连的分类

1. 并列性停连

并列性停连是指将语句中那些并列性的词组或短句连接起来。

如:西沙群岛新发现十二处水下文化遗存 水下盗掘破坏十分猖獗

《人民日报》(2012年7月30日04版)

本报海口7月29日电(记者马跃峰)2012年西沙群岛水下文化遗产保护状况巡查和执法督察工作日前结束,考古人员新发现水下文化遗存12处。

此次巡查工作由多个省市水下考古专业人员组成西沙群岛水下文化遗产执法督察队,总航程达400公里,潜水220小时,260人次,共调查水下文化遗存24处,线索3处,其中复查12处,新发现12处。新发现的12处遗址全部集中在永乐环礁的银屿、石屿、金银岛海域。其中,巡查队首次投放水下机器人在珊瑚岛东侧40米水深处进行了海底探摸。

海南省局水下文物工作负责人介绍,这次考古工作采集的标本有瓷器、陶器、碇石、铜钱、琉璃器、凝结物等,时代涵盖五代、宋、元、明、清各时期。

水下考古人员还发现,南海水下文化遗产的盗掘破坏活动依旧十分猖獗。新发现的遗址区域的海床翻动情况十分严重,盗坑比比皆是,海床上遍布被遗弃的文物碎片。

2. 呼应性停连

呼应性停连是指那些呼应性的句式,包括一呼一应、一呼几应。若是一呼一应的句式,在呼与应处设置一处停顿;若是一呼几应的句式,在呼与应处设置多处停顿,相应的词组或短句连接起来。

如:故宫与决策者共建"文化国门"

《人民日报》(2012年7月25日14版)

本报北京7月24日电(记者杨雪梅)从24日起,"文化国门——故宫印象"文化展示项目亮相首都机场。该项目展示区位于首都机场T3航站楼E19国际中转旅客休息区,展厅面积约50平方米,分视频播放区和互动区。视频播放区播放由故宫制作的10多个经典视频片,而在互动区,观众可通过全息投影节目,欣赏红山文化代表作"玉猪龙"等。

3. 转换性停连

转换性停连是指句中由一种思想情感转向另一种思想情感时,在转换处设置停连。

如:"90后"少年勇救落水同伴(节选)

《人民日报》(2012年8月8日02版)

在河北固安县彭村乡荆垡营西村的村西头有一条排水沟,7月22日,一场特大暴雨让这条已干涸多年的排水沟里积满了几米深的水。也就在这一天,这条沟夺走了当地一个年仅17岁见义勇为少年的生命。这位少年叫韩金鑫,他成功营救了一位溺水的同伴,自己却沉入了深深的水底。

4. 强调性停连

强调性停连是指在语句中需要予以强调的词组或短句前后设置停顿,使其凸显出来。例如:

(1)广西鼓励企业放开用电

《人民日报》(2012年7月10日10版)

本报南宁7月9日电(记者庞革平、陈钦荣)今天从广西电网公司获悉:目前广西各火电厂存煤情况良好,全网总存煤265万吨,平均可用天数达26天。预计下半年广西最大电厂供应能力约1345万—1675万千瓦,最大用电需求1280万—1460万千瓦,电力供需平衡并略有富余。为此广西出台政策,鼓励用电客户特别是大工业供电企业客户放开用电。

(2)跑道上,孩子们的六十米短跑,进入了冲刺阶段……

陡然间,小运动员们身上像是充了电,爆发出一股神奇的力量,汗往外冒,力往外涌,人往前冲,如同踏上风火轮,跨上千里马……

这不是跑,简直是飞!一个孩子奔到最前头了,他像凌空飞来的海燕,疾如闪电,身子猛地向前一倾,用胸膛撞上那飘动的终点线。

5. 区分性停连

区分性停连是指在语句中为了使表达的思想情感层次更清楚、区分更明显而设置的停连,停连的位置不同,表达的语义也不同。例如:

(1)我国首个"双师型"职教师资博士学位项目获批

《人民日报》(2013年1月10日12版)

本报天津1月9日电(记者朱虹)天津职业技术师范大学申报的服务国家特殊需求博士人才培养项目"'双师型'职教师资人才培养项目"日前正式获得国务院学位委

员会批准。该项目是我国首个"双师型"(具有教师和技师资格)职教师资博士学位培养项目,填补了我国在人才职教师资培养领域的空白。

(2)国产乙脑疫苗通过世卫组织预认证 将为发展中国家儿童免于乙脑危害提供有力支撑

《人民日报》(2013年10月10日01版)

本报北京10月9日电(记者王珂)记者9日从国家食品药品监督管理总局获悉:世界卫生组织9日通报食品药品监管总局,由国药集团中国生物技术股份有限公司所属成都生物制品研究所有限公司生产的乙型脑炎减毒活疫苗通过世界卫生组织疫苗预认证,成为中国通过世界卫生组织预认证的首个疫苗产品。

国产乙脑疫苗通过预认证后,联合国采购机构即可将此产品列入采购目录。凭借其质量、产能和价格优势,国产乙脑疫苗将为发展中国家儿童免于乙脑危害提供有力支撑。

(3)东帝汶新建内阁引发暴力冲突

《人民日报》(2012年7月17日21版)

本报雅加达7月16日电(记者刘慧)帝力消息:15日开始发生在东帝汶首都帝力及周边地区的暴力示威事件迄今已造成一人死亡、数人受伤,约60辆汽车被烧毁。

15日,在东帝汶总理古斯芒宣布其所在的东帝汶重建全国大会党与民主党和另外一个党派共同组建执政联盟后,东帝汶独立革命阵线的支持者开始暴力示威,抗议其支持的政党被排挤出执政联盟。示威者聚集在帝力及周边地区,向政府官员投掷石头,烧毁车辆,暴力冲突一直持续到16日。

在本月7日举行的议会选举中,因为没有政党获得绝对多数席位,各政党必须组建政党联盟。在选举中取得最高票数的东帝汶重建全国大会党率先宣布与民主党和另外一个党派共同组建执政联盟,而票数位列第二的主要左翼反对党东帝汶独立革命阵线则成为在野党。

6. 分合性停连

分合性停连是指语句中那些分合的句式,无论是先分再总还是先总再分,都只是在分与合处设置停顿,在相合的词组或短句之间设置连接。

如:"安全生产万里行"在昆明启动

《人民日报》(2012年7月6日13版)

本报昆明7月5日电(记者胡洪江、鲍丹)来自国内10多家媒体记者与国家有关部门专家将充分发挥"安全生产万里行"采访团、宣传队、督导组"三位一体"的作用,深入云南省曲靖市、昭通市和四川省宜宾市进行采访报道、安全文化宣传。

该活动以"科学发展、安全生产"为主题,重点采访、督导所到地区贯彻落实国家安全生产有关精神,宣传报道部分地区汲取事故教训,开展煤矿、道路交通等重点行业领域"打非治违"专项行动,适度曝光非法违法生产问题严重的企业和地区等,同时组织送"安全科技、安全文化"到基层、举办安全宣传报告会等活动。

由中宣部、国家安监总局、公安部、全国总工会等多个部门联合主办的"安全生产万里行活动"已经连续举办14年。

7. 判断性停连

判断性停连是指播音员将语句中那些具有判断性情感色彩的词组或短句用停顿表示出来。

如:拾荒老人的"警察闺女"(节选)

《人民日报》(2012年3月30日06版)

清晨,四川省乐山市沙湾区的女民警贺渭粟很着急,头天下午给嘉农镇社区的雷昌凤老人打了3遍电话都无人接听。"莫非婆婆生病了?"早饭后她匆忙赶了过去。

8. 生理性停连

生理性停连是指播音员将文章中那些带有生理性特点的语句用停顿表示出来。

如:顶住洪水考验扛起救灾重任 刘春城抗洪记(节选)

《人民日报》(2012年8月10日04版)

此时,刘春城的脑海中一直持续着清晰的念头:"立刻请求支援。迟了,这么多受灾的游客和村民的生活将无法保障。"但肆虐的洪水造成通信、电力全部中断,唯一出村的桥梁也被冲毁,与外界完全失去了联系。怎么办?刘春城想到了村后山的景区火车站,可以用铁路系统的路电求救。雨势急、路泥泞,刘春城不顾一切地跑了出去。当他气喘吁吁地推开火车站站长的房门时,时针指向凌晨2时。顾不上喘口气的他焦急地问道:"认不认识北京段的站长,谁都行!""认识!"在站长的帮助下,受灾严重的三坡镇第一个求救电话打了出去。

……

刘春城安抚了一下妻子,带着颤抖的声音说:"妈,不是儿子不孝,爸要是没事儿,联系不上也没事儿,要是真出了事儿,联系上了也没用。你看村里受了这么大的灾,我不能不管,救灾要紧!"说完转身又投入到了救灾队伍中。

9. 回味性停连

回味性停连是指播音员将语句中那些带有回味性情感色彩的词组或短句,用停顿表示出来。

如:《感动》

几年前,我到新疆出差,火车路过甘肃和新疆交界的一个无名小镇的时候,因故临时停车,大概有十几分钟的时间。那时是夏季,在我感到又热又渴的时候,火车上的水停止供应了。这时,不知从哪里冒出来很多当地的老乡,提着暖瓶,在火车下面叫卖开水。

"开水,开水,五毛钱。"顺着声音望去,一位佝偻、满头白发的老人,迈着颤巍巍的步子,努力地望着我坐的车厢走来,看着他满脸的汗水,我招了招手,"大伯,给我一杯水。"说完我把杯子和一张十元钞票递给他,这时火车忽然开动了,我着急起来,大喊:"快点儿!"老人慌忙倒了开水,想连同杯子和那张钞票一起递给我,但火车已经飞速开动,老人放下暖瓶,使劲追着开动的火车,望着他跑动的身躯,我害怕他跌倒,于是大声地喊道:"大伯,我不要了!"这时,他已追上了我,把手里的杯子和钱努力递给我:"拿……拿好!"我接过杯子和钞票的一瞬间,我见到老人筋疲力尽地倒在路边,刹那间,我的眼泪止不住地流下来。老人冲我挥了挥手,我分明看见,他那满是皱纹的脸上,绽开了做完一件大事的满足。

很多年过去了,我忘不了那个可敬的老人!在这物欲横流的社会里,我曾经被他的精神感动过,并且一直在怀念着这种精神。

10. 灵活性停连

灵活性停连是指除以上几种特定要求的停连外,设置的特殊的、灵活的停顿。天下文章千变万化的情感色彩,仅靠几种停连方式,是远远不够的,为了有更广阔的运用空间,特设置了灵活性停连。也就是说,播音员只要能够把不同的思想情感淋漓尽致地表现出来,就可大胆地使用停连。

如:《不要丢掉自己的小伞》

在岁月的风雨中踽踽独行时,我有一把脆弱的小伞,风雨飘摇中,为我遮风挡雨。

一日,遇上了他,他高大的身躯像座山。我靠上去,顿时,头顶的一方天幽蓝幽蓝。

我丢掉了自己的小伞,专心去画那个以他为圆心的圆。用大海做底色,青春做笔,心血做墨,采摘来七彩阳光镶嵌出一道似梦似幻的风景。

有一天,这风景突然海市蜃楼般地消失了。凄风苦雨中我睁开久闭的双眼,没有了炫目的阳光,我才发现那曾经像山一样的身躯早已萎缩。我的心浸泡在风雨中渐渐凉透了,才想起那把被我丢弃的小伞。

迈出那个自己精心勾画的圆,捡起那把脆弱的小伞,我踽踽独行于岁月的风雨之中。

不再祈求雨住天晴,不再期盼搭车同行。只记住,再也不要丢掉自己的小伞。

(二)停连的感受训练

1. 阿拉法特指责以色列企图破坏中东和谈的基础。

2. 福建省厦门市今天举行民族英雄郑成功纪念像奠基典礼。

3. 节日期间,供应的水果品种有红、黄香蕉苹果,鸭梨、酥梨、瓢梨、京白梨、子母梨、胎黄梨;还有哈密瓜、伽师瓜、白兰瓜、黄金瓜、西瓜、鲜桃、葡萄、海棠、红果、石榴、沙果、百香果、猕猴桃、菠萝、柠檬、椰子、龙眼等50多个品种。

(三) 停连的感受训练注意事项

第一,情感停顿连接时,要根据不同的情感色彩选择不同的停连方式。如较舒缓的句式中需停连的短句或词组可用停而徐连,而跌宕起伏、递进情感较浓的词组或短句可用停后紧连连接起来。

第二,存在并列性词组或短句较多时,若出现较长的词组或句子连接起来气息不够的情况,可进行分组停连,停连方式有时是按数量分,有时是按内容分。

第三,不同的思想情感有不同的停顿连接,停顿时间也会有所不同。即使是同一种情感色彩,由于情感深度不同,停顿时间也会有所不同。

第四,运用灵活性停连时,一定要在充分表现思想情感的基础上灵活运用,勿乱停乱连。

第五,一般情况下,文章中原有的顿号,都用停而徐连连接在一起。

三、语气

语气是指一个人说话的口气,也指表示陈述、祈使、感叹、疑问等分别的语法范畴,外部表现形式是扬与抑。语气以具体的思想情感为灵魂,以不同的外在声音形式为躯体,以句子为单位,存在于一个个语句当中。语气为表达深刻的思想情感带来了形象化的表现,还为语句自身增添了较大起伏的节奏美感。

(一) 语气的分类

1. 波峰类

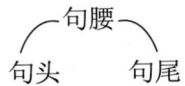

波峰类语气句头和句尾低、句腰高,用于先激进扬起、后消极下抑的情感句式。
如:(1)花开花落,那是起伏的人生。
(2)2014年发生的许多事,可以在2013年找到缘由伏笔。
(3)它是宣示我们不惹事但也不怕事的一年。

(4)您能够带领人民将中国建设成为强大、统一、现代化和繁荣的国家。

(5)要用这个季节的所有残酷来锤炼我的意志。

2. 波谷类

波谷类语气句头和句尾高、句腰低,用于先消极下抑、后激进扬起的情感句式。

如:(1)第二十二届冬季奥林匹克运动会在俄罗斯索契隆重开幕。

(2)中共中央总书记习近平18日下午在钓鱼台国宾馆会见中国国民党荣誉主席连战。

(3)皇帝居住的太极宫也因此被安排在长安城北部中央的位置。

(4)在侵华日军南京大屠杀遇难同胞纪念馆举行了悼念仪式暨国际和平日集会。

(5)眼泪是一服天赐的良药。

3. 上山类

上山类语气句头低,句尾高,半坡是句腰,用于激进扬起的句式。

如:(1)一个声音高叫着:爬出来吧,给你自由!

(2)我们要真诚地祝福你新年快乐,祝福你向往美好,祝福你梦想成真!

(3)它是过去,也是现在;它是历史,也是未来!

(4)我顽强地活着,活到现在,就在于:相信未来,热爱生命!

(5)当你获得一种权利的时候,必须同时承担一种义务。因为,这就是生活的公正!

4. 下山类

下山类语气句头高,句尾低,半坡是句腰,用于消极下抑的句式。

如:(1)而且,他用背影默默告诉你:不必追。

(2)再对您说一句,姥姥,我想您了。

(3)那些装满了理想与希望的种子,一旦错过,机会永不再来。

(4)然而,不是朋友离开你,就是你离开朋友,你只能陪朋友一程……

(5)欲说还休,却道天凉好个秋。

5. 半起类

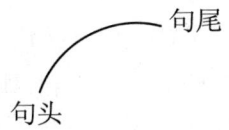

半起类语气句头低,句尾是句腰,用于疑问句式。

如:(1)便纵有千种风情,更与何人说?

(2)我常常被这句话问得一怔:"有什么用?"我总得为这句话想上半天。

(3)可是,我们是否想过去抱一抱年迈的母亲,去倾诉那份人间的挚爱和亲情呢?

(4)这注定了你给予别人的有限性,又怎能要求别人无限地付出呢?

(5)人们往往期待自己躬逢一个大时代,但真当身处其中时,又是否有能力完整了解时代的面目与意义?

(二)语气的感受训练

1. 如果你的车正在行驶,请放慢速度或是靠边停,然后鸣笛三分钟。如果你在走路请停下来,如果你在工作请停下手头的工作,在这三分钟安静地为死去的同胞们默哀。今天14点28分,无论您身在何处,无论您正在做什么,请您把手头的工作放下,起立,为四川汶川大地震遇难同胞默哀。当13亿人的泪水流在一起的时候,将不再有什么可以压垮他们。哀悼日,我们用泪水、用行动,表达我们的感情。

2. 节日的山城重庆,蜡梅飘香,彩灯高挂,一派喜庆气氛,重庆迎来了建直辖市后的第一个元旦。冬季难得的阳光透过薄雾将重庆照耀得一片灿烂。从广州运来的18万枝鲜花竞相斗艳,为隆冬的重庆带来阵阵春意。

3. 一到深夜,就不时有黑影闪现在屋前,提棍、拿砖、砸屋、砸人,一旦有人追上来,他们就在夜色中消失……讲述这件事情时,李女士一脸害怕地说:"最先出事是在9月13日凌晨3时许,当时我和我的家人正在睡觉,睡梦中我们被'砰、砰'的砸打声惊醒,抬头一看,发现我家院子茶铺的屋顶已被人砸出三个大窟窿,往屋外一看,站着几个黑乎乎的影子,一走近,他们就朝青坡堰河边狂奔,一会儿就消失在了夜色里。"

(三)语气的感受训练注意事项

第一,语气运用中力戒"保险调",它是指语气没有扬抑的表现,只是呈现出中速行驶、匀速前进以及直线方向的语气状态。

第二,力戒"念调",它是指播音员播读时没有呈现出语句的整体概念,只是见字发声,就字念字,只强调一个音节的个体发音,而无语气的情感色彩和整体概念的表达。

第三,力戒"唱调",它是指播音员播读时不按语句的思想情感设定语气,而是按照自己固有的习惯,机械地排列语气,给人一唱一和、拖腔拉调的感觉。

第四,力戒"主持人调",它是指某些年轻主持人滥用语气、乱用腔调的现象,有的是哗众取宠,嗲声嗲气;有的是一惊一乍,粗声大气或柔声细气;还有的是不轻声,不儿化,语气无变化,平淡无味。

第五,注意语气的比度运用,不同的语体存在不同的语气比度,即使是同一种语体,由于情感分量不同,语气的比度也不同。

第六,注意语气的渐序性,语气扬起时,音渐高渐强;语气下抑时,音渐低渐弱。

第七,按照扬停强收,落停缓收的原则,语句的最后一个音节归音时,要服从、服务于整个语句。

第八,注意语气的抑扬表达,由于文稿中语句所承载的思想情感的丰富性,每个语句须按情感停连重新设置停顿连接位置,所以有时语气表现为一抑再抑、抑而更抑、扬而再扬等形式。

四、节奏

节奏是客观事物存在的有规律的、有序的运动形式,是"段落"或"整片"的思想情感运动状态的外表呈现。节奏具有引导、定向、激发、调节思想情感的功能,它对思想情感赋予强大的表现力,使语句自身具有跳跃起伏的艺术美感。

语言艺术节奏依靠外部的声音条件,通过多种声音要素的对比组合,表现为扬抑顿挫,轻重缓急。节奏是客观与主观的统一,是生理与心理的统一,是交替出现的有序的运动,具有循环往复性和整体性的特点。

节奏的转换方式有大转、突转、逆转、小转、溅转、顺转6种,其中大转、突转、逆转用于主导节奏与辅助节奏之间,情感反差较大,变化突然,甚至朝向反方向的转换;小转、溅转、顺转用于两种节奏间,情感反差较小,转换渐序,甚至顺向转换。节奏的运用方法一般表现为欲扬先抑,欲抑先扬;欲停先连,欲连先停;欲轻先重,欲重先轻;欲快先慢,欲慢先快。

(一)节奏的分类

1. 轻快型节奏

轻快型节奏的语言表达特点为:多扬少抑,多连停少,且语速偏快,声轻不着力,通篇给人一种轻巧明丽,欢快跳跃的感觉。

如:(1)《乡下蟋蟀进城来》李智红

夜已很深,看看墙上石英挂钟,时针已悄然指向午夜两点。我退出浏览过的网页显示,断开了网络的拨号链接,正准备洗漱休息时,客厅对面的厨房里,突然间断断续续地传来一阵接一阵的,清脆的虫鸣。时而舒缓,时而激越,像一支独奏着的、饱满的草笛儿。

我的心底,悄然便有一阵莫名的感动。这就是我追怀日久的,蟋蟀的鸣唱啊!

蟋蟀是个书卷气十足的称谓,在我的故乡,人们都把蟋蟀叫作蛐蛐儿。也有叫蝈蝈儿的,那是沿用了北方人的叫法。

唧儿! 唧儿! 唧儿!

这虫声在刹那之间便使得寂静而又有些空洞浮泛的小城之夜,洋溢起一种神秘而又朴素的灵动。我本已觉得疲惫不堪的身心,被这突兀的小虫儿鸣唱,倏然激活过来,仿佛全身上下的每一个细胞,每一根脉管,都被这柔曼清悦的虫鸣所荡漾,所充盈。

恍惚之间,觉得我好像又回到了遥远的乡间,又置身于故乡那宁静的仲夏之夜,生命中饱满而恬静地铺洒开了一阕阕清粼粼的,蟋蟀的欢鸣。

这单调而又朴素的,久违的虫声,简直就是一把开启心扉的钥匙。我内心深处那扇关闭日久的冥想之门,又被缓缓地开启。犹如一块深深埋藏于坚硬的花岗岩石内部的璞玉,被一根锐利得见不到锋芒的金刚石钻头,不可抗拒地切割开来。

我迫切想弄明白这只唯有故乡的田野阡陌间才能随处可见随处可闻的蟋蟀,是怎么来到这远离乡土的喧嚣之地,并且悄无声息地进入到我的居所里来的。经过屏息倾听和细心的观察,我惊讶地发现:原来那清悦的虫鸣,来自妻子今天刚从集市上买来的一大捆山青菜的覆叶内部。我突然明白了一切,心底竟兀自涌动起一丝淡淡的忧伤。不用猜我也知道,这是一只从属于乡野的蟋蟀,是一只被进城卖菜的乡下菜农随菜捆一道贩运进城里来的蟋蟀。

这只可怜的小虫儿,显然还不知道它现在已经身处异乡,已经远离了故土,远离了家园。它不知道城市不是它的家,不是它能够随心所欲地自由鸣唱的田野阡陌。它不晓得那遥远而宁静的乡间,它是永远也回不去了。它已经在浑然不觉中,被命运远远地放逐,它成了一个真正的,永远失去了故乡的,流浪的歌手。

我小心翼翼地拨开菜叶,发现这是一只青头黑翅的小蟋蟀,主翅还未长足长老,尚不能完全覆盖肉肉的脊背。一双乳翅,也还未完成蜕化,软软地贴紧在不停地蠕动着的、褐黑色肚腹之上。

这只误入城市的、细嫩的蟋蟀,它鸣叫得是那么欢畅,那么清悦,那么投入,但却再也听不到其他伙伴热烈的应答,再也听不到同类小虫儿们那悠然的和鸣。因而,在这个冷寂而又显得有些无奈的小城,在这个枯燥而又寂寥的夏夜,它的鸣叫让人听来是那样的孤单,那样的寥落,那样的凄惶,那样的无助。

我说不上在老家的田野陌间到底有多少蟋蟀在鸣唱,反正我所认识的就有七八种之多。它们像一群一群夜游的歌手,几乎无处不在。墙根下,瓦砾间,石缝中,甚至在枯草腐叶间,卧室和厨房里,都会传来它们的清越的鸣唱。

我的心头,第一次为一只虫儿的鸣唱涌动起阵阵莫名的震颤。就犹如倾听到了分别得太久太久的、恋人的喃喃自语。那些往昔的美好时光,以及净玉般浑朴而纯粹的乡情,在这蟋蟀儿无忧无虑的鸣唱中,星辰般在我的眼前一一重现!

(2)《吃小米的鸟》何树青

傍晚,她一如往常,掀开窗帘一角,向外面的窗台看,希望看到早上撒的小米没了,而星星点点的小鸟屎多了些。这几乎是她每天的必修课,也让她十分开心。其实,她与小鸟从未谋面,这么多年,只是隔着窗帘,通过小米的减少和鸟屎的增多,来沟通信息。那些星星点点的小花点,就如美术的异域文字,为她编写着一段段故事,有时出差,就会让老公代劳,临走一句:喂鸟!好像家里养了宝贝宠物。

无缘观察到是几只鸟来开饭,顶多,也就是听见它们叽叽喳喳的欢笑声。不像她父母喂的那些鸟,每天,鸟儿们都会落在窗前一棵树的树杈上,等着开饭。老妈把碎米定量放在一个小盒子里,老爸就端起那小盒子,走向窗前,这时,老爸的光头一晃,小家伙们就会纷至沓来,落在窗台上。有胆子大的,还要往屋里张望张望。爸爸是"饲养员",可以近前的,而妈妈这个幕后英雄,却只能远远望着它们。

她就没有爸妈这个眼神啦,只能靠想象,想象每天几只鸟,或者大鸟带着小鸟,或是兄妹几个,或是夫妻二人?一律不得而知。但即使这样,她依然乐此不疲。

这个傍晚,窗帘掀开,并没有看到往常的景象,一长溜的小米,一动没动地待在原地。她自语,再等等吧,也许是上次吃得太饱。这样想着,却还是习惯性地再撒上一小把。第二天,再次掀起窗帘,连同前一天的小米,依然一动未动。

她心里一紧,莫不是小家伙们找到别的喂养人家了?莫不是生病了?莫不是遇到了捕鸟的?莫不是……哦,也可能是到了产蛋育子季节,小鸟们开始当家长了。她笑了,想象着过些日子,窗台上的鸟就会多起来,而小区里的鸟语也会因为有新生命的加入,显得更加灵动。想到这,心里一下子柔柔的。

是呢,自然界好像一架神奇的琴,你轻轻地弹奏它,它便会回应你柔柔的旋律。

2. 凝重型节奏

凝重型节奏的语言表达特点为:凝重深沉,抑多扬少,停多连少,且停顿时间较长,语速偏慢,语气低缓凝重,音强而着力。

如:(1)**《新年试笔》(节选)巴金**

一九三二年的元旦日,我曾经写了下面的一段话,作为我的新年试笔:

黑暗,恐怖,孤独——在寂寞的沙漠里我又度过一年了。

心啊,不要只是这般地痛罢。经我以安静,那片刻的安静也可以安舒我的满是伤痕的心。

不要颤抖,不要绝望,不要害怕孤独,把一切都放在信仰上面。我的路是不会错的。拿出更大的勇气来向着它走去。不要因为达不到那目的地而悲伤。不要把自己的命运看得太重,应该把它联系在群体的命运上面,在人类的繁荣里看出你的前途来。

我还年轻,我要活下去。给我力量,给我力量活下去,来忍受痛苦,继续挣扎。现在还不是应该放弃一切的时候。我还没有写尽我所要写的。要强健起来,勇敢起来,应该忍受一切苦难而存在,不要让苦痛埋葬了我。

这是为我自己写的,没有第二个人读过这悲痛的自白。

现在却又轮到我来写一九三四年的"新年试笔"了。

一个人对自己是没有欺骗没有宽恕的。让我再来打开我的灵魂的一隅罢。在夜里,我常常躺在床上不能够闭眼睛,也没有别的声音和景象来缠绕我。一切人世间的荣辱毁誉都远远地消去了。那时候我就来做我自己的裁判官。严苛地批评我的过去的生活。

我的确犯过了许多错误,许久以来我就过着两重人格的生活。在白天我忙碌,我挣扎,我像一个战士那样摇着旗帜呐喊前进,我诅咒敌人,我攻击敌人,我像一件武器,所以有人批评我是一架机器。在夜里我却躺下来,打开了我的灵魂的一隅,抚着我的创痕哀伤地哭了,我绝望,我就像一个弱者。我的心为了许多事情痛苦,就因为我不是一架机器……

(本篇最初发表于一九三四年一月一日《文学》第二卷第一号。)

(2)**卖调料的人**

《人民日报》(2014年6月23日24版)

转眼间,已有几十年了,我一直住在这座小城一条垂柳荫蔽的小街上。它的样子还保留着上个世纪七十年代的风貌,缓慢、悠长、日光散淡。平时,我喜欢在小街上溜达,东瞧瞧,西望望,买几个发面饼子,拎一捆菠菜和一块水豆腐。这是一种类似小说里的生活,充满了市声和油烟气,还带着一点点隐秘的欲望,临近院门时,我必须要和那个调料摊子的摊主聊上几句,或天气、或物价、或张长李短。谁家的孩子在外打工买了大房子,把户口也办进北京了……我说了一大堆,他很少插一句话。

摊主是个四十出头的人,一脸络腮胡,人很老实,经年坐在凳子上抽烟喝茶,打望着过往的行人。他的表情木讷,不苟言笑,什么事他都不多言不多语。一辆三轮车的盖板上,摆满了所有日子的各种味道,里头约略有花椒、大料、小茴香、姜片、肉桂、木香、陈皮、白果,等等。这些瓶瓶罐罐使人仿佛能窥见一座万物生长的植物园,一片葳蕤的土地,迎向青葱的四季。他把摊位摆在这,我们就算是邻居了,自然见面的机会就多。可是,说实话,我从未见过有人在他手上称过哪怕半两三钱的调料,似乎他从没开过张,但也不见他发急,去做别的什么营生糊口。

有一年腊月里,我心血来潮想煮一斤羊肉,便按着菜谱上的说明,在他那里买了一两小茴香,总算替他开张过一次,从此见面总要点点头,或聊点儿什么更近一些的话。尽管如此,他每天照样早早起来,支妥摊位后,将各色调料盒一一打开,摆定后,自己便如泥塑在一旁。傍晚收工了,他又挨个儿拧起来,骑车回家。我不了解他的家境,只知道他是卖调味品的。他的生意没有周围其他摊点那般红火,可他始终把这个摊位放在内心,并悉心去守护,去经营,去秘密地葆有。落雨时,他会支起一把大伞,护紧调料盒,日光沸腾时,各色调料会泛起奇异的光泽,像炖着一锅五光十色的生活……

3. 高亢型节奏

高亢型节奏的语言表达特点为:高亢激昂,扬多抑少,连多停少,且停顿时间短暂,音高而强,语速偏快,有时峰峰紧连,扬而更扬,势不可遏。

如:《我站在长城上,倾听》(节选)霍达

站在高山之巅、长城之上,我的脚下飞起一条白色的巨龙。东不见其首,西难穷其尾,越山跨谷、蜿蜒曲折、穿云破雾、远接苍穹。啊,壮哉长城! 学者们说,用长城的砖石,可以修筑一道高一米、宽五米、环绕地球一周的城。宇航员们说,当他们在太空中回首家乡时,淡蓝色的小小环球只是一片迷蒙,唯有一条白色的飘带依然清晰可辨,那便是长城! 长城,中华民族的骄傲,中国的象征!

我站在长城上,倾听。仿佛巨龙在诉说遥远的往事,仿佛历史的长河在回溯它的源头。我听到了,伐木叮叮,采石咚咚,金戈铿锵,号角长鸣。长城,不是哪一位工程师的惊世杰作,它是我们祖先智慧和血肉的结晶。秦始皇帝东临碣石,登高一呼,召来三十万众。三十万条生命历尽严冬酷暑,化成了万里长城。不是有这样一首秦代民歌吗?"生男慎勿举,生女哺用脯,不见长城下,尺骸相支柱!"这歌声似乎太悲凉了,也许唱歌的人想让子孙后代在瞻仰长城的时候不只是想起秦始皇嬴政,还要记住那筑城的三十万黔首——虽然他们谁也没有留下姓名!且不管怎样评价嬴政其人吧,他那短暂若流星的王朝,毕竟留下了这座举世瞩目的丰碑,记载着永不磨灭的奇功。且不管修筑长城的缘起吧,正是在天地间出现这条巨龙的年代,从阴山之北,到五岭以南,众多兄弟民族的中华儿女形成了河山一统。汉魏六朝,隋唐五代,宋元明清,朝代的更迭只是过眼烟云,历尽纷繁的劫难,河山依旧,长城不倒,人民永生。筑城黔首的后代珍惜长城上的每一块砖石,龙的传人日日夜夜守卫着巨龙。

我站在长城上,倾听。仿佛九州生气汇成龙的长啸,万马奔腾化作龙的足音。东三省在呻吟,卢沟桥在怒吼,"起来,不愿做奴隶的人们!"当长城上空再一次升起滚滚狼烟,为国捐躯的已不只是那手无寸铁的三十万民众。巨龙的身上有四万万七千五百万块鳞甲,每一块鳞甲都是锐不可当的龙泉、青萍!当侵略者剖开杨靖宇将军的胸膛,粒米全无的忠肝义胆岂是一片空空?不,侵略者发抖了,在一腔殷红的热血之中,他们分明看到了一条用血肉筑成的长城!听,"把我们的血肉,筑成我们新的长城!"这不是两千年前的悲歌,"冒着敌人的炮火前进!"这是中华儿女最后的吼声!长城,作为母亲,长城,作为壁垒,长城,作为旗帜,长城,作为战歌,直到五星红旗在长城脚下、天安门前冉冉上升。啊,长城,不可战胜的巨龙!

4. 舒缓型节奏

舒缓型节奏的语言表达特点为:语气较缓,语速较慢,着力较轻,虽有跌宕起伏,但声音多轻柔舒展,通篇给人一种轻柔舒缓、和风细雨之感。

如:(1)《家不是讲理的地方》东方

萍儿:

爸妈听到你要结婚的喜讯,真为你高兴。远隔千里,我们不能参加你的婚礼,不能在婚礼上献上我们的家长致辞,这是我们内心的一点遗憾。但你是我们的女儿,相信你能理解爸妈的一份感受。

那天放下电话,我和你妈沉默良久——我们的孩子怎么一下子就长大了?后来,你妈对着镜子淡淡地说:"你看我的白头发又多了,萍儿也该结婚了。"

我数着你妈的白发,那些白发竟像许多往事,一件件浮上心头。你妈提醒我:还是给女儿写封信吧,就算是我们送你的一份新婚礼物。

萍儿,我们只是天底下最平凡的父母,我们的孩子也只是人世间最平凡的女儿,我们不奢求太多,只是盼望我的孩子踏上婚姻之路,走向人生之旅后,能满怀感恩,一路平安。

在这里，给你一点我们的生活体会。

先要告诉你：家不是一个讲理的地方。

这句话乍听起来，很没有道理，但千真万确，这句话是真理，是至理，是多少夫妇、多少家庭（包括我们家）用多少岁月、多少辛酸、多少爱恨、多少是非、多少错对，在纠缠不清难解难分的混乱中，梳理出来的一个最后结论。

当夫妇之间开始据理力争时，家里便开始布上阴影。两人都会不自觉地各抱着一堆面目全非的歪理，敌视对方，伤害对方，最后只能两败俱伤，难以收拾、多少夫妻，为了表面的一个"理"，落得负心无情。他们不知道"家不是讲理的地方，不是算账的地方"。

那么，何为"家"，家是什么地方？

萍儿，我们年轻的时候，也回答不了这个问题；也像许多夫妻那样，为一点小事争闹不休。那一年为了你小叔的调动问题，我和你妈大吵了一场，甚至闹到要离婚的地步。只是在那个年代，我们还缺乏勇气。直到有一天，一位老战友在他孩子的婚礼上说"希望你们白头偕老，相爱永远"时，"爱"这简短的字，像春雷响在我心里。是的，家不是讲理的地方，家该是讲爱的地方。

爱一时很容易，爱一生一世却不容易。这里面有许多妙处需要我们去总结和体会。

其次我们要告诉你：婚姻是个空盒子，你必须往里面放东西，才能取回你要的东西，你放得越多，得到的也就越多。

很多人结婚时，对婚姻有许多期盼，期盼从中可以得到富贵、慰藉、爱情、宁静、快乐、健康。其实婚姻开始的时候，只是一个空盒子。走到一起的两个人，一定要养成一个习惯，去给、去爱、彼此侍奉、彼此赞赏，日后，那只空盒子才会日渐丰富起来。

空盒子里最先该放的应该是"思念"，"思念"是一种使我们刻骨铭心的东西。它是两人有了肯定，有了情感，然后进而关怀，进而疼爱的一种情绪。"思念"是疲惫时通向家里的一条小路，是寒冷冬夜里的一股暖意，是匆忙推开家门后扑面而来的家饭香。

空盒子里还要放进"艺术"，婚姻生活中的"艺术"。

在婚姻生活中，需要讲艺术的地方无处不在！生气有艺术，吵架有艺术。有一对夫妇，含辛茹苦养育了五个孩子，其中之艰难，只有他们自己最能体会。一天，夫妻为孩子的一件小事吵起来，越吵越厉害，眼看不可收拾了，妻子突然说："等一下，我要去生孩子了。"这句话，就是吵架的艺术。

婚姻的盒子里，除了"思念"和"艺术"外，还有许多东西，都可以放进去，这有待于你们自己去填补。

写到这里，想起一位作家说过的一句话："你们生养他，教育他，你们的责任已尽，而你们给他最好的礼物，是一对翅膀。"

萍儿，这封信，就是爸妈送给你的结婚礼物。我们希望你带着我们的祝福，快乐地飞翔！

爸爸妈妈
一九九六年五月二十四日

(2)《圣洁的雪花》郭震海

在一场车祸中，母亲受了重伤——严格来说是养母受了重伤，因为他不是亲生儿子，是母亲从医院门口捡回来的孤儿。

十年前，一个最冷的冬天，凛冽的西北风伴着纷纷扬扬的鹅毛大雪下个不停。外出买菜的母亲，路过红星医院时，看到门口有许多围观者，出于好奇，她走了过去，这才发现大家正围着一个弃婴。

"上天啊，这是谁家的孩子，躺在冰天雪地里该多冷啊！"她不由喊出了声。已经有儿女的她，善良的心中本能地生出一种说不出的酸痛。她挤进人群蹲下身子，轻轻地抖落掉孩子身上的积雪，此时弃婴的小脸蛋，已被寒风吹得铁青，生命垂危。

周围的人说，婴儿很早就被扔在这里，其间被人抱走三次，又被送回来三次，肯定是小弃婴有什么先天性疫病，并且根治不掉，要不为什么过往的行人都不肯收留呢？众说不一议论纷纷……

"无论有什么病也是一条命呀，难道就放在这里被活活冻死？"她嚷嚷着，准备去抱孩子的瞬间突然又停下了，或许这孩子真有不治之症？她迟疑起来，准备离开的瞬间泪水一下子模糊了双眼。冰天雪地里，人穿着大衣都冷，难道一个活生生的小生命，就这样眼睁睁看着被冻死？她走了几步，然后又返了回来，将孩子抱回了家。

在她的精心呵护下，孩子一天天长大了。

当孩子懂事时，母亲没有隐瞒他，说："孩子，你知道吗，你是妈妈在冬天从雪地里捧回来的一片雪花，是上帝赐予妈妈的一个天使。"母亲就给他讲了那个冬天的故事，此后孩子明白假如没有母亲的善心，他很可能早就化作一滴水融入亘古的泥土。

一场车祸，养母受了重伤，由于失血过多，已经奄奄一息。救护人员一时找不到与母亲血型相符的血浆。十万火急，全体救护人员急得如热锅上的蚂蚁，人命关天，可又到哪里去找血浆呢？忽然众人的目光落在孩子的身上，因为在场的人中，唯有他一人没有验血型，因为他才刚满十岁。

无奈中，救护人员只好抱着一线希望给他验了血型，结果发现他的血型与养母的正好相符！可他还是个孩子呀！能抽吗？在场的救护人员犹豫了，这时孩子仿佛看出了什么，勇敢地伸出细小的胳膊说："叔叔阿姨，你们就抽吧，我是上帝赐给妈妈的天使！"

血一滴滴流入养母的体内,最终养母脱离了危险。这时,救护人员发现,孩子紧紧地闭着眼睛闭着嘴唇,仿佛在等待什么。在场的一位护士问道:"孩子,你怎么了?你是不是不舒服?"孩子摇摇头轻轻地说:"我知道,我很快会死掉的。"

原来,孩子把"输血",误认为是用自己的生命去换养母的生命。在场的人明白之后,吃惊地问他:"她不是你亲妈妈,你为什么要冒着生命危险去救她?"小男孩说:"我是妈妈从雪地里捧回来的一片雪花,在妈妈最干渴的时候,我想融化成水,让妈妈解渴。"

古往今来,对于描写亲情之间的爱很多,但我觉得这个小男孩所表现出来的爱才属于真正的爱,纯得就如一片圣洁的雪花。

5. 低沉型节奏

低沉型节奏的语言表达特点为:抑多扬少,停多连少,音低而着力,语气沉重,语速缓慢,通篇给人一种悲伤低沉,乌云压顶之感。

如:**《母亲的背影》杨静梅**

读朱自清写父亲的那篇散文《背影》时,我年纪小,只觉故事极平淡。父亲给儿子买橘子也值得感动?估计同学们跟我情商差不多,没能理解一个背影所能承载的人世悲欢离合。人与人面对面时习惯戴上面具隐藏内心,转过身面对自己的时刻,无须再掩饰,所有真情都会在那个默默无言的背影里赤裸流露。

这种感悟来自我再次见到久别的母亲的背影时,心灵受到的震撼。

去年隆冬的一天,天空飘着小雪,同学开车送我回到家。母亲乍见到我们第一句话便问:"吃啥啊?"她穿着一件旧的暗红绸面棉袄、黑裤,头上扣着一顶男式蓝黑色的帽子,边缘参差露出灰白的头发。

自己的母亲永远是母亲,哪怕多年不见,回家后再次看见母亲,那熟悉的感觉依然就像昨天才回过家一样。眼看着母亲的眼睛渐渐泛潮,我忙上前一把揽住她的肩膀,亲亲热热故作调皮地问:"妈,你都擦啥了?怎么脸上没长皱纹呢?你看我都有皱纹了。""是因为脸肿着哩!"母亲仰着脸说。她的皮肤依然很白,只是身材矮小了很多,我记得以前母亲跟我说话是不需要如此角度向上仰着脸的。

父亲不声不响地泡了茶给我们,我和同学各自捧了热茶在火炉边取暖。母亲见状,转身打开玻璃门,朝外走去。我来不及问她去做什么,玻璃门已在她身后合上。

那一刻,我才注意到母亲的一条腿已严重变形了。(据父亲说那是因为长期趴在小桌上没日没夜做纸花造成的。)其实两条腿都有点朝外弯曲,左边那条尤其严重,走路使不上力,全靠右腿来拖。因此母亲走路的样子有点像企鹅,却不如企鹅优雅。她身体朝前倾着,头因吃力向一边歪斜着,几乎搁在肩膀上。她的背原来就有点驼,现在更驼了,从后面不见她的脖子。她整个人藏在厚重的棉服里,像一团轻飘飘的云絮,微风一吹,仿佛会马上散掉。所幸,那里没有风,只有细碎的雪花漫天飞舞着,在一片灰蒙蒙的天空下,母亲一晃一晃地慢慢挪过了马路,往对面挂着餐馆招牌的房子走去。几十步的距离,好似一生一世那么长。

我失魂落魄地坐在那里,隔着玻璃门,隔着茫茫岁月,第一次无比清晰地看见了母亲的背影,看见时间与生活巨大的滚轮是如何碾过青春,带母亲走进沧桑岁月……母亲再转回时,后面跟着一个卷发女子,一手端着一碗热气蒸腾的韭菜馅大肉饺子——我最爱吃的一种食物——送到我面前。

外面的雪仍下着,我们围着火炉吃饺子——小时家里最常有的情景,而现在只有韭菜馅饺子的味道没有变了。我往嘴里塞一个饺子,在朦胧的热气里不知不觉泪流满面。

6. 紧张型节奏

紧张型节奏的语言表达特点为:扬多抑少,连多停少,语气急促,语速较快,语言密度较大,通篇给人一种紧张急促,暴风骤雨之感。

如:《林海雪原》(节选)曲波

这时马又一次惊恐嘶叫起来,拼命地挣扎了两下缰绳,但没有挣脱。接着它四腿弯弯,颤抖得站立不住了,眼看就要倒下去。杨子荣一阵惊奇,口中嘟囔道:"怪呀,什么东西有这么大的威风,能把这匹宝马给吓瘫了!"他还没来得及回头,突然一声巨吼,灌木丛中扑出一只大个的东北虎,张着利牙,竖着尾巴,一冲一冲地向马扑来。虎尾扫击着灌木丛,唰唰乱响,震得雪粉四溅。马被吓得不刨也不踢了,垂着头两眼死盯着扑来的恶敌,鼻子里发出低沉的哀鸣。

杨子荣还是头一次看到活老虎,离得又这么近,又是来吃他的马,这突如其来的惊恐,使他喘息急促,心怦怦地乱跳,手中的枪也随着他的心微微颤抖。

虎一冲一冲地向马扑过去,离得已经很近了,"得赶快下手,这匹马不仅是我的快腿,更重要的是可以证明我的身份,失了它就等于失掉了身份证。"想着他用力地把身体贴紧树干,把匕首用力向树上一插,把步枪架在匕首上,克制住了枪身的抖动,屏住了紧张的呼吸,从虎的侧面,瞄准了虎头。他满有把握地一扣扳机,糟了,一颗臭子儿,没打响。老虎一点也没察觉,继续向马扑去,只有三十多步远了,杨子荣惊出了一身冷汗,唰的一声抽出大肚匣子,向老虎点射了几发子弹。老虎只是一惊,在地上打了个滚,显然又没打着。它爬起来,向枪响处猛吼了两声,当它发现了树背后的杨子荣,便来了一阵凶狂的示威,吼声震得全山回响,尾巴像条巨大的鞭子,打得地下雪粉乱飞。杨子荣趁着它示威的这一刹那,用步枪再射一枪,这一枪总算打响了,可是没打着老虎,子弹在离它三四步的距离着地。他赶忙又推弹上膛,向着扑过来的猛虎又是一枪。可是又没打着,老虎连蹦两个高,显得更凶恶,向杨子荣扑过来。

"打虎不中,会被虎伤,这几枪怎么打的!"杨子荣扔掉步枪,全身绷紧得像石头,"用大肚匣子射它一枪,愈近愈有把握,沉着,沉着……"他一面紧张呼吸,一面盯着这个扑过来的恶敌,只有十步距离了,老虎把前爪向地上一按,准备它最后一扑。"好机会!"杨子荣"当"的一枪,打中了老虎的一只前腿。这一扑它没有扑到杨子荣跟前,可是离杨子荣也只有三四步远,老虎一声狂吼,立起两条后腿,张开血盆似的大嘴,迎面扑向杨子荣。就在这一瞬间,杨子荣枪口对准了虎嘴,"当"的一枪,枪弹通过老虎的口腔,从脑盖骨穿过,老虎扑倒在雪地上,尾巴乱绞了一阵,死了!

(二)节奏的感受训练

1.《冰岛渔夫》(节选)洛蒂

九月结束了。她不再进食,也不再睡觉。

现在,她在自己家里蹲着,两手搁在膝间,头仰靠着身后的墙壁。何必起身,又何必躺下呢;当她过度疲乏时,便和衣倒在床上。否则她就待在那儿,一直木然地坐着,由于静止不动,她的牙齿冷得打战;她始终感到太阳穴被一个铁环紧紧箍住,感到双颊收缩,嘴唇枯干,有一种发烧的味道,有时候她从喉头发出一声沙哑的呻吟,很久,很久地,断断续续地重复着,同时脑袋碰撞着花岗石墙壁。

或者她低声地、温柔地唤着他的名字,对他说着绵绵情话,好像他就在她身边。

有时她也想到与他无关的事物,一些毫无意义的琐事,例如为着消磨时间,瞧着那陶制圣母像和圣水盂的影子,随着光线的下落,在她的床头板上逐渐拉长。可是接着,更加剧烈的痛苦又来提醒她,她又开始发出喊叫,用脑袋去撞墙壁……

整个白天的时间,就这样一小时一小时地过去,整个晚上的时间,整个夜里的时间和整个早晨的时间,也都一样。当她计算他在多久以前就该回来了的时候,一种更大的恐怖攫住了她,她再也不愿知道日期,再也不愿知道当天是什么日子。

人们对冰岛渔船的遇难,一般总能找到点迹象;或者返回的人曾远远看见这一惨剧,或者发现了难船的一块残骸,一具尸体,他们总会得到某种征象从而猜测出一切。然而关于莱奥波丁娜,人们什么也没看到,什么也不知道。玛丽—贞妮号上的人,曾在八月二日最后看见过它,说它该是往北边更远的地方捕鱼去了,以后,这就成了无法猜透的秘密。

等待,永远的等待,什么也不知道! 什么时候她果真不再等待的时刻才能到来呢? 连这个她也不知道,现在,她几乎希望这个时刻很快到来。

啊！如果他死了，至少人家应该发发善心告诉她呀！

啊！她要看看他，看看他现在的模样，——他，或者他的遗骸！只要那接受过那么多祈祷的圣母，或者如她一样的别的什么神灵，愿意开恩赋予她超人的视力，让她的扬恩呈现在她眼前！——他，活着，驾着船回家，或者他的尸体在海面滚动……至少可以确定他的消息！知道他的下落！

有时候，她突然感觉在水平线的尽头冒出一面船帆：莱奥波丁娜号渐渐近了，急急地朝岸边驶来！于是她不假思索地动弹了一下，想要站起来，跑去看看海面，看看这是不是真的……

她重新颓然坐下。唉！它此刻在哪儿呢，这莱奥波丁娜？它会在哪儿呢？无疑是在那边，被抛弃、被粉碎、被遗失在那可怕的遥远的冰岛那边……

这些，终于形成一个萦绕在心头的幻象，始终是那同一个幻象：一只裂开的、空空的难船，在静寂的红灰色的海面上摇晃；慢慢地，慢慢地，无声无息地，出于嘲弄似的以一种极端的柔缓，在死水般的绝对平静中摇晃。

夜半两点钟。

在夜里，她尤其注意所有走近的脚步声：只要听到一点儿响动，一点儿罕见的声音，她的太阳穴便颤动起来；由于过度紧张地留心外面的事物，她的两鬓变得极为疼痛。

夜半两点钟。这一夜犹如别的夜，她合着双手，在黑暗中睁大眼睛，倾听着荒原上永恒的风声。

突然，路上响起了男人的脚步声，急促的脚步声！在这样的时辰，谁会打这儿经过呢？她直起身子，连灵魂深处都抖动起来，心儿也停止了跳动……

有人在门口停住，走上了小小的石头台阶……

是他！啊！自天而降的快乐！有人敲门了，难道这还能是别人吗？她赤着脚站起来，这些日子以来已变得那样虚弱的她，竟像猫儿似的轻盈地跃起，张开胳膊准备拥抱她的爱人。肯定是莱奥波丁娜号在夜里到达了，就在对面波尔—爱旺湾抛了锚，——于是他，他就跑回来了；她以闪电般的速度在脑中构想了这一切。而现在，在她急于拔掉那闩得很紧的门闩时，竟被门上的钉子划破了手指……

"啊！……"接着她慢慢地后退，沮丧地把头垂在胸前。她那疯女的美梦破灭了。这不过是她的邻人方代克……到她弄明白这不过是他，而空气中压根就不曾有过扬恩的一点踪影时，她感到自己重又渐渐堕入原来的深渊，堕入原来那个可怕的绝望的渊底。

2.《海燕》高尔基

在苍茫的大海上，狂风卷集着乌云。在乌云和大海之间，海燕像黑色的闪电，在高傲地飞翔。

一会儿翅膀碰着波浪,一会儿箭一般地直冲向乌云,它叫喊着,就在这鸟儿勇敢的叫喊声里,乌云听出了欢乐。

在这叫喊声里充满着对暴风雨的渴望!在这叫喊声里,乌云听出了愤怒的力量、热情的火焰和胜利的信心。

海鸥在暴风雨来临之前呻吟着,呻吟着,它们在大海上飞窜,想把自己对暴风雨的恐惧,掩藏到大海深处。

海鸭也在呻吟着,它们这些海鸭啊,享受不了生活的战斗的欢乐:轰隆隆的雷声就把它们吓坏了。

蠢笨的企鹅,胆怯地把肥胖的身体躲藏在悬崖底下……只有那高傲的海燕,勇敢地,自由自在地,在泛起白沫的大海上飞翔!

乌云越来越暗,越来越低,向海面直压下来,而波浪一边歌唱,一边冲向高空,去迎接那雷声。

雷声轰响。波浪在愤怒的飞沫中呼叫,跟狂风争鸣。看吧,狂风紧紧抱起一层层巨浪,恶狠狠地把它们甩到悬崖上,把这些大块的翡翠摔成尘雾和碎末。

海燕叫喊着,飞翔着,像黑色的闪电,箭一般地穿过乌云,翅膀掠起波浪的飞沫。

看吧,它飞舞着,像个精灵,高傲的、黑色的暴风雨的精灵,它在大笑,它又在号叫……它笑那些乌云,它因为欢乐而号叫!

这个敏感的精灵,它从雷声的震怒里,早就听出了困乏,它深信,乌云遮不住太阳,是的,遮不住的!

狂风吼叫……雷声轰响……

一堆堆乌云,像青色的火焰,在无底的大海上燃烧。大海抓住闪电的箭光,把它们熄灭在自己的深渊里。这些闪电的影子,活像一条条火蛇,在大海里蜿蜒浮动,一晃就消失了。

"暴风雨!暴风雨就要来啦!"

这是勇敢的海燕,在怒吼的大海上,在闪电中间,高傲地飞翔;这是胜利的预言家在叫喊:

让暴风雨来得更猛烈些吧!

(三)节奏的感受训练注意事项

第一,在文章中处于主导地位、起引领作用、循环往复运用的节奏叫主导节奏,起次要辅助作用、围绕主导节奏穿插运用的节奏叫辅助节奏。主导节奏对辅助节奏有强烈的影响作用,所以穿插的不同的辅助节奏要偏向于主导节奏。

第二,要注意节奏间的对比性,遵循欲扬先抑,欲快先慢的原则。

第三,要做到控制有节,对比有度,避免出现一高就喊,一低就沉,一快就乱,一慢就断,一弱就软,一松就散等现象。

有声语言是门艺术,艺术总以技术为基础。学好有声语言,不仅可以提高我们的审美能力,还会使我们掌握"说话的艺术",提高我们的情商和人际交往能力,从而在现实生活中拥有更好的人缘、更多的机遇。

第二部分 有声语言表达基础篇

第三部分　艺考备考基础篇

第一章 艺考现状

一、关于播音与主持艺术专业

随着数字电视的普及、私家车拥有量的提高,我国广电事业的发展蒸蒸日上。虽然新媒体为获取信息带来了极大的便利,但是权威信息的发布和传播依然主要依靠广播电视进行。广播电视是人民的喉舌,是党和国家的舆论宣传阵地,是增强国民文化自信的现代化舆论工具。为了满足人们不同层次的精神文化需求,播音与主持艺术这一学科应运而生,这个专业是部分高等院校为培养播音员、主持人、有声语言艺术人才而设立的专门学科,播音员作为党和国家与人民的桥梁和纽带,在我国文化事业的发展过程中发挥着积极重要的作用。播音与主持艺术专业1959年在北京广播学院成立,经过以张颂教授为代表的一批著名播音员和专家学者的开拓,《中国播音学》正式出版,这标志着播音与主持艺术专业学科逐渐走向成熟。目前,播音与主持艺术专业教育涵盖了从专科到博士的教育层次。

绝大多数院校设立这一学科是四年本科全日制教育,在招生之前,需要通过艺术专业考试来考查应试者是否具备从事播音与主持艺术专业学习的基本素质。因此,考生需要在专业老师的指导下,对有声语言艺术基础进行学习和训练。

全国播音与主持艺术专业考试根据不同省份的不同要求,分为统考或校考两种形式。有些省份像四川、重庆、广州设有本省组织的统一艺术类专业考试,我们称这种考试为统考。有些省份没有设立统考,考生可以根据自己的学习情况自行选择学校,并去所选学校或所选学校设立的考点进行艺术类专业考试,我们称这种考试为校考。考生所报专业涉及统考的,考生必须参加统考,否则该考生校考成绩无效。有统考的省份大部分省内学校承认统考成绩,不需要再参加校考。随着艺术考试改革的进行,一些没有设立统考的省份也逐渐承认各省的统考成绩,所以统考将是未来艺考的发展趋势。

二、播音与主持艺术专业考试环节

考试的环节包括:自备稿件、指定稿件、自我介绍、即兴评述、新闻评论、新闻采访连线、看图说话、辩论、主题讨论、编讲故事、演讲、模拟主持、主考提问、才艺展示等。

1. 自备稿件

自己准备稿件,自备内容多为诗歌、散文、小说片段、故事、寓言等,因此,自备稿件也被称为自备文学作品朗诵,但是,有的学校自备稿件的考试环节需要准备新闻稿件。在此环节考试中,原则上要求考生脱稿进行展示。

2. 指定稿件

考生现场抽取指定的稿件,准备5—10分钟后,对其进行展示,一般将稿件分为新闻播报或文学作品朗读两种类型。考生考试时现场抽取一篇文章,多为新闻稿件,有时也有散文等其他文体的稿件。

3. 自我介绍

考生现场进行自我介绍,一般分为标签式自我介绍或讲演式自我介绍两种类型。

4. 即兴评述

考生现场抽取一个题目,准备5—10分钟后,对其进行评述。一般分为命题类即兴评述或话题类即兴评述两种类型。

5. 新闻评论

考生抽取一篇新闻稿件,播读后,对所播读的新闻事件进行评论,此环节考试一般和指定稿件一起进行。

6. 新闻采访连线

考生抽取一篇简短的新闻事件素材,现场即兴提出采访的问题或进行现场连线。

7. 看图说话

考官现场给一幅主题画面,考生结合画面进行现场评论,谈自己的观点。

8. 辩论

考生抽取一道辩论题,现场分组进行辩论。一般分为自辩形式或攻辩形式,自辩形式只需阐明自己的观点和立场,攻辩形式要分为正反方,针对一个话题进行辩论。

9. 主题讨论

一般将6—8名考生分为一组,每组考生抽取同一个话题,共同进行讨论。

10. 编讲故事

考生现场口述一篇文章。考试一般通过抽词述文,或给出一个文章开头,或者给出三个关联性词语,让考生编讲故事。

11. 演讲

考生围绕一个话题进行演讲。

12. 模拟主持

考生现场抽取一篇素材,或一个题目,或一个栏目名称,经改编整理后,现场模仿主持人进行主持。

13. 主考提问

由主考老师现场进行提问,考生现场对答。

14. 才艺展示

考生所展示的才艺必须是非语言类才艺,可以是唱一首歌、跳一曲舞或演奏一种乐器。

以上考试内容均为面试,也有一部分学校为考察学生的综合文化知识开设笔试,这些环节不是每个院校都必考,有的院校只选其中两三个环节,不同的院校选择环节不同,所以必须把每个环节都牢牢掌握,才能适应每所院校的考试。

艺术专业考试后,学校于3月底、4月初对专业考试合格的考生寄发专业合格证书,或考生自行在网上查询艺术专业考试录取情况。考生拿到专业合格证书后,参加全国秋季高考,之后方可填报播音与主持艺术专业志愿。

三、播音与主持艺术专业学习内容

播音与主持艺术作为语言艺术类专业,想要学习这个专业的学生,要经过对发声技巧的刻苦训练、对普通话语音规范标准的认真学习、对情感表达技巧的熟练运用,才能达到语言艺术所要求的标准。我们说方言也好,说普通话也罢,都属生活语言,只有经过专业的学习和训练,才能改变原有的语音面貌,从而走进语言艺术殿堂,最终找到属于自己的天籁之声。

四、招收播音与主持艺术专业全国主要艺术院校名录[①]

(一)独立设置的本科艺术院校

独立设置的艺术院校就是指教育部批准独立设置的本科艺术类院校。以下是招

---

① 相关信息由编者收集整理,截至2017年12月。

收播音与主持艺术专业的院校名单：

云南艺术学院　　山东艺术学院　　新疆艺术学院　　中国人民解放军艺术学院
广西艺术学院　　吉林艺术学院　　中央戏剧学院　　北京电影学院
南京艺术学院　　上海戏剧学院　　四川音乐学院

(二)参照独立设置的本科艺术院校招生的院校

以下是参照独立设置的本科艺术院校招生的院校中，招收播音与主持艺术专业的院校名单：

清华大学　　中国传媒大学　　浙江传媒学院　　浙江理工大学
内蒙古大学　　天津工业大学　　上海视觉艺术学院　　苏州大学

独立设置的本科艺术院校及参照独立设置本科艺术院校招生的院校，在艺术类招生录取上相比其他高校拥有很大的自主权及优先权。首先，专业考试由院校自行组织，可跨省设点组织校考，其他本科院校原则上只在本校所在地设点组织校考。其次，可不编制分省分专业招生计划。其余高校均须编制招生来源计划。再次，可自行划定本校艺术类本科的文化和专业录取最低控制分数线，对文化分、专业分均达到分数线的考生，省招办按高校提出的调档比例投档。其余高校由省招办根据各批次招生计划数和考生的考试成绩，确定省录取最低文化控制分数线，并按照高校招生来源计划投档。最后，录取批次属于艺术提前批次中的第一批次，拥有最高优先录取权。

(三)其他知名艺术院校

以下是招收播音与主持艺术专业的其他知名艺术院校名单：

四川传媒学院　　重庆大学　　大连艺术学院　　福建师范大学　　华东师范大学
河南大学　　湖南大学　　湖南师范大学　　吉林大学　　吉林动画学院　　暨南大学
山东师范大学　　上海师范大学　　陕西师范大学　　武汉大学　　西北大学
西南大学

(四)2016年全国招收播音与主持艺术专业本科院校参考

1. 北京

清华大学　　中国传媒大学　　中央戏剧学院　　中华女子学院
中国劳动关系学院　　首都师范大学科德学院

2. 天津

天津师范大学　天津师范大学津沽学院　天津体育学院运动与文化艺术学院

3. 河北

衡水学院　河北传媒学院　河北民族师范学院　河北师范大学　河北体育学院
河北大学　河北大学工商学院廊坊师范学院　邯郸学院

4. 山西

山西师范大学　山西师范大学现代文理学院　运城学院　山西工商学院
山西传媒学院

5. 内蒙古

内蒙古大学　内蒙古大学创业学院　呼和浩特民族学院

6. 辽宁

沈阳师范大学　渤海大学　沈阳音乐学院　大连艺术学院　辽宁大学
沈阳大学　辽宁科技大学　辽宁师范大学

7. 吉林

吉林大学　长春大学光华学院　吉林动画学院　东北师范大学人文学院
东北师范大学　北华大学　长春师范大学

8. 黑龙江

东北农业大学成栋学院　齐齐哈尔大学　黑龙江工商学院　哈尔滨师范大学
黑龙江外国语学院

9. 上海

华东师范大学　上海师范大学　上海戏剧学院　上海视觉艺术学院
上海交通大学　上海体育学院

10. 江苏

南京林业大学　南京艺术学院　南京航空航天大学金城学院
南京传媒学院　苏州大学　南京师范大学　南京师范大学泰州学院
江苏师范大学科文学院

11. 浙江

浙江传媒学院　杭州师范大学钱江学院　浙江工业大学

12. 安徽

安徽师范大学　阜阳师范学院信息工程学院　安徽新华学院　皖西学院

安徽文达信息工程学院

13. 福建
福建师范大学　厦门理工学院

14. 江西
南昌航空大学　江西师范大学　宜春学院　南昌大学
江西师范大学科学技术学院　南昌理工学院　上饶师范学院　赣南师范大学
九江学院　新余学院

15. 山东
山东师范大学　山东艺术学院　潍坊学院　临沂大学　泰山学院
山东青年政治学院

16. 河南
河南工业大学　中原工学院　河南大学　信阳师范学院　周口师范学院
安阳师范学院　许昌学院　南阳师范学院　洛阳师范学院　平顶山学院
南阳理工学院　黄河科技学院　河南大学民生学院　商丘学院
郑州航空工业管理学院　安阳工学院　商丘师范学院　黄淮学院

17. 湖北
武汉大学　武汉体育学院　武汉大学东湖学院　武汉传媒学院
武汉大学珞珈学院　汉口学院　湖北大学　江汉大学　三峡大学
三峡大学科技学院　武昌理工学院　湖北师范大学　湖北工程学院
湖北工程学院新技术学院　黄冈师范学院　湖北经济学院法商学院
武汉体育学院体育科技学院

18. 湖南
湖南大学　湖南师范大学　长沙学院　湖南女子学院

19. 广东
暨南大学　广州体育学院　广东商学院　广州大学　广东外语外贸大学
北京师范大学珠海分校　深圳大学　广东财经大学

20. 广西
广西民族大学　广西民族大学相思湖学院　北京航空航天大学北海学院
广西大学　广西师范学院　广西外国语学院

21. 海南
海南大学　三亚学院　海口经济学院

22. 重庆

重庆大学　西南大学　四川外国语大学　长江师范学院
重庆师范大学涉外商贸学院　重庆人文科技学院

23. 四川

四川师范大学　西华师范大学　绵阳师范学院　乐山师范学院　四川音乐学院
四川传媒学院　四川大学锦城学院　成都理工大学　西南石油大学
内江师范学院　四川文理学院　四川文化艺术学院　西昌学院

24. 贵州

贵州大学　贵州师范大学　贵州师范大学求是学院　遵义师范学院

25. 云南

曲靖师范学院　云南艺术学院　云南艺术学院文华学院　昆明理工大学
云南师范大学　云南师范大学文理学院

26. 西藏

西藏民族学院

27. 陕西

西北大学　西安工程大学　陕西师范大学　宝鸡文理学院
西安外国语大学　西安体育学院　西安培华学院　西北大学现代学院
西北工业大学明德学院　陕西科技大学　咸阳师范学院　西安翻译学院

28. 甘肃

西北师范大学　兰州城市学院

29. 青海

青海师范大学

30. 新疆

新疆艺术学院　新疆大学

第二章　艺考环节学习与训练

播音与主持艺术作为有声语言艺术的重要组成部分，其考试内容自然和表达有关，因此我们将其分为播读类考试环节和诉说类考试环节两大类。鉴于播音与主持艺术属于艺术类专业，为了考查考生的综合素质，在考试中往往会加上才艺展示部分，因考生喜好不同，才艺多样，在此不对才艺展示进行过多讲解。

播读类考试环节是播音与主持艺术最基础的环节，分为自备稿件播读和指定稿件播读两项，主要考查考生对语音发声、语言表达的熟练程度。其中自备稿件播读侧重考查考生的艺术感悟能力和综合学习能力，指定稿件播读侧重考查考生的文稿识读能力和文字理解能力。

为适应时代的要求，播音与主持艺术考试设立了诉说类考试环节，包括自我介绍、即兴评述、新闻评论、新闻采访连线、看图说话、辩论、主题讨论、编讲故事、演讲、模拟主持、考官提问十一项内容，主要考查考生严谨的逻辑思维能力和清晰的描述表达能力，大部分院校对此类环节的重视程度呈逐年上升趋势。

这两大类考试环节没有主次之分，对考生来说同样重要。播音与主持艺术考试大部分为面试，对于面试，考生一定要有积极的状态，状态是考试成功的重要秘诀。

第一节　自备稿件

一、自备稿件的概念

自备稿件朗诵是专业考试初试的项目之一，也是所有院校必考的高分值项目，要求考生自备一篇 300—500 字的文学作品稿件，包括散文、诗歌、小说、片段、故事、寓言等，专业考试时要求考生现场脱稿朗诵。此项目主要考查考生对作品思想情感的理解能力、情感表达的声音运用能力、语言表达技巧的运用能力、态势语言的表现能力等。

自备稿件朗诵作为艺考中大多数院校选择的考试项目，在考查中也存在一定的劣势，它不能完整地对一个考生的能力进行全方位的评判，只能针对考生某篇"自备"的稿件进行判断，所以出现部分侥幸过关的考生。鉴于这种情况，各大艺术院校也意识到了这一点，逐渐取消自备稿件这一考试项目，将更多的注意力放在指定稿件项目对考生进行考查。

二、自备稿件应注意的问题

第一，选稿。自备稿件的选择每年都是让播音专业的考生比较头痛的事情，往往很多考生在选稿时大费心力，部分考生甚至不知道自己应该选择什么类型的稿件。自备稿件要根据自身的声音优势和形象特点进行选择，只要在理解感受后，能与自己内心能形成共鸣的稿件，都能成为适合自己的优秀稿件。作为专业考试，最适宜的文章类型是高亢型，其次是轻快型或舒缓型。在准备过程中，要有针对性地选择高亢激昂、直抒胸臆、赞美祖国、讴歌青春生命等题材作品，以这类稿件为主打稿件，同时还要准备一篇明快清新、温馨舒缓、抒发情怀的作品，以这类稿件为辅助稿件。不管是主打稿件还是辅助稿件，稿件篇幅和展示时间宜短不宜长。

第二，朗诵出情感。文学作品有着丰富而深刻的思想情感，尤其是诗歌，更是情感的浓缩和语言的凝练，所以要字斟句酌，深入细致地理解领会，感悟文学作品所蕴含的丰富、深刻、多变的情感色彩。

第三，朗诵出意境。朗诵者在朗诵时脑海中要有影像感，影像随着不同情感的变换而发展，朗诵者仿佛走进作品中，身临其境地传情达意。

第四，朗诵出声音。文学作品朗诵是所有发声器官的声音要素及语言表达技巧运用比度最大的一种朗诵形式，激情朗诵不是高声大喊，而是比度的正确运用，比如诗歌朗诵时最高时可达 80 分贝，最低时可达耳语的 12 分贝。

第五，朗诵出形象。考生在脱稿激情朗诵时，要恰到好处地运用态势语言，每一个眼神、表情、动作都能够起到很好的映衬和烘托情感的作用，从而达到朗诵的最佳形象。

第六，朗诵出自我。考生通过对文学作品的逻辑分析，找到作品与自身的情感联系点，从而变"他说"为"我说"，变"说他"为"说我"，使朗诵成为融入自身思想情感的表达。

三、经典稿件实例分析

《回答》
北岛

卑鄙是卑鄙者的通行证,高尚是高尚者的墓志铭。看吧,在那镀金的天空中,飘满了死者弯曲的倒影。冰川纪过去了,为什么到处都是冰凌?好望角发现了,为什么死海里千帆相竞?

我来到这个世界上,只带着纸、绳索和身影,为了在审判之前,宣读那些被判决的声音。告诉你吧,世界,我——不——相——信!

纵使你脚下有一千名挑战者,那就把我算作第一千零一名。我不相信天是蓝的,我不相信雷的回声,我不相信梦是假的,我不相信死无报应。

如果海洋注定要决堤,就让所有的苦水注入我心中,如果陆地注定要上升,就让人类重新选择生存的峰顶。

新的转机和闪闪星斗,正在缀满没有遮拦的天空,那是五千年的象形文字,那是未来人们凝视的眼睛。

《匆匆》
朱自清

燕子去了,有再来的时候;杨柳枯了,有再青的时候;桃花谢了,有再开的时候。但是,聪明的,你告诉我,我们的日子为什么一去不复返呢?——是有人偷了他们罢:那是谁?又藏在何处呢?是他们自己逃走了罢:现在又到了哪里呢?

我不知道他们给了我多少日子,但我的手确乎是渐渐空虚了。在默默里算着,八千多日子已经从我手中溜去,像针尖上一滴水滴在大海里,我的日子滴在时间的流里,没有声音,也没有影子。我不禁头涔涔而泪潸潸了。

去的尽管去了,来的尽管来着;去来的中间,又怎样地匆匆呢?早上我起来的时候,小屋里射进两三方斜斜的太阳。太阳他有脚啊,轻轻悄悄地挪移了;我也茫茫然跟着旋转。于是——洗手的时候,日子从水盆里过去;吃饭的时候,日子从饭碗里过去;默默时,便从凝然的双眼前过去。我觉察他去的匆匆了,伸出手遮挽时,他又从遮挽着的手边过去,天黑时,我躺在床上,他便伶伶俐俐地从我身上跨过,从我脚边飞去了。等我睁开眼和太阳再见,这算又溜走了一日。我掩着面叹息。但是新来的日子的影儿又开始在叹息里闪过了。

在逃去如飞的日子里,在千门万户的世界里的我能做些什么呢?只有徘徊罢了,只有匆匆罢了;在八千多日的匆匆里,除徘徊外,又剩些什么呢?过去的日子如轻烟,被微风吹散了,如薄雾,被初阳蒸融了;我留着些什么痕迹呢?我何曾留着像游丝样的痕迹呢?我赤裸裸来到这世界,转眼间也将赤裸裸地回去罢?但不能平的,为什么偏要白白走这一遭啊?

你聪明的,告诉我,我们的日子为什么一去不复返呢?

北岛的现代诗《回答》和朱自清的散文《匆匆》是两种截然不同的情感表达方式,《回答》体现出作者由内而外迸发出来的强烈的斗争情感,表达时情绪激昂,直抒胸臆;《匆匆》则体现出作者慨叹时光易逝,表达时应含蓄温婉。考生可通过这两篇不同风格的文字,体会不同类型稿件的情感变化,为选择适合自己的自备稿件做准备。

《祖国啊,我亲爱的祖国》
舒 婷

我是你河边上破旧的老水车,数百年来纺着疲惫的歌;我是你额上熏黑的矿灯,照你在历史的隧洞里蜗行摸索。

我是干瘪的稻穗,是失修的路基,是淤滩上的驳船,把纤绳深深勒进你的肩膊——祖国啊!

我是贫困,我是悲哀。我是你祖祖辈辈,痛苦的希望啊,是"飞天"袖间,千百年来未落到地面的花朵——祖国啊!

我是你簇新的理想,刚从神话的蛛网里挣脱,我是你雪被下古莲的胚芽,我是你挂着眼泪的笑窝,我是新刷出的雪白的起跑线,是绯红的黎明,正在喷薄——祖国啊!

我是你的十亿分之一,是你九百六十万平方的总和,你以伤痕累累的乳房,喂养了迷惘的我、深思的我、沸腾的我,那就从我的血肉之躯上,去取得你的富饶、你的荣光、你的自由——祖国啊!我亲爱的祖国!

《祖国啊,我亲爱的祖国》是朦胧诗人舒婷的代表作之一,这是一首深情的爱国诗篇,与以往同类诗作相比,这首诗具有鲜明的情感特色,作者把青年时的迷惘和苦痛相结合,表达出对祖国母亲的不满与甘愿献身的精神,交融着深沉的历史感与强烈的时代感。这种作品在表达时首先要体会作者当时的心理状态,从作者的心理状态出发,沉浸其中,将自己的情绪同作者的情感融为一体,由低沉缓慢走向高亢迅疾,最终达到朗诵愉悦共鸣的效果。

《红岩》(节选)

罗广斌,杨益言

一阵狂风卷过,寒气阵阵袭来,矗立在签子门边的余新江浑身发冷,禁不住颤抖了一下。

屋瓦上响起了"哗哗哗"的声音,击打在人的心上。"是暴雨?"这声音比暴雨更响,更加嘈杂,更加猛烈。"冰雹!"余新江听见有人悄声喊着,他也侧耳听那屋瓦上的响声。在沉静的寒气里,在劈打屋顶的冰雹急响中,忽然听出一种隆隆的轰鸣。这声音夹杂在冰雹之中,时大时小。余新江渐渐想起,刚才在冰雹之前的狂风呼啸中,似乎也曾听到这种响声,只是不如现在这样清晰,这样接近;因为他专注地观察敌人,所以未曾引起注意。这隆隆的轰鸣,是风雪中的雷声么?余新江暗自猜想着:在这隆冬季节,不该出现雷鸣啊!难道是敌人爆破工厂,毁灭山城么?

忽然,余新江冰冷的脸上,露出狂喜,他的手里激动得冒出了汗水。他忽然一转身,面对着全室的人,眼里不可抑制地涌出滚烫的泪水。

"听!炮声,解放军的炮声!"

《红岩》的这一段节选,可以充分体现出作品朗读时的"现场感",朗诵时"脑海中存在影像感"的感受方式,我们称之为情景再现。考生在表达此类作品时,一定要将自己想象成文章中的主人公,将自己的情感与文章内容融为一体进行表达,寻找身临其境的意境。

《中国话》

吴筱峰

有一种语言,它很神秘,它蕴含着一个民族上下几千年悲喜交加的情感。有一种语言,它很古老,古老到那刻在骨头上的文字里都找不到它的起源。有一种语言,它很丰富,阴阳上去中回荡着慷慨激昂,倾诉着温婉缠绵。这便是中国话,一个古老的东方神话。

中国话是如诗如画的表达,"树嗪嗪而摇枝,马哼哼而驰骋",哪一种语言能有如此逼真的描摹;"落霞与孤鹜齐飞,秋水共长天一色",哪一种语言能说出如此图画般的美丽;"春江潮水连海平,海上明月共潮生",哪一种语言能有如此动听的节律;"杨柳轻扬直上重霄九",哪一种语言能一语译透你丰富的含义。

中国话是中国人心灵深处的吐纳,是屈原的长叹,项羽的啸吼;是李白的浪漫,杜甫的激愤;是五四前夜,李大钊在拊掌欢呼庶民的胜利;是面对敌人的屠刀,鲁迅在指斥无声的中国;是迎着特务的枪弹,闻一多拍案而起弘张正义;是礼炮声中毛泽东庄严宣告民族站起。

那黄河的不羁和刚强是中国话,那长江的奔放和潇洒是中国话,那大山的雄武高原的粗犷是中国话,那江南的温柔水乡的秀雅是中国话。

听,中国话正通过我的声音在联合国讲坛上响起,那么亲切优美,那么有力伟大,因为你属于一个伟大的民族,一个朝阳升腾的天地。我爱你,我们的——中国话。

《中国话》这部作品体现出作者对中国语言的热爱,对中华文化的赞颂之情。在表达时,情绪需控制平稳,用声需扎实响亮,态度饱满坚定,吐字需清晰自然。通过这部作品,考生可以体会朗诵中声音的运用。

《高山下的花环》(节选)
李存葆

眼前,这"雷神爷"为何又甩帽?大家目瞪口呆!只见他在台上来回踱了两步又站定,双手叉腰,怒气难抑。

终于,炸雷般的喊声从麦克风里传出:"我的大炮就要万炮轰鸣,我的铁甲车就要隆隆开进!我的千军万马就要去杀敌!就要去拼命!就要去流血!可刚才,有那么个神通广大的贵妇人,她竟有本事从几千里之外,把电话要到我这前沿指挥所!此刻,我指挥所的电话,分分秒秒,千金难买!可那贵妇人来电话干啥?她来电话是让我给她儿子开后门,让我关照关照她的儿子!走后门,竟敢走到我这流血牺牲的战场上!我雷某不管她是天老爷的夫人,还是地老爷的太太,走后门?谁敢把后门走到我这流血牺牲的战场上,没二话,我雷某要让她儿子第一个扛上炸药包,去炸碉堡!去炸碉堡!"

《高山下的花环》选段中,"雷军长"的形象在文章中体现得活灵活现,如何让文字里的形象通过声音的形式塑造出来,这就要求大家在表达时,将自己想象成文章的主人公,从主人公的角度,细细体会在规定情景中的行为状态和说话状态,再将这种状态应用到语言表达之中。一般台词中的独白都是需要通过这种形式来体现的。

《我的心》
巴 金

近来,不知道什么缘故,我的这颗心痛得更厉害了。

我要对我的母亲说:"妈妈,请你把这颗心收回去吧,我不要它了。"

记得你当初把这颗心交给我的时候曾对我说过,"你的父亲一辈子拿着它待人,爱人,他和平安宁地度过了一生。在他临死的时候把这颗心交给我,要我在你长成的时候交给你,他说,'承受这颗心的人将永远正直,幸福,并且和平安宁地度过他的一生。'

现在,你长成了,那么你就承受了这颗心,带着我的祝福,孩子,到广大的世界中去吧。"

这些年,我怀着这颗心走遍了世界,走遍了人心的沙漠,所得到的,只是痛苦和痛苦的创痕。正直在哪里?幸福在哪里?和平在哪里?这一切可怕的景象哪一天才会看不到?这一切可怕的声音哪一天才会听不见?这样的悲剧哪一天才会不再上演?这一切像箭一样的射到我的心上,我的心已经布满了痛苦的创痕,因此我的心痛得更厉害了,我不要这颗心啦。

有了它,我不能闭目为盲;有了它,我不能塞耳为聋;有了它,我不能吞炭为哑;有了它,我不能在人群的痛苦中寻找我的幸福;有了它,我就不能和平地生活在这个世界上;有了它,我就不能活下去了,妈妈,请你饶了我,这颗心我实在不要,我不能要哇。

我夜夜在哭,因为我的这颗心实在痛得忍受不住了。它看不得人间的惨剧,听不得人间的哀号,受不得人间的凌辱。每一次我带它游历了人心的沙漠,带着遍体伤痕归来,我就用我的眼泪去替它洗净血迹。然而当它的伤痕刚刚好了一点儿,新的创痕又来了。

有一次,似乎它也向我要求了:"你放我走吧,我实在不愿意活了。请你放了我,让我把自己炸毁,这世上再也没有比看到别人痛苦而不能帮助的事情更痛苦了。你既然爱我,为何又要苦苦地留着我?留着我受这刺心刻骨的痛苦?"我要放它走,我决心让它走。然而,它却被你的祝福拴在我的胸膛上。

多时以来,我就下决心放弃一切,让人们去竞争,去残杀,让人们来虐待我,凌辱我,我只愿有一时的安息。可我的心不肯这样,它要使我看,听,说。看我所怕看的,听我所怕听的,说人所不愿听的。于是我又向它要求道:"心呐,你去吧,不要再这样苦苦地恋着我。有了你,我无论如何不能活在这个世界上,请你为了我幸福的缘故撇开我,去吧。"它没有回答。因为它知道,既然它已被你的祝福拴在我的胸膛上,那么,也就只能由你的诅咒而分开。

好吧,妈妈,请你诅咒我吧,请你允许我放走这颗心去吧,让它去毁灭吧,因为它不能活在这样的世界上,而有了它,我也不能活在这个世界上了。在这样大的血泪的海中,一个人,一颗心,算得什么?能做什么?妈妈,请你诅咒我吧,请你收回这颗心吧,我不要它了。

可是我的母亲已经死了多年了。

《我的心》这篇文章,是一篇内心独白,这篇文章被好多人朗诵过,但朗诵风格各不相同。每个人对稿件的理解不一样,每个人在表达的过程中就会呈现出不同的效果,所以说没有哪一篇稿件是固定不变的情感处理方式,这就需要我们在理解稿件的基础上,通过自己的风格对作品进行诠释。

第二节 指定稿件

一、指定稿件的概念

指定稿件播读是专业考试初试的内容之一,也是绝大多数院校必考环节,要求考生现场抽取一篇400字左右的指定稿件,准备5分钟后进行现场播读,稿件内容一般为新闻消息、小通讯、事件报道、小故事等。此环节主要考查考生的快速识稿能力、语言流畅能力、声音条件运用能力等。

二、指定稿件应注意的问题

第一,要分清层次,找出重点。考生抽到稿件后,快速地默默地备稿,不要马上进行识读,做到"先通览后重点"。通览时要记住稿件的时间、地点、事件、人物、结果,做到心中有数;后重点是指重点区分异读音字、生字、陌生的名词,多音词组反复默读,加深记忆。

第二,要把握情绪,控制气息。考生播读时,要注意各发声器官的调控运用。动力器官要保持一个适中的气息力度,气息控制的吞与吐变化不大,保持在一个相对稳定的气息状态。成声器官在保证以实为主、实虚结合的中音基础上略实点,喉腔控制略提点,可保证声音明亮、清晰度好。共鸣器官在保证一个适中的响亮度的同时,减弱低频泛音,保证明亮清晰的共鸣。吐字略松点,以保证发音的流畅感,在保证声挂前腭、声音明亮饱满的前提下,口腔开度略有控制。

第三,要归堆抱团,状态积极。指定稿件播读时,要做到"明快流畅,归堆抱团"八个字。明是指声音明亮,快是指语速较快;流畅是指不生涩,连多停少,偷气多,换气少;归堆是指表达同一思想层次的语句中间不停顿,连接起来,归成一堆;抱团是指音节与音节之间距离缩短,紧紧簇拥在一起,使音节抱成一团,增加语言密度。指定稿件播读时语言技巧要少用,除每个语句的主次、非重音区分开以外,其他表达技巧几乎不用,最重要的一点是要对稿件进行具体感受,变外在技巧为内在表达。

第四,体态沉稳,不急不躁。态势语言的运用,不要刻意加入繁杂的动作,在情感积累到一定量时,自然展现,细节决定成败。站时应双手托稿,或单手拿稿,稿件不要遮住五官,身体放松,一个层次或一个段落句尾抬头交流,表情始终处于亲切自然的状态。坐时肘和掌不要上桌,沿稿件底线用手指作弹琴状,坐椅子的前1/3,使力的支点相对集中,并腿弯曲 90°,并且腿稍侧,腹壁挺立,两肩放松,头胸微颔。

三、经典稿件实例讲解

华南虎

牛 汉

在桂林,
小小的动物园里,
我见到一只老虎。

我挤在叽叽喳喳的人群中,
隔着两道铁栅栏,
向笼里的老虎,
张望了许久许久,
但一直没有瞧见,
老虎斑斓的面孔,
和火焰似的眼睛。

笼里的老虎,
背对胆怯而绝望的观众,
安详地卧在一个角落,
有人用石块砸它,
有人向它厉声呵斥,
有人还苦苦劝诱,
它都一概不理!

又长又粗的尾巴,
悠悠地在拂动。
哦,老虎,笼中的老虎,
你是梦见了苍苍莽莽的山林吗?
是屈辱的心灵在抽搐吗?
还是想用尾巴鞭打那些可怜而可笑的观众?

你的健壮的腿,

直挺挺地向四方伸开,
我看见你的每个趾爪,
全都是破碎的,
凝结着浓浓的鲜血!
你的趾爪,
是被人捆绑着,
活活地铰掉的吗?
还是由于悲愤,
你用同样破碎的牙齿,
把它们和着热血咬掉……

我看见铁笼里,
灰灰的水泥墙壁上,
有一道一道的血淋淋的沟壑,
像闪电那般耀眼刺目!

我终于明白……
我羞愧地离开了动物园,

恍惚之中听见一声,
石破天惊的咆哮,
有一个不羁的灵魂,
掠过我的头顶,
腾空而去,
我看见了火焰似的斑纹,
和火焰似的眼睛,
还有巨大而破碎的滴血的趾爪!

《华南虎》一诗写于1973年6月,展示的是"十年动乱"的特定时空,这是一个囚禁生命、戕害生灵的年代,诗人以一颗敏感的心,强烈地感受到这种悲怆和苦难,同时也感受到了每一个有血性的中国人不屈的灵魂和挣脱禁锢、向往自由的顽强斗争精神。

步骤一:分清层次,找出重点

在表达这篇现代诗的时候,我们首先要对其进行层次的划分归并,通过内容我们可以把它分为五个层次,层次分类如下。第一层是"在桂林,小小的动物园里,我见到一只老虎"。这一层次具体交代了作者在桂林动物园看华南虎这一事件,是作者活动背景的介绍。第二层是"我挤在叽叽喳喳的人群中,隔着两道铁栅栏,向笼里的老虎,张望了许久许久,但一直没有瞧见,老虎斑斓的面孔,和火焰似的眼睛"。这一层次交代了作者在动物园里看到华南虎的第一印象。第三层是"笼里的老虎,背对胆怯而绝望的观众,安详地卧在一个角落,有人用石块砸它,有人向它厉声呵斥,有人还苦苦劝诱,它都一概不理!又长又粗的尾巴,悠悠地在拂动,哦,老虎,笼中的老虎,你是梦见了苍苍莽莽的山林吗?是屈辱的心灵在抽搐吗?还是想用尾巴鞭打那些可怜而可笑的观众?"这一层次写出了作者所观察到的华南虎在笼子里的表现,表现出老虎对世俗的蔑视。第四层是"你的健壮的腿,直挺挺地向四方伸开,我看见你的每个趾爪,全都是破碎的,凝结着浓浓的鲜血!你的趾爪,是被人捆绑着,活活地铰掉的吗?还是由于悲愤,你用同样破碎的牙齿把它们和着热血咬掉……我看见铁笼里,灰灰的水泥墙壁上,有一道一道的血淋淋的沟壑,像闪电那般耀眼刺目!"这一层次写出了人们对华南虎的侮辱与它内心的无奈抗争。第五层是"我终于明白……我羞愧地离开了动物园,恍惚之中听见一声,石破天惊的咆哮,有一个不羁的灵魂,掠过我的头顶,腾空而去,我看见了火焰似的斑纹,和火焰似的眼睛,还有巨大而破碎的滴血的趾爪!"这一层次写出了作者心中真正的华南虎的形象及其象征意义。

步骤二:把握情绪,控制气息

我们通过对诗作层次的分析,了解到作者把苦难和血性赋予了一个有生命的事物——被囚禁的华南虎,以"华南虎"为象征,表现出自己在困境下不屈的人格和对自由的渴望。考生在准确把握作者情感后朗诵文章时,应该是愤懑的,带有反抗的情绪在里面。

步骤三:归堆抱团,状态积极

考生在进行有声语言表达时,用声要平稳自如,节奏富于变化,应将作者赋予老虎的象征意义通过声音来具体表现,从而体现出作者创作这篇作品的真实意图。

第三节 自我介绍

一、自我介绍的概念

自我介绍是绝大多数院校必考内容之一,它直接关系到考生给评委老师留下的第一印象,第一印象的好坏会影响到其他环节的打分,此环节主要考查考生的形象条件、声音条件和整体气质。自我介绍一般分为标签式自我介绍和演讲式自我介绍。标签式自我介绍要求考生用简单的一句话或两句话对自己的基本信息进行介绍;演讲式自我介绍是对自己的个人情况做一个全面的推介,考生可提前进行准备。

二、自我介绍应注意的问题

第一,自我介绍要精练,时间不能超过1分钟,考生要在较短的时间内,通过真诚质朴的情感打动老师。

第二,自我介绍要真实真诚,切忌华而不实。

第三,主项不要缺失,包括姓名、家乡、年龄、性格、爱好等。

第四,为给评委老师留下深刻的印象,可在名字上做点文章,但不要牵强,更不要机械地、多遍地重复。

第五,注意上下场的行走、站姿、面部表情等形体语言,给老师一种既沉稳又不失活力、既自信又不炫耀、既真诚又不失风采的感觉。

三、自我介绍实例

例1:尊敬的各位评委老师。(鞠躬)传媒是一种力量,有时候它可能寂静无声,但有的时候它会迸发出巨大的能量,改变我们的社会,改变我们的生活,我坚信这种力量。我是叶梓,来自山东。

例2:尊敬的各位评委老师。(鞠躬)我是叶梓,来自炎黄故里山东。中原自古多才俊,在这块人才辈出的热土上,我接受了优秀教育。我喜欢长笛,喜欢钢琴,现在,播音主持是我新的人生方向,我会紧握着自己的梦想不放,执着地守候,真诚地期待,我希望能得到这次机会,在这条路上发挥自己的才华与光芒。

例3：尊敬的各位评委老师。（鞠躬）我叫叶梓，来自山东。我是一个性格开朗的学生，爱好也非常广泛，相比其他爱好我更喜欢有声语言带给我的美好感受。小时候，我是跟着姥爷听着收音机长大的，所以我一直希望，有一天能够对着麦克风向大家传递自己的声音，我相信声音是有温度的，声音是有力量的，这是我坚持选择播音与主持艺术的动力，我会朝着我的目标不断前进。

例4：尊敬的各位评委老师。（鞠躬）我是来自山东的考生叶梓。山东是中华文化的摇篮，厚重的汉文化熏陶着我，使我成长为一个热情大方、活泼自信的山东小伙。从小我就喜欢艺术，古筝拿到十级证书。播音主持对于我来说具有极大的吸引力。我喜欢在话筒前的感觉，如果能通过话筒把我的声音传到千家万户，那一定是很幸福的事。为了这个目标我开始了努力。参加今天的面试，我很紧张，因为我不知道自己的表现是否能得到您的认可，希望老师可以把我领上艺术之路。

例5：尊敬的各位评委老师。（鞠躬）我叫叶梓，来自山东。每当看到电视上主持人优雅的身姿、机智的反应和华丽的语言，我都会被深深地打动，慢慢地自己便对播音与主持艺术产生了浓厚的兴趣，并且在自己的内心深处暗暗立下誓言，一定要通过自己的努力实现这个梦想，用自己的汗水和智慧踏上这个绚丽的舞台，用自己的努力和执着，演绎完美的人生。我深知现在的我只是一棵小小的树苗，我渴望得到各位老师的滋润与栽培，让我更加茁壮地成长！

第四节　即兴评述

一、即兴评述的概念

即兴评述是专业考试复试的内容之一，也是绝大多数院校的必考环节，要求考生现场抽取一个话题或事件素材，准备5—10分钟后进行2—3分钟的脱稿评述。此环节主要考查考生的快速思维能力、快速语言组织能力、语言表达能力和观点阐述能力。

即兴评述一般分为命题类即兴评述和话题类即兴评述。命题类即兴评述是以考生抽到的命题进行现场评述，考生评论内容不得偏题；话题类即兴评述是以考生抽到的题目为话题，围绕这一话题进行现场评述，话题一般分为专业类话题、文学艺术类话题、生活类话题、社会类话题。

二、即兴评述应注意的问题

第一，考生抽到题目后，应快速对其进行理解，不仅要从字面上去感受它，更重要的是要深刻理解它的内涵和实质,从而明确要说什么。

第二,要有一个精彩巧妙的开头,把评委老师吸引住,还要有一个有一定思想高度和立意的结尾。

第三,应适当拓展话题,把话题谈深谈透,观点鲜明正确,思维开阔,既能把话题展开,又能把话题深入,从而做到以理服人。

第四,举一到二个事例,来佐证观点,事例正反均可,但要注意的是,有鲜活的不举陈旧的,有典型的不举普通的,有真实的不举虚拟的,用鲜活典型的事例佐证观点,从而做到以情感人。

第五,注意语言的运用,考生用口语进行评述时,可借用一些名家名言、哲理性的语句、经典的诗句来丰富语言色彩,同时要多使用排比句,以增强情感递进的气势。

第六,恰到好处地使用态势语言,考生在评述的过程中,要随着不同语言的思想情感变化,附以恰当的眼神,也可适当地运用一些手势。

三、即兴评述应对步骤

即兴评述向来是部分考生比较担心的考试环节,这一环节属于口语表达的范畴,所以这就要求考生在评述时语言要有逻辑。所谓的语言逻辑我们可以把它简单地理解为:我们在进行评述时要分清表述的主次关系,即"第一点、第二点、第三点……","首先、其次、再次、最后……",除了主次关系外,语言逻辑还包括时间逻辑和空间逻辑。

在应对即兴评述这一考试环节时,我们首先把握考题的三个方面,即"是什么""为什么""怎么做"。在"是什么"这一方面中,我们先要弄清楚考题所讲的是什么事情,对其进行简单解释,选择并确定自己的观点和立场;在"为什么"这一方面中,我们要针对上一个步骤,对事件或问题出现的原因进行分析,举例佐证;在"怎么做"这一方面中,我们要结合自身的看法对问题进行一个展望,说出自己在这件事情中切实的感受和处理方法,最后结尾扣题。

考生在考场准备即兴评述这一考试环节时,要按照上述三个步骤罗列提纲。即兴评述的时长可以通过第二部分"为什么"这一方面中列举事例的多少进行把控。考生千万不要在抽取考题后把关于考题的评述逐字逐句地进行准备,这样考试准备时间是不够的,而且还会耽误接下来的考试时间。

即兴评述这一考试环节,在历年来各大院校的考题中是可以发现出题规律的,尽管所出题目各式各样,但总归起来,考题多涉及社会民生、生活服务等内容,考生也可以根据自己的学习情况多阅读一些关于评论类型的文章,以增强自己的评述能力。

四、经典即兴评述实例讲解

以"桥"为话题,进行即兴评述。

这个题目既然是以"桥"为话题,我们就要围绕这一话题进行评述。这是我们审题的过程:想到桥,首先它是跨越障碍的大型建筑物,这是桥的原始作用,是实实在在的实体桥;其次我们要想到桥的引申意义,那便是沟通,找到沟通就是找到这篇即兴评述的论点。刚才的思维过程就是即兴评述框架中"是什么"应该说的内容。接下来我们要由实体的桥转变到它的引申义沟通上去,将谈桥变成谈沟通,并对沟通做出个人的理解与评论,理解与评论就是对论点进行论据佐证,这就是即兴评述框架中"为什么"应该说的内容。我们在前两个过程中阐述了论点与论据,在即兴评述框架最后"怎么做"中,我们要提出沟通的意义,并将话题转到桥的本质意义上,扣题总结。这就是即兴评述的准备思维过程。通过上面的分析,我们可以罗列出这道即兴评述题的评述框架,通过这个表达框架,我们才能更好地组织语言,完成整个即兴评述。

首先,解释"桥"的本义与作用,再过渡到引申义沟通上。(是什么)

其次,沟通的意义与价值。(为什么)

最后,我们如何进行沟通,构建沟通之桥。(怎么做)

桥对我们而言并不陌生,现在我们到处都能看到桥的身影,城市建设的高架桥、旅游景点的玉带桥,等等,它们都是跨越障碍的大型建筑物,它们方便了我们的生活。除了现实意义的桥之外,其实我们每个人使用的语言,也可以看作是人与人之间的沟通之桥。

生物学家研究证明,同一物种被一条大河阻断,经过时间的演变,会变成两个物种,这就会带来两个不同的结局,可见沟通交流有多么重要,那么沟通交流最好的方式就是在河上建起一座相连接的桥梁。在人类文明飞速发展的今天,全球经济一体化时代使国家与国家之间、地区与地区之间,通过不同语言间的转换交流,共享着人类的文明成果,语言就是我们的实用工具。尤其是近几年,中国综合国力和国际地位的提高,全球掀起汉语热,全世界把目光都对准了飞速发展的中国。

对即将走进大学的高中生而言,更好地掌握汉语是作为一名中国人的责任,它对于我们以后传播中国文化,提高中国的国际影响力至关重要。所以我们要更加重视我们的语言,让它继续发挥沟通之桥的作用。我也将为实现自己的这一目标而努力奋斗。

五、即兴评述热点话题

(一)细节决定成败

细节就是一个人严谨的思想态度和工作作风,这种做事严谨的思想意识会影响生活的方方面面。一举手一投足,都关乎你的形象;一个表情一句话语,都能体现你的内涵。无论在学习还是工作中,这种严谨的思想意识和作风,都是关乎成败的重要因素。老师严谨地教学,学生严谨地思考,会形成严谨的学风。工作中一丝不苟,严肃认真,会形成良好的作风。所以我们必须从小事做起,注重每一个细节,才能成就大的事业。

我也会在这一次专业考试中,注重每一个细节,尽善尽美,从而取得最好的成绩。

(二)"末日说"的末日

从《后天》到《2012》,这些利用玛雅预言创作出的"大片"吸引了人们的眼球,赚足了大把的票子。这种利用人们的恐慌心理和猎奇心态的影片,确实达到了它的拍摄目的。然而影片毕竟是一种娱乐形式,人们真正从中汲取到的经验和教训应是:人类不能过度地开发利用地球资源,这是为自己挖坟墓!若照此下去,严重的大气污染,臭氧层的破坏,水资源的过度攫取和污染,加之全球气候逐渐变暖,这种违背自然科学规律的生存模式,真的会形成世界末日。

至于玛雅人的预言,那是没有什么科学依据的唯心主义观点,人类的意识不可能决定物质,更不可能决定几千年、上万年后的故事,所以说,这种唯心主义宿命论是坚决要不得的。

太阳依然每天升起,我们的生活依然是美好的。让我们尊重自然尊重生命,用我们的智慧和勤劳,创造美好的生活。

(三)拜金主义

什么是拜金主义?就是金钱至上,一切向"钱"看,把钱作为自己生活的终极目标,以金钱作为衡量一切事物的标准。

拜金主义的危害是很大的,人一旦利欲熏心,成为金钱的奴隶,便会失去做人的根本,丧失道德底线,必将一步步地走向深渊。被铜臭味熏黑的心灵,会促使人们干出种种丑恶的勾当。在经济方面,有的人在商业经营中缺斤少两,尔虞我诈,以假乱真,这种经济诈骗行为,严重影响了市场经济秩序;在政治方面,个别官员抵制不了金钱的诱惑，铤而走险，狂敛钱财，败坏党的风气，失去了民心；在文化方面，如果拜金主义思潮泛滥的话，整个民主、圣洁和崇高的精神文化都会遭到污染，人们的艺术形态就会发生改变；在人文方面，有的人甚至背弃了亲情和友情，为获得金钱偷盗抢劫，伤害自己的亲人……以上种种危害，足以提醒我们应该在金钱面前保持平和的心态，让我们在追求物质生活富有的同时，应更加注重精神的富有，树立正确的三观，正确地理解金钱的含义，做到君子爱财，取之有道。这种道，就是道德和文明。

让物质文明和精神文明在我们的生活中携手同行。

话题材料（四）至（二十二），见二维码13

二维码13

第五节　新闻评论

一、新闻评论的概念

新闻评论是部分院校专业考试的内容之一，要求考生现场抽取一篇300字左右的新闻稿件，准备5—10分钟后对新闻稿进行播读并评论。此环节主要考查考生的快速识稿能力、语言组织能力、思维理解能力和观点阐述能力。

二、新闻评论应注意的问题

第一，这是一个指定稿件和即兴评述合二为一的考查方式，考生在备稿时要科学地分配时间，在通览稿件明确事件内容后，要用大部分精力对新闻事件的评述进行构思，既要保证有新闻播读语感，又要保证有较强的评述能力。

第二，新闻评论不完全等同于即兴评述，它是结合新闻内容，揭露事件本质的阐述，评论时应从自身出发，围绕事件主题，逐步拓展引申，可举与之相关的事例和数据佐证事件内容，同时语言表达要具有情感色彩，切忌夸夸其谈。

第三，考生在新闻播读时，用明快流畅、归堆抱团的语感，而进行评述时，要用亲切自然的口语进行表达。

第四，注意态势语言的运用，考生在新闻播读时，虽不能脱稿，但不要忘记交流，评论时不要依赖稿件，要按照自己的思想观点展开话题，以保证既有语言播读表述的能力，又有良好的形象、表情和情感交流能力。

三、新闻评论实例

例1　新闻事件： 在上海光复里动辄千万元的豪宅背后，隐藏着世界上最贵的一片废墟，由于产权和补偿等问题，上海光复里拆迁陷入僵局，不愿离开的居民仍然住在废墟中摇摇欲坠的房子里。

新闻评论： 在上海的一个角落，在水泥墙的包围之下，藏着世界上最贵的一堆瓦砾和垃圾。由于产权和补偿等问题，上海光复里拆迁陷入僵局，不愿离开的居民仍然住在废墟中摇摇欲坠的房子里。光复里周围的土地上鳞次栉比地竖起动辄数千万元的公寓楼，而这里的居民则生活在脏乱差之中。这里的房子摇摇欲坠，看上去没法居住。而造成这场僵局最主要的原因就是土地到底归谁所有。其实这样的问题并不仅仅存在于上海光复里这一个地方，在以往的新闻当中我们就有过类似的报道，这样的城中村被许多爱面子的政府视为毒瘤，是健康都市的不良增生物，也可能是暴力冲突的爆发地。但其实，要突破这种困境，最关键的还是在于能不能有一个新思路来解决它。在这起事件中，意见的交锋主要集中于怎么拆、怎么赔的问题。落实了这些问题之后，说不定原本堆积的困难，慢慢就会迎刃而解了，不然，也没有人知道，这样的"反复"，还要持续多久。

例2　新闻事件： 5月18日至22日，由昆明市人民政府主办的2016中国（昆明）印度瑜伽大会将在海埂会堂启幕。瑜伽大会举办期间，为了让更多的市民了解和体验瑜伽，活动方还将分别在昆明瀑布公园、翠湖公园举办大师瑜伽课程、瑜伽进社区、有机健康食材展等各具特色的瑜伽活动。昨日，活动主办方在新闻发布会上透露，这也将会是目前国内规模最大、大师最多的瑜伽盛会。

新闻评论： 瑜伽是这两年来流行的运动，我们平时的生活节奏实在是太快了，匆忙的行程，浮躁的内心，很少有机会能够真的慢下来，远离那些喧嚣，而瑜伽恰好能够达到这样的效果。18号，今年的中印瑜伽大会就在昆明拉开了帷幕，以"与世界友好相处 春天的城市 春天的瑜伽"为主题，更是有中印瑜伽学院的千人瑜伽表演助阵。一千人一同表演瑜伽，光是看看图片就觉得壮观。昆明地处我国连接南亚、东南亚重要通道的中心位置，是我国云南省连接"一带一路"沿线南亚和东南亚国家的中心城市，区位优势独特。昆明与印度地缘相近，有着悠久的友好交往的历史。瑜伽作为印度传统文化的精髓，崇尚"天人合一"，而昆明被誉为"春城"，优美的自然环境、良好的人文环境与瑜伽文化有着完美的契合度。所以，我们也可以说，瑜伽是中印两国交流不可或缺的元素之一。

例3　新闻事件：豪华摩托开道,红色法拉利打头,30辆劳斯莱斯幻影排成纵队。这可不是顶级名车流动展,而是出现在唐山市区街头的豪华婚礼车队。11月23日,这支价值超过2个亿的婚礼车队一露面,立即"惊呆了"路人,并被手快的网友上传到网上。而出现在婚礼现场的明星大腕阵容,同样令网友们直呼"太牛了"。11月23日上午,这支由30辆劳斯莱斯幻影组成的豪华婚礼车队沿大里路、北新道、学院路一路前行,车队首尾距离约达500米,沿途引来无数路人的注目,其中不少人驻足掏出手机拍下了这个不同寻常的场面。据估算,这支迎亲车队所用的劳斯莱斯幻影每辆价格都在680万元—800万元之间,再加上法拉利和豪华摩托,车队总价值超过了两个亿。

新闻评论：法拉利、劳斯莱斯,您现在看到的可不是顶级名车展,而是出现在唐山市区街头的豪华婚礼车队。这支车队一露面,立即"惊呆了"路人,并被手快的网友上传到网上。中国自古提倡节俭,但对婚丧娶嫁这几件人生大事却是例外。我们随便打开一个搜索引擎,输入一个关键词"豪华婚礼",都会有成千上万的网页与此相关。哪怕是最普通的老百姓,娶亲的时候也要借一个小型车队来当婚车。河北的这位阔人想在结婚时摆摆阔的心理大家能理解。但凡事都有个度,把婚礼搞得热热闹闹,是为了收获羡慕和祝福,但如果摆满了豪车的婚礼变成了一种甜蜜的负担,那就不太合适了。我们看到那么多创意婚礼车队,不也一样大方得体,意味深长吗?

评论材料例4—例8,见二维码14

二维码14

第六节　新闻采访连线

一、新闻采访连线的概念

新闻采访连线是极少数院校专业考试的内容之一,要求考生现场抽取一篇简短的新闻事件素材,现场即兴提出采访的问题并进行现场连线。一般情况下,需要提出1—2个问题,连线过程中可以进行追问。此环节主要考查考生的快速思维能力、快速提问能力、对话技巧能力和知识运用能力。

二、新闻采访连线应注意的问题

第一,考生提问时,态度要真诚自然,语言要灵活多变,这样才能把想要探寻的问题搞清楚,弄明白。

第二,考生提出的问题要尖锐深刻,对大家普遍关心的问题进行发问。

第三,考试过程中,考生在征得评委老师同意后,可把评委老师当作新闻事件的当事人,提问时要注意文明礼貌。

三、新闻采访连线实例

(一)包茂高速达渝段发生车祸

相关背景提示:在G65包茂高速公路达渝段(重庆至达州方向)广安市邻水县境内K1483处一辆运载牛的货车撞上中央隔离带,货车司机死亡,另有人员重伤。道路交通受到影响。模拟事故现场,做连线报道。

现场连线:

主持人: 能向我们介绍一下现场的情况吗?

记　者: 好的我现在就位于此次车祸的现场,现在的时间是上午11点,距离车祸发生后的半个小时。我们可以很直观地看到,我身后的这辆运牛货车是撞上了隔离带,车的整体已经发生了侧翻,据我们的了解,货车司机当场死亡,两名车上人员重伤,现在已经送往医院进行抢救。同时我们可以看到,有一辆吊车正在进行翻转这辆运牛货车的工作。这辆运牛货车上的牛有十只,我们可以清晰地看见有八只牛死亡,尸体就在现场,两只牛失踪。现场的人员已经被妥善安置,并且现场拉起了警戒线,之后的一段时间内,这里是不允许通过的,我在这里也提醒广大司机朋友们,经过这里时请减速慢行,等待现场的清理。大家可能还不知道,就在这辆运牛货车发生车祸后不久,一辆客车从这条高速公路通过,躲闪不及跌落了山崖。我们可以通过镜头看到,客车上的人还是很多的,现在消防人员和武警官兵正在全力抢救车上被困人员,由于在山谷内植被繁多,客车也发生了侧翻,现在救援是格外的艰难。我们在这里也是希望救援工作能够顺利,希望客车上的人员能够安全无恙,好的主持人,以上就是我在现场发回的报道。

主持人: 好的感谢记者从前方发回的报道,我们在这里也提醒广大司机朋友们谨慎驾驶,安全出行。

(二)成渝高铁动车组来了

相关背景提示:成渝高铁采用CRH380D型动车,这是国内运营时速最快的动车组。动车组列车全长215.3米,车宽达到3.3米,该车商务座更是配有红色的沙发椅,配有阅读灯、能随时呼叫乘务员前来的呼叫按钮以及独立的影音娱乐系统。另外,在车厢设有无障碍卫生间,在这个卫生间中还设有婴儿护理床。动车组预计开通时间是2016年1月1日。模拟现场,做连线报道。

现场连线:

主持人: 能向我们介绍一下最新成渝高铁的情况吗?

记　者: 好的,我现在就在成渝高铁的旁边,我们可以从镜头看到成渝高铁的外部轮廓,据我们的了解,成渝高铁采用的是CRH380D型动车,动车组列车全长215.3米,车宽达到3.3米。计划在明年一月份开通32对,同时成渝高铁的时速是全国最快的,在简阳南站将达到最高时速302公里。成渝高铁全程308公里,据工作人员介绍,总时长将控制在82分钟左右。以后成都的旅客用不到一个半小时的时间就可以到达重庆,比老成渝高铁减少了一个多小时。

主持人: 这确实大大方便了成都和重庆的旅客。那么能向我们介绍一下内部的情况吗?

记　者: 好的,下面我们跟随镜头进入列车的内部,我们可以看到啊,一进入车厢,最先映入眼帘的就是红色的沙发椅,我们了解到每个车厢都有五个这样的沙发椅。下面我们去感受一下,确实这个沙发椅比普通列车的座椅柔软很多,舒适性很强,并且这个沙发椅满足了旅客睡觉休息的需求,我们通过自行调整沙发椅,可以使它几乎与地面水平,使旅客睡得更加安稳、舒心。但这还不是最具有亮点的,最具有亮点的是我们可以看到每个座椅前都有一个显示屏,它是一个独立的影音系统。每个人都不用担心打扰他人或者被他人打扰,因为每个座椅自配耳机,大家可以在不影响他人的情况下听音乐、看电影。并且我们可以看到每节车厢都有独立的无障碍卫生间,可以说这一设计非常人性化。好的,现场的情况就是这样。

主持人: 好的,感谢记者发回的现场报道,我们有理由期待新成渝高铁的开通。

(三)世界最大货运飞机降落石家庄

相关背景提示: 12月14日下午,世界最大货运飞机安－225运载约180吨设备第8次平稳降落石家庄机场。此次运输为德国某汽车公司用于整车生产的模具,飞行路线为由德国莱比锡启运,途径土库曼斯坦、哈萨克斯坦进行技术经停后运抵石家庄机场,再通过陆路运往北京。安－225是世界上最重的飞机,其最大起飞重量达640吨,长度为84米,高度为19米,相当于六层楼高。模拟现场,做连线报道。

现场连线:

主持人: 12月14日下午,世界最大货运飞机安—225运载约180吨设备第8次平稳降落石家庄机场。此次运输为德国某汽车公司用于整车生产的模具,飞行路线为由德国莱比锡启运,途径土库曼斯坦、哈萨克斯坦进行技术经停后运抵石家庄机场。我们的记者王锐现在就在石家庄正定国际机场,让我们连线一下记者。你好,记者。

记　者: 主持人你好

主持人: 能向我们介绍一下这架世界上最大货运飞机的情况吗?

记　者: 好的,我现在位于石家庄正定国际机场,在我身后呢就是这架世界上最大的货运飞机安—225。半个小时前,它刚刚降落在这里,我们可以很直观地看到它与普通的民用飞机的对比。那么它到底有多大呢,我来说几个对比数据。普通的民用飞机波音737的机身长度是28.45米,而这架安—225的机身长度是84米,几乎等于三个波音737连在一起。普通的波音737的高度是11.1米,而这架安—225的高度是19米,相当于六层楼高。普通的飞机装载2—4个引擎,而这架安—225则安装了6个引擎,足以看出这架飞机的重量之大,动力之强。现在呢飞机正在进行卸货,我们发现,这架安—225的卸货情况与普通货机有很大的不同,普通的货机只是在尾部打开一个门进行货物的装填和卸载。而这架货机是头部和尾部可以同时打开,进行货物的装填和卸载,双管齐下,可以说是大大加快了装货卸货的效率。接下来呢,这架飞机装载的货物将通过陆运的方式运往北京。这架飞机在全球也只剩下一架了,我们非常幸运,能看到这架世界上最大的货运飞机。好的主持人,现场的情况就是这样。

主持人: 好的,感谢记者发回的现场报道,我们在这里也希望安225能够顺利完成航线目标。

连线材料(四)至(九),见二维码15

二维码15

第七节　看图说话

一、看图说话的概念

看图说话是部分院校专业考试的内容之一,要求考生现场抽取一张图片,经构思准备后,根据图片内容进行时长约 3 分钟的讲述,话语要流畅,观点要鲜明。此环节主要考查考生的识图能力、联想能力、语言表达能力、问题分析能力和生活感知能力。

看图说话这一考试环节应从以下三个步骤去把握。首先要把图中看到的信息作简要陈述,并根据图片内容抛出主题;其次要紧扣主题,并联系生活实际对事件加以评述;最后要回归图片对评述作简要总结。

二、看图说话应注意的问题

第一,看图说话要有自己的观点,逻辑要严密,语法要准确,不能出现逻辑问题和语法错误。列举事例要客观、权威、真实,不能出现诸如"我曾听说过""记得我看过""有个人告诉我"这类模糊不清的语句。

第二,在遇到能从正反两个方面来论证的材料时,要注意正反两方的轻重,善于抓主要矛盾、抓重点、抓关键,同时又要统筹兼顾,恰当处理次要矛盾。

第三,在评述最后结尾时,语言逻辑一定要回归画面,紧扣主题。

第四,考生不要惧怕这个环节,看图说话不过就是给我们学习训练过的"即兴评述"加了个包装,所以大可不必因考试时遇到此环节而感到紧张。

第八节　辩　论

一、辩论的概念

辩论是部分院校专业考试的内容之一,考试时提前将 8 名考生分为两组,一组为正方,一组为反方,双方共同抽取一个话题,准备 5—10 分钟后,彼此用一定的论据来佐证自己的观点,揭露对方的矛盾,最后得到共同的认识和意见。此环节主要考查考生的快速思维能力、口头表达能力、语言信息搜索能力和统筹分析能力。

二、辩论应注意的问题

第一,辩论时,语言使用要朴实无华,逻辑要清晰,论据要扎实,不能自以为是,要做到以理服人。

第二,发问时要有技巧,在阐明自己观点的同时,进行引诱式发问,切忌死缠烂打,蛮横无理地追问。

第三,语言节奏要张弛有度、疾徐有致,语速一味快疾易流于狂躁,一味徐缓易流于沉闷。

第四,在辩论时要做到正本清源,所谓正本清源,就是在辩论时不要偏离辩论主题或与论题背道而驰,要从根本上立足论点,有序作答。

第五,辩论时,同一论据不要重复使用,这样会影响辩论节奏,同时失去辩论的主动性。

第六,在辩论时要尊重对手,手势动作不要太大,不能带有故意挖苦或带歧视性的动作。

第九节　主题讨论

一、主题讨论的概念

主题讨论是部分院校专业考试的内容之一,考试前将6—8名考生分为一组并抽取一个话题。准备5—10分钟后,每位考生先用1分钟的时间阐述各自观点,然后再用3—10分钟的时间共同对话题展开讨论。主题讨论一般分为专业类话题、时政类话题、生活类话题、社会类话题四类。此环节类似即兴评述,主要考查考生的快速思维能力、鲜明的思想观点表述能力、灵活的语言运用能力和适时的话题抢辩能力。

二、主题讨论应注意的问题

第一,主题讨论不要被"讨论"二字所迷惑,抽到共有的话题后,要快速组织好自己1分钟的观点阐述,阐述观点要鲜明,不可模棱两可。

第二,注意倾听其他考生的观点,找出其逻辑的错误,为自己找到辩点,这样有利于把话题进一步展开。

第三,讨论过程中若有人与自己观点相同时,可以与其共同进行研讨,把自己的思路展开,相互补充完善话题。当出现不同的观点时,可以唇枪舌剑地进行辩论。辩论中态度要和蔼,语言要文明,讨论过程中把握质与量的关系,在保证一定发言次数的同时,注重发言的质量。

第四,讨论过程中不要以气势压人,要学会礼让,当自己达到一定发言量时,可以将机会让给没有发过言的考生,以表现出宽容的态度,但当其他考生发言出现停顿,观点不够深刻,甚至出现逻辑错误时,要及时纠正,并对其发言做补充。

第五,要注意运用恰当的态势语言,亲切的表情、交流的眼神、礼貌的手势都是有必要的。

第六,有理不在声高,要做到以理服人,以情感人,以丰富的语言色彩吸引人。

第七,讨论中要学会抢"两头",一是抢先发言,用自己的观点引领大家展开讨论,给评委老师留下较好的初步印象,再就是结尾发言,学会对讨论的观点进行言简意赅的综述,给评委老师留下更深刻印象。

三、主题讨论实例

(一)如何看待大学实行精英化教育

观点1:精英化教育是精英人才产生的主要渠道,精英人才的竞争是当前国际竞争的焦点。俗语有云:"好钢用在刀刃上。"集中教育资源,大大提高受教育者的专业素质,以大量高素质人才的投入来促进社会的进步与发展。在培养尖端人才方面,精英化教育无疑更具优势。朱邦芬院士曾说,上世纪三四十年代,中国物理学界的一代宗师叶企孙先生执掌清华物理系时,10年间只毕业了71位本科生、1位硕士研究生。那时候,数位教师围绕一个学生精雕细琢。在这72名毕业生中,有22位成为中国两院院士,两位成为美国国家科学院和美国工程院院士。钱学森力学班项目主任朱克勤教授曾说,"钱班"将会深入推行导师制,在力所能及的情况下配备最好的老师,担任导师的至少是长江学者以上的水平。争取"一对一"地给本科生配导师,让他们从大一起就跟着从事一线科研工作的教授学习。

观点2:大学教育精英化不利于社会的人才分配。大学教育精英化会在毕业后,出现人才分化的极端情况。从对经济的影响来看,高校教育普及化是将丰富的人力资源转换为雄厚的人才资源的核心保障。面对知识经济时代的要求,实现经济可持续性发展的关键就在于充分发挥高校教育的作用,将现今不同层次的人力资源进行合理的分配。历史证明,高校教育精英化,即15%的毛入学率并不能满足随着经济增长、社会分工越来越细化的多样化的人才需求。

观点3:精英化教育有利于解决社会就业难的问题。大学教育平民化,让大学教育大众化、通俗化,着重的是大学教育的普及,突出的是量的教育。大学教育精英化指的是要集中力量培养具有大局意识、精英意识的优秀人才,着重的是质的教育。在九年义务教育的基础上进行精英化的高等教育,使社会各个层面不同工作岗位分配了不同能力的人才,避免了人才浪费,同时又由于供求关系的平衡,避免了大学毕业生就业难的尴尬。

(二)中学生留学是好还是坏

观点1:中学生留学不利于孩子成长。中学生在心智还没有成熟的时候出国留学,长时间生活在一个陌生的环境中,失去了父母的支持、监督与帮助,这对其身心的健康发展都会有影响。再者,许多家长送孩子出国都是盲目迷信国外的教学,认为拿张洋文凭含金量高,就业出路会更好。于是不管家庭条件允不允许,省吃俭用也要凑出钱来让孩子去镀金。可是有一点不能忽视,即无论多么先进的教育体系也无法取代家庭的教育和温情。家庭是孩子成长最重要、最亲切的环境,有些孩子还不成熟,一旦到国外宽松的环境里,没有人整天盯在后面,自控能力较差、意志薄弱的人就有可能误入歧途。

观点2:中学生出国留学有利于以后的发展。"读万卷书,不如行万里路",中学生出国不但可以开阔视野,还可以学习外国的先进科学文化知识,报效祖国。钱学森、徐悲鸿,都是青年时留学海外,学成归来为祖国事业呕心沥血,作出了开创性的贡献。中国是发展中国家,更需要我们来将她建设得更加强大,然而,闭门造车是不可取的。出国留学,会扩大知识面,学到更多的东西,留学最终是为了我们祖国的发展。

观点3:出国留学有助于培养学生自立能力。中学阶段正是学生养成独立自主能力的关键阶段,出国留学有助于培养学生自立能力,形成坚强意志。学生到国外留学将面临一个崭新而陌生的环境,将会独立地面对许多必须自己处理的事情。在一系列的挑战中,他们会逐渐地提升自立能力,形成坚强意志,这对他们今后的发展非常重要。

(三)自信从何而来

观点1:热爱生活是自信的动力源。要正确看待自己,寻找自己长处,并让自己的长处得以发挥,这是最基本的获得自信的条件。在现实生活中,通过自己的所作所为为他人带来温暖,热爱周围的一切,多做善事多感恩,把人生当作一种修炼,这样就能控制自己不切实际的欲望,内心自然而然会感到平静,才会更快乐更自信。

观点2:自信源于父母的爱。自信源于父母对我们的鼓励,即自信源于父母的爱。显而易见,我们不是天生就害羞或受到压抑的,而是后天形成的,在面对困难时,父母的鼓励使我们重获信心,在父母的指导之下,我们克服困难,从而变得更加坚韧。

观点3:自信源于成功。自信很大一部分因素是建立在成功的基础上的,而强大的自信是由无数个小成功组成的。一次一次地达成目标,会带给人更多的自信,所以应该把自己的大目标分成一个个小目标、一个个阶段来达成。如果今天定下目标,明天就想看到效果,只会欲速而不达,只会让自己变得沮丧,这样下去就会越来越没有信心。

第十节 编讲故事

一、编讲故事的概念

编讲故事是部分院校专业考试的内容之一,多安排在复试中进行,有时也安排在三试的笔试中进行。该环节要求考生现场抽取故事题目或串词编讲的词组,准备5—10分钟后现场讲述3分钟。编讲故事分主题编讲和串词编讲两种类型,主题编讲是围绕主题展开故事情节,通过情节的发展突出主题;串词编讲是将无关联的三个词组串联在一起,形成一条既有逻辑性又有情节性的故事线。此环节主要考查考生的文学创作能力、思维想象能力、语言表述能力和态势表演能力。

二、编讲故事应注意的问题

第一,编讲故事属于文学创作,多为虚构,考生可以大胆地展开想象,做到有伏笔、有悬念、有包袱。

第二,编讲故事重在讲,它既不同于播读,也不同于评述,而是具有一定夸张成分的表演和讲述。

第三,遣词造句要出彩,多运用一些诙谐幽默、带有情感色彩的语言,用情节吸引人,故事结局可悲可喜。

第四,故事题材可多样化,可以是童话,也可以是情感故事,无论是哪一种题材,都要突出思想立意。编讲故事并不难,关键是要丢掉那些格式化的东西,找回一份童真,从而使自己的创作空间更广阔。

三、编讲故事实例

(一)以"一碗烩面"为题编写故事

所有的同学里边,就他吃饭声音最大,看似最香。于是,很多时候,我揣着自己那个银白色凹凸不平的旧饭盒就想,他那个精致的印花碗里所盛的面,到底有多香?他说:"母亲最拿手的就是烩面。"所以他每天的饭即是烩面,他说:"母亲做的面,山珍海味也比不了。"

那时,我与他是最好的朋友。班上,就我们俩是特困补助生,衣衫褴褛,头发枯黄,精瘦,坐在教室的最后一排。中午吃饭,我们各自将从家里带的饭拿出来,马上开始狼吞虎咽。似乎,我与他已经全然习惯周围那些异样的神情,偶然,他会问我,你的饭好吃吗?我说,还行,不过已经冷掉了,我想热的时候一定更好吃,他看着我的饭,愣了一会儿,接着大口吃自己的面。

记得每次饭后我都会嘲笑他。他跟个永远也装不满的水壶一样,到处找水灌。有时,我会忍不住幻想,他那碗面指不定有多好吃呢。于是,我鼓足勇气跟他说,今天我们交换便当吧,你吃我的米饭,我吃你的烩面,他讪讪地说,这可不行,我这面怎么能随便和你那残羹冷炙做交换呢?

由此,我更加断定,他的面一定美味无比。终于,在一个阳光四射的午后,我逃出体育场,独自奔向教室,手忙脚乱翻找他的饭盒,打开盒子发现里面的烩面已经坨住,刚放到嘴里,咀嚼不到三下,就忍不住吐了出来,整碗烩面,就只有一个字——咸。

之后,我断断续续地偷吃过几次,但每次不是被盐淹死,就是被味精鲜死。

毕业后,他邀请我去他家做客,于是,我在昏沉沉的木屋里见到了他的母亲。一位性情和蔼,皮肤黝黑的中年盲妇。那顿饭,我吃得尤为沉重,我终于明白,为何他的面条里,常只有一种味道,他的母亲,为了给他做一顿饭,几乎要摸索一上午的时光,而遗憾的是,她根本看不清什么是盐,什么是味精。

时光一去许多年,一群昔日的朋友突发奇想,说要在学校旁边的会宾楼聚餐,我和他都到了,许久不见,俩人还是形同当年一般精瘦。

饭桌上,我们追忆少年旧事,喝得烂醉如泥,最后一碗烩面上来后,全场顿时一片哗然,原来,掌柜把食盐当成了味精。

许多人都在嚷嚷着要退钱,唯独他,静坐一旁,泪眼涟涟,我想,这仅有一味的烩面,定在他的生活中缺失了很多年……

(二)以"误会"为话题编写故事

我家乡的林场里,流传着一个故事:有一对年轻人结婚,婚后生育,妻子因难产而死,遗下一孩子。丈夫忙生活,又忙于看家,因没有人帮忙看孩子,就训练一只狗。那狗聪明听话,能照顾小孩,咬着奶瓶喂奶给孩子喝,抚养孩子。

有一天,主人出门去了,叫它照顾孩子。他到了别的乡村,因遇大雪,当日不能回来。第二天才赶回家,狗立即闻声出来,迎接主人。他把房门打开一看,到处是血,床上也是血,孩子不见了,狗在身边,满口也是血!

主人发现这种情形,以为是狗野性发作,把孩子吃掉了,大怒之下,拿起刀来向着狗头一劈,把狗杀死了。之后,忽然听到孩子的声音,又见他从床下爬了出来,于是抱起孩子。

他虽然身上有血,但并未受伤。他很奇怪,不知究竟是怎么一回事。再看看狗身,腿上的肉没有了。他循迹找到厨房,看见一只死狼,口里还咬着狗的肉。啊,狗救了小主人,却被主人误杀了!这真是天下最令人痛心的误会。

误会的事,往往是人在不了解、无理智、无耐心、缺少思考、感情极为冲动的情况之下发生的。误会一开始,即只想到对方的千错万错,因此会使误会越陷越深,弄到不可收拾的地步。人对无知的小狗产生误会,尚且会有如此可怕的后果,人与人之间若是产生误会,其后果更是难以想象。

(三)围绕"蓝色、蝴蝶结、海员"三个词编写故事

有人说,出海,是海员的回归!

每一次的告别,都憧憬着下一次的相聚!你也许会说这是蓝色的浪漫,也许会说是海员与大海搏击的英勇,但我们知道,有了大海,也就有了离别的泪水!

水手依旧在船头船尾忙碌着,驾驶员在甲板上瞭望,海鸥依旧盘旋,缆绳却即将松绑。这边码头上,多了一对离别的夫妻。女的噙着泪水,依偎在男人的怀里,不肯离去,因为她知道,这一离别,又是大半年!有时候,她真的想不让自己的男人再在船上去忍受寂寞孤独的生活,但是,她知道,这是男人的事业,这是男人的梦想,大海,是海员的温床!

几声汽笛,船已发动,准备开往瑞士。女人不知道如何是好,一下子少了个依靠。她又得重新变得坚强,把温柔深深埋进内心!船起锚了,再过一会,她也许连他的背影都看不到了,她真想和他一起出海,一起在大海上相偎相依的感觉应该是美好的,可是,这些她都不敢奢望,因为,船上不可能给她这个机会,他不是船长!

拖船慢慢将船拉离码头,也拉走了他。当时间已近早上九点钟的时候,"蝴蝶结"号已经开始了它的航程!也许,下一次相聚不会再远,下一次离别不会再是这么遥远!在车流中,女人的影子也慢慢消失……

送给每一位海嫂!向你们致敬!

第十一节　演　讲

一、演讲的概念

演讲是部分院校专业考试的内容之一,隶属于即兴评述的考察范畴,要求考生现场抽取题目,准备5—10分钟后进行演讲。相比于即兴评述,演讲是以体态语言为辅助手段,根据所抽题目,鲜明、完整地发表自己的见解和主张。此环节主要考查考生的演说能力,即考生即兴口语的综合能力。

二、演讲应注意的问题

第一,演讲时要理清表达主题的结构脉络,思路清晰对于演讲来说至关重要。

第二,演讲时态度要积极,眼神平视前方,面带微笑,与主考老师保持交流的状态,眼神不要机械地死盯一个地方或飘忽不定,还要注意脚下要稳,演说时身体不要左摇右晃。

第三,放松的姿势对于演讲来说非常重要,所谓姿势的放松包括身体上的放松和心理上的放松,换句话说,就是不要过度紧张,过度紧张不仅会表现出笨拙僵硬的姿态,而且对于语言表达效果也会造成不良的影响。

第四,演讲是对考生即兴口语表达的综合考量,部分考生对于设置这一环节的学校往往"敬而远之",其实演讲就是一个加强版的即兴评述,在准备此环节时,一定要放松心态,将即兴评述训练时的逻辑运用其中,加上相对轻松的表达,就可以完成这一看似"艰巨"的任务。

三、演讲实例

(一)《葛底斯堡演说》(林肯)

八十七年前,我们的先辈在这个大陆上给我们带来了一个新的共和国,她受孕于自由的理念,并献身于一切人生来平等的理想。

现在我们进行了一场重大的内战,以考验这个共和国,或者任何一个受孕于自由和献身于上述理想的共和国是否能够长久生存下去。我们站在这场战争中的一个重要战场上。烈士们为使这个共和国能够生存下去而献出了自己的生命,我们来到这里,是要把这个战场的一部分奉献给他们作为最后的安息之所。我们这样做是完全应该而且是非常恰当的。但是,从更广泛的意义上来说,不是我们奉献、圣化或神化了这块土地,正是那些活着的或者已经死去的、曾经在这里战斗过的英雄才使得这块土地成为神圣之土。我们无力使之增减一分。我们在这里说什么,世人不会注意,也不会长期记住,但是英雄们的行为永远不会被人们遗忘。

这更要求我们这些活着的人去继续英雄们为之战斗并使之前进的未竟事业。倒是我们应该在这里把自己奉献于仍然留在我们面前的伟大任务——我们要从这些光荣的死者身上汲取更多的献身精神,来完成他们已经完全彻底为之献身的事业;我们要在这里下定最大的决心,不让这些死者白白牺牲;我们要使共和国在上帝的保佑下得到自由的新生,要使这个民有、民治、民享的政府永世长存。

(二)《你不奔跑没人等你》

你不奔跑,没有人会停下来等你,甚至连风景也不会。

乞力马扎罗山上的雪冠消失了,珠穆朗玛峰变矮了,南极冰川也在悄悄融化,我们以为一成不变的风景却在悄悄改变,它们也不肯停在原地等我们。

这世上不变的就只有改变,无论我们相不相信,无论我们接不接受,无论我们希不希望,我们所熟悉的都在变,慢慢地、悄悄地,渐渐变成我们不再熟悉的样子。

应对这个不停变化的世界,最好的,也是唯一的方法就是——改变自己。

改变自己方能适应这世界的不停变化,改变自己方能朝着自己期望的方向发展,改变自己方能在这个社会中生存。改变自己,是我们生存的必要手段。如果一成不变,我们就会因为无法适应这个社会而被慢慢淘汰,就会因为不停逃避而陷入绝境之中。

改变自己,因为我们必须改变自己。改变自己,从一无是处变成无可挑剔,从无能变成无所不能,从平凡无奇变成独一无二。改变自己,就要不停奔跑,朝着希望奔跑,朝着梦想奔跑,朝着成功奔跑。

成功的路一定不会一帆风顺,一定会有波澜坎坷,但我们不能慌、不能乱。只有经历风雨才能看到彩虹,只有越过高山才能眺望碧海蓝天,只有战胜艰难险阻才能享受成功的甘甜。面对困难,可以激动,但不能慌乱;可以犹豫,但不能后退;可以暂停,但不能放弃。唯有百折不挠的意志力和坚定不移的信念才可以化作利剑,披荆斩棘,帮助我们登上最高的山峰。

总有那么几座山让我们想放弃，但是我们不能。我们可以短暂地停留，但不能就此扎营。休憩不等于休止，暂停不等于停止，沉默不等于沉寂。火山沉默是为了下一次更汹涌地喷发，短暂的休憩是为了更远的旅行，稍事休息以后我们才有力气继续接下来的旅行，才有力气迎接接下来的挑战。

经过休整，我们可以总结我们一路走来的收获：在之前的失败里受到的教训，在之前的成功里学到的经验，这些都是我们人生路上的珍宝，都是我们前行的助力。但是我们不能贪图眼前的享受，不能因为眼前的一枝春而放弃了远方的繁花似锦。你不奔跑，没有人会停下来等着你，即使是远方的风景也会慢慢改变，让你再也看不见。

再不奔跑，风景就要消失了！

第十二节　模拟主持

一、模拟主持的概念

模拟主持是专业考试复试的内容之一，也是绝大多数院校必考的高分环节之一，要求考生现场抽取一篇素材或题目，准备10—15分钟后进行模拟主持。此环节主要考查考生的文字改编能力、亲切自然的口语表达能力、态势语言的运用能力、知识综合运用能力和情感互动交流能力。

二、模拟主持应注意的问题

第一，抽到素材后，快速审阅素材，根据要求对栏目进行定位并确定名称。

第二，科学地增减素材，使素材主题更加突出，思想更加深刻。

第三，要注意语言的运用，使用亲切自然的口语进行主持，改文言为白话，改书面语为口语，改单音节词为多音节词，多用反问句，增加交流感。

第四，注意主持的形象感，主持时一定要脱稿，面对镜头运用好每一个眼神、表情和动作。

三、模拟主持实例

(一)元旦晚会主持

各位领导、各位来宾,大家好!

爆竹声声辞旧岁,凯歌阵阵迎新春。在这辞旧迎新之际,向朋友们致以节日的问候和真诚的感谢!祝大家新年快乐!合家幸福!回首去年我们骄傲,我们自豪,在市局领导和上级主管部门的关心、支持下,全体职工心往一处想、劲往一处使,以饱满的精神,创造性地开展工作,在全省竞赛中取得了全市总分第一、各单项第一的好成绩。回首过去我们热情洋溢,展望未来我们斗志昂扬。让我们在新的一年里张开腾飞的翅膀,向着更高的目标飞翔,今天我们聚在一起就是要说说昨天,想想明天,唱唱丰收的歌,跳跳欢庆的舞。希望我们的联欢会能在冬日里给大家带来温暖,使你们心情愉快,心境更明亮。

迎新春联欢会现在开始!

快乐的时光总是那么短暂,团聚的日子特别让人感动,今天我们欢歌笑语,我们畅想未来,让我们记住今天,让我们期待明天。

迎新春联欢会到此结束,谢谢大家,再见!

(二)生活类栏目主持

观众朋友,大家好。今天是 2016 年 6 月 20 号,星期一,欢迎收看今天的《生活快讯》。

在今天节目开始之前,我的朋友告诉我一件事,他说今天的楼盘交易大厅里面啊,满满当当的都是人,幸运的可以抢到一把椅子坐,更多的人呢也只能是站在过道上,大厅上方的电子显示屏显示等待办理业务的客户已经排到了九千多号,还有人呢,干脆把饭也带到了这儿来吃,那么显然在这等的时间呢已经不短了,这么多的人,他们是在干什么呢?答案只有两个字:买房。生活快讯,今天我们就来了解节后"高烧"的楼市。

的确,这应该叫作正在"高烧"中的一线楼市,因为今年春节过后,北上广深等一线城市的房价就出现持续的上涨,有的甚至是暴涨,这让很多想买房的人又一次坐不住了。

那眼下的一线城市楼市,究竟有多火呢,我们先到上海去看一看。上海的楼盘,一推出就能卖光,据说买房要靠"抢",多么吓人。而广州的情况和上海也差不多,有购房者告诉记者说,现在买房不叫买房,而是在抢房。

在此啊，主持人可要提醒您，房价上涨"虚火"大，投资需谨慎。其实一线城市房价一边暴涨，而消费者一边抢房的现象已经不是第一次出现了，那么这一轮的楼市"高烧"又是因何而起的呢？专家分析说，这一方面是北上广深等一线城市人口净流入量长期处于高位，市场需求相对比较旺盛，另一方面呢，则是因为税收减免，公积金贷款利率下调，房屋去库存等政策的宽松。而另外从今天开始，央行也再次下调了金融机构人民币存款准备金率的百分点，更多的资金注入市场，预计短期也会给楼市带来利好。

好了，以上就是我们生活快讯的全部内容，下一时段，我们再见。

(三)社会类栏目主持

正在发生，《新闻现场》，观众朋友大家好，我是主持人叶梓。后备厢里掉幼儿，路人及时送还，在快速行驶的车流当中，前车上掉下任何东西都足以把后车司机吓一跳，更何况是掉下一个孩子呢。没错，2月27号在江苏吴江市盛德镇附近的一处省道上，就发生了这让人把心提到嗓子眼的一幕，孩子坐在副驾驶位上，车辆拐弯，孩子被甩出车外。

这么危险的事儿，真的要下不为例了，看完视频也替这个孩子捏把汗，不过令人心惊的是，这样的事故其实并不是个案。今年一月初，在四川成都就发生了这样一件事，一个孩子坐在副驾驶位上，在车辆转弯的时候，竟然不慎从车里被甩了出去，也让不少人捏了一把汗，所以说儿童交通安全不容忽视。

有数据显示，每年在我国有超过1.85万名14岁以下的儿童是死于交通事故，其中不少呢都是因为儿童坐在副驾驶位，有的是被安全气囊打到，有的在车祸当中被甩出了车外，这也给不少家庭带来了无法挽回的伤害。

那么在这儿呢，民警也提醒广大家长，儿童乘坐汽车的时候，应该坐在后排的儿童安全座椅上，这是最规范也是最安全的儿童乘车方式。好了，以上就是本期《新闻现场》的全部内容，感谢您的收看，再见。

第十三节　考官提问

一、考官提问的概念

考官提问是专业考试复试的内容之一，考试现场的评委老师随机提出问题，考生作交谈式回答。此环节主要考查考生的快速思维能力、语言表达能力、广博的综合知识能力和一定的专业理论能力。

二、考官提问应注意的问题

第一,考官提问中评委老师的提问都是随意性的,所以问题都不难,但涉及的知识面较广泛,所以平时要有一定的知识储备。

第二,考官提问中大多数问题以专业知识为主,考生要在专业老师的指导下,对一般性的专业问题进行归纳总结。除专业知识外,提问内容还涉及文学艺术常识、生活常识、自然常识等,所以也要对这类知识有所积累。

第三,考生回答问题时,要用亲切自然的口语,吐字归音要规范,如果不会,请礼貌地说一句:"对不起老师,这个问题我不会,您能再提一个问题吗?"不要不懂装懂,更不要咬文嚼字。当老师对回答的问题给予纠正和补充时,请礼貌地说声"谢谢"。

三、考官提问常用问题实例

(一)专业类

例1:主持人是一种什么职业?

主持人具有采编播控等多种业务能力,在一个相对固定的节目中,作为主持者和播出者,集编辑、记者、播音员于一身,起承上启下的作用,主持人是连接台前受众和幕后工作人员的纽带,将幕后工作人员的所有努力成果进行展示,是一个节目的核心和灵魂。从另一个角度来讲,主持人是党和政府的喉舌,具有向受众传递信息的作用。

例2:作为一名播音员主持人,应具备哪些素质?

我认为,首先要具有良好的思想品德和过硬的专业基础,其次要有一个较好的声音条件和形象,但最重要的是,要具有丰富的内涵和气质,从而达到德才兼备,声形俱佳的良好标准。

例3:你认为做一名播音员主持人,身高重不重要?

我认为做一名播音员主持人,身高并不重要。因为它只是一个外部形象,更重要的是要凭借亲切真诚的情感、过硬的专业、广博的知识、丰富的内涵、特色的节目去赢得观众。

例4:请说一下央视开设的一些访谈节目?

《焦点访谈》《高端访问》《艺术人生》《实话实说》《朗读者》《与您相约》等。

例5：与报纸等传统传媒相比，电视作为现代传媒有何优势？

我认为电视作为现代传媒具有报纸不可比拟的优势，它具有声音、图像、字幕等多种形式和手段，同时能够把同步发生的新闻事件通过直播的形式传递到千家万户，所以更具有时效性。

例6：你所熟知的央视主持人，为何能给我们留下深刻印象？

他们凭借着诙谐幽默的谈吐、高雅的内在气质、平易近人的情感给观众留下了深刻的印象。

例7：播音员与主持人的区别是什么？

播音员主要是有稿播读，所以对普通话的语音要求更加严格规范，要做到准确清晰，字正腔圆；而主持人则是现场即兴主持，更多的是自我思想情感的流露和语言的表达，所以要求具有语言智慧，表达流畅，情感丰富，内涵深刻。

例8：如果让你做主持人，你认为最适合主持哪类节目？

我认为，我最适合主持综艺类节目。因为我对吹拉弹唱各种文艺形式比较喜欢，而且我觉得自己的心理素质非常稳定，还具有现场的煽情互动能力。

例9：谈一谈你对节目创新的看法？

节目要想创新，就要办别人没办过的，寻找到一种新模式，才能有受众。可以参考别人成功的，但不能模仿别人已有的，否则，大家看一个台就够了。对节目本身来说是这样，对播音员主持人来说更是如此，不可一味模仿，只有不断地创新，摸索新的主持风格和方式，才能与时俱进，制作出更加精彩的节目。

例10：如何看待方言类节目？

方言类节目确实能够吸引一部分方言区的观众，使他们感到语言亲切，情感深厚，然而它却违背了《宪法》对普通话这一标准语言所规定的原则，那就是限制方言的使用范围。在中国推广普及普通话，是广播、电视两种媒体不可推卸的责任和义务。

例11：作为一名主持人，应该始终面带微笑吗？

亲切自然微笑的表情，只是主持人应具备的基本表情，更重要的是要随着不同的节目、不同的内容、不同的思想情感而流露出真情实感，所以表情应该是丰富的，喜怒哀乐的表达都应具备。

例12：什么是声音弹性？

声音弹性是指外部的声音条件和声音要素对不同的、内在的思想情感的适应能力。

例13：说一说我国的方言区有哪些？

我国有七大方言区，分别为吴方言、粤方言、湘方言、赣方言、闽方言、客家方言和北方方言。

例14：普通话的定义是什么？

普通话是指以北京语音为标准音，以北方方言为基础，以典范的现代白话文著作为语法规范的国家通用语言。

例15：你认为做一名主持人，越年轻越好吗？

我认为，年轻主持人有着蓬勃的朝气和活力，但年龄较大的主持人却有着丰富的阅历，年轻主持人应学习老主持人的丰富经验，而老主持人应与时俱进，始终保持旺盛的活力。

(二)文学类

例1：高尔基三部曲是《童年》《在人间》《我的大学》。

例2：《钢铁是怎样炼成的》作者是奥斯特·洛夫斯基，主人公是保尔·柯察金。

例3："幸福的家庭是相似的，不幸的家庭各有各的不幸"出自列夫·托尔斯泰《安妮·卡列尼娜》。

例4："生如夏花之绚烂，死如秋叶之静美"出自印度诗人泰戈尔作品《飞鸟集》。

例5：《羊脂球》的作者是莫泊桑。

例6："生命诚可贵，爱情价更高"出自匈牙利诗人裴多菲。

例7："哪个少女不善怀春，哪个男子不善钟情"选自歌德的《少年维特之烦恼》。

例8：巴金激流三部曲是《家》《春》《秋》，爱情三部曲是《雷》《雨》《电》。

例9：老舍作品有《骆驼祥子》《四世同堂》《龙须沟》《茶馆》等。

例10：《太阳照在桑干河上》的作者是丁玲。

(三)艺术类

例1：我国的曲艺种类有：相声、山东快书、河南坠子、快板书、评书、单弦、京韵大鼓、评弹、双簧、杂技等。

例2：我国的戏曲种类有：京剧、吕剧、豫剧、越剧、川剧、粤剧、评剧、河北梆子、黄梅戏、山西晋剧。

例3：非物质文化遗产是指历史传承的、具有丰富文化内涵和保存价值的精神文化产品，如剪纸、皮影、杂技等。

例4：我国电影最高奖项有：金鸡奖，大众电影百花奖，华表奖。

例5：我国文艺繁荣创作的指导方针是：百花齐放，百家争鸣。

例6：著名电影表演艺术家有：田华、谢芳、于洋、陈强、葛存壮、王心刚、刘江等。

(四)生活类

例1:和朋友相处最重要的是什么?

我认为朋友之间最重要的是真诚、理解、互助、友善。

例2:怎么看待经常给老师提意见的学生?

我认为这样的学生有个性,有特点,敢于追求真理。

例3:做家务仅仅是减轻父母的负担吗?

孩子做家务可以让父母有一些安慰,是一种感恩,更重要的是回报的情感。同时我们也在做家务时,养成了爱劳动的习惯,提高了生活的自理能力。

例4:当你与同学产生矛盾时,你会怎么处理?

在发生矛盾时,我不会与同学争吵,那样只会加剧矛盾,我会冷静思考,以责人之心责己,以恕己之心恕人,主动向同学道歉,彼此进行交流,解开矛盾。

例5:如何看待同学抄袭作业的行为?

抄袭作业在我们学习生活中司空见惯,大家都不以为然了,但这并不是一种好的行为,古语说得好,"勿以善小而不为,勿以恶小而为之",这种小的恶习日积月累,会影响到一个人的品质和日后的生活。

例6:在生活中遇到困难与挫折怎么办?

当我遇到困难时,我不会气馁,而是会进一步地总结经验教训,抹去眼泪,从头再来。

第三章　部分艺术院校往年考试真题汇总

一、中国传媒大学

(一)指定稿件

以下为近几年中国传媒大学播音与主持艺术系指定稿件汇总,每年指定稿件内容变动较大,但考试要求基本保持不变,考生可参考以下篇目的特点和难度,进行针对性训练。

1. 文学类

稿件 1

记不清是哪一天,在我每天必经的街角处多了一个书亭,很简陋。一块大木板上堆着很多旧书,木板后面坐着一个中年男人,四方脸,黑黑的,但线条很柔和,嘴唇厚厚的,穿着一件中山装,旧但却很干净。书亭里面有几把小凳子,经常有人在那儿打牌,和他说笑。他对经营书亭看起来不是很在意,他很悠闲。一日,我在他书亭前停下来,随意翻那些旧书,发现有日本川端康成写的《雪国》《古都》《千只鹤》,这是我很早就想读的书,就租下来。他给了我一条用硬质烟盒裁成的小卡片,作为租书证,上写押金五元,并告诉我租一本书无论多长时间看完,只收租费一元。我高兴地拿了书回家。只是后来那个小纸片也让我丢了,那书也让我带回了北方,没还成。心里总是有点惶惶的。

稿件 2

无人小岛,两个测绘老兵的最后一次生死历险。11 月 9 日清晨,广州军区某测绘大队大地测量队中士杨凯和黄金波,携带一台 GPS 接收机,乘坐快艇至一座无人小岛执行数据观测任务。按照作业要求,数据接收分为 4 个时段,每个时段需 24 个小时。4 天 4 夜风餐露宿的艰苦奋战后,成功近在咫尺。不料,8 级大风骤起,带上岛的锅碗瓢盆、煤气炉等被风吹得满地翻滚,露营用的帐篷也被撕烂。大风掀起 4 米多高的海浪,一排排向小岛压上来,海浪打在岩石上瞬间"长高"至 10 米。"赶快保护仪器!"杨凯和黄金波不顾危险,拿起各自的雨衣,迅速套在仪器上,并死死抱紧仪器。3分钟后,数据接收完毕。两人吃力地抬着仪器,躲到最高处的岩石缝内。此时,带上岛的干粮,仅剩下一包方便面。严峻的困境提醒他俩,这包方便面不到最困难时刻绝对不能吃。岸上的战友几次试图出海营救他俩,因风浪太大,都只能无奈返航。

稿件3

为着追求光和热,将身子扑向灯火,终于死在灯下,或者浸在油中,飞蛾是值得赞美的。在最后的一瞬间它得到光,也得到热了。我怀念上古的夸父,他追赶日影,渴死在旸谷。为着追求光和热,人宁愿舍弃自己的生命。生命是可爱的,但寒冷的、寂寞的生,却不如轰轰烈烈的死。没有了光和热,这人间不是会成为黑暗的寒冷世界吗?倘使有一双翅膀,我甘愿做人间的飞蛾。我要飞向火热的日球,让我在眼前一阵光、身内一阵热的当儿,失去知觉,而化作一阵烟,一撮灰。

稿件4

每次对着长空的一轮皓月,我会想:在这时候某某人也在凭栏望月吗?圆月犹如一面明镜,高悬在蓝空。我们的面影都该留在镜里吧,这镜里一定有某某人的影子。寒夜对镜,只觉冷光扑面。面对凉月,我也有这感觉。在海上,山间,园内,街中,有时在静夜里一个人立在都市的高高露台上,我望着明月,总感到寒光冷气侵入我的身子。冬季的深夜,立在小小庭院中望见落了霜的地上的月色,觉得自己衣服上也积了很厚的霜似的。的确,月光冷得很。我知道死了的星球是不会发出热力的。月的光是死的光。但是为什么还有嫦娥奔月的传说呢?难道那个服了不死之药的美女便可以使这已死的星球再生么?或者她在那一面明镜中看见了什么人的面影吧。

稿件5

"就知道你渴",一进家门,母亲就端过来一碗早已凉好的绿豆汤。絮絮地说:"这大热的天——哎!我的孩儿。"我注意到母亲的手微微地抖着。其时,母亲已被确诊为癌症了。只是母亲自己还不知道。我只告诉母亲有些贫血,需要静养,不许干活,要坚持吃中药。但我时时能感觉到癌症细胞正肆虐地吞食着母亲的健康,死亡的阴影正一点点地笼罩着母亲。而我却无力逆转。母亲被我反复告诫过,不许干活。可母亲还是坚持给我煮了绿豆汤,坚持下楼接我。我想这也许是最后一次喝母亲煮的绿豆汤了,眼睛不觉被泪水打湿了,我赶紧背过身去。

对不起,老妈,我知道你是爱我的,胜过爱你自己,但我却用尖酸刻薄的语言惹你伤心,我真的是了解你太少了,连你对我深深的爱都被我误解成你的严厉。

小时候,爸爸不在身边时,为了养活我,你自己拼命工作。但我只知道向你要钱和别人比吃比穿,我经常生病,你就背着我在冬天跑来跑去,而我不顾你的沉重负担在你背上热热地暖着自己。

我一点一点长大,而你却在一点一点变老。我没有因为年岁的增加而体谅你。"你一点都不管我,你一点都不爱我。"是我经常冲你抱怨的话。为了让我中学可以上一个好学校,你更是卖力地工作,而我却因为这样总是尖酸地说你不负责任。你经常被我气得直掉眼泪,虽然这样我也不好受。

其实你是爱我的,你对我的爱和关心是我无法体会的。我每次过生日,你总是提前几天就把日历折上,我却直到现在也不知道你的生日甚至具体年龄。每当我闹脾气不吃药时,你总是比我还着急。你处处为我着想,怕我冷,怕我热,但我却从没有对你说过一句知冷知热的贴心话,就好像这是你应该做的。

稿件6

年年春天,紫荆开花的时候,绯红的花,是绛色的蝴蝶;雪白的花,是玉色的蝴蝶。去年春天,我卧病在床。窗外,绯红、雪白的蝴蝶,依然熙熙攘攘地挤满紫荆枝头;窗内,久染沉疴的我,感到了春的寂寞。这时候,她,一个平日沉默寡言、与我过从不多的友人,每日从紫荆树下为我携来红白相映的蝴蝶,插在蓄了清水的"碧螺春"瓶上。那一抹春色,叫人想起了许多敢于战胜严冬的不屈的生命。我,从中悟得了生趣,拾得了生机。

稿件7

一位母亲正骑自行车带着年幼的女儿迎面而来。孩子一不小心,手中的饼干掉在了地上。母亲马上停下车,轻声对女儿说:"来,咱们把它扔到垃圾桶里去。"说着便把孩子抱下来,俩人弯腰一起去捡地上的碎饼干。就是这普通的一幕,不由让人想起一句话:素质,是一种习惯。仔细想想,不是吗?这位母亲和她的孩子文明素质如何,在这一细节中已有了答案。其实,每个人内心都有向善、向美的天性。希望我们人人能抛掉坏习惯、养成好习惯,不容"小恶",不拒"小善"。

稿件8

人类的远祖来自海洋,我是人类的孩子,爱海是我的本性。

在我的少年时代,只懂得爱表层的海。我常常坐在海滩的岩石上,观赏大海那蔚蓝色的波涛,聆听波涛那简单而有节奏的歌,让自己的心,乘着海浪去追逐天边晚霞。

后来我长大了,告别了幼稚的年代,才更了解大海,知道它在蓝色的彩绸覆盖下,还有一个幽邃而奇异的底层世界;那里有我看不见的壮观,有透迤蜿蜒的名叫海岭的巨大山脉,山脉里有苏醒着和沉睡着的矿藏,有不顾水的重压仍然喷发着岩浆的火山群。连着海岭还有辽阔伟丽的大海槽,海槽中有乳蓝色的泉,有发光的、放射着异彩的水族,有温暖得出奇的、洋溢着活力的生命绿洲。它们也在探求,也在倾吐,也在期冀着渊深的黎明。

我成长了,不仅发现了海底的一个世界,而且知道自己应当怎样生活在海岸边的另一个世界中。我知道,我不能仅仅凝视泛着微波的海面,追恋河面上那些跳跃的、转瞬破碎的浪花;而应当透过至深处的帷幕,追寻深海,追寻海底那深广的大地,和这大地上雄伟的奇观。

稿件 9

在日常生活中,我们往往见到有人乐观,有人悲观。为什么会这样?其实,外在的世界没有什么不同,只是个人内在的处世态度不同罢了。

我在一家卖甜甜圈的商店前见到过这样一块招牌,上面写着:"乐观者和悲观者之间的差别十分微妙:乐观者见到的是甜甜圈,而悲观者见到的是甜甜圈中的小空洞。"这个短短的幽默句子,透露了快乐的本质。事实上,人们眼中见到的,往往并非事物的全貌,人们只看见自己想寻求的东西。乐观者和悲观者各自寻求的东西不同,因而对同样的事物,就采取了两种不同的态度。

稿件 10

每当下雪的时候,我总会想起小时候第一次在雪地里玩耍时的情景。那白花花、清亮亮的雪花飘落在小伙伴们五彩的衣帽上,堆雪人、扔雪球、满地打滚,好像一群淘气的小动物,无忧无虑的快活劲儿别提有多痛快了,那嬉戏声、欢笑声至今还萦绕在我的耳边……那是一种大自然的纯净与清纯的童心相互交融的美妙情景,想来真是令人难以忘怀。

稿件 11—40,见二维码 16

2. 新闻类

稿件 1

新学期开始时,本市初中、小学有望全面实施"两免一补",学生免交杂费、书本费等费用,家庭经济困难的寄宿学生将发放生活补助。记者从市教委日前公布的 2006 年工作计划(征求意见稿)中了解到,义务教育阶段学生这部分费用将由市政府"买单"。据了解,目前本市义务教育阶段学生约为 90 万人,免除所有杂费和书本费后,预计财政对教育的投入将在原有基础上翻一番,由市区两级财政承担。据介绍,本市近 5 年来在全国率先出台了免杂费、书本费政策。2001 年,本市义务教育阶段的残疾学生和残疾人家庭学生免收杂费;2002 年,免收杂费的范围扩大到全市 10 个远郊区县和城近郊区低保户学生;2003 年以来,又对全市低保家庭学生及特殊教育学校就读的学生免收教科书费,免收特教学校住宿生住宿费,并每人每月发放 100 元伙食补贴;从今年开始,这项优惠政策又扩大到城八区义务教育阶段所有学生。

稿件 2

据中央电视台新闻联播报道,受冷空气影响,中国北方大部分地区今天刮起 5 到

6级的大风,部分地区阵风达到7到8级,沙尘天气随之而来。

在邻近腾格里沙漠边缘的宁夏中卫市境内,伴随着呼啸的北风,漫天的黄沙今天腾空而起,甚至令人感觉呼吸越来越困难。

甘肃、内蒙古的部分地区今天还出现了沙尘暴,部分地区的能见度甚至不足10米。伴随大风而来的还有气温的骤降,其中宁夏、甘肃部分地区的气温下降了10到14摄氏度。青海、西藏、吉林等地还出现了降雪。

中央气象台预计,沙尘天气到明天将基本结束。但东北、华北、黄淮等地气温将继续下降到4到10摄氏度,并伴有5到6级大风。南方地区气温明天也将大幅下降。到19日,各地气温开始逐渐回升。

稿件3

内蒙古草原牧区温度骤降,身患直肠癌的军医郭纯带领医疗队冒着严寒到牧区巡诊。

在四子王旗一个偏远的毡房里,重病缠身又患高血压的72岁乌云大妈得知郭纯一行又来巡诊,吃力地撑着身子,悉心熬着奶茶,准备款待不远千里巡诊服务的好大夫。当郭纯一行来到大妈家后,老人犹豫了很久,颤巍巍地从兜里拿出一个塑料袋包裹的小包,打开后里面是一个手绢,再打开手绢是一个烟盒锡纸包,最后打开里面是一张皱皱巴巴的五十元钱,颤抖着说:"大夫,我想看五十块钱的病!"望着体弱多病、善良可亲的老人,郭纯心如刀绞,哽咽着说"您把这钱留下,我们免费为您治疗!"

临别时,乌云大妈老泪纵横,紧紧握住郭纯的手不放,一个劲地念叨:"我一辈子也忘不了你的大恩大德!"此后,那间毡房便成了郭纯的牵挂,每年巡诊,都要专程去看望老人,邀请来院免费治疗。乌云大妈的苦难深深地触动了郭纯的心,经过广泛调研和充分酝酿,一项减免政策在2006年出台:少数民族、家庭贫困、五保户、孤寡老人、无经济收入来源患者,总队医院在检查、手术、治疗、护理、床位等项目上一次性减免15%的费用,特殊情况,全部免费。这一政策从出台至今,从未改变,深受驻地民众好评,树立了为人民服务的良好形象。

稿件4

所罗门群岛2日发生里氏8级地震,强烈地震在引发海啸造成人员伤亡的同时,将当地一座名为拉农加的岛屿突然"拔高"了约3米。岛屿周围的珊瑚礁受此影响露出海面,附近的海洋生态系统遭到严重破坏。当地村民还因此发现了一艘第二次世界大战时期的日本沉船。小岛上升使岛屿周围的珊瑚礁暴露在空气中,大量珊瑚虫以及搁浅在珊瑚礁上的海洋生物死亡,弥漫出一股难闻的腐烂气味。

村民哈里松·加戈边做手势边说,地震造成的裂缝甚至将整个岛屿一分为二,部分裂缝有50厘米宽。

在拉农加岛北部,当地村民在海岸上发现了一艘沉船,那是二战时期沉没的一艘日军巡逻艇。当地渔民亨德里克·凯加拉下海探视了新的海底景象,发现了一道与海岸线平行延伸的裂缝,长度至少500米。

凯加拉说,当地村民认为小岛上升是因为海平面降了下去,担心海啸可能再次袭来,因此大多数居民拒绝从高地上搬回原来的住处。

稿件5

12月20号上午,山东省莱西市公安局接到群众举报后迅速出动,查获一个组织严密、冒充"少林寺和尚"募捐行医骗取群众钱财的诈骗团伙,当场缴获伪造的"皈依证"等假证件、假药及"袈裟"等物品。

经公安机关审查,这个团伙由河南省宝丰县农民吴新安(男,68岁,自编法号为"释兴智")等人为首,纠集35名同乡组成,在原籍购买了一辆报废的大客车并伪造了行车手续,备足"装扮行头",每人编取"法号",用钳子拔掉头发形成圆点状的"戒疤",沿途行骗。每到一处,先表演一场"少林武功",随后便持"和尚行医资格证",替围观群众或走街串户以"发放金刚外气"等"气功"来"看病、消灾",称已经驱除"毒根",再贴上"少林寺膏药",即可痊愈。在卖假药的同时,他们还不忘持盖有"中国嵩山少林寺募捐委员会"图章的"功德无量收据",为"少林寺募捐钱财",多则三五百,少则五六十,随后不久便销声匿迹。

目前12名主要违法人员已被依法行政拘留。莱西市公安机关已将查获的部分骗来的钱财发还给受骗群众。此案正在进一步审理之中。

稿件6

法国今年上映了一部表现小人物的轻喜剧片,叫《天使爱美丽》。它不仅在本国和欧洲国家引起轰动,而且在美国也好评如潮。该片已获欧洲电影节的几个奖项,并获奥斯卡最佳外语片提名。

影片诠释了对幸福的理解和追求。片中主角、23岁的咖啡馆女服务员艾米丽,童年生活沉闷刻板。成年后她醒悟到:还有许多人像她从前一样,处于不快乐的生存状态。她决定用她特有的幽默方式,为那些有些失意、有些怪癖、有些伤心往事或是遭受过重大不幸的同事、邻居,制造快乐和幸福,使生活变得美好。她做好事的方式很特别,是通过一些触动心灵的细微事件让人们感到内心的欢快。

编导着意传达这样一种幸福观:心灵与情感的快乐是人人都能企及的,它与财富、地位、名誉无关。这个世界有太多的功名荣辱,小人物常显得平庸而无奈。影片却告诉我们:生活是平常的,人人都能在日常生活中创造幸福、体会幸福。

稿件7

由中央电视台主办的第八届全国青年歌手电视大奖赛业余组的比赛,最近在北京降下帷幕。参赛歌手暴露出的文化素质问题,引起了传媒的关注和思考。这届大奖赛增加了以语文基础知识、音乐常识、基础乐理和视唱练耳、表演气质为内容的"综合素质"考评,促进歌手重视自身文化素质的提高。但比赛结果令人始料不及。在综合素质考评中,有的歌手不清楚中国古代四大发明是什么,有的歌手不知道"五四运动"发生在哪一年,还有的歌手唱了几年下来,连国歌的词曲作者姓甚名谁都一头雾水。如果说文化考核对于比赛歌手来说是有点勉为其难,可在乐理知识测评的简谱视唱环节,不少歌手照样"中枪落马",现场跑调的约占10%,根本不识谱而瞎唱或不唱的约占30%。

其实,青年歌手文化素质低不是什么新闻了。两年前,许多报刊登载了一则趣闻:某电视台在一次文艺晚会中有一出游戏抢答,主持人要求几名嘉宾歌手在小黑板上写出苏东坡的名篇《念奴娇·赤壁怀古》的首句"大江东去"之后的文字,结果一位颇有名气的男歌手竟把这句脍炙人口的"大江东去,浪淘尽"写成了"大江东去,狼逃尽",引起观众大笑。

稿件8

岳阳农村医改又出新招,农民医院看病"即付即补"

本台消息:今天上午,因肾炎在岳阳市第二人民医院住院的岳阳县新开镇妇女李大平在办理出院手续时,医院直接帮她报销了2833元医药费。李大平手拿现金,激动地说:"现在在城里的医院就可以拿到钱,以前到县里要跑半个多月,现在一下子就拿到钱了,真是太高兴了。"

岳阳市级新农合定点医疗机构"即付即补"启动仪式今天在岳阳市第二人民医院住院部举行,到场的省卫生厅农合处处长王兵表示:岳阳新农合"即付即补"全省领先,具有示范作用。

新型农村合作医疗于2003年全国率先在我市华容启动试点。到现在我市共有542万多人次享受了合作医疗补偿,补偿金额达7.5亿元。但烦琐的申报、审批程序让参合农民颇为伤神。从今年8月开始,我市大胆探索新农合支付新路子,科学建立医院管理系统软件,对接省、县级信息平台,成功地实现"网上在线实时费用监控和结算"。

稿件9

澳大利亚悉尼市数万户商家和居民3月31日晚7时30分(北京时间17时30分)开始集体断电一小时,以引起人们对温室气体排放导致全球变暖的关注。天黑之后悉尼歌剧院等标志性建筑纷纷熄灯。

这一活动名为"地球时间",由世界自然保护基金和澳大利亚最大报纸之一的《悉尼先驱晨报》联合发起。大约2000家企业和53万户居民报名参加了"地球时间"活动,自觉断电一小时。除标志性建筑外,悉尼城区许多高楼也纷纷熄灯,整个城市变黑了不少。不过路灯和紧急照明装置仍没有熄灭,港口的照明也一切如常。"熄灯"对悉尼人的生活并无太大影响。除此之外,还有人利用全城不少地方熄灯的便利观看星空。几百个市民提前预约,在熄灯期间前往悉尼天文台,利用这一小时更好地观看星空。天文台负责人说,很多市民都为有在黑暗中观察地平线的机会感到激动。

稿件10—55,见二维码17

(二)考官提问

二维码17

以下为近几年中国传媒大学播音与主持艺术系考官提问问题汇总,考生可参考以下问题,进行针对性训练。

1. 你最喜欢的主持人是谁?
2. 你的爱好和特长是什么?
3. 你觉得自己最适合主持什么节目?
4. 请将下面的几组词连成一个小故事:空气、烽火台、纱巾。
5. 请将下面的几组词连成一个小故事:台风、毛笔、玫瑰。
6. 请将下面的几组词连成一个小故事:羽毛球、金丝雀、英语辞典。
7. 你是怎么理解"酷"这个词的?
8. 能谈谈你对"死亡"的理解吗?
9. 你怎么看待网上的一些"恶搞"现象呢?
10. 你觉得人为什么会想出名呢?

提问问题11—180,见二维码18

二维码18

二、浙江传媒学院

(一)自备稿件

1. 文学类

(1)《沉睡的海》(2008年考题)

那是一片涂抹不掉的蓝色,那是一段听不完的歌谣,那是一个梦不尽的天堂。海,静静地躺在夜色中,沉睡在月光下。

也许是累了,海在挣脱缰绳狂奔喧嚣之后,已经耗尽了所有的体力,现在正安静地睡着,任和煦的风轻拂着面容,任沉静的夜吟唱着天籁之音。海上生明月,天涯共此时。

仿佛置身于大海的怀抱,仿佛在蓝色的海洋中变成一滴海水,仿佛透过一滴海水看清了整个海洋。海沉睡的时候该有怎样的笑容? 自己沉睡的时候梦的颜色是否蔚蓝? 大海呀,大海,你可是我生长的地方?

沉睡的海呀,该不是倦了的夜晚向你呼唤? 该不是暖暖的风儿对你缠绵? 我知道,你只是沉睡了倦容,沉睡了足迹,那滚动的热血里依然跳动着青春的气息,那奔腾的热望里期待着又一次的汹涌澎湃。

我想,你是海,你是沉睡的海。

(2)《礁石默语》(2009 年考题)

我是江边的一块礁石。

亿万年了,江涛不停地冲刷拍打,使我的身体坑坑洼洼,千疮百孔。千百年来,长长的纤绳一次次勒过我的脖子,窒息着我,绞杀着我,让我痛不欲生。

奔腾的水,可以穿越崇山峻岭,牵手融合;行走的人,可以跋涉万水千山,相拥而卧。而我,是一块不能挪动半步的礁石。我和对面的那块礁石记不清相看了多少年,她还是她,我还是我。别说触摸,就连她喜欢什么、叫什么名字,我也一无所知。

是啊,我只是礁石,他们不知道我有血有肉,还有颗怦然跳动的心脏;我只是礁石,他们不理解我有情有义,也会有倾诉的祈求和爱恋的渴望。

当浪花飞舞的时候,我在心里呼唤着,"来呀,到我这里来吧,让我拥抱你!"浪花发出一串银铃般的笑声向我奔来,我激动地伸出双臂去迎接她,而她却一下子钻进水里,从我的腋下滑过,头也不回地一路奔去,全然不顾江涛正在啮舐我的肌体。见到纤夫弯腰躬背艰难走来,我又叨叨着,"请你坐在我的身边歇歇,跟我聊几句,好吗?"纤夫沉默着,用他那宽厚的脚板踩过我的肩背,继续他的行程,只让纤绳嵌进我的伤口,撕扯我的血肉。

(3)《学费和药费》(2009 年考题)

一天我在家里洗衣服,从母亲的裤兜里掏出了一张病历单,上面的名字是她的,写着"诊断急性胃炎",还有一张 300 多元的药价单,可是单子上的药我并没有在家里见过。

"妈妈为什么看了病而不拿药?"我终于想起来,上个月因为我要上强化班交了 2000 多元,难道妈妈是因为这个才不开药的? 第二天,我瞒着父母去学校退掉了强化班,拿着报名的钱去医院按照药单将胃药买了回来。到家后我满心欢喜地把胃药和余下的学费放在梳妆台前,悄悄溜回了自己的房间。没想到,本以为做了件好事的我却挨了打。"给你上学的钱,你居然擅自做主! 胆子也太大了!"妈妈气得打了我一巴掌,我捂住脸冲到了楼下。

雨重重地落在我的心里、打在我的脸上,使我不能分清哪滴是雨水哪滴是泪水。就在这时,一把大伞替我挡去了雨滴——是妈妈,她眼里盈满了泪水,紧紧地抱着我,什么也没说。第二天早上,妈妈陪我交了学费。在路上,我告诉她,我一定要考上大学,做个有用的人。

(4)《天上的草原》(2010年考题)

在儿时依稀的记忆中,我是出生在飘着炊烟的白色毡房中的,茫茫的大草原啊,是我熟睡时的摇篮,是我嬉戏时的玩伴,也是我学习时的殿堂。养育我的这片土地,我把你当作自己的身躯一样爱惜;沐浴我的这江河水啊,你为何总像母亲的乳汁一样纯香?苍鹰在天穹中寻望,黑色的骏马肆意飞奔,平顶山下,成群的牛羊,还有你,我天上的草原,还有你那悠扬的牧歌夜夜伴我入梦乡。我喜欢纵马驰骋,放声歌唱,那就像是回到了传说中的时代,我向往着像我的祖辈那样成为一匹苍狼去周游世界,去看看祖父故事中那无边的海洋。

而现在,我是真的离开了你,来到这陌生的地方,不见了蒙古包,不见了牧场,只为心中一个小小的理想而不停地奔忙。其间有欢笑,也有泪水,曾经骄傲,也曾经气馁。但是,但是我从未曾后悔啊,因为当我拖着疲惫的身体入睡时,我发现你那悠扬的牧歌又在我的耳边回响;我发现我的那颗心啊,一直跳跃在绿宝石似的草原上。如水晶般清澈的河水啊,我真的发现,那歌声就像是号角,而那颗心,源源不断地给我力量与希望!

腾格里塔拉,我天上的草原,请你听我讲,我也是草原的儿子啊,我今天所做的一切,就是为了有朝一日能够重回你的身旁,替你抚去脸上的皱纹,替你驱赶那肆虐的风暴,让你昔日的笑容重新绽放!

等着我啊,我的草原,我的故乡,我的亲娘!

(5)《春望》(杜甫,2011年考题)

国破山河在,城春草木深。感时花溅泪,恨别鸟惊心。烽火连三月,家书抵万金。白头搔更短,浑欲不胜簪。

(6)《赠汪伦》(李白,2011年考题)

李白乘舟将欲行,忽闻岸上踏歌声。桃花潭水深千尺,不及汪伦送我情。

(7)《沁园春·雪》(毛泽东,2011年考题)

北国风光,千里冰封,万里雪飘。望长城内外,惟余莽莽;大河上下,顿失滔滔。山舞银蛇,原驰蜡象,欲与天公试比高。须晴日,看红装素裹,分外妖娆。

江山如此多娇,引无数英雄竞折腰。惜秦皇汉武,略输文采;唐宗宋祖,稍逊风骚。

一代天骄,成吉思汗,只识弯弓射大雕。俱往矣,数风流人物,还看今朝。

(8)《春日》(朱熹,2011年考题)

胜日寻芳泗水滨,无边光景一时新。等闲识得东风面,万紫千红总是春。

(9)《念奴娇·过洞庭》(节选,张孝祥,2015年考题)

洞庭青草,近中秋、更无一点风色。玉鉴琼田三万顷,着我扁舟一叶。素月分辉,明河共影,表里俱澄澈。悠然心会,妙处难与君说。

(10)《诗经·采薇》(节选,2015年考题)

采薇采薇,薇亦作止。曰归曰归,岁亦莫止。靡室靡家,猃狁之故。不遑启居,猃狁之故。

采薇采薇,薇亦柔止。曰归曰归,心亦忧止。忧心烈烈,载饥载渴。我戍未定,靡使归聘。

采薇采薇,薇亦刚止。曰归曰归,岁亦阳止。王事靡盬,不遑启处。忧心孔疚,我行不来!

稿件(11)—(16),见二维码19

2. 新闻类

二维码19

(1)2011年考题:我国首批国产大功率交流传动电力机车下线

首批由我国自主生产的大功率交流传动电力机车日前在大连下线,该机车单机牵引5000吨货物时速可以达到120公里,将成为明年铁路第六次大面积提速牵引重载货运列车的主型机车。

(2)2012年考题:北京地铁2号线信号系统出现故障造成交通早高峰乘客滞留

今天清晨7点55分左右,北京地铁2号线宣武门变电站由于过载造成跳闸,站台信号系统无法正常使用,导致2号线早高峰列车通过能力下降,造成短时间乘客滞留。到8点19分,故障排除,地铁运营秩序恢复正常。

(3)2012年考题:乌鲁木齐铁路警方破获系列倒卖火车票案

在新疆百万拾棉工返乡高峰期间,乌鲁木齐铁路警方抓获了120多名票贩子,收缴高价火车票3000多张,并将追缴回来的加收票款退还给拾棉工。

(4)2012年考题:澳门公益金百万行募集善款超过830万澳门元

澳门第二十三届公益金百万行活动于日前举行,3万多人参加,共筹得善款超过830万澳门元,破历年纪录。

(5)2012年考题:陕西:黄河壶口迎来今冬首次流凌

黄河壶口瀑布日前迎来今冬的首次流凌。出现流凌是由于上游气温较低,结成的冰块顺流而下,溅起数米高的水雾,吸引了众多摄影爱好者和游人。

(6)2012年考题:巴勒斯坦自治政府总理称提前大选将导致混乱

正在伊朗访问的巴勒斯坦自治政府总理哈尼亚10日在德黑兰表示,反对解散巴立法委员会提前举行大选,称这将使巴勒斯坦陷入混乱状态。据报道,巴民族权力机构主席阿巴斯9号表示,他将解散巴立法委员会,提前举行大选,以结束与哈马斯组阁谈判陷入的政治僵局。

(7)2012年考题:印尼亚齐地区迎来和平协议签署以来的首次选举

印度尼西亚亚齐特区省、市、县长选举今天正式开始投票。这是2005年8月"自由亚齐运动"与印尼政府签署和平协议以来亚齐地区举行的首次直接选举。亚齐特区将有260万合法选民参加此次投票,选出1名省长和19名县、市长。

(8)2012年考题:英政府要求新年期间加强防恐

英国内政大臣约翰·里德10日在接受采访时说,英国依然面临非常严重的恐怖袭击威胁,特别是在即将到来的新年期间,很有可能再次发生恐怖分子袭击事件。里德说,目前大约有30个针对英国的恐怖袭击阴谋正在策划之中,但他没有透露具体细节。

(9)2012年考题:台风"尤特"肆虐菲律宾 9万人紧急疏散

9号在菲律宾中部萨马岛登陆的台风"尤特"目前已造成至少4人死亡,大约9万人紧急疏散。大风还造成包括宿务、阿克兰、塔克洛班在内的中部许多地区大范围停电和通信中断。菲律宾气象部门称,"尤特"目前正在向西北方向移动,预计将于12号早晨离开菲律宾。

(10)2013年考题:澳大利亚森林大火再次威胁部分城镇

澳大利亚进入夏季以来,东南部森林地区火灾不断。10号,维多利亚州凯文顿市郊区的一处火点继续扩大,大火已威胁到附近几个小镇。在维多利亚州北部地区,大火已经摧毁了18万公顷的森林。澳大利亚政府正向灾区紧急调遣部队参与灭火。

稿件(11)—(15),见二维码20

(二)即兴评述

1.梅花香自苦寒来
2.海峡两岸的盼望

二维码20

3. 你最喜欢的电影

4. 你最感动的一件事

5. 你最喜欢的一首歌

6. 承受

7. 向道德模范致敬

8. 说说生态文明

9. 两会

(三)模拟主持

1. 将"石头、哲学、剪子、联系、布"等关键词用于你的节目中,形成话题

2. 请以"分享"为题,模拟主持一期节目

3. 请模拟主持一段"综艺快报"

4. 请以"读书与学习"为题,模拟主持一期节目

5. 请模拟主持一段春节晚会开场

6. 请以"面对失败"为题,模拟主持一期节目

7. 在一次校园歌手大赛中,一位擂主的《好汉歌》赢得喝彩,请联系参赛的最后一位选手的《不见不散》进行串联主持

8. 请以"隔阂"为题,模拟主持一期节目

9. 上海世博会开幕式——你作为记者在世博园现场报道

10. 请以"感谢对手"为题,模拟主持一期节目

11. 请以"尊严"为题,模拟主持一期节目

12. 请以"一个违反交通的肇事者无能力赔偿受害者"为讨论内容,模拟主持一档节目

13. 请以"外面的世界"为题,模拟主持一期节目

14. 请以"家乡的一座大桥顺利通车了"为内容,模拟记者现场报道

15. 请以"个性"为题,模拟主持一期节目

16. 请为国庆70周年主题班会设计一段结束语

17. 请以"距离"为题,模拟主持一期节目

18. 以"曝光某处豆腐黑作坊"为内容,设计一段开场白

19. 请以"童年"为题,模拟主持一期节目

20. 请为"汶川地震纪念5周年"晚会设计一段开场白

21. 请以"腾飞的中国"为题,模拟主持一期节目

22. 请模拟主持一段"精品电影赏析"栏目

23. 请以"2008 北京·我"为题,模拟主持一期节目
24. 请为某希望小学捐款晚会设计一段主持词(开场、结束均可)
25. 以"网"为题,模拟主持一期节目
26. 请为"八一"建军节百名歌星进军营晚会设计一段开场白
27. 请以"感动"为题,模拟主持一期节目
28. 请为新中国成立 70 周年晚会设计一个开场白
29. 请以"辛亥百年"为主题设计一期节目
30. 请以"伦敦碗"为话题设计一期节目
31. 请以"辽宁舰"为话题设计一期节目
32.《天天向上》模拟主持

(四)考官提问

1. 你最喜欢的城市是哪个?
2. 你是哪里的考生?
3. 父母有没有陪你来考试?
4. 你最喜欢的一本书是什么?
5. 如果你可以采访一位明星,你想采访谁,会去问什么?
6. 如何理解礼仪文化?
7. 你的文化课成绩如何?
8. 你的梦想是什么?
9. 艺考路上最困难的是什么?
10. 你认为浙传是个什么样的学校?
11. 看到蓝色文件夹你想到了什么?

三、天津师范大学

(一)指定稿件

1. 整治互联网低俗之风专项行动的力度持续加大,继春节期间关闭 55 家违法违规网站,2 月 2 日又关闭 68 家传播淫秽色情和低俗内容的网站。截至 2 月 2 日,在整治互联网低俗之风专项行动中,已关闭传播淫秽色情和低俗内容的违法违规网站 1575 家,关闭淫秽色情博客 148 个。

有关负责人强调,不得以任何形式在互联网上传播淫秽色情和低俗内容,开设博

客传播淫秽色情信息同样是违法行为。

2.这时候,人们看到火箭尾部喷出的橘红色火焰,立刻使海水剧烈地翻腾起雪白的浪花,活像一朵硕大的莲花,怒放在蔚蓝色的海面上。顷刻间,火箭升高了,尾部的火焰也越来越长,如同一条出水巨龙,扶摇直上,腾空而去。火箭越飞越高,越飞越小,直到变成一个小亮点,消失在茫茫的太空之中。

3.《沉睡的海》

那是一片涂抹不掉的蓝色,那是一段听不完的歌谣,那是一个梦不尽的天堂。海,静静地躺在夜色中,沉睡在月光下。

也许是累了,海在挣脱缰绳狂奔喧嚣之后,已经耗尽了所有的体力,现在正安静地睡着,任和煦的风轻拂着面容,任沉静的夜吟唱着天籁之音。海上生明月,天涯共此时。

仿佛置身于大海的怀抱,仿佛在蓝色的海洋中变成一滴海水,仿佛透过一滴海水看清了整个海洋。海沉睡的时候该有怎样的笑容?自己沉睡的时候梦的颜色是否蔚蓝?大海呀,大海,你可是我生长的地方?

沉睡的海呀,该不是倦了的夜晚向你呼唤?该不是暖暖的风儿对你缠绵?我知道,你只是沉睡了倦容,沉睡了足迹,那滚动的热血里依然跳动着青春的气息,那奔腾的热望里期待着又一次的汹涌澎湃。

我想,你是海,你是沉睡的海。

4.为着追求光和热,将身子扑向灯火,终于死在灯下,或者浸在油中,飞蛾是值得赞美的。在最后的一瞬间它得到光,也得到热了。我怀念上古的夸父,他追赶日影,渴死在旸谷。为着追求光和热,人宁愿舍弃自己的生命。生命是可爱的。但寒冷的、寂寞的生,却不如轰轰烈烈的死。没有了光和热,这人间不是会成为黑暗的寒冷世界吗?倘使有一双翅膀,我甘愿做人间的飞蛾。我要飞向火热的日球,让我在眼前一阵光、身内一阵热的当儿,失去知觉,而化作一阵烟,一撮灰。

5.《月》

每次对着长空的一轮皓月,我会想:在这时候某某人也在凭栏望月吗?圆月犹如一面明镜,高悬在蓝空。我们的面影都该留在镜里吧,这镜里一定有某某人的影子。寒夜对镜,只觉冷光扑面。面对凉月,我也有这感觉。在海上,山间,园内,街中,有时在静夜里一个人立在都市的高高露台上,我望着明月,总感到寒光冷气侵入我的身子。冬季的深夜,立在小小庭院中望见落了霜的地上的月色,觉得自己衣服上也积了很厚的霜似的。的确,月光冷得很。我知道死了的星球是不会发出热力的。月的光是死的光。但是为什么还有嫦娥奔月的传说呢?难道那个服了不死之药的美女便可以使这已死的星球再生么?或者她在那一面明镜中看见了什么人的面影吧。

6.《致橡树》(舒婷)

我如果爱你——绝不学攀援的凌霄花,借你的高枝炫耀自己;
我如果爱你——绝不学痴情的鸟儿,为绿荫重复单调的歌曲;
也不止像泉源,常年送来清凉的慰藉;也不止像险峰,
增加你的高度,衬托你的威仪。甚至日光,甚至春雨;
不,这些都还不够!我必须是你近旁的一株木棉,
作为树的形象和你站在一起。根,紧握在地下,
叶,相触在云里。每一阵风吹过,我们都互相致意,
但没有人,听懂我们的言语。你有你的铜枝铁干,
像刀,像剑,也像戟;我有我红硕的花朵,像沉重的叹息,
又像英勇的火炬。我们分担寒潮、风雷、霹雳;
我们共享雾霭、流岚、虹霓。仿佛永远分离,却又终身相依。
这才是伟大的爱情,坚贞就在这里:爱——不仅爱你伟岸的身躯,
也爱你坚持的位置,足下的土地。

(二)即兴评述

1. 我看消费

2. 海峡两岸的盼望

3. 我看沙尘暴

4. 一年之计在于春

5. 网络时代

6. 笨鸟先飞

7. 梅花香自苦寒来

8. 美丽与智慧

9. 专业与敬业

10. 变与不变

11. 失败乃成功之母

12. 身残志坚

13. 战争与和平

14. 高分与低能

15. 足球黑哨

16. 阳光总在风雨后

17. 青少年出国热的思考

第四部分 附录

附录一　普通话水平测试练习篇目①

说明：

1. 本附录根据《普通话水平测试用朗读作品》编制。
2. 本附录供普通话水平测试第三项——朗读短文(1篇,400个音节)测试使用。
3. 本附录共收录短文60篇,根据普通话水平测试(新大纲)规定要求排序。
4. 本附录中,应试人只朗读作品前400个音节(不含标点符号和括注的音节)。每篇作品在第400个音节后用"//"标注。

作品1号

那是力争上游的一种树,笔直的干,笔直的枝。它的干呢,通常是丈把高,像是加以人工似的,一丈以内,绝无旁枝;它所有的丫枝呢,一律向上,而且紧紧靠拢,也像是加以人工似的,成为一束,绝无横斜逸出;它的宽大的叶子也是片片向上,几乎没有斜生的,更不用说倒垂了;它的皮,光滑而有银色的晕圈,微微泛出淡青色。这是虽在北方的风雪的压迫下却保持着倔强挺立的一种树!哪怕只有碗来粗细罢,它却努力向上发展,高到丈许,两丈,参天耸立,不折不挠,对抗着西北风。

这就是白杨树,西北极普通的一种树,然而决不是平凡的树!

它没有婆娑的姿态,没有屈曲盘旋的虬枝,也许你要说它不美丽,——如果美是专指"婆娑"或"横斜逸出"之类而言,那么,白杨树算不得树中的好女子;但是它却是伟岸,正直,朴质,严肃,也不缺乏温和,更不用提它的坚强不屈与挺拔,它是树中的伟丈夫!当你在积雪初融的高原上走过,看见平坦的大地上傲然挺立这么一株或一排白杨树,难道你就只觉得树只是树,难道你就不想到它的朴质,严肃,坚强不屈,至少也象征了北方的农民;难道你竟一点儿也不联想到,在敌后的广大土//地上,到处有坚强不屈,就像这白杨树一样傲然挺立的守卫他们家乡的哨兵!难道你又不更远一点想到这

---

① 附录一全部内容根据《北京市语言文字培训测试丛书》中《新编普通话水平测试应试指南》(范燕生,周海兵主编)修改。

样枝枝叶叶靠紧团结,力求上进的白杨树,宛然象征了今天在华北平原纵横决荡用血写出新中国历史的那种精神和意志。

节选自茅盾《白杨礼赞》

作品2号

两个同龄的年轻人同时受雇于一家店铺,并且拿同样的薪水。可是一段时间后,叫阿诺德的那个小伙子青云直上,而那个叫布鲁诺的小伙子却仍在原地踏步。布鲁诺很不满意老板的不公正待遇。终于有一天他到老板那儿发牢骚了。老板一边耐心地听着他的抱怨,一边在心里盘算着怎样向他解释清楚他和阿诺德之间的差别。

"布鲁诺先生",老板开口说话了,"您现在到集市上去一下,看看今天早上有什么卖的。"

布鲁诺从集市上回来向老板汇报说,今早集市上只有一个农民拉了一车土豆在卖。

"有多少?"老板问。

布鲁诺赶快戴上帽子又跑到集市上,然后回来告诉老板一共四十袋土豆。

"价格是多少?"

布鲁诺又第三次跑到集市上问来了价格。

"好吧,"老板对他说,"现在请您坐到这把椅子上一句话也不要说,看看阿诺德怎么说。"

阿诺德很快就从集市上回来了。向老板汇报说到现在为止只有一个农民在卖土豆,一共四十口袋,价格是多少多少,土豆质量很不错,他带回来一个让老板看看。这个农民一个钟头以后还会弄来几箱西红柿,据他看价格非常公道。昨天他们铺子的西红柿卖得很快,库存已经不//多了。他想这么便宜的西红柿,老板肯定会要进一些的,所以他不仅带回了一个西红柿做样品,而且把那个农民也带来了,他现在正在外面等回话呢。

此时老板转向了布鲁诺,说:"现在您肯定知道为什么阿诺德的薪水比您高了吧!"

节选自张健鹏、胡足青主编《故事时代》中《差别》

作品3号

我常常遗憾我家门前那块丑石:它黑黝黝地卧在那里,牛似的模样;谁也不知道是什么时候留在这里的,谁也不去理会它。只是麦收时节,门前摊了麦子,奶奶总是要说:这块丑石,多占地面呀,抽空把它搬走吧。

它不像汉白玉那样的细腻,可以刻字雕花,也不像大青石那样的光滑,可以供来浣纱捶布。它静静地卧在那里,院边的槐荫没有庇覆它,花儿也不再在它身边生长。荒草便繁衍出来,枝蔓上下,慢慢地,它竟锈上了绿苔、黑斑。我们这些做孩子的,也讨厌起它来,曾合伙要搬走它,但力气又不足;虽时时咒骂它,嫌弃它,也无可奈何,只好任它留在那里了。

终有一日,村子里来了一个天文学家。他在我家门前路过,突然发现了这块石头,眼光立即就拉直了。他再没有离开,就住了下来;以后又来了好些人,都说这是一块陨石,从天上落下来已经有二三百年了,是一件了不起的东西。不久便来了车,小心翼翼地将它运走了。

这使我们都很惊奇,这又怪又丑的石头,原来是天上的啊!它补过天,在天上发过热、闪过光,我们的先祖或许仰望过它,它给了他们光明、向往、憧憬;而它落下来了,在污土里,荒草里,一躺就//是几百年了!

我感到自己的无知,也感到了丑石的伟大,我甚至怨恨它这么多年竟会默默地忍受着这一切!而我又立即深深地感到它那种不屈于误解、寂寞的生存的伟大。

节选自贾平凹《丑石》

作品4号

在达瑞八岁的时候,有一天他想去看电影。因为没有钱,他想是向爸妈要钱,还是自己挣钱。最后他选择了后者。他自己调制了一种汽水,向过路的行人出售。可那时正是寒冷的冬天,没有人买,只有两个人例外——他的爸爸和妈妈。

他偶然有一个和非常成功的商人谈话的机会。当他对商人讲述了自己的"破产史"后。商人给了他两个重要的建议:一是尝试为别人解决一个难题;二是把精力集中在你知道的、你会的和你拥有的东西上。

这两个建议很关键。因为对于一个八岁的孩子而言,他不会做的事情很多。于是他穿过大街小巷,不停地思考:人们会有什么难题,他又如何利用这个机会?

一天,吃早饭时父亲让达瑞去取报纸。美国的送报员总是把报纸从花园篱笆的一个特制的管子里塞进来。假如你想穿着睡衣舒舒服服地吃早饭和看报纸,就必须离开温暖的房间,冒着寒风,到花园去取。虽然路短,但十分麻烦。

当达瑞为父亲取报纸的时候,一个主意就诞生了。当天他就按响邻居的门铃,对他们说,每个月只需付给他一美元,他就每天早上把报纸塞到他们的房门底下。大多数人都同意了,很快他有//了七十多个顾客。一个月后,当他拿到自己赚的钱时,觉得自己简直是飞上了天。

很快他又有了新的机会,他让他的顾客每天把垃圾袋放在门前,然后由他早上运到垃圾桶里,每个月加一美元。之后他还想出了许多孩子赚钱的办法,并把它们结集成书,书名为《儿童挣钱的二百五十个主意》。为此,达瑞十二岁时就成了畅销书作家,十五岁有了自己的谈话节目,十七岁就拥有了几百万美元。

节选自[德]博多·舍费尔《达瑞的故事》,刘志明译

作品5号

这是入冬以来,胶东半岛上第一场雪。

雪纷纷扬扬,下得很大。开始还伴着一阵儿小雨,不久就只见大片大片的雪花,从彤云密布的天空中飘落下来。地面上一会儿就白了。冬天的山村,到了夜里就万籁俱寂,只听得雪花簌簌地不断往下落,树木的枯枝被雪压断了,偶尔咯吱一声响。

大雪整整下了一夜。今天早晨,天放晴了,太阳出来了。推开门一看,嗬!好大的雪啊!山川、河流、树木、房屋,全都罩上了一层厚厚的雪,万里江山,变成了粉妆玉砌的世界。落光了叶子的柳树上挂满了毛茸茸亮晶晶的银条儿;而那些冬夏常青的松树和柏树上,则挂满了蓬松松沉甸甸的雪球儿。一阵风吹来,树枝轻轻地摇晃,美丽的银条儿和雪球儿簌簌地落下来,玉屑似的雪末儿随风飘扬,映着清晨的阳光,显出一道道五光十色的彩虹。

大街上的积雪足有一尺多深,人踩上去,脚底下发出咯吱咯吱的响声。一群群孩子在雪地里堆雪人,掷雪球。那欢乐的叫喊声,把树枝上的雪都震落下来了。

俗话说,"瑞雪兆丰年"。这个话有充分的科学根据,并不是一句迷信的成语。寒冬大雪,可以冻死一部分越冬的害虫;融化了的水渗进土层深处,又能供应//庄稼生长的需要。我相信这一场十分及时的大雪,一定会促进明年春季作物,尤其是小麦的丰收。有经验的老农把雪比做是"麦子的棉被"。冬天"棉被"盖得越厚,明春麦子就长得越好,所以又有这样一句谚语:"冬天麦盖三层被,来年枕着馒头睡"。

我想,这就是人们为什么把及时的大雪称为"瑞雪"的道理吧。

节选自峻青《第一场雪》

作品6号

我常想读书人是世间幸福人,因为他除了拥有现实的世界之外,还拥有另一个更为浩瀚也更为丰富的世界。现实的世界是人人都有的,而后一个世界却为读书人所独有。由此我想,那些失去或不能阅读的人是多么的不幸,他们的丧失是不可补偿的。世间有诸多的不平等,财富的不平等,权力的不平等,而阅读能力的拥有或丧失却体现为精神的不平等。

一个人的一生,只能经历自己拥有的那一份欣悦,那一份苦难,也许再加上他亲自闻知的那一些关于自身以外的经历的经验。然而,人们通过阅读,却能进入不同时空

的诸多他人的世界。这样,具有阅读能力的人,无形间获得了超越有限生命的无限可能性。阅读不仅使他多识了草木虫鱼之名,而且可以上溯远古下及未来,饱览存在的与非存在的奇风异俗。

更为重要的是,读书加惠于人们的不仅是知识的增广,而且还在于精神的感化与陶冶。人们从读书学做人,从那些往哲先贤以及当代才俊的著述中学得他们的人格。人们从《论语》中学得智慧的思考,从《史记》中学得严肃的历史精神,从《正气歌》中学得人格的刚烈,从马克思学得人世//的激情,从鲁迅学得批判精神,从托尔斯泰学得道德的执着。歌德的诗句刻写着睿智的人生,拜伦的诗句呼唤着奋斗的热情。一个读书人,一个有机会拥有超乎个人生命体验的幸运人。

节选自谢冕《读书人是幸福人》

作品7号

一天,爸爸下班回到家已经很晚了,他很累也有点儿烦,他发现五岁的儿子靠在门旁正等着他。

"爸,我可以问您一个问题吗?"

"什么问题?"

"爸,您一小时可以赚多少钱?"

"这与你无关,你为什么问这个问题?"父亲生气地说。

"我只是想知道,请告诉我,您一小时赚多少钱?"小孩儿哀求道。

"假如你一定要知道的话,我一小时赚二十美金。"

"哦,"小孩儿低下了头,接着又说,"爸,可以借我十美金吗?"

父亲发怒了:"如果你只是要借钱去买毫无意义的玩具的话,给我回到你的房间睡觉去。好好想想为什么你会那么自私。我每天辛苦工作,没时间和你玩儿小孩子的游戏。"

小孩儿默默地回到自己的房间关上门。

父亲坐下来还在生气。后来,他平静下来了。心想他可能对孩子太凶了——或许孩子真的很想买什么东西,再说他平时很少要过钱。

父亲走进孩子的房间:"你睡了吗?"

"爸,还没有,我还醒着。"孩子回答。

"我刚才可能对你太凶了,"父亲说,"我不应该发那么大的火儿——这是你要的十美金。"

"爸,谢谢您。"孩子高兴地从枕头下拿出一些被弄皱的钞票,慢慢地数着。

"为什么你已经有钱了还要?"父亲不解地问。

"因为原来不够,但现在凑够了。"孩子回答:"爸,我现在有//二十美金了,我可以向您买一个小时的时间吗?明天请早一点儿回家——我想和您一起吃晚餐。"

节选自唐继柳编译《二十美金的价值》

作品 8 号

　　我爱月夜,但我也爱星天。从前在家乡七八月的夜晚在庭院里纳凉的时候,我最爱看天上密密麻麻的繁星。望着星天,我就会忘记一切,仿佛回到了母亲的怀里似的。

　　三年前在南京我住的地方有一道后门,每晚我打开后门,便看见一个静寂的夜。下面是一片菜园,上面是星群密布的蓝天。星光在我们的肉眼里虽然微小,然而它使我们觉得光明无处不在。那时候我正在读一些天文学的书,也认得一些星星,好像它们就是我的朋友,它们常常在和我谈话一样。

　　如今在海上,每晚和繁星相对,我把它们认得很熟了。我躺在舱面上,仰望天空。深蓝色的天空里悬着无数半明半昧的星。船在动,星也在动,它们是这样低,真是摇摇欲坠呢!渐渐地我的眼睛模糊了,我好像看见无数萤火虫在我的周围飞舞。海上的夜是柔和的,是静寂的,是梦幻的。我望着许多认识的星,我仿佛看见它们在对我眨眼,我仿佛听见它们在小声说话。这时我忘记了一切。在星的怀抱中我微笑着,我沉睡着。我觉得自己是一个小孩子,现在睡在母亲的怀里了。

　　有一夜,那个在哥伦波上船的英国人指给我看天上的巨人。他用手指着://那四颗明亮的星是头,下面的几颗是身子,这几颗是手,那几颗是腿和脚,还有三颗星算是腰带。经他这一番指点,我果然看清楚了那个天上的巨人。看,那个巨人还在跑呢!

节选自巴金《繁星》

作品 9 号

　　假日到河滩上转转,看见许多孩子在放风筝。一根根长长的引线,一头系在天上,一头系在地上,孩子同风筝都在天与地之间悠荡,连心也被悠荡得恍恍惚惚了,好像又回到了童年。

　　儿时放的风筝,大多是自己的长辈或家人编扎的,几根削得很薄的篾,用细纱线扎成各种鸟兽的造型,糊上雪白的纸片,再用彩笔勾勒出面孔与翅膀的图案。通常扎得最多的是"老雕""美人儿""花蝴蝶"等。

　　我们家前院就有位叔叔,擅扎风筝,远近闻名。他扎的风筝不只体型好看,色彩艳丽,放飞得高远,还在风筝上绷一叶用蒲苇削成的膜片,经风一吹,发出"嗡嗡"的声响,仿佛是风筝的歌唱,在蓝天下播扬,给开阔的天地增添了无尽的韵味,给驰荡的童心带来几分疯狂。

我们那条胡同的左邻右舍的孩子们放的风筝几乎都是叔叔编扎的。他的风筝不卖钱,谁上门去要,就给谁,他乐意自己贴钱买材料。

　　后来,这位叔叔去了海外,放风筝也渐与孩子们远离了。不过年年叔叔给家乡写信,总不忘提起儿时的放风筝。香港回归之后,他的家信中说到,他这只被故乡放飞到海外的风筝尽管飘荡游弋,经沐风雨,可那线头儿一直在故乡和//亲人手中牵着,如今飘得太累了,也该要回归到家乡和亲人身边来了。

　　是的。我想,不光是叔叔,我们每个人都是风筝,在妈妈手中牵着,从小放到大,再从家乡放到祖国最需要的地方去啊!

节选自李恒瑞《风筝畅想曲》

作品10号

　　爸不懂得怎样表达爱,使我们一家人融洽相处的是我妈。他只是每天上班下班,而妈则把我们做过的错事开列清单,然后由他来责骂我们。

　　有一次我偷了一块糖果,他要我把它送回去,告诉卖糖的说是我偷来的,说我愿意替他拆箱卸货作为赔偿。但妈妈却明白我只是个孩子。

　　我在运动场打秋千跌断了腿,在前往医院的途中一直抱着我的,是我妈。爸把汽车停在急诊室门口,他们叫他驶开,说那空位是留给紧急车辆停放的。爸听了便叫嚷道:"你以为这是什么车?旅游车?"

　　在我生日会上,爸总是显得有些不大相称。他只是忙于吹气球,布置餐桌,做杂务。把插着蜡烛的蛋糕推过来让我吹的,是我妈。

　　我翻阅照相册时,人们总是问:"你爸爸是什么样子的?"天晓得!他老是忙着替别人拍照。妈和我笑容可掬地一起拍的照片,多得不可胜数。

　　我记得妈有一次叫他教我骑自行车。我叫他别放手,但他却说是应该放手的时候了。我摔倒之后,妈跑过来扶我,爸却挥手要她走开。我当时生气极了,决心要给他点颜色看。于是我马上爬上自行车,而且自己骑给他看。他只是微笑。

　　我念大学时,所有的家信都是妈写的。他除//了寄支票外,还寄过一封短柬给我,说因为我不在草坪上踢足球了,所以他的草坪长得很美。

　　每次我打电话回家,他似乎都想跟我说话,但结果总是说:"我叫你妈来接。"

　　我结婚时,掉眼泪的是我妈。他只是大声擤了一下鼻子,便走出房间。

　　我从小到大都听他说:"你到哪里去?什么时候回家?汽车有没有汽油?不,不准去。"爸完全不知道怎样表达爱。除非……

　　会不会是他已经表达了,而我却未能察觉?

节选自[美]艾尔玛·邦贝克《父亲的爱》

作品 11 号

一个大问题一直盘踞在我脑袋里：

世界杯怎么会有如此巨大的吸引力？除去足球本身的魅力之外，还有什么超乎其上而更伟大的东西？

近来观看世界杯，忽然从中得到了答案：是由于一种无上崇高的精神情感——国家荣誉感！

地球上的人都会有国家的概念，但未必时时都有国家的感情。往往人到异国，思念家乡，心怀故国，这国家概念就变得有血有肉，爱国之情来得非常具体。而现代社会，科技昌达，信息快捷，事事上网，世界真是太小太小，国家的界限似乎也不那么清晰了。再说足球正在快速世界化，平日里各国球员频繁转会，往来随意，致使越来越多的国家联赛都具有国际的因素。球员们不论国籍，只效力于自己的俱乐部，他们比赛时的激情中完全没有爱国主义的因子。

然而，到了世界杯大赛，天下大变。各国球员都回国效力，穿上与光荣的国旗同样色彩的服装。在每一场比赛前，还高唱国歌以宣誓对自己祖国的挚爱与忠诚。一种血缘情感开始在全身的血管里燃烧起来，而且立刻热血沸腾。

在历史时代，国家间经常发生对抗，好男儿戎装卫国。国家的荣誉往往需要以自己的生命去换//取。但在和平时代，唯有这种国家之间大规模对抗性的大赛，才可以唤起那种遥远而神圣的情感，那就是：为祖国而战！

节选自冯骥才《国家荣誉感》

作品 12 号

夕阳落山不久，西方的天空，还燃烧着一片橘红色的晚霞。大海，也被这霞光染成了红色，而且比天空的景色更要壮观。因为它是活动的，每当一排排波浪涌起的时候，那映照在浪峰上的霞光，又红又亮，简直就像一片片霍霍燃烧着的火焰，闪烁着，消失了。而后面的一排，又闪烁着，滚动着，涌了过来。

天空的霞光渐渐地淡下去了，深红的颜色变成了绯红，绯红又变为浅红。最后，当这一切红光都消失了的时候，那突然显得高而远了的天空，则呈现出一片肃穆的神色。最早出现的启明星，在这蓝色的天幕上闪烁起来了。它是那么大，那么亮，整个广漠的天幕上只有它在那里放射着令人注目的光辉，活像一盏悬挂在高空的明灯。

夜色加浓，苍空中的"明灯"越来越多了。而城市各处的真的灯火也次第亮了起来，尤其是围绕在海港周围山坡上的那一片灯光，从半空倒映在乌蓝的海面上，随着波浪，晃动着，闪烁着，像一串流动着的珍珠，和那一片片密布在苍穹里的星斗互相辉映，煞是好看。

在这幽美的夜色中,我踏着软绵绵的沙滩,沿着海边,慢慢地向前走去。海水,轻轻地抚摸着细软的沙滩,发出温柔的//刷刷声。晚来的海风,清新而又凉爽。我的心里,有着说不出的兴奋和愉快。

夜风轻飘飘地吹拂着,空气中飘荡着一种大海和田禾相混合的香味儿,柔软的沙滩上还残留着白天太阳炙晒的余温。那些在各个工作岗位上劳动了一天的人,三三两两地来到这软绵绵的沙滩上,他们浴着凉爽的海风,望着那缀满了星星的夜空,尽情地说笑,尽情地休憩。

节选自峻青《海滨仲夏夜》

作品 13 号

生命在海洋里诞生绝不是偶然的,海洋的物理和化学性质,使它成为孕育原始生命的摇篮。

我们知道,水是生物的重要组成部分,许多动物组织的含水量在百分之八十以上,而一些海洋生物的含水量高达百分之九十五。水是新陈代谢的重要媒介,没有它,体内的一系列生理和生物化学反应就无法进行,生命也就停止。因此,在短时期内动物缺水要比缺少食物更加危险。水对今天的生命是如此重要,它对脆弱的原始生命,更是举足轻重了。生命在海洋里诞生,就不会有缺水之忧。

水是一种良好的溶剂。海洋中含有许多生命所必需的无机盐,如氯化钠、氯化钾、碳酸盐、磷酸盐,还有溶解氧,原始生命可以毫不费力地从中吸取它所需要的元素。

水具有很高的热容量,加之海洋浩大,任凭夏季烈日曝晒,冬季寒风扫荡,它的温度变化却比较小。因此,巨大的海洋就像是天然的"温箱",是孕育原始生命的温床。

阳光虽然为生命所必需,但是阳光中的紫外线却有扼杀原始生命的危险。水能有效地吸收紫外线,因而又为原始生命提供了天然的"屏障"。

这一切都是原始生命得以产生和发展的必要条件。//

节选自童裳亮《海洋与生命》

作品 14 号

读小学的时候,我的外祖母去世了。外祖母生前最疼爱我,我无法排除自己的忧伤,每天在学校的操场上一圈儿又一圈儿地跑着,跑得累倒在地上,扑在草坪上痛哭。

那哀痛的日子,断断续续地持续了很久,爸爸妈妈也不知道如何安慰我。他们知道与其骗我说外祖母睡着了,还不如对我说实话:外祖母永远不会回来了。

"什么是永远不会回来呢?"我问着。

"所有时间里的事物,都永远不会回来。你的昨天过去,它就永远变成昨天,你不能再回到昨天。爸爸以前也和你一样小,现在也不能回到你这么小的童年了;有一天你会长大,你会像外祖母一样老;有一天你度过了你的时间,就永远不会回来了。"爸爸说。

爸爸等于给我一个谜语,这谜语比课本上的"日历挂在墙壁,一天撕去一页,使我心里着急"和"一寸光阴一寸金,寸金难买寸光阴"还让我感到可怕;也比作文本上的"光阴似箭,日月如梭"更让我觉得有一种说不出的滋味。

时间过得那么飞快,使我的小心眼儿里不只是着急,还有悲伤。有一天我放学回家,看到太阳快落山了,就下决心说:"我要比太阳更快地回家。"我狂奔回去,站在庭院前喘气的时候,看到太阳//还露着半边脸,我高兴地跳跃起来,那一天我跑赢了太阳。以后我就时常做那样的游戏,有时和太阳赛跑,有时和西北风比快,有时一个暑假才能做完的作业,我十天就做完了;那时我三年级,常常把哥哥五年级的作业拿来做。每一次比赛胜过时间,我就快乐得不知道怎么形容。

如果将来我有什么要教给我的孩子,我会告诉他:假若你一直和时间赛跑,你就可以成功!

节选自(台湾)林清玄《和时间赛跑》

作品 15 号

三十年代初,胡适在北京大学任教授。讲课时他常常对白话文大加称赞,引起一些只喜欢文言文而不喜欢白话文的学生的不满。

一次,胡适正讲得得意的时候,一位姓魏的学生突然站了起来,生气地问:"胡先生,难道说白话文就毫无缺点吗?"胡适微笑着回答说:"没有。"那位学生更加激动了:"肯定有!白话文废话太多,打电报用字多,花钱多。"胡适的目光顿时变亮了。轻声地解释说:"不一定吧!前几天有位朋友给我打来电报,请我去政府部门工作,我决定不去,就回电拒绝了。复电是用白话写的,看来也很省字。请同学们根据我这个意思用文言文写一个回电,看看究竟是白话文省字,还是文言文省字?"胡教授刚说完,同学们立刻认真地写了起来。

十五分钟过去,胡适让同学举手,报告用字的数目,然后挑了一份用字最少的文言电报稿,电文是这样写的:

"才疏学浅,恐难胜任,不堪从命。"白话文的意思是:学问不深,恐怕很难担任这个工作,不能服从安排。

胡适说,这份写得确实不错,仅用了十二个字。但我的白话电报却只用了五个字:"干不了,谢谢!"

胡适又解释说:"干不了"就有才疏学浅、恐难胜任的意思;"谢谢"既//对朋友的介绍表示感谢，又有拒绝的意思。所以，废话多不多，并不看它是文言文还是白话文，只要注意选用字词，白话文是可以比文言文更省字的。

节选自陈灼主编《实用汉语中级教程》（上）中《胡适的白话电报》

作品 16 号

很久以前，在一个漆黑的秋天的夜晚，我泛舟在西伯利亚一条阴森森的河上。船到一个转弯处，只见前面黑黢黢的山峰下面一星火光蓦地一闪。

火光又明又亮，好像就在眼前……

"好啦，谢天谢地！"我高兴地说，"马上就到过夜的地方啦！"

船夫扭头朝身后的火光望了一眼，又不以为然地划起桨来。

"远着呢！"

我不相信他的话，因为火光冲破朦胧的夜色，明明就在那儿闪烁。不过船夫是对的，事实上，火光的确还远着呢。

这些黑夜的火光的特点是：驱散黑暗，闪闪发亮，近在眼前，令人神往。乍一看，再划几下就到了……其实却还远着呢！……

我们在漆黑如墨的河上又划了很久。一个个峡谷和悬崖，迎面驶来，又向后移去，仿佛消失在茫茫的远方，而火光却依然停在前头闪闪发亮，令人神往——依然是这么近，又依然是那么远……

现在，无论是这条被悬崖峭壁的阴影笼罩的漆黑的河流，还是那一星明亮的火光，都经常浮现在我的脑际，在这以前和在这以后，曾有许多火光，似乎近在咫尺，不止使我一人心驰神往。可是生活之河却仍然在那阴森森的两岸之间流着，而火光也依旧非常遥远。因此，必须加劲划桨……

然而，火光啊……毕竟……毕竟就//在前头！……

节选自［俄］柯罗连科《火光》，张铁夫译

作品 17 号

对于一个在北平住惯的人，像我，冬天要是不刮风，便觉得是奇迹；济南的冬天是没有风声的。对于一个刚由伦敦回来的人，像我，冬天要能看得见日光便觉得是怪事；济南的冬天是响晴的。自然，在热带的地方，日光永远是那么毒，响亮的天气，反有点儿叫人害怕。可是，在北中国的冬天，而能有温晴的天气，济南真得算个宝地。

设若单单是有阳光，那也算不了出奇。请闭上眼睛想：一个老城，有山有水，全在天底下晒着阳光，暖和安适地睡着，只等春风来把它们唤醒，这是不是理想的境界？小山整把济南围了个圈儿，只有北边缺着点口儿。这一圈小山在冬天特别可爱，好像是把济南放在一个小摇篮里，它们安静不动地低声地说："你们放心吧，这儿准保暖和。"真的，济南的人们在冬天是面上含笑的。他们一看那些小山，心中便觉得有了着落，有了依靠。他们由天上看到山上便不知不觉地想起：明天也许就是春天了吧？这样的温暖，今天夜里山草也许就绿起来了吧？就是这点儿幻想不能一时实现，他们也并不着急，因为这样慈善的冬天，干什么还希望别的呢！

最妙的是下点儿小雪呀。看吧，山上的矮松越发的青黑，树尖儿上//顶着一髻儿白花，好像日本看护妇。山尖儿全白了，给蓝天镶上一道银边。山坡上，有的地方雪厚点儿，有的地方草色还露着；这样，一道儿白，一道儿暗黄，给山们穿上一件带水纹儿的花衣；看着看着，这件花衣好像被风儿吹动，叫你希望看见一点儿更美的山的肌肤。等到快日落的时候，微黄的阳光斜射在山腰上，那点儿薄雪好像忽然害羞，微微露出点儿粉色。就是下小雪吧，济南是受不住大雪的，那些小山太秀气。

节选自老舍《济南的冬天》

作品18号

纯朴的家乡村边有一条河，曲曲弯弯，河中架一弯石桥，弓样的小桥跨两岸。

每天，不管是鸡鸣晓月，日丽中天，还是月华泻地，小桥都印下串串足迹，洒落串串汗珠。那是乡亲为了追求多棱的希望，兑现美好的遐想。弯弯小桥，不时荡过轻吟低唱，不时露出舒心的笑容。

因而，我稚小的心灵，曾将心声献给小桥：你是一弯银色的新月，给人间普照光辉；你是一把闪亮的镰刀，割刈着欢笑的花果；你是一根晃悠悠的扁担，挑起了彩色的明天！哦，小桥走进我的梦中。

我在漂泊他乡的岁月，心中总涌动着故乡的河水，梦中总看到弓样的小桥。当我访南疆探北国，眼帘闯进座座雄伟的长桥时，我的梦变得丰满了，增添了赤橙黄绿青蓝紫。

三十多年过去，我带着满头霜花回到故乡，第一紧要的便是去看望小桥。

啊！小桥呢？它躲起来了？河中一道长虹，浴着朝霞熠熠闪光。哦，雄浑的大桥敞开胸怀，汽车的呼啸、摩托的笛音、自行车的叮铃，合奏着进行交响乐；南来的钢筋、花布，北往的柑橙、家禽，绘出交流欢跃图……

啊！蜕变的桥，传递了家乡进步的消息，透露了家乡富裕的声音。时代的春风，美好的追求，我蓦地记起儿时唱//给小桥的歌，哦，明艳艳的太阳照耀了，芳香甜蜜的花果捧来了，五彩斑斓的岁月拉开了！

我心中涌动的河水，激荡起甜美的浪花。我仰望一碧蓝天，心底轻声呼喊：家乡的桥啊，我梦中的桥！

节选自郑莹《家乡的桥》

作品 19 号

　　三百多年前,建筑设计师莱伊恩受命设计了英国温泽市政府大厅。他运用工程力学的知识,依据自己多年的实践,巧妙地设计了只用一根柱子支撑的大厅天花板。一年以后,市政府权威人士进行工程验收时,却说只用一根柱子支撑天花板太危险,要求莱伊恩再多加几根柱子。

　　莱伊恩自信只要一根坚固的柱子足以保证大厅安全,他的"固执"惹恼了市政官员,险些被送上法庭。他非常苦恼,坚持自己原先的主张吧,市政官员肯定会另找人修改设计;不坚持吧,又有悖自己为人的准则。矛盾了很长一段时间,莱伊恩终于想出了一条妙计,他在大厅里增加了四根柱子,不过这些柱子并未与天花板接触,只不过是装装样子。

　　三百多年过去了,这个秘密始终没有被人发现。直到前两年,市政府准备修缮大厅的天花板,才发现莱伊恩当年的"弄虚作假"。消息传出后,世界各国的建筑专家和游客云集。当地政府对此也不加掩饰,在新世纪到来之际,特意将大厅作为一个旅游景点对外开放,旨在引导人们崇尚和相信科学。

　　作为一名建筑师,莱伊恩并不是最出色的。但作为一个人,他无疑非常伟大,这种//伟大表现在他始终恪守着自己的原则,给高贵的心灵一个美丽的住所,哪怕是遭遇到最大的阻力,也要想办法抵达胜利。

节选自游宇明《坚守你的高贵》

作品 20 号

　　自从传言有人在萨文河畔散步时无意发现了金子后,这里便常有来自四面八方的淘金者。他们都想成为富翁,于是寻遍了整个河床,还在河床上挖出很多大坑,希望借助它们找到更多的金子。的确,有一些人找到了,但另外一些人因为一无所得而只好扫兴归去。

　　也有不甘心落后的,便驻扎在这里,继续寻找。彼得·弗雷特就是其中一员。他在河床附近买了一块没人要的土地,一个人默默地工作。他为了找金子,已把所有的钱都押在这块土地上。他埋头苦干了几个月,直到土地全变成了坑坑洼洼,他失望了——他翻遍了整块土地,但连一丁点儿金子都没看见。

　　六个月后,他连买面包的钱都没有了。于是他准备离开这儿到别处去谋生。

　　就在他即将离去的前一个晚上,天下起了倾盆大雨,并且一下就是三天三夜。雨终于停了,彼得走出小木屋,发现眼前的土地看上去好像和以前不一样:坑坑洼洼已被大水冲刷平整,松软的土地上长出一层绿茸茸的小草。

　　"这里没找到金子,"彼得忽有所悟地说,"但这土地很肥沃,我可以用来种花,并且拿到镇上去卖给那些富人,他们一定会买些花装扮他们华丽的客厅。//如果真是这样的话那么我一定会赚许多钱,有朝一日我也会成为富人……"

于是他留了下来。彼得花了不少精力培育花苗,不久田地里长满了美丽娇艳的各色鲜花。

五年以后,彼得终于实现了他的梦想——成了一个富翁。"我是唯一的一个找到真金的人!"他时常不无骄傲地告诉别人,"别人在这儿找不到金子后便远远地离开,而我的'金子'是在这块土地里,只有诚实的人用勤劳才能采集到。"

节选自陶猛译《金子》

作品 21 号

我在加拿大学习期间遇到过两次募捐,那情景至今使我难以忘怀。

一天,我在渥太华的街上被两个男孩子拦住去路,他们十来岁,穿得整整齐齐,每人头上戴着个做工精巧、色彩鲜艳的纸帽,上面写着"为帮助患小儿麻痹的伙伴募捐"。其中的一个,不由分说就坐在小凳上给我擦起皮鞋来,另一个则彬彬有礼地发问:"小姐,您是哪国人?喜欢渥太华吗?""小姐,在你们国家有没有小孩儿患小儿麻痹?谁给他们医疗费?"一连串的问题,使我这个有生以来头一次在众目睽睽之下让别人擦鞋的异乡人,从近乎狼狈的窘态中解脱出来。我们像朋友一样聊起天来……

几个月之后,也是在街上。一些十字路口处或车站坐着几位老人。他们满头银发,身穿各种老式军装,上面布满了大大小小形形色色的徽章、奖章,每人手捧一大束鲜花,有水仙、石竹、玫瑰及叫不出名字的一色雪白。匆匆过往的行人纷纷止步,把钱投进这些老人身旁的白色木箱内,然后向他们微微鞠躬,从他们手中接过一朵花。我看了一会儿,有人投一两元,有人投几百元,还有人掏出支票填好后投进木箱。那些老军人毫不注意人们捐多少钱,一直不//停地向人们低声道谢。同行的朋友告诉我,这是为纪念二次大战中参战的勇士,募捐救济残废军人和烈士遗孀,每年一次;认捐的人可谓踊跃,而且秩序井然,气氛庄严。有些地方,人们还耐心地排着队。我想,这是因为他们都知道:正是这些老人的流血牺牲换来了包括他们信仰自由在内的许许多多。

我两次把那微不足道的一点儿钱捧给他们,只想对他们说声"谢谢"。

节选自青白《捐诚》

作品 22 号

没有一片绿叶,没有一缕炊烟,没有一粒泥土,没有一丝花香,只有水的世界,云的海洋。

一阵台风袭过,一只孤单的小鸟无家可归,落到被卷到洋里的木板上,乘流而下,姗姗而来,近了,近了!……

忽然,小鸟张开翅膀,在人们头顶盘旋了几圈儿,"噗啦"一声落到了船上。许是累了?还是发现了"新大陆"?水手撵它它不走,抓它它乖乖地落在掌心。可爱的小鸟和善良的水手结成了朋友。

瞧,它多美丽,娇巧的小嘴,啄理着绿色的羽毛,鸭子样的扁脚,呈现出春草的鹅黄。水手们把它带到舱里,给它"搭铺",让它在船上安家落户,每天,把分到的一塑料桶淡水匀给它喝,把从祖国带来的鲜美的鱼肉分给它吃,天长日久,小鸟和水手的感情日趋笃厚。清晨,当第一束阳光射进舷窗时,它便敞开美丽的歌喉,唱啊唱,嘤嘤有韵,宛如春水淙淙。人类给它以生命,它毫不悭吝地把自己的艺术青春奉献给了哺育它的人。可能都是这样?艺术家们的青春只会献给尊敬他们的人。

小鸟给远航生活蒙上了一层浪漫色调,返航时,人们爱不释手,恋恋不舍地想把它带到异乡。可小鸟憔悴了,给水,不喝!喂肉,不吃!油亮的羽毛失去了光泽。是啊,我//们有自己的祖国,小鸟也有它的归宿,人和动物都是一样啊,哪儿也不如故乡好!

慈爱的水手们决定放开它,让它回到大海的摇篮去,回到蓝色的故乡去。离别前,这个大自然的朋友与水手们留影纪念。它站在许多人的头上,肩上,掌上,胳膊上,与喂养过它的人们,一起融进那蓝色的画面……

节选自王文杰《可爱的小鸟》

作品 23 号

纽约的冬天常有大风雪,扑面的雪花不但令人难以睁开眼睛,甚至呼吸都会吸入冰冷的雪花。有时前一天晚上还是一片晴朗,第二天拉开窗帘,却已经积雪盈尺,连门都推不开了。

遇到这样的情况,公司、商店常会停止上班,学校也通过广播,宣布停课。但令人不解的是,唯有公立小学,仍然开放。只见黄色的校车,艰难地在路边接孩子,老师则一大早就口中喷着热气,铲去车子前后的积雪,小心翼翼地开车去学校。

据统计,十年来纽约的公立小学只因为超级暴风雪停过七次课。这是多么令人惊讶的事。犯得着在大人都无须上班的时候让孩子去学校吗?小学的老师也太倒霉了吧?

于是,每逢大雪而小学不停课时,都有家长打电话去骂。妙的是,每个打电话的人,反应全一样——先是怒气冲冲地责问,然后满口道歉,最后笑容满面地挂上电话。原因是,学校告诉家长:

在纽约有许多百万富翁,但也有不少贫困的家庭。后者白天开不起暖气,供不起午餐,孩子的营养全靠学校里免费的中饭,甚至可以多拿些回家当晚餐。学校停课一天,穷孩子就受一天冻,挨一天饿,所以老师们宁愿自己苦一点儿,也不能停//课。

或许有家长会说:何不让富裕的孩子在家里,让贫穷的孩子去学校享受暖气和营养午餐呢?

学校的答复是:我们不愿让那些穷苦的孩子感到他们是在接受救济,因为施舍的最高原则是保持受施者的尊严。

节选自(台湾)刘墉《课不能停》

作品 24 号

十年,在历史上不过是一瞬间。只要稍加注意,人们就会发现:在这一瞬间里,各种事物都悄悄经历了自己的千变万化。

这次重新访日,我处处感到亲切和熟悉,也在许多方面发觉了日本的变化。就拿奈良的一个角落来说吧,我重游了为之感受很深的唐招提寺,在寺内各处匆匆走了一遍,庭院依旧,但意想不到还看到了一些新的东西。其中之一,就是近几年从中国移植来的"友谊之莲"。

在存放鉴真遗像的那个院子里,几株中国莲昂然挺立,翠绿的宽大荷叶正迎风而舞,显得十分愉快。开花的季节已过,荷花朵朵已变为莲蓬累累。莲子的颜色正在由青转紫,看来已经成熟了。

我禁不住想:"因"已转化为"果"。

中国的莲花开在日本,日本的樱花开在中国,这不是偶然。我希望这样一种盛况延续不衰。可能有人不欣赏花,但决不会有人欣赏落在自己面前的炮弹。

在这些日子里,我看到了不少多年不见的老朋友,又结识了一些新朋友。大家喜欢涉及的话题之一,就是古长安和古奈良。那还用得着问吗,朋友们缅怀过去,正是瞩望未来。瞩目于未来的人们必将获得未来。

我不例外,也希望一个美好的未来。

为//了中日人民之间的友谊,我将不浪费今后生命的每一瞬间。

节选自严文井《莲花和樱花》

作品 25 号

梅雨潭闪闪的绿色招引着我们,我们开始追捉她那离合的神光了。揪着草,攀着乱石,小心探身下去,又鞠躬过了一个石穹门,便到了汪汪一碧的潭边了。

瀑布在襟袖之间,但是我的心中已没有瀑布了。我的心随潭水的绿而摇荡。那醉人的绿呀!仿佛一张极大极大的荷叶铺着,满是奇异的绿呀。我想张开两臂抱住她,但这是怎样一个妄想啊。

站在水边,望到那面,居然觉着有些远呢!这平铺着、厚积着的绿,着实可爱。她松松的皱缬着,像少妇拖着的裙幅;她滑滑的明亮着,像涂了"明油"一般,鸡蛋清那样软,那样嫩;她又不杂些尘滓,宛然一块温润的碧玉,只清清的一色——但你却看不透她!

我曾见过北京什刹海拂地的绿杨,脱不了鹅黄的底子,似乎太淡了。我又曾见过杭州虎跑寺近旁高峻而深密的"绿壁",丛叠着无穷的碧草与绿叶的,那又似乎太浓了。其余呢,西湖的波太明了,秦淮河的也太暗了。可爱的,我将什么来比拟你呢?我怎么比拟得出呢?大约潭是很深的,故能蕴蓄着这样奇异的绿;仿佛蔚蓝的天融了一块在里面似的,这才这般的鲜润啊。

那醉人的绿呀!我若能裁你以为带,我将赠给那轻盈的//舞女,她必能临风飘举了。我若能挹你以为眼,我将赠给那善歌的盲妹,她必能明眸善睐了。我舍不得你,我怎舍得你呢?我用手拍着你,抚摩着你,如同一个十二三岁的小姑娘。我又掬你入口,便是吻着她了。我送你一个名字,我从此叫你"女儿绿",好吗?

第二次到仙岩的时候,我不禁惊诧于梅雨潭的绿了。

节选自朱自清《绿》

作品 26 号

我们家的后园有半亩空地,母亲说:"让它荒着怪可惜的,你们那么爱吃花生,就开辟出来种花生吧。"我们姐弟几个都很高兴,买种,翻地,播种,浇水,没过几个月,居然收获了。

母亲说:"今晚我们过一个收获节,请你们父亲也来尝尝我们的新花生,好不好?"我们都说好。母亲把花生做成了好几样食品,还吩咐就在后园的茅亭里过这个节。

晚上天色不太好,可是父亲也来了,实在很难得。

父亲说:"你们爱吃花生吗?"

我们争着答应:"爱!"

"谁能把花生的好处说出来?"

姐姐说:"花生的味美。"

哥哥说:"花生可以榨油。"

我说:"花生的价钱便宜,谁都可以买来吃,都喜欢吃。这就是它的好处。"

父亲说:"花生的好处很多,有一样最可贵:它的果实埋在地里,不像桃子、石榴、苹果那样,把鲜红嫩绿的果实高高地挂在枝头上,使人一见就生爱慕之心。你们看它矮矮地长在地上,等到成熟了,也不能立刻分辨出来它有没有果实,必须挖出来才知道。"

我们都说是,母亲也点点头。

父亲接下去说:"所以你们要像花生,它虽然不好看,可是很有用,不是外表好看而没有实用的东西。"

我说:"那么,人要做有用的人,不要做只讲体面,而对别人没有好处的人了。"//

父亲说:"对。这是我对你们的希望。"

我们谈到夜深才散。花生做的食品都吃完了。父亲的话却深深地印在我的心上。

节选自许地山《落花生》

作品 27 号

我打猎归来,沿着花园的林阴路走着。狗跑在我前边。

突然,狗放慢脚步,蹑足潜行,好像嗅到了前边有什么野物。

我顺着林阴路望去,看见了一只嘴边还带黄色、头上生着柔毛的小麻雀。风猛烈地吹打着林阴路上的白桦树,麻雀从巢里跌落下来,呆呆地伏在地上孤立无援地张开两只羽毛还未丰满的小翅膀。

我的狗慢慢向它靠近。忽然,从附近一棵树上飞下一只黑胸脯的老麻雀,像一颗石子似的落到狗的跟前。老麻雀全身倒竖着羽毛,惊恐万状,发出绝望、凄惨的叫声,接着向露出牙齿、大张着的狗嘴扑去。

老麻雀是猛扑下来救护幼雀的。它用身体掩护着自己的幼儿……但它整个小小的身体因恐怖而战栗着,它小小的声音也变得粗暴嘶哑,它在牺牲自己!

在它看来,狗该是多么庞大的怪物啊!然而它还是不能站在自己高高的、安全的树枝上……一种比它的理智更强烈的力量,使它从那儿扑下身来。

我的狗站住了,向后退了退……看来,它也感到了这种力量。

我赶紧唤住惊慌失措的狗,然后我怀着崇敬的心情,走开了。

是啊,请不要见笑。我崇敬那只小小的、英勇的鸟儿,我崇敬它那种爱的冲动和力量。

爱,我//想,比死和死的恐惧更强大。只有依靠它,依靠这种爱,生命才能维持下去,发展下去。

节选自[俄]屠格涅夫《麻雀》,巴金译

作品 28 号

那年我六岁。离我家仅一箭之遥的小山坡旁,有一个早已被废弃的采石场,双亲从来不准我去那儿,其实那儿风景十分迷人。

一个夏季的下午,我随着一群小伙伴偷偷上那儿去了。就在我们穿越了一条孤寂的小路后,他们却把我一个人留在原地,然后奔向"更危险的地带"了。

等他们走后,我惊慌失措地发现,再也找不到要回家的那条孤寂的小道了。像只无头的苍蝇,我到处乱钻,衣裤上挂满了芒刺。太阳已落山,而此时此刻,家里一定开始吃晚餐了,双亲正盼着我回家……想着想着,我不由得背靠着一棵树,伤心地呜呜大哭起来……

突然,不远处传来了声声柳笛。我像找到了救星,急忙循声走去。一条小道边的树桩上坐着一位吹笛人,手里还正削着什么。走近细看,他不就是被大家称为"乡巴佬儿"的卡廷吗?

"你好,小家伙儿,"卡廷说,"看天气多美,你是出来散步的吧?"

我怯生生地点点头,答道:"我要回家了。"

"请耐心等上几分钟,"卡廷说,"瞧,我正在削一支柳笛,差不多就要做好了,完工后就送给你吧!"

卡廷边削边不时把尚未成形的柳笛放在嘴里试吹一下。没过多久,一支柳笛便递到我手中。我俩在一阵阵清脆悦耳的笛音//中,踏上了归途……

当时,我心中只充满感激,而今天,当我自己也成了祖父时,却突然领悟到他用心之良苦!那天当他听到我的哭声时,便判定我一定迷了路,但他并不想在孩子面前扮演"救星"的角色,于是吹响柳笛以便让我能发现他,并跟着他走出困境!就这样,卡廷先生以乡下人的纯朴,保护了一个小男孩儿强烈的自尊。

节选自唐若水译《迷途笛音》

作品 29 号

在浩瀚无垠的沙漠里,有一片美丽的绿洲,绿洲里藏着一颗闪光的珍珠。这颗珍珠就是敦煌莫高窟。它坐落在我国甘肃省敦煌市三危山和鸣沙山的怀抱中。

鸣沙山东麓是平均高度为十七米的崖壁。在一千六百多米长的崖壁上,凿有大小洞窟七百余个,形成了规模宏伟的石窟群。其中四百九十二个洞窟中,共有彩色塑像两千一百余尊,各种壁画共四万五千多平方米。莫高窟是我国古代无数艺术匠师留给人类的珍贵文化遗产。

莫高窟的彩塑,每一尊都是一件精美的艺术品。最大的有九层楼那么高,最小的还不如一个手掌大。这些彩塑个性鲜明,神态各异。有慈眉善目的菩萨,有威风凛凛的天王,还有强壮勇猛的力士……

莫高窟壁画的内容丰富多彩,有的是描绘古代劳动人民打猎、捕鱼、耕田、收割的情景,有的是描绘人们奏乐、舞蹈、演杂技的场面,还有的是描绘大自然的美丽风光。其中最引人注目的是飞天。壁画上的飞天,有的臂挎花篮,采摘鲜花;有的反弹琵琶,轻拨银弦;有的倒悬身子,自天而降;有的彩带飘拂,漫天遨游;有的舒展着双臂,翩翩起舞。看着这些精美动人的壁画,就像走进了//灿烂辉煌的艺术殿堂。

莫高窟里还有一个面积不大的洞窟——藏经洞。洞里曾藏有我国古代的各种经卷、文书、帛画、刺绣、铜像等共六万多件。由于清朝政府腐败无能,大量珍贵的文物被外国强盗掠走。仅存的部分经卷,现在陈列于北京故宫等处。

莫高窟是举世闻名的艺术宝库。这里的每一尊彩塑、每一幅壁画、每一件文物,都是中国古代人民智慧的结晶。

节选自小学《语文》第六册中《莫高窟》

作品 30 号

其实你在很久以前并不喜欢牡丹,因为它总被人作为富贵膜拜。后来你目睹了一次牡丹的落花,你相信所有的人都会为之感动:一阵清风徐来,娇艳鲜嫩的盛期牡丹忽然整朵整朵地坠落,铺撒一地绚丽的花瓣。那花瓣落地时依然鲜艳夺目,如同一只奉上祭坛的大鸟脱落的羽毛,低吟着壮烈的悲歌离去。

牡丹没有花谢花败之时,要么烁于枝头,要么归于泥土,它跨越委顿和衰老,由青春而死亡,由美丽而消逝。它虽美却不吝惜生命,即使告别也要展示给人最后一次的惊心动魄。

所以在这阴冷的四月里,奇迹不会发生。任凭游人扫兴和诅咒,牡丹依然安之若素。它不苟且、不俯就、不妥协、不媚俗。甘愿自己冷落自己。它遵循自己的花期自己的规律,它有权利为自己选择每年一度的盛大节日。它为什么不拒绝寒冷?

天南海北的看花人,依然络绎不绝地涌入洛阳城。

人们不会因牡丹的拒绝而拒绝它的美。如果它再被贬谪十次,也许它就会繁衍出十个洛阳牡丹城。

于是你在无言的遗憾中感悟到,富贵与高贵只是一字之差。同人一样,花儿也是有灵性的,更有品位之高低。品位这东西为气为魂为//筋骨为神韵,只可意会。你叹服牡丹卓尔不群之姿,方知品位是多么容易被世人忽略或是漠视的美。

节选自张抗抗《牡丹的拒绝》

作品 31 号

森林涵养水源,保持水土,防止水旱灾害的作用非常大。据专家测算,一片十万亩面积的森林,相当于一个两百万立方米的水库,这正如农谚所说的:"山上多栽树,等于修水库。雨多它能吞,雨少它能吐。"

说起森林的功劳,那还多得很。它除了为人类提供木材及许多种生产、生活的原料之外,在维护生态环境方面也是功劳卓著,它用另一种"能吞能吐"的特殊功能孕育了人类。因为地球在形成之初,大气中的二氧化碳含量很高,氧气很少,气温也高,生物是难以生存的。大约在四亿年之前,陆地才产生了森林。森林慢慢将大气中的二氧化碳吸收,同时吐出新鲜氧气,调节气温,这才具备了人类生存的条件,地球上才最终有了人类。

森林,是地球生态系统的主体,是大自然的总调度室,是地球的绿色之肺。森林维护地球生态环境的这种"能吞能吐"的特殊功能是其他任何物体都不能取代的。然而,由于地球上的燃烧物增多,二氧化碳的排放量急剧增加,使得地球生态环境急剧恶化,主要表现为全球气候变暖,水分蒸发加快,改变了气流的循环,使气候变化加剧,从而引发热浪、飓风、暴雨、洪涝及干旱。

为了//使地球的这个"能吞能吐"的绿色之肺能恢复健壮,以改善生态环境,抑制全球变暖,减少水旱等自然灾害,我们应该大力造林、护林,使每一座荒山都绿起来。

节选自《中考语文课外阅读试题精选》中《"能吞能吐"的森林》

作品32号

朋友即将远行。

暮春时节,又邀了几位朋友在家小聚。虽然都是极熟的朋友,却是终年难得一见,偶尔电话里相遇,也无非是几句寻常话。一锅小米稀饭,一碟大头菜,一盘自家酿制的泡菜,一只巷口买回的烤鸭,简简单单,不像请客,倒像家人团聚。

其实,友情也好,爱情也好,久而久之都会转化为亲情。

说也奇怪,和新朋友会谈文学、谈哲学、谈人生道理等等,和老朋友却只话家常,柴米油盐,细细碎碎,种种琐事。很多时候,心灵的契合已经不需要太多的言语来表达。

朋友新烫了个头,不敢回家见母亲,恐怕惊骇了老人家,却欢天喜地来见我们,老朋友颇能以一种趣味性的眼光欣赏这个改变。

年少的时候,我们差不多都在为别人而活,为苦口婆心的父母活,为循循善诱的师长活,为许多观念、许多传统的约束力而活。年岁逐增,渐渐挣脱外在的限制与束缚,开始懂得为自己活,照自己的方式做一些自己喜欢的事,不在乎别人的批评意见,不在乎别人的诋毁流言,只在乎那一分随心所欲的舒坦自然。偶尔,也能够纵容自己放浪一下,并且有一种恶作剧的窃喜。

就让生命顺其自然,水到渠成吧,犹如窗前的//乌桕自生自落之间,自有一份圆融丰满的喜悦。春雨轻轻落着,没有诗,没有酒,有的只是一份相知相属的自在自得。

夜色在笑语中渐渐沉落,朋友起身告辞,没有挽留,没有送别,甚至也没有问归期。

已经过了大喜大悲的岁月,已经过了伤感流泪的年华,知道了聚散原来是这样的自然和顺理成章,懂得这点,便懂得珍惜每一次相聚的温馨,离别便也欢喜。

节选自(台湾)杏林子《朋友和其他》

作品 33 号

我们在田野散步：我，我的母亲，我的妻子和儿子。

母亲本不愿出来的。她老了，身体不好，走远一点儿就觉得很累。我说，正因为如此，才应该多走走。母亲信服地点点头，便去拿外套。她现在很听我的话，就像我小时候很听她的话一样。

这南方初春的田野，大块小块的新绿随意地铺着，有的浓，有的淡，树上的嫩芽也密了，田里的冬水也咕咕地起着水泡。这一切都使人想着一样东西——生命。

我和母亲走在前面，我的妻子和儿子走在后面。小家伙突然叫起来："前面是妈妈和儿子，后面也是妈妈和儿子。"我们都笑了。

后来发生了分歧，母亲要走大路，大路平顺；我的儿子要走小路，小路有意思。

不过，一切都取决于我。我的母亲老了，她早已习惯听从她强壮的儿子；我的儿子还小，他还习惯听从他高大的父亲；妻子呢，在外面，她总是听我的。一霎时我感到了责任的重大。我想找一个两全的办法，找不出；我想拆散一家人，分成两路，各得其所，终不愿意。我决定委屈儿子，因为我伴同他的时日还长。我说："走大路。"

但是母亲摸摸孙儿的小脑瓜儿，变了主意："还是走小路吧。"她的眼随小路望去，那里有金色的菜花，两行整齐的桑树，//尽头一口水波粼粼的鱼塘。"我走不过去的地方，你就背着我。"母亲对我说。

这样，我们在阳光下，向着那菜花、桑树和鱼塘走去。到了一处，我蹲下来，背起了母亲；妻子也蹲下来，背起了儿子。我和妻子都是慢慢地，稳稳地，走得很仔细，好像我背上的同她背上的加起来，就是整个世界。

节选自莫怀戚《散步》

作品 34 号

地球上是否真的存在"无底洞"？按说地球是圆的，由地壳、地幔和地核三层组成，真正的"无底洞"是不应存在的，我们所看到的各种山洞、裂口、裂缝甚至火山口也都只是地壳浅部的一种现象。然而中国一些古籍却多次提到海外有个深奥莫测的无底洞。事实上地球上确实有这样一个"无底洞"。

它位于希腊亚各斯古城的海滨。由于濒临大海，大涨潮时，汹涌的海水便会排山倒海般地涌入洞中，形成一股湍湍的急流。据测，每天流入洞内的海水量达三万多吨。奇怪的是，如此大量的海水灌入洞中，却从来没有把洞灌满。曾有人怀疑，这个"无底洞"会不会就像石灰岩地区的漏斗、竖井、落水洞一类的地形。然而从二十世纪三十年代以来，人们就做了多种努力企图寻找它的出口，却都是枉费心机。

为了揭开这个秘密，一九五八年美国地理学会派出一支考察队，他们把一种经久不变的带色染料溶解在海水中,观察染料是如何随着海水一起沉下去。接着又察看了附近海面以及岛上的各条河、各个湖,满怀希望地寻找这种带颜色的水,结果令人失望。难道是海水量太大把有色水稀释得太淡,以致无法发现?//

至今谁也不知道为什么这里的海水会没完没了地"漏"下去,这个"无底洞"的出口又在哪里,每天大量的海水究竟都流到哪里去了?

节选自罗伯特·罗威尔《神秘的"无底洞"》

作品 35 号

我在俄国见到的景物再没有比托尔斯泰墓更宏伟、更感人的。

完全按照托尔斯泰的愿望,他的坟墓成了世间最美的,给人印象最深刻的坟墓。它只是树林中的一个小小的长方形土丘,上面开满鲜花——没有十字架,没有墓碑,没有墓志铭,连托尔斯泰这个名字也没有。

这个比谁都感到受自己的声名所累的伟人,却像偶尔被发现的流浪汉,不为人知的士兵,不留名姓地被人埋葬了。谁都可以踏进他最后的安息地,围在四周的稀疏的木栅栏是不关闭的——保护列夫·托尔斯泰得以安息的没有任何别的东西,唯有人们的敬意;而通常,人们却总是怀着好奇,去破坏伟人墓地的宁静。

这里,逼人的朴素禁锢住任何一种观赏的闲情,并且不容许你大声说话。风儿俯临,在这座无名者之墓的树木之间飒飒响着,和暖的阳光在坟头嬉戏;冬天,白雪温柔地覆盖这片幽暗的土地。无论你在夏天或冬天经过这儿,你都想象不到,这个小小的、隆起的长方体里安放着一位当代最伟大的人物。

然而,恰恰是这座不留姓名的坟墓,比所有挖空心思,用大理石和奢华装饰建造的坟墓更扣人心弦。在今天这个特殊的日子里,//到他的安息地来的成百上千人中间,没有一个有勇气,哪怕仅仅从这幽暗的土丘上摘下一朵花留作纪念。人们重新感到世界上再没有比托尔斯泰最后留下的、这座纪念碑式的朴素坟墓,更打动人心的了。

节选自[奥]茨威格《世间最美的坟墓》,张厚仁译

作品 36 号

我国的建筑,从古代的宫殿到近代的一般住房,绝大部分是对称的,左边怎么样,右边怎么样。苏州园林可绝不讲究对称,好像故意避免似的。东边有了一个亭子或者一道回廊,西边决不会来一个同样的亭子或者一道同样的回廊。这是为什么?我想,用图画来比方,对称的建筑是图案画,不是美术画,而园林是美术画,美术画要求自然之趣,是不讲究对称的。

苏州园林里都有假山和池沼。

假山的堆叠，可以说是一项艺术而不仅是技术。或者是重峦叠嶂，或者是几座小山配合着竹子花木，全在乎设计者和匠师们生平多阅历，胸中有丘壑，才能使游览者攀登的时候忘却苏州城市，只觉得身在山间。

　　至于池沼，大多引用活水。有些园林池沼宽敞，就把池沼作为全园的中心，其他景物配合着布置。水面假如成河道模样，往往安排桥梁。假如安排两座以上的桥梁，那就一座一个样，决不雷同。

　　池沼或河道的边沿很少砌齐整的石岸，总是高低屈曲任其自然。还在那儿布置几块玲珑的石头，或者种些花草。这也是为了取得从各个角度看都成一幅画的效果。池沼里养着金鱼或各色鲤鱼，夏秋季节荷花或睡莲开//放，游览者看"鱼戏莲叶间"，又是入画的一景。

节选自叶圣陶《苏州园林》

作品 37 号

　　一位访美中国女作家，在纽约遇到一位卖花的老太太。老太太穿着破旧，身体虚弱，但脸上的神情却是那样祥和兴奋。女作家挑了一朵花说："看起来，你很高兴。"老太太面带微笑地说："是的，一切都这么美好，我为什么不高兴呢？""对烦恼，你倒真能看开。"女作家又说了一句。没料到，老太太的回答更令女作家大吃一惊："耶稣在星期五被钉上十字架时，是全世界最糟糕的一天，可三天后就是复活节。所以，当我遇到不幸时，就会等待三天，这样一切就恢复正常了。"

　　"等待三天"，多么富于哲理的话语，多么乐观的生活方式。它把烦恼和痛苦抛下，全力去收获快乐。

　　沈从文在"文革"期间，陷入了非人的境地。可他毫不在意，他在咸宁时给他的表侄、画家黄永玉写信说："这里的荷花真好，你若来……"身陷苦难却仍为荷花的盛开欣喜赞叹不已，这是一种趋于澄明的境界，一种旷达洒脱的胸襟，一种面临磨难坦荡从容的气度，一种对生活童子般的热爱和对美好事物无限向往的生命情感。

　　由此可见，影响一个人快乐的，有时并不是困境及磨难，而是一个人的心态。如果把自己浸泡在积极、乐观、向上的心态中，快乐必然会//占据你的每一天。

节选自《态度创造快乐》

作品 38 号

　　泰山极顶看日出，历来被描绘成十分壮观的奇景。有人说：登泰山而看不到日出，就像一出大戏没有戏眼，味儿终究有点寡淡。

　　我去爬山那天，正赶上个难得的好天，万里长空，云彩丝儿都不见。素常，烟雾腾腾的山头,显得眉目分明。同伴们都欣喜地说:"明天早晨准可以看见日出了。"我也是抱着这种想头,爬上山去。

一路从山脚往上爬,细看山景,我觉得挂在眼前的不是五岳独尊的泰山,却像一幅规模惊人的青绿山水画,从下面倒展开来。在画卷中最先露出的是山根底那座明朝建筑岱宗坊,慢慢地便现出王母池、斗母宫、经石峪。山是一层比一层深,一叠比一叠奇,层层叠叠,不知还会有多深多奇。万山丛中,时而点染着极其工细的人物。王母池旁的吕祖殿里有不少尊明塑,塑着吕洞宾等一些人,姿态神情是那样有生气,你看了,不禁会脱口赞叹说:"活啦。"

画卷继续展开,绿阴森森的柏洞露面不太久,便来到对松山。两面奇峰对峙着,满山峰都是奇形怪状的老松,年纪怕都上千岁了,颜色竟那么浓,浓得好像要流下来似的。来到这儿,你不妨权当一次画里的写意人物,坐在路旁的对松亭里,看看山色,听听流//水和松涛。

一时间,我又觉得自己不仅是在看画卷,却又像是在零零乱乱翻动着一卷历史稿本。

节选自杨朔《泰山极顶》

作品39号

育才小学校长陶行知在校园看到学生王友用泥块砸自己班上的同学,陶行知当即喝止了他,并令他放学后到校长室去。无疑,陶行知是要好好教育这个"顽皮"的学生。那么他是如何教育的呢?

放学后,陶行知来到校长室,王友已经等在门口准备挨训了。可一见面,陶行知却掏出一块糖果送给王友,并说:"这是奖给你的,因为你按时来到这里,而我却迟到了。"王友惊疑地接过糖果。

随后,陶行知又掏出一块糖果放到他手里,说:"这第二块糖果也是奖给你的,因为当我不让你再打人时,你立即就住手了,这说明你很尊敬我,我应该奖你。"王友更惊疑了,他眼睛睁得大大的。

陶行知又掏出第三块糖果塞到王友手里,说:"我调查过了,你用泥块砸那些男生是因为他们不守游戏规则,欺负女生;你砸他们,说明你很正直善良,且有批评不良行为的勇气,应该奖励你啊!"王友感动极了,他流着泪后悔地喊道:"陶……陶校长你打我两下吧!我砸的不是坏人,而是自己的同学啊……"

陶行知满意地笑了,他随即掏出第四块糖果递给王友,说:"为你正确地认识错误,我再奖给你一块糖果,只可惜我只有这一块糖果了。我的糖果//没有了,我看我们的谈话也该结束了吧!"说完,就走出了校长室。

节选自《教师博览·百期精华》中《陶行知的"四块糖果"》

作品 40 号

享受幸福是需要学习的,当它即将来临的时刻需要提醒。人可以自然而然地学会感官的享乐,却无法天生地掌握幸福的韵律。灵魂的快意同器官的舒适像一对孪生兄弟,时而相傍相依,时而南辕北辙。

幸福是一种心灵的震颤。它像会倾听音乐的耳朵一样,需要不断地训练。

简而言之,幸福就是没有痛苦的时刻。它出现的频率并不像我们想象的那样少。人们常常只是在幸福的金马车已经驶过去很远时,捡起地上的金鬃毛说,原来我见过它。

人们喜爱回味幸福的标本,却忽略它披着露水散发清香的时刻。那时候我们往往步履匆匆,瞻前顾后不知在忙着什么。

世上有预报台风的,有预报蝗灾的,有预报瘟疫的,有预报地震的。没有人预报幸福。

其实幸福和世界万物一样,有它的征兆。

幸福常常是朦胧的,很有节制地向我们喷洒甘霖。你不要总希望轰轰烈烈的幸福,它多半只是悄悄地扑面而来。你也不要企图把水龙头拧得更大,那样它会很快地流失。你需要静静地以平和之心,体验它的真谛。

幸福绝大多数是朴素的。它不会像信号弹似的,在很高的天际闪烁红色的光芒。它披着本色的外//衣,亲切温暖地包裹起我们。

幸福不喜欢喧嚣浮华,它常常在暗淡中降临。贫困中相濡以沫的一块糕饼,患难中心心相印的一个眼神,父亲一次粗糙的抚摸,女友一张温馨的字条……这都是千金难买的幸福啊。像一粒粒缀在旧绸子上的红宝石,在凄凉中愈发熠熠夺目。

节选自毕淑敏《提醒幸福》

作品 41 号

在里约热内卢的一个贫民窟里,有一个男孩子,他非常喜欢足球,可是又买不起,于是就踢塑料盒踢汽水瓶,踢从垃圾箱里拣来的椰子壳。他在胡同里踢,在能找到的任何一片空地上踢。

有一天,当他在一处干涸的水塘里猛踢一个猪膀胱时,被一位足球教练看见了。他发现这个男孩儿踢得很像是那么回事,就主动提出要送给他一个足球。小男孩儿得到足球后踢得更卖劲了。不久,他就能准确地把球踢进远处随意摆放的一个水桶里。

圣诞节到了,孩子的妈妈说:"我们没有钱买圣诞礼物送给我们的恩人,就让我们为他祈祷吧。"

小男孩儿跟随妈妈祈祷完毕,向妈妈要了一把铲子便跑了出去。他来到一座别墅前的花园里,开始挖坑。

就在他快要挖好坑的时候,从别墅里走出一个人来,问小孩儿在干什么,孩子抬起满是汗珠的脸蛋儿,说:"教练,圣诞节到了,我没有礼物送给您,我愿给您的圣诞树挖一个树坑。"

教练把小男孩儿从树坑里拉上来,说,我今天得到了世界上最好的礼物。明天你就到我的训练场去吧。

三年后,这位十七岁的男孩儿在第六届足球锦标赛上独进二十一球,为巴西第一次捧回了金杯。一个原//来不为世人所知的名字——贝利,随之传遍世界。

节选自刘燕敏《天才的造就》

作品42号

记得我十三岁时,和母亲住在法国东南部的耐斯城。母亲没有丈夫,也没有亲戚,够清苦的,但她经常能拿出令人吃惊的东西,摆在我面前。她从来不吃肉,一再说自己是素食者。然而有一天,我发现母亲正仔细地用一小块碎面包擦那给我煎牛排用的油锅。我明白了她称自己为素食者的真正原因。

我十六岁时,母亲成了耐斯市美蒙旅馆的女经理。这时,她更忙碌了。一天,她瘫在椅子上,脸色苍白,嘴唇发灰。马上找来医生,做出诊断,她摄取了过多的胰岛素。直到这时我才知道母亲多年一直对我隐瞒的疾痛——糖尿病。

她的头歪向枕头一边,痛苦地用手抓挠胸口。床架上方,则挂着一枚我一九三二年赢得耐斯市少年乒乓球冠军的银质奖章。

啊,是对我的美好前途的憧憬支撑着她活下去,为了给她那荒唐的梦至少加一点真实的色彩,我只能继续努力,与时间竞争,直至一九三八年我被征入空军。巴黎很快失陷,我辗转调到英国皇家空军。刚到英国就接到了母亲的来信。这些信是由在瑞士的一个朋友秘密地转到伦敦,送到我手中的。

现在我要回家了,胸前佩戴着醒目的绿黑两色的解放十字绶//带,上面挂着五六枚我终生难忘的勋章,肩上还佩戴着军官肩章。到达旅馆时,没有一个人跟我打招呼。原来,我母亲在三年半以前就已经离开人间了。

在她死前的几天中,她写了近二百五十封信,把这些信交给她在瑞士的朋友,请这个朋友定时寄给我。就这样,在母亲死后的三年半的时间里,我一直从她身上吸取着力量和勇气——这使我能够继续战斗到胜利那一天。

节选自[法]罗曼·加里《我的母亲独一无二》

作品43号

生活对于任何人都非易事,我们必须有坚韧不拔的精神。最要紧的,还是我们自己要有信心。我们必须相信，我们对每一件事情都具有天赋的才能，并且，无论付出任何代价，都要把这件事完成。当事情结束的时候，你要能问心无愧地说："我已经尽我所能了。"

有一年的春天，我因病被迫在家里休息数周。我注视着我的女儿们所养的蚕正在结茧，这使我很感兴趣。望着这些蚕执着地、勤奋地工作，我感到和它们非常相似。像它们一样，我总是耐心地把自己的努力集中在一个目标上。我之所以如此，或许是因为有某种力量在鞭策着我——正如蚕被鞭策着去结茧一般。

近五十年来，我致力于科学研究，而研究，就是对真理的探讨。我有许多美好快乐的记忆。少女时期我在巴黎大学，孤独地过着求学的岁月；在后来献身科学的整个时期，我丈夫和我专心致志，像在梦幻中一般，坐在简陋的书房里艰辛地研究，后来我们就在那里发现了镭。

我永远追求安静的工作和简单的家庭生活。为了实现这个理想，我竭力保持宁静的环境，以免受人事的干扰和盛名的拖累。

我深信，在科学方面我们有对事业而不//是对财富的兴趣。我的唯一奢望是在一个自由国家中，以一个自由学者的身份从事研究工作。

我一直沉醉于世界的优美之中，我所热爱的科学也不断增加它崭新的远景。我认定科学本身就具有伟大的美。

节选自［波兰］玛丽·居里《我的信念》，剑捷译

作品44号

我为什么非要教书不可？是因为我喜欢当教师的时间安排表和生活节奏。七、八、九三个月给我提供了进行回顾、研究、写作的良机，并将三者有机融合，而善于回顾、研究和总结正是优秀教师素质中不可缺少的成分。

干这行给了我多种多样的"甘泉"去品尝，找优秀的书籍去研读，到"象牙塔"和实际世界里去发现。教学工作给我提供了继续学习的时间保证，以及多种途径、机遇和挑战。

然而，我爱这一行的真正原因，是爱我的学生。学生们在我的眼前成长、变化。当教师意味着亲历"创造"过程的发生——恰似亲手赋予一团泥土以生命，没有什么比目睹它开始呼吸更激动人心的了。

权利我也有了：我有权利去启发诱导，去激发智慧的火花，去问费心思考的问题，去赞扬回答的尝试，去推荐书籍，去指点迷津。还有什么别的权利能与之相比呢？

而且，教书还给我金钱和权利之外的东西，那就是爱心。不仅有对学生的爱，对书籍的爱，对知识的爱，还有老师才能感受到的对"特别"学生的爱。这些学生，有如冥顽

不灵的泥块,由于接受了老师的炽爱才勃发了生机。

所以,我爱教书,还因为,在那些勃发生机的"特别"学//生身上,我有时发现自己和他们呼吸相通,忧乐与共。

节选自[美]彼得·基·贝得勒《我为什么当教师》

作品45号

中国西部我们通常是指黄河与秦岭相连一线以西,包括西北和西南的十二个省、市、自治区。这块广袤的土地面积为五百四十六万平方公里,占国土总面积的百分之五十七;人口二点八亿,占全国总人口的百分之二十三。

西部是华夏文明的源头。华夏祖先的脚步是顺着水边走的:长江上游出土过元谋人牙齿化石,距今约一百七十万年;黄河中游出土过蓝田人头盖骨,距今约七十万年。这两处古人类都比距今约五十万年的北京猿人资格更老。

西部地区是华夏文明的重要发源地。秦皇汉武以后,东西方文化在这里交汇融合,从而有了丝绸之路的驼铃声声,佛院深寺的暮鼓晨钟。敦煌莫高窟是世界文化史上的一个奇迹,它在继承汉晋艺术传统的基础上,形成了自己兼收并蓄的恢宏气度,展现出精美绝伦的艺术形式和博大精深的文化内涵。秦始皇兵马俑、西夏王陵、楼兰古国、布达拉宫、三星堆、大足石刻等历史文化遗产,同样为世界所瞩目,成为中华文化重要的象征。

西部地区又是少数民族及其文化的集萃地,几乎包括了我国所有的少数民族。在一些偏远的少数民族地区,仍保留//了一些久远时代的艺术品种,成为珍贵的"活化石",如纳西古乐、戏曲、剪纸、刺绣、岩画等民间艺术和宗教艺术。特色鲜明、丰富多彩,犹如一个巨大的民族民间文化艺术宝库。

我们要充分重视和利用这些得天独厚的资源优势,建立良好的民族民间文化生态环境,为西部大开发做出贡献。

节选自《中考语文课外阅读试题精选》中《西部文化和西部开发》

作品46号

高兴,这是一种具体的被看得到摸得着的事物所唤起的情绪。它是心理的,更是生理的。它容易来也容易去,谁也不应该对它视而不见失之交臂,谁也不应该总是做那些使自己不高兴也使旁人不高兴的事。让我们说一件最容易做也最令人高兴的事吧,尊重你自己,也尊重别人,这是每一个人的权利,我还要说这是每一个人的义务。

快乐,它是一种富有概括性的生存状态、工作状态。它几乎是先验的,它来自生命本身的活力,来自宇宙、地球和人间的吸引,它是世界的丰富、绚丽、阔大、悠久的体现。

快乐还是一种力量,是埋在地下的根脉。消灭一个人的快乐比挖掘掉一棵大树的根要难得多。

欢欣,这是一种青春的、诗意的情感。它来自面向着未来伸开双臂奔跑的冲力,它来自一种轻松而又神秘、朦胧而又隐秘的激动,它是激情即将到来的预兆,它又是大雨过后的比下雨还要美妙得多也久远得多的回味……

喜悦,它是一种带有形而上色彩的修养的境界。与其说它是一种情绪,不如说它是一种智慧、一种超拔、一种悲天悯人的宽容和理解,一种饱经沧桑的充实和自信,一种光明的理性、一种坚定//的成熟,一种战胜了烦恼和庸俗的清明澄澈。它是一潭清水,它是一抹朝霞,它是无边的平原,它是沉默的地平线。多一点儿、再多一点儿喜悦吧,它是翅膀,也是归巢。它是一杯美酒,也是一朵永远开不败的莲花。

节选自王蒙《喜悦》

作品 47 号

在湾仔,香港最热闹的地方,有一棵榕树,它是最贵的一棵树,不光在香港,在全世界都是最贵的。

树,活的树,又不卖,何言其贵,只因它老,它粗,是个香港百年沧桑的活见证,香港人不忍看着它被砍伐,或者被移走,便跟要占用这片山坡的建筑者谈条件:可以在这儿建大楼盖商厦,但一不准砍树,二不准挪树,必须把它原地精心养起来,成为香港闹市中的一景。太古大厦的建设者最后签了合同,占用这个大山坡建豪华商厦的先决条件是同意保护这棵老树。

树长在半山坡上,计划将树下面的成千上万吨山石全部掏空取走,腾出地方来盖楼。把树架在大楼上面,仿佛它原本是长在楼顶似的。建设者就地造了一个直径十八米、深十米的大花盆,先固定好这棵老树,再在大花盆底下盖楼。光这一项就花了两千三百八十九万港币,堪称是最昂贵的保护措施了。

太古大厦落成之后,人们可以乘滚动扶梯一次到位,来到太古大厦的顶层,出后门,那儿是一片自然景色。一棵大树出现在人们面前,树干有一米半粗,树冠直径足有二十多米,独木成林,非常壮观,形成一座以它为中心的小公园,取名叫"榕圃"。树前面//插着铜牌说明缘由。此情此景,如不看铜牌的说明,绝对想不到巨树根底下还有一座宏伟的现代大楼。

节选自舒乙《香港:最贵的一棵树》

作品 48 号

我们的船渐渐地逼近榕树了。我有机会看清它的真面目:是一棵大树,有数不清的丫枝,枝上又生根,有许多根一直垂到地上,伸进泥土里。一部分树枝垂到水面,从远处看,就像一棵大树斜躺在水面上一样。

现在正是枝繁叶茂的时节。这棵榕树好像在把它的全部生命力展示给我们看。那么多的绿叶,一簇堆在另一簇的上面,不留一点缝隙。翠绿的颜色明亮地在我们的眼前闪耀,似乎每一片树叶上都有一个新的生命在颤动,这美丽的南国的树!

船在树下泊了片刻,岸上很湿,我们没有上去。朋友说这里是"鸟的天堂",有许多鸟在这棵树上做窝,农民不许人去捉它们。我仿佛听见几只鸟扑翅的声音,但是等到我的眼睛注意地看那里时,我却看不见一只鸟的影子。只有无数的树根立在地上,像许多根木桩。地是湿的,大概涨潮时河水常常冲上岸去。"鸟的天堂"里没有一只鸟,我这样想到。船开了,一个朋友拨着船,缓缓地流到河中间去。

第二天,我们划着船到一个朋友的家乡去,就是那个有山有塔的地方。从学校出发,我们又经过那"鸟的天堂"。

这一次是在早晨,阳光照在水面上,也照在树梢上。一切都//显得非常光明。我们的船也在树下泊了片刻。

起初四周围非常清静。后来忽然起了一声鸟叫。我们把手一拍,便看见一只大鸟飞了起来,接着又看见第二只,第三只。我们继续拍掌,很快地这个树林就变得很热闹了。到处都是鸟声,到处都是鸟影。大的,小的,花的,黑的,有的站在枝上叫,有的飞起来,在扑翅膀。

节选自巴金《鸟的天堂》

作品49号

有这样一个故事。

有人问:世界上什么东西的气力最大?回答纷纭得很,有的说"象",有的说"狮",有人开玩笑似的说:是"金刚",金刚有多少气力,当然大家全不知道。

结果,这一切答案完全不对,世界上气力最大的,是植物的种子。一粒种子所可以显现出来的力,简直是超越一切。

人的头盖骨,结合得非常致密与坚固,生理学家和解剖学者用尽了一切的方法,要把它完整地分出来,都没有这种力气。后来忽然有人发明了一个方法,就是把一些植物的种子放在要剖析的头盖骨里,给它以温度与湿度,使它发芽。一发芽,这些种子便以可怕的力量将一切机械力所不能分开的骨骼,完整地分开了。植物种子的力量之大,如此如此。

这,也许特殊了一点儿,常人不容易理解。那么,你看见笋的成长吗?你看见过被压在瓦砾和石块下面的一棵小草的生长吗?它为着向往阳光,为着达成它的生之意志,不管上面的石块如何重,石与石之间如何狭,它必定要曲曲折折地,但是顽强不屈地透到地面上来。它的根往土壤钻,它的芽往地面挺,这是一种不可抗的力,阻止它的石块,结果也被它掀翻。一粒种子的力量的大,//如此如此。

没有一个人将小草叫作"大力士",但是它的力量之大,的确是世界无比。这种力是一般人看不见的生命力。只要生命存在,这种力就要显现。上面的石块,丝毫不足以阻挡。因为它是一种"长期抗战"的力;有弹性,能屈能伸的力;有韧性,不达目的不止的力。

节选自夏衍《野草》

作品 50 号

著名教育家班杰明曾经接到一个青年人的求救电话,并与那个向往成功、渴望指点的青年人约好了见面的时间和地点。

待那个青年如约而至时,班杰明的房门敞开着,眼前的景象却令青年人颇感意外——班杰明的房间里乱七八糟、狼藉一片。

没等青年人开口,班杰明就招呼道:"你看我这房间,太不整洁了,请你在门外等候一分钟,我收拾一下,你再进来吧。"一边说着,班杰明就轻轻地关上了房门。

不到一分钟的时间,班杰明就又打开了房门并热情地把青年人让进客厅。这时,青年人的眼前展现出另一番景象——房间里的一切已变得井然有序,而且有两杯刚刚倒好的红酒,在淡淡的香水气息里还漾着微波。

可是,没等青年人把满腹的有关人生和事业的疑难问题向班杰明讲出来,班杰明就非常客气地说道:"干杯。你可以走了。"

青年人手持酒杯一下子愣住了,既尴尬又非常遗憾地说:"可是,我……我还没向您请教呢……"

"这些……难道还不够吗?"班杰明一边微笑着,一边扫视着自己的房间,轻言细语地说,"你进来又有一分钟了。"

"一分钟……一分钟……"青年人若有所思地说:"我懂了,您让我明白了一分钟的时间可以做许//多事情,可以改变许多事情的深刻道理。"

班杰明舒心地笑了。青年人把杯里的红酒一饮而尽,向班杰明连连道谢后,开心地走了。

其实,把握好了生命的每一分钟,也就是把握了理想的人生。

节选自纪广洋《一分钟》

作品 51 号

有个塌鼻子的小男孩儿,因为两岁时得过脑炎,智力受损,学习起来很吃力。打个比方,别人写作文能写二三百字,他却只能写三五行。但即便这样的作文,他同样能写得很动人。

那是一次作文课,题目是《愿望》。他极其认真地想了半天,然后极认真地写,那作文极短。只有三句话:我有两个愿望,第一个是,妈妈天天笑眯眯地看着我说:"你真聪明。"第二个是,老师天天笑眯眯地看着我说:"你一点儿也不笨。"

于是,就是这篇作文,深深地打动了他的老师,那位妈妈式的老师不仅给了他最高分,在班上带感情朗读了这篇作文,还一笔一画地批道:你很聪明,你的作文写得非常感人,请放心,妈妈肯定会格外喜欢你的,老师肯定会格外喜欢你的,大家肯定会格外喜欢你的。

捧着作文本,他笑了,蹦蹦跳跳地回家了,像只喜鹊。但他并没有把作文本拿给妈妈看,他是在等待,等待着一个美好的时刻。

那个时刻终于到了,是妈妈的生日——一个阳光灿烂的星期天。那天,他起得特别早,把作文本装在一个亲手做的美丽的大信封里,等着妈妈醒来。妈妈刚刚睁眼醒来,他就笑眯眯地走到妈妈跟前说:"妈妈,今天是您的生日,我要//送给您一件礼物。"

果然,看着这篇作文,妈妈甜甜地涌出了两行热泪,一把搂住小男孩儿,搂得很紧很紧。

是的,智力可以受损,但爱永远不会。

节选自张玉庭《一个美丽的故事》

作品52号

小学的时候,有一次我们去海边远足,妈妈没有做便饭,给了我十块钱买午餐。好像走了很久,很久,终于到海边了,大家坐下来便吃饭,荒凉的海边没有商店,我一个人跑到防风林外面去,级任老师要大家把吃剩的饭菜分给我一点儿。有两三个男生留下一点儿给我,还有一个女生,她的米饭拌了酱油,很香。我吃完的时候,她笑眯眯地看着我,短头发,脸圆圆的。

她的名字叫翁香玉。

每天放学的时候,她走的是经过我们家的一条小路,带着一位比她小的男孩儿,可能是弟弟。小路边是一条清澈见底的小溪,两旁竹阴覆盖,我总是远远地跟在她后面。夏日的午后特别炎热,走到半路她会停下来,拿手帕在溪水里浸湿,为小男孩儿擦脸。我也在后面停下来,把肮脏的手帕弄湿了擦脸,再一路远远跟着她回家。

后来我们家搬到镇上去了,过几年我也上了中学。有一天放学回家,在火车上,看见斜对面一位短头发、圆圆脸的女孩儿,一身素净的白衣黑裙。我想她一定不认识我了。火车很快到站了,我随着人群挤向门口,她也走近了,叫我的名字。这是她第一次和我说话。

她笑眯眯的,和我一起走过月台。以后就没有再见过//她了。

这篇文章收在我出版的《少年心事》这本书里。

书出版后半年,有一天我忽然收到出版社转来的一封信,信封上是陌生的字迹,但清楚地写着我本名。

信里面说她看到了这篇文章心里非常激动,没想到在离开家乡,漂泊异地这么久之后,会看见自己仍然在一个人的记忆里,她自己也深深记得这其中的每一幕,只是没想到越过遥远的时空,竟然另一个人也深深记得。

节选自苦伶《永远的记忆》

作品53号

在繁华的巴黎大街的路旁,站着一个衣衫褴褛、头发斑白、双目失明的老人。他不像其他乞丐那样伸手向过路行人乞讨,而是在身旁立一块木牌,上面写着:"我什么也看不见。"街上过往的行人很多,看了木牌上的字都无动于衷,有的还淡淡一笑,便姗姗而去了。

这天中午,法国著名诗人让·彼浩勒也经过这里。他看看木牌上的字,问盲老人:"老人家,今天上午有人给你钱吗?"

盲老人叹息着回答:"我,我什么也没有得到。"说着,脸上的神情非常悲伤。

让·彼浩勒听了,拿起笔悄悄地在那行字的前面添上了"春天到了,可是"几个字,就匆匆地离开了。

晚上,让·彼浩勒又经过这里,问那个盲老人下午的情况。盲老人笑着回答说:"先生不知为什么,下午给我钱的人多极了!"让·彼浩勒听了,摸着胡子满意地笑了。

"春天到了,可是我什么也看不见!"这富有诗意的语言,产生这么大的作用,就在于它有非常浓厚的感情色彩。是的,春天是美好的,那蓝天白云,那绿树红花,那莺歌燕舞,那流水人家,怎么不叫人陶醉呢?但这良辰美景,对于一个双目失明的人来说,只是一片漆黑。当人们想到这个盲老人,一生中竟连万紫千红的春天//都不曾看到,怎能不对他产生同情之心呢?

节选自小学《语文》第六册中《语言的魅力》

作品54号

有一次,苏东坡的朋友张鹗拿着一张宣纸来求他写一幅字,而且希望他写一点儿关于养生方面的内容。苏东坡思索了一会儿,点点头说:"我得到了一个养生长寿古方,药只有四味,今天就赠给你吧。"于是,东坡的狼毫在纸上挥洒起来,上面写着:"一日无事以当贵,二曰早寝以当富,三曰安步以当车,四曰晚食以当肉。"

这哪里有药?张鹗一脸茫然地问。苏东坡笑着解释说,养生长寿的要诀,全在这四句里面。

所谓"无事以当贵",是指人不要把功名利禄、荣辱过失考虑得太多,如能在情志上潇洒大度,随遇而安,无事以求,这比富贵更能使人终其天年。

"早寝以当富",指吃好穿好、财货充足,并非就能使你长寿。对老年人来说,养成良好的起居习惯,尤其是早睡早起,比获得任何财富更加宝贵。

"安步以当车",指人不要过于讲求安逸、肢体不劳,而应多以步行来替代骑马乘车,多运动才可以强健体魄,通畅气血。

"晚食以当肉",意思是人应该用已饥方食、未饱先止代替对美味佳肴的贪吃无厌。他进一步解释,饿了以后才进食,虽然是粗茶淡饭,但其香甜可口会胜过山珍;如果饱了还要勉强吃,即使美味佳肴摆在眼前也难以//下咽。

苏东坡的四味"长寿药",实际上是强调了情志、睡眠、运动、饮食四个方面对养生长寿的重要性,这种养生观点即使在今天仍然值得借鉴。

节选自蒲昭和《赠你四味长寿药》

作品 55 号

人活着,最要紧的是寻觅到那片代表着生命绿色和人类希望的丛林,然后选一高高的枝头站在那里观览人生,消化痛苦,孕育歌声,愉悦世界!

这可真是一种潇洒的人生态度,这可真是一种心境爽朗的情感风貌。

站在历史的枝头微笑,可以减免许多烦恼。在那里,你可以从众生相所包含的甜酸苦辣、百味人生中寻找你自己;你境遇中的那点儿苦痛,也许相比之下,再也难以占据一席之地;你会较容易地获得从不悦中解脱灵魂的力量,使之不致变得灰色。

人站得高些,不但能有幸早些领略到希望的曙光,还能有幸发现生命的立体的诗篇。每一个人的人生,都是这诗篇中的一个词、一个句子或者一个标点。你可能没有成为一个美丽的词,一个引人注目的句子,一个惊叹号,但你依然是这生命的立体诗篇中的一个音节、一个停顿、一个必不可少的组成部分。这足以使你放弃前嫌,萌生为人类孕育新的歌声的兴致,为世界带来更多的诗意。

最可怕的人生见解,是把多维的生存图景看成平面。因为那平面上刻下的大多是凝固了的历史——过去的遗迹;但活着的人们,活得却是充满着新生智慧的,由//不断逝去的"现在"组成的未来。人生不能像某些鱼类躺着游,人生也不能像某些兽类爬着走,而应该站着向前行,这才是人类应有的生存姿态。

节选自[美]本杰明·拉什《站在历史的枝头微笑》

作品 56 号

　　中国的第一大岛、台湾省的主岛台湾，位于中国大陆架的东南方，地处东海和南海之间，隔着台湾海峡和大陆相望。天气晴朗的时候，站在福建沿海较高的地方，就可以隐隐约约地望见岛上的高山和云朵。

　　台湾岛形状狭长，从东到西，最宽处只有一百四十多公里；由南至北，最长的地方约有三百九十多公里。地形像一个纺织用的梭子。

　　台湾岛上的山脉纵贯南北，中间的中央山脉犹如全岛的脊梁。西部为海拔近四千米的玉山山脉，是中国东部的最高峰。全岛约有三分之一的地方是平地，其余为山地。岛内有缎带般的瀑布，蓝宝石似的湖泊，四季常青的森林和果园，自然景色十分优美。西南部的阿里山和日月潭，台北市郊的大屯山风景区，都是闻名世界的游览胜地。

　　台湾岛地处热带和温带之间，四面环海，雨水充足，气温受到海洋的调剂，冬暖夏凉，四季如春，这给水稻和果木生长提供了优越的条件。水稻、甘蔗、樟脑是台湾的"三宝"。岛上还盛产鲜果和鱼虾。

　　岛上还是一个闻名世界的"蝴蝶王国"。岛上的蝴蝶共有四百多个品种，其中有不少是世界稀有的珍贵品种。岛上还有不少鸟语花香的蝴//蝶谷，岛上居民利用蝴蝶制作的标本和艺术品，远销许多国家。

节选自《中国的宝岛——台湾》

作品 57 号

　　对于中国的牛，我有着一种特别尊敬的感情。

　　留给我印象最深的，要算在田垄上的一次"相遇"。

　　一群朋友郊游，我领头在狭窄的阡陌上走，怎料迎面来了几头耕牛，狭道容不下人和牛，终有一方要让路。它们还没有走近，我们已经预计斗不过畜生，恐怕难免踩到田地泥水里，弄得鞋袜又泥又湿了。正踟蹰的时候，带头的一头牛，在离我们不远的地方停下来，抬起头看看，稍迟疑一下，就自动走下田去。一队耕牛，全跟着它离开阡陌，从我们身边经过。

　　我们都呆了，回过头来，看着深褐色的牛队，在路的尽头消失，忽然觉得自己受了很大的恩惠。

　　中国的牛，永远沉默地为人做着沉重的工作。在大地上，在晨光或烈日下，它拖着沉重的犁，低头一步又一步，拖出了身后一列又一列松土，好让人们下种。等到满地金黄或农闲时候，它可能还得担当搬运负重的工作；或终日绕着石磨，朝同一方向，走不计程的路。

　　在它沉默的劳动中，人便得到应得的收成。

那时候,也许,它可以松一肩重担,站在树下,吃几口嫩草。偶尔摇摇尾巴,摆摆耳朵,赶走飞附身上的苍蝇,已经算是它最闲适的生活了。

中国的牛,没有成群奔跑的习//惯,永远沉沉实实的,默默地工作,平心静气。这就是中国的牛!

节选自小思《中国的牛》

作品 58 号

不管我的梦想能否成为事实,说出来总是好玩儿的:

春天,我将要住在杭州。二十年前,旧历的二月初,在西湖我看见了嫩柳与菜花,碧浪与翠竹。由我看到的那点儿春光,已经可以断定,杭州的春天必定会教人整天生活在诗与图画之中。所以,春天我的家应当是在杭州。

夏天,我想青城山应当算作最理想的地方。在那里,我虽然只住过十天,可是它的幽静已拴住了我的心灵。在我所看见过的山水中,只有这里没有使我失望。到处都是绿,目之所及,那片淡而光润的绿色都在轻轻地颤动,仿佛要流入空中与心中似的。这个绿色会像音乐,涤清了心中的万虑。

秋天一定要住北平。天堂是什么样子,我不知道,但是从我的生活经验去判断,北平之秋便是天堂。论天气,不冷不热。论吃的,苹果、梨、柿子、枣儿、葡萄,都每样有若干种。论花草,菊花种类之多,花式之奇,可以甲天下。西山有红叶可见,北海可以划船——虽然荷花已残,荷叶可还有一片清香。衣食住行,在北平的秋天,是没有一项不使人满意的。

冬天,我还没有打好主意,成都或者相当的合适,虽然并不怎样和暖,可是为了水仙,素心腊梅,各色的茶花,仿佛就受一点儿寒//冷,也颇值得去了。昆明的花也多,而且天气比成都好,可是旧书铺与精美而便宜的小吃远不及成都那么多。好吧,就暂这么规定,冬天不住成都便住昆明吧。

在抗战中,我没能发国难财。我想,抗战胜利以后,我必能阔起来。那时候,假若飞机减价,一二百元就能买一架的话,我就自备一架,择黄道吉日慢慢地飞行。

节选自老舍《住的梦》

作品 59 号

我不由得停住了脚步。

从未见过开得这样盛的藤萝,只见一片辉煌的淡紫色,像一条瀑布从空中垂下,不见其发端,也不见其终极,只是深深浅浅的紫,仿佛在流动,在欢笑,在不停地生长。紫色的大条幅上,泛着点点银光,就像迸溅的水花。仔细看时,才知那是每一朵紫花中的最浅淡的部分,在和阳光互相挑逗。

  这里除了光彩,还有淡淡的芳香。香气似乎也是浅紫色的,梦幻一般轻轻地笼罩着我。忽然记起十多年前,家门外也曾有过一大株紫藤萝,它依傍一株枯槐,爬得很高,但花朵从来都稀落,东一穗西一串伶仃地挂在树梢,好像在察言观色,试探什么。后来索性连那稀零的花串也没有了。园中别的紫藤花架也都拆掉,改种了果树。那时的说法是,花和生活腐化有什么必然关系。我曾遗憾地想,这里再看不见藤萝花了。

  过了这么多年,藤萝又开花了,而且开得这样盛,这样密,紫色的瀑布遮住了粗壮的盘虬卧龙般的枝干,不断地流着,流着,流向人的心底。

  花和人都会遇到各种各样的不幸,但是生命的长河是无止境的。我抚摸了一下那小小的紫色的花舱,那里满装了生命的酒酿,它张满了帆,在这//闪光的花的河流上航行。它是万花中的一朵,也正是由每一个一朵,组成了万花灿烂的流动的瀑布。

  在这浅紫色的光辉和浅紫色的芳香中,我不觉加快了脚步。

节选自宗璞《紫藤萝瀑布》

作品60号

  在一次名人访问中,被问及上个世纪最重要的发明是什么时,有人说是电脑,有人说是汽车,等等。但新加坡的一位知名人士却说是冷气机。他解释,如果没有冷气,热带地区如东南亚国家,就不可能有很高的生产力,就不可能达到今天的生活水准。他的回答实事求是,有理有据。

  看了上述报道,我突发奇想,为什么没有记者问:"二十世纪最糟糕的发明是什么?"其实二〇〇二年十月中旬,英国的一家报纸就评出了"人类最糟糕的发明"。获此"殊荣"的,就是人们每天大量使用的塑料袋。

  诞生于上个世纪三十年代的塑料袋,其家族包括用塑料制成的快餐饭盒、包装纸、餐用杯盘、饮料瓶、酸奶杯、雪糕杯等等。这些废弃物形成的垃圾,数量多、体积大、重量轻、不降解,给治理工作带来很多技术难题和社会问题。

  比如,散落在田间、路边及草丛中的塑料餐盒,一旦被牲畜吞食,就会危及健康甚至导致死亡。填埋废弃塑料袋、塑料餐盒的土地,不能生长庄稼和树木,造成土地板结。而焚烧处理这些塑胶垃圾,则会释放出多种化学有毒气体,其中一种称为二噁英的化合物,毒性极大。

  此外,在生产塑料袋、塑料餐盒的//过程中使用的氟利昂,对人体免疫系统和生态环境造成的破坏也极为严重。

节选自林光如《最糟糕的发明》

附录二　普通话水平测试用轻声词语表

说明

1. 本附录根据《普通话水平测试用普通话词语表》编制。
2. 本附录供普通话水平测试第二项——多音节词语(100 个音节)测试使用。
3. 本附录共收词 546 条(其中"子"尾词 206 条),按汉语拼音字母顺序排列。
4. 本附录中的非轻声音节只标本调,不标变调;本附录中的轻声音节,注音不标号。

1	爱人	àiren	19	杯子	bēizi
2	案子	ànzi	20	被子	bèizi
3	巴掌	bāzhang	21	本事	běnshi
4	把子	bǎzi	22	本子	běnzi
5	把子	bàzi	23	鼻子	bízi
6	爸爸	bàba	24	比方	bǐfang
7	白净	báijing	25	鞭子	biānzi
8	班子	bānzi	26	扁担	biǎndan
9	扳子	bǎnzi	27	辫子	biànzi
10	帮手	bāngshou	28	别扭	bièniu
11	梆子	bāngzi	29	饼子	bǐngzi
12	膀子	bǎngzi	30	拨弄	bōnong
13	棒槌	bàngchui	31	脖子	bózi
14	棒子	bàngzi	32	簸箕	bòji
15	包袱	bāofu	33	补丁	bǔding
16	包涵	bāohan	34	不由得	bùyóude
17	包子	bāozi	35	不在乎	bùzàihu
18	豹子	bàozi	36	步子	bùzi

37	部分	bùfen		70	大爷	dàye
38	财主	cáizhu		71	大夫	dàifu
39	裁缝	cáifeng		72	带子	dàizi
40	苍蝇	cāngying		73	袋子	dàizi
41	差事	chāishi		74	单子	dānzi
42	柴火	cháihuo		75	耽搁	dānge
43	肠子	chángzi		76	耽误	dānwu
44	厂子	chǎngzi		77	胆子	dǎnzi
45	场子	chǎngzi		78	担子	dànzi
46	车子	chēzi		79	刀子	dāozi
47	称呼	chēnghu		80	道士	dàoshi
48	池子	chízi		81	稻子	dàozi
49	尺子	chǐzi		82	灯笼	dēnglong
50	虫子	chóngzi		83	凳子	dèngzi
51	绸子	chóuzi		84	提防	dīfang
52	除了	chúle		85	笛子	dízi
53	锄头	chútou		86	底子	dǐzi
54	畜生	chùsheng		87	地道	dìdao
55	窗户	chuānghu		88	地方	dìfang
56	窗子	chuāngzi		89	弟弟	dìdi
57	锤子	chuízi		90	弟兄	dìxiong
58	刺猬	cìwei		91	点心	diǎnxin
59	凑合	còuhe		92	调子	diàozi
60	村子	cūnzi		93	钉子	dīngzi
61	耷拉	dāla		94	东家	dōngjia
62	答应	dāying		95	东西	dōngxi
63	打扮	dǎban		96	动静	dòngjing
64	打点	dǎdian		97	动弹	dòngtan
65	打发	dǎfa		98	豆腐	dòufu
66	大量	dǎliang		99	豆子	dòuzi
67	打算	dǎsuan		100	嘟囔	dūnang
68	打听	dǎting		101	肚子	dǔzi
69	大方	dàfang		102	肚子	dùzi

103	缎子	duànzi	136	跟头	gēntou
104	队伍	duìwu	137	工夫	gōngfu
105	对付	duìfu	138	弓子	gōngzi
106	对头	duìtou	139	公公	gōnggong
107	多么	duōmo	140	功夫	gōngfu
108	蛾子	ézi	141	钩子	gōuzi
109	儿子	érzi	142	姑姑	gūgu
110	耳朵	ěrduo	143	姑娘	gūniang
111	贩子	fànzi	144	谷子	gǔzi
112	房子	fángzi	145	骨头	gǔtou
113	废物	fèiwu	146	故事	gùshi
114	份子	fènzi	147	寡妇	guǎfu
115	风筝	fēngzheng	148	褂子	guàzi
116	疯子	fēngzi	149	怪物	guàiwu
117	福气	fúqi	150	关系	guānxi
118	斧子	fǔzi	151	官司	guānsi
119	盖子	gàizi	152	罐头	guàntou
120	甘蔗	gānzhe	153	罐子	guànzi
121	杆子	gānzi	154	规矩	guīju
122	杆子	gǎnzi	155	闺女	guīnü
123	干事	gànshi	156	鬼子	guǐzi
124	杠子	gàngzi	157	柜子	guìzi
125	高粱	gāoliang	158	棍子	gùnzi
126	膏药	gāoyao	159	锅子	guōzi
127	稿子	gǎozi	160	果子	guǒzi
128	告诉	gàosu	161	蛤蟆	háma
129	疙瘩	gēda	162	孩子	háizi
130	哥哥	gēge	163	含糊	hánhu
131	胳膊	gēbo	164	汉子	hànzi
132	鸽子	gēzi	165	行当	hángdang
133	格子	gézi	166	合同	hétong
134	个子	gèzi	167	和尚	héshang
135	根子	gēnzi	168	核桃	hétao

169	盒子	hézi		202	轿子	jiàozi
170	红火	hónghuo		203	结实	jiēshi
171	猴子	hóuzi		204	街坊	jiēfang
172	后头	hòutou		205	姐夫	jiěfu
173	厚道	hòudao		206	姐姐	jiějie
174	狐狸	húli		207	戒指	jièzhi
175	胡萝卜	húluóbo		208	金子	jīnzi
176	胡琴	húqin		209	精神	jīngshen
177	糊涂	hútu		210	镜子	jìngzi
178	护士	hùshi		211	舅舅	jiùjiu
179	皇上	huángshang		212	橘子	júzi
180	幌子	huǎngzi		213	句子	jùzi
181	活泼	huópo		214	卷子	juànzi
182	火候	huǒhou		215	咳嗽	késou
183	伙计	huǒji		216	客气	kèqi
184	机灵	jīling		217	空子	kòngzi
185	脊梁	jǐliang		218	口袋	kǒudai
186	记性	jìxing		219	口子	kǒuzi
187	记号	jìhao		220	扣子	kòuzi
188	记住	jìzhu		221	窟窿	kūlong
189	夹子	jiāzi		222	裤子	kùzi
190	家伙	jiāhuo		223	快活	kuàihuo
191	架子	jiàzi		224	筷子	kuàizi
192	嫁妆	jiàozhuang		225	框子	kuāngzi
193	尖子	jiānzi		226	阔气	kuòqi
194	茧子	jiǎnzi		227	喇叭	lǎba
195	剪子	jiǎnzi		228	喇嘛	lǎma
196	见识	jiànshi		229	篮子	lánzi
197	毽子	jiànzi		230	懒得	lǎnde
198	将就	jiāngjiu		231	浪头	làngtou
199	交情	jiāoqing		232	老婆	lǎopo
200	饺子	jiǎozi		233	老实	lǎoshi
201	叫唤	jiàohuan		234	老太太	lǎotàitai

235	老头子	lǎotóuzi	268	麻烦	máfan
236	老爷	lǎoye	269	麻利	máli
237	老子	lǎozi	270	麻子	mázi
238	姥姥	lǎolao	271	马虎	mǎhu
239	累赘	léizhui	272	码头	mǎtou
240	篱笆	líba	273	买卖	mǎimai
241	里头	lǐtou	274	麦子	màizi
242	力气	lìqi	275	馒头	mántou
243	厉害	lìhai	276	忙活	mánghuo
244	利落	lìluo	277	冒失	màoshi
245	利索	lìsuo	278	帽子	màozi
246	例子	lìzi	279	眉毛	méimao
247	栗子	lìzi	280	媒人	méiren
248	痢疾	lìji	281	妹妹	mèimei
249	连累	liánlei	282	门道	méndao
250	帘子	liánzi	283	眯缝	mīfeng
251	凉快	liángkuai	284	迷糊	míhu
252	粮食	liángshi	285	面子	miànzi
253	两口子	liǎngkouzi	286	苗条	miáotiao
254	料子	liàozi	287	苗头	miáotou
255	林子	línzi	288	名堂	míngtang
256	翎子	língzi	289	名字	míngzi
257	领子	lǐngzi	290	明白	mígnbai
258	溜达	liūda	291	模糊	móhu
259	聋子	lóngzi	292	蘑菇	mógu
260	笼子	lóngzi	293	木匠	mùjiang
261	炉子	lúzi	294	木头	mùtou
262	路子	lùzi	295	那么	nàme
263	轮子	lúnzi	296	奶奶	nǎinai
264	萝卜	luobo	297	难为	nánwei
265	骡子	luózi	298	脑袋	nǎodai
266	骆驼	luòtuo	299	脑子	nǎozi
267	妈妈	māma	300	能耐	néngnai

301	你们	nǐmen	334	旗子	qízi
302	念叨	niàndao	335	前头	qiántou
303	念头	niàntou	336	钳子	qiánzi
304	娘家	niángjia	337	茄子	qiézi
305	镊子	nièzi	338	亲戚	qīnqi
306	奴才	núcai	339	勤快	qínkuai
307	女婿	nǚxu	340	清楚	qīngchu
308	暖和	nuǎnhuo	341	亲家	qìngjia
309	疟疾	nüèji	342	曲子	qǔzi
310	拍子	pāizi	343	圈子	quānzi
311	牌楼	páilou	344	拳头	quántou
312	牌子	páizi	345	裙子	qúnzi
313	盘算	pánsuan	346	热闹	rènao
314	盘子	pánzi	347	人家	rénjia
315	胖子	pàngzi	348	人们	rénmen
316	狍子	páozi	349	认识	rènshi
317	盆子	pénzi	350	日子	rìzi
318	朋友	péngyou	351	褥子	rùzi
319	棚子	péngzi	352	塞子	sāizi
320	脾气	píqi	353	嗓子	sǎngzi
321	皮子	pízi	354	嫂子	sǎozi
322	痞子	pǐzi	355	扫帚	sàozhou
323	屁股	pìgu	356	沙子	shāzi
324	片子	piànzi	357	傻子	shǎzi
325	便宜	piányi	358	扇子	shànzi
326	骗子	piànzi	359	商量	shāngliang
327	票子	piàozi	360	晌午	shǎngwu
328	漂亮	piàoliang	361	上司	shàngsi
329	瓶子	píngzi	362	上头	shàngtou
330	婆家	pójia	363	烧饼	shāobing
331	婆婆	pópo	364	勺子	sháozi
332	铺盖	pūgai	365	少爷	shàoye
333	欺负	qīfu	366	哨子	shàozi

367	舌头	shétou		400	岁数	suìshu
368	身子	shēnzi		401	孙子	sūnzi
369	什么	shénme		402	他们	tāmen
370	婶子	shěnzi		403	它们	tāmen
371	生意	shēngyi		404	她们	tāmen
372	牲口	shēngkou		405	台子	táizi
373	绳子	shéngzi		406	太太	tàitai
374	师父	shīfu		407	摊子	tānzi
375	师傅	shīfu		408	坛子	tánzi
376	虱子	shīzi		409	毯子	tǎnzi
377	狮子	shīzi		410	桃子	táozi
378	石匠	shíjiang		411	特务	tèwu
379	石榴	shíliu		412	梯子	tīzi
380	石头	shítou		413	蹄子	tízi
381	时候	shíhou		414	挑剔	tiāoti
382	实在	shízai		415	挑子	tiāozi
383	拾掇	shíduo		416	条子	tiáozi
384	使唤	shǐhuan		417	跳蚤	tiàozao
385	世故	shìgu		418	铁匠	tiějiang
386	似的	shìde		419	亭子	tíngzi
387	事情	shìqing		420	头发	tóufa
388	柿子	shìzi		421	头子	tóuzi
389	收成	shōucheng		422	兔子	tùzi
390	收拾	shōushi		423	妥当	tuǒdang
391	首饰	shǒushi		424	唾沫	tuòmo
392	叔叔	shūshu		425	挖苦	wāku
393	梳子	shūzi		426	娃娃	wáwa
394	舒服	shūfu		427	袜子	wàzi
395	舒坦	shūtan		428	晚上	wǎnshang
396	疏忽	shūhu		429	尾巴	wěiba
397	爽快	shuǎngkuai		430	委屈	wěiqu
398	思量	sīliang		431	为了	wèile
399	算计	suànji		432	位置	wèizhi

433	位子	wèizi		466	靴子	xuēzi
434	蚊子	wénzi		467	学生	xuésheng
435	稳当	wěndang		468	学问	xuéwen
436	我们	wǒmen		469	丫头	yātou
437	屋子	wūzi		470	鸭子	yāzi
438	稀罕	xīhan		471	衙门	yámen
439	席子	xízi		472	哑巴	yǎba
440	媳妇	xífu		473	胭脂	yānzhi
441	喜欢	xǐhuan		474	烟筒	yāntong
442	瞎子	xiāzi		475	眼睛	yǎnjing
443	匣子	xiázi		476	燕子	yànzi
444	下巴	xiàba		477	秧歌	yāngge
445	吓唬	xiàhu		478	养活	yǎnghuo
446	先生	xiānsheng		479	样子	yàngzi
447	乡下	xiāngxia		480	吆喝	yāohe
448	箱子	xiāngzi		481	妖精	yāojing
449	相声	xiàngsheng		482	钥匙	yàoshi
450	消息	xiāoxi		483	椰子	yēzi
451	小伙子	xiǎohuǒzi		484	爷爷	yéye
452	小气	xiǎoqi		485	叶子	yèzi
453	小子	xiǎozi		486	一辈子	yībèizi
454	笑话	xiàohua		487	衣服	yīfu
455	谢谢	xièxie		488	衣裳	yīshang
456	心思	xīnsi		489	椅子	yǐzi
457	星星	xīngxing		490	意思	yìsi
458	猩猩	xīngxing		491	银子	yínzi
459	行李	xíngli		492	影子	yǐngzi
460	性子	xìngzi		493	应酬	yìngchou
461	兄弟	xiōngdi		494	柚子	yòuzi
462	休息	xiūxi		495	冤枉	yuānwang
463	秀才	xiùcai		496	院子	yuànzi
464	秀气	xiùqi		497	月饼	yuèbing
465	袖子	xiùzi		498	月亮	yuèliang

499	云彩	yúncai	523	侄子	zhízi
500	运气	yùnqi	524	指甲	zhǐjia
501	在乎	zàihu	525	指头	zhǐtou
502	咱们	zánmen	526	种子	zhǒngzi
503	早上	zǎoshang	527	珠子	zhūzi
504	怎么	zěnme	528	竹子	zhúzi
505	扎实	zhāshi	529	主意	zhǔyi
506	眨巴	zhǎba	530	主子	zhǔzi
507	栅栏	zhàlan	531	柱子	zhùzi
508	宅子	zháizi	532	爪子	zhuǎzi
509	寨子	zhàizi	533	转悠	zhuànyou
510	张罗	zhāngluo	534	庄稼	zhuāngjia
511	丈夫	zhàngfu	535	庄子	zhuāngzi
512	帐篷	zhàngpeng	536	壮实	zhuàngshi
513	丈人	zhàngren	537	状元	zhuàngyuan
514	帐子	zhàngzi	538	锥子	zhuīzi
515	招呼	zhāohu	539	桌子	zhuōzi
516	招牌	zhāopai	540	字号	zìhao
517	折腾	zhēteng	541	自在	zìzai
518	这个	zhège	542	粽子	zòngzi
519	这么	zhème	543	祖宗	zǔzong
520	枕头	zhěntou	544	嘴巴	zuǐba
521	芝麻	zhīma	545	作坊	zuōfang
522	知识	zhīshi	546	琢磨	zhuómo

附录三　普通话水平测试用儿化词语表

说明

1. 本附录参照《普通话水平测试用普通话词语表》及《现代汉语词典》编制。
2. 本附录供普通话水平测试第二项——多音节词语（100个音节）测试使用。
3. 本附录共收词189条，按儿化音节的汉语拼音声母顺序排列。
4. 本附录音节，在书面上一律加"儿"，但并不是表明所列词语在任何语用场合都必须儿化；本附录列出原形韵母和所对应的儿化韵，用＞表示条目中儿化音节的注音，只在基本形式后面加 r，如："一会儿 yīhuìr，"不标语音上的实际变化。

（1）

a＞ar	刀把儿 dāobàr	号码儿 hàomǎr
	戏法儿 xìfǎr	在哪儿 zàinǎr
	找碴儿 zhǎochár	打杂儿 dǎzár
	板擦儿 bǎncār	
ai＞ar	名牌儿 míngpáir	鞋带儿 xiédàir
	壶盖儿 húgàir	小孩儿 xiǎoháir
	加塞儿 jiāsāir	
an＞ar	快板儿 kuàibǎnr	老伴儿 lǎobànr
	蒜瓣儿 suànbànr	脸盘儿 liǎnpánr
	脸蛋儿 liǎndànr	收摊儿 shōutānr
	栅栏儿 zhàlánr	包干儿 bāogānr
	笔杆儿 bǐgǎnr	门槛儿 ménkǎnr

（2）

| ang＞ar（鼻化） | 药方儿 yàofāngr | 赶趟儿 gǎntàngr |
| | 香肠儿 xiāngchángr | 瓜瓤儿 guārángr |

(3)

ia>iar	掉价儿 diàojiàr	一下儿 yīxiàr
	豆芽儿 dòuyár	
ian>iar	小辫儿 xiǎobiànr	照片儿 zhàopiānr
	扇面儿 shànmiànr	差点儿 chàdiǎnr
	一点儿 yīdiǎnr	雨点儿 yǔdiǎner
	聊天儿 liáotiānr	拉链儿 lāliànr
	冒尖儿 màojiānr	坎肩儿 kǎnjiānr
	牙签儿 yáqiānr	露馅儿 lòuxiànr
	心眼儿 xīnyǎnr	

(4)

iang>iar(鼻化)	鼻梁儿 bíliángr	透亮儿 tòuliàngr
	花样儿 huāyàngr	

(5)

ua>uar	脑瓜儿 nǎoguār	大褂儿 dàguàr
	麻花儿 máhuār	笑话儿 xiàohuàr
	牙刷儿 yáshuār	
uai>uar	一块儿 yīkuàir	
uan>uar	茶馆儿 cháguǎnr	饭馆儿 fànguǎnr
	火罐儿 huǒguànr	落款儿 luòkuǎnr
	打转儿 dǎzhuànr	拐弯儿 guǎiwānr
	好玩儿 hǎowánr	大腕儿 dàwànr

(6)

uang>uar(鼻化)	蛋黄儿 dànhuángr	打晃儿 dǎhuàngr
	天窗儿 tiānchuāngr	

(7)

uan>uar	烟卷儿 yānjuǎnr	手绢儿 shǒujuànr
	出圈儿 chūquānr	包圆儿 bāoyuánr
	人缘儿 rényuánr	绕远儿 ràoyuǎnr
	杂院儿 záyuànr	

(8)

ei>er	刀背儿 dāobèir	摸黑儿 mōhēir
en>er	老本儿 lǎoběnr	花盆儿 huāpénr

嗓门 sǎngménr　　把门儿 bǎménr
哥们儿 gēmenr　　纳闷儿 nàmènr
后跟儿 hòugēnr　　高跟儿鞋 gāogēnrxié
别针儿 biézhēnr　　一阵儿 yízhènr
走神儿 zǒushénr　　大婶儿 dàshěnr
小人儿书 xiǎorérshū　　杏仁儿 xìngrénr
刀刃儿 dāorènr

(9)
eng>er(鼻化)　　钢镚儿 gāngbèngr　　夹缝儿 jiāfèngr
　　　　　　　脖颈儿 bógěngr　　提成儿 tíchéngr

(10)
ie>ier　　半截 bànjiér　　小鞋儿 xiǎoxiér
üe>üei　　旦角儿 dànjuér　　主角儿 zhǔjuér

(11)
uei>uer　　跑腿儿 pǎotuǐr　　一会儿 yīhùir
　　　　　　耳垂儿 ěrchuír　　墨水儿 mòshuǐr
　　　　　　围嘴儿 wéizuǐr　　走味儿 zǒuwèir
uen>uer　　打盹儿 dǎdǔnr　　胖墩儿 pàngdūnr
　　　　　　砂轮儿 shālúnr　　冰棍儿 bīnggùnr
　　　　　　没准儿 méizhǔnr　　开春儿 kāichūnr
ueng>uer　　小瓮儿 xiǎowèngr

(12)
-i(前)>er　　瓜子儿 guāzǐr　　石子儿 shízǐr
　　　　　　没词儿 méicír　　挑刺儿 tiāocìr
-i(后)>er　　墨汁儿 mòzhīr　　锯齿儿 jùchǐr
　　　　　　记事儿 jìshìr

(13)
i>i:er　　针鼻儿 zhēnbír　　垫底儿 diàndǐr
　　　　　肚脐儿 dùqír　　玩意儿 wányìr
in>i:er　　有劲儿 yǒujìnr　　送信儿 sòngxìnr
　　　　　脚印儿 jiǎoyìnr

(14)
ing>i:er(鼻化)　　花瓶儿 huāpíngr　　打鸣儿 dǎmíngr

		图钉儿 túdīngr	门铃儿 ménlíngr
		眼镜儿 yǎnjìngr	蛋清儿 dànqīngr
		火星儿 huǒxīngr	人影儿 rényǐngr

(15)

ü＞ü:er　　　毛驴儿 máolǘr　　　小曲儿 xiǎoqǔr

　　　　　　痰盂儿 tányúr

ün＞ü:er　合群儿 héqúnr

(16)

e＞er　　　模特儿 mótèr　　　逗乐儿 dòulèr

　　　　　唱歌儿 chànggēr　　挨个儿 āigèr

　　　　　打嗝儿 dǎgér　　　饭盒儿 fànhér

　　　　　在这儿 zàizhèr

(17)

u＞ur　　　碎步儿 suìbùr　　　没谱儿 měipǔr

　　　　　儿媳妇儿 érxífur　　梨核儿 líhúr

　　　　　泪珠儿 lèizhūr　　　有数儿 yǒushùr

(18)

ong＞or(鼻化)　果冻儿 guǒdòngr　　门洞儿 méndòngr

　　　　　　　胡同儿 hútòngr　　抽空儿 chōukòngr

　　　　　　　酒盅儿 jiǔzhōngr　　小葱儿 xiǎocōngr

iong＞ior(鼻化)　小熊儿 xiǎoxióngr

(19)

ao＞aor　　红包儿 hóngbāor　　灯泡儿 dēngpàor

　　　　　半道儿 bàndàor　　　手套儿 shǒutàor

　　　　　跳高儿 tiàogāor　　　叫好儿 jiàohǎor

　　　　　口罩儿 kǒuzhàor　　　绝着儿 juézhāor

　　　　　口哨儿 kǒushàor　　　蜜枣儿 mìzǎor

(20)

iao＞iaor　　鱼漂儿 yúpiāor　　火苗儿 huǒmiáor

　　　　　　跑调儿 pǎodiàor　　面条儿 miàntiáor

　　　　　　豆角儿 dòujiǎor　　开窍儿 kāiqiàor

(21)

ou＞our　　衣兜儿 yīdōur　　　老头儿 lǎotóur

第四部分　附　录

281

		年头儿 niántóur	小偷儿 xiǎotōur
		门口儿 ménkǒur	纽扣儿 niǔkòur
		线轴儿 xiànzhǒur	小丑儿 xiǎochǒur

(22)
iou＞iour 顶牛儿 dǐngniúr 抓阄儿 zhuājiūr
　　　　　棉球儿 miánqiúr 加油儿 jiāyóur

(23)
uo＞uor 火锅儿 huǒguōr 做活儿 zuòhuór
　　　　 大伙儿 dàhuǒr   邮戳儿 yóuchuōr
　　　　 小说儿 xiǎoshuōr 被窝儿 bèiwōr
(o)＞or 耳膜儿 ěrmór   粉末儿 fěnmòr

附录四　自备稿件练习篇目

说明

1.本附录摘录齐越节及其他优秀朗诵稿件,供艺考生和有声语言爱好者训练时使用。

2.本附录在归纳分类时文体并无严格界定,归纳分类仅供参考。

3.本附录所选文章因版本不同内容有所改变,具体内容请参照作者原文。

3.本附录部分作品整理时未找到详细作者,如有疏漏,请原作者见谅。

(一)小说

1.《老人与海》(节选)海明威

老人赢了,他战胜了那条鱼,那条他一生都没见过的美丽的大鱼。

他没有发现,一群无所畏惧的鲨鱼正嗅着血迹向这里涌来……这不公平! 你们这群厚颜无耻的强盗,真会选择时机。但我不怕你们,不怕你们!

人并不是生来要给你们打败的。你可以消灭他,可就是打不败他! 你们打不败他!

成群结队的鲨鱼向系在船边的大鱼发起猛攻。那撕咬鱼肉的声音使老人再一次站立起来。他重新握紧他的鱼叉,悲壮地站在船头,他决心捍卫他的战利品,就像捍卫他的荣誉。

2.《牛虻》(节选)艾捷尔·丽莲·伏尼契

亲爱的琼玛,明天早晨太阳升起来的时候,我就要被枪毙了。因此,如果我要履行把一切告诉你的诺言,现在就得履行了。但毕竟,你我之间是不需要解释的。我们一直都用不着多说话就能互相了解,还是小孩子的时候就已经这样了。

说到明天早晨的事,我希望你和琼梯尼都要明白了解,我是非常快乐的,满意的,觉得不能向命运之神要求更好的结局了。请你把这意思告诉琼梯尼,算是我带给他的一个口讯:他是一个好人,也是一个好同志,他是会了解的,你瞧,亲爱的,我知道得很清楚,那些陷在泥潭里的家伙,这样快就重新使用起秘密审问和处决的手段来,这就给了我们一个有利的转机,同时使他们自己处在一个极其不利的地位;我又知道得很清楚,如果我们留下来的人能够坚定地团结起来,给他们以猛烈的打击,你们就要看到伟大的成就了!至于我,我将怀着轻松的心情走到院子里去,好像一个小学生放假回家一样。我已经尽了我工作的本分,这次死刑的判决,就是我已经彻底尽职的证明。他们要杀我,是因为他们害怕我:一个人能够这样,还能再有什么别的心愿呢?

只是我还有这么一个小小的心愿。一个快去死的人是有权利可以提出他个人的心事的,我的一点心事就是要你心里明白,为什么我一直都像一头含怒的野兽一样对待你。当然,这是你自己心里也明白的,我所以还要唠叨,也不过是写着玩玩罢了。我是爱你的,琼玛,当你还是一个难看的小姑娘,穿着一件花格子布的罩衫,围着一个皱缩不平的胸褡,背上拖着一条小辫子的时候,我已经爱上你了,我现在也还爱着你。你还记得有一天我吻了你的手,而你那样可怜地央求我"请你以后不要这样"那件事么?这是一种不光明的把戏,可是你一定得饶恕我;现在,我又在这张纸上写着你名字的地方吻过了。这样,我已经跟你亲过两次吻,两次都没有得到你的允许。

话已经说完了,别了,亲爱的,不论我活着,或者我死掉,我都是一只快乐的飞虻!

3.《永远的蝴蝶》陈启佑

那时候,刚好下着雨,柏油路面湿冷冷的,还闪烁着青、黄、红颜色的灯火。

我们就在骑楼下躲雨,看绿色的邮筒,孤独地站在街的对面。我白色风衣的大口袋里有一封要寄给在南部的母亲的信。

樱子说,她可以撑伞过去,帮我寄信。我默默地点头,把信交给她。

"谁叫我们只带了一把小伞呐。"她微笑着说,一面撑起伞,准备过马路,去帮我寄信。从她伞骨滑下来的小雨点儿溅在我眼镜玻璃上。

随着一阵尖锐的刹车声,樱子的一生轻轻飞起来,缓缓地,飘落在湿冷的街面,好像一只夜晚的蝴蝶。

虽然是春天,好像已是深秋了。

她只是过马路帮我寄信。这简单的动作,却要叫我终生难忘了。

我缓缓睁开眼,茫然站在骑楼下,眼里裹着滚烫的泪水。路上所有的车子都停了下来,人潮涌向马路中央。没有人知道,那躺在街面的,就是我的蝴蝶。

这时,她只离我五米远,竟是那么遥远。更大的雨点儿溅在我的眼镜上,溅到我的生命里来。

为什么呢?为什么只带一把雨伞?

然而,我又看到樱子穿着白色的风衣,撑着伞,静静地过马路了。

她是要帮我寄信的,那,那是一封写给在南部的母亲的信。

我茫然站在骑楼下,我又看到永远的樱子走到街心。

其实,雨下得并不大,却是我一生一世中最大的一场雨。

而年轻的樱子,你知不知道,那封信是这样写的:

妈,我打算在下个月和樱子结婚。

篇目4—8,见二维码21

二维码21

(二)散文

1.《诗人之死》

诗人死了,这荣誉的俘虏。

他受尽流言蜚语的中伤,胸饮着铅弹,渴望着复仇,垂下了高贵的头颅身亡。

诗人的这颗心,已经无法忍受那琐碎的凌辱带来的羞耻。他挺身对抗上流社会的舆论,还是单枪匹马。

被杀害了,他被杀害了。

而今,谁要这号哭?这空洞无用的恭维的合唱,这嘟嘟囔囔的无力的剖白?命运已经做出了它的宣判。

不正是你们这伙人,先磨灭他才气横溢的锋芒,然后为了自己取乐解闷,把他强压心头的怒火扇旺?

好了,你们可以高兴了,他再也忍受不住这最后的磨难。熄灭了,这盏天才的明灯;凋零了,这顶绚丽的花冠。

凶手,漠然地瞄准他放枪。此刻甚至连搭救都没有希望。那颗空虚的心平静地跳着,他,他手中的枪竟然没有抖颤,这,这真是怪事。

命运把他从远方抛向我们的祖邦,让他来猎取高官厚禄,像千万个逃亡者那样。

他常放肆地蔑视和嘲笑这个异国的语言和风尚。他哪能珍惜我们的荣耀?他怎知在这血腥的一瞬,是对准了谁,举起手放枪?

他被杀害了,被坟墓夺走了,像那位经他用妙笔赞美过的不为人知但很可爱的诗人。就是那妒火难熄的牺牲品,也像他在无情的手下殒命。

为什么,要抛却适情逸趣和纯朴的友谊,他要跨上这窒息、幻想和激情的妒贤嫉能的上流社会的门槛?为什么还同中伤他的小人握手言欢?既然他年轻的时候就已经洞悉了人世,为什么,还要相信虚情假意和巧语花言?

他们摘下他先前佩戴的花冠,把满插月桂的荆冠给他戴上,而一根根暗藏着的刺针,把他好端端的前额刺伤,那帮专好嘲弄的愚妄之徒,以窃窃的恶语玷污了他弥留的时光。

他死了——空怀着雪耻的遗愿,带着希望落空后的隐隐懊丧。美妙的歌声从此沉寂了,它再也不会到处传扬。

诗人的栖身之所阴森而狭小,他的嘴角被打上了封闭的印章。

你们这帮以卑鄙著称的先人们不可一世的子孙,把受命运奚落的残存的世族用奴才的脚掌恣意踩蹦。

你们蜂拥在皇座两侧的人,扼杀天才、自由、荣耀的刽子手,你们藏身在法律的荫庇下,不准法庭和真理开口。

但是,堕落的宠儿啊,还有一个神的法庭。

有一位严峻的法官正等候着你们,他听不见金钱叮当的响声,他早就看穿了你们的勾当与祸心。

到那时,你们想中伤也是枉然,恶意诽谤再也救不了你们。

你们即使倾尽全身的污血,也洗不净诗人正义的血痕。

2.《老屋》叶政

家是什么?

在我的记忆里,家给我的第一印象是一座低矮的农舍,只在房顶披着一层灰色的瓦,矮小的门扉冲着荒废的庄稼,木门上铜制的拉环在凛洌的寒风中咣当作响,时间侵蚀了墙壁,余晖挤在裂缝里。

是的,对于家的记忆,停留在从小和我一起长大的老屋之中。

三年前,这就是我对老屋的印象,三年后,这些关于老屋的记忆依旧如此,这种感觉随时间的流逝而渐渐模糊。城市发展太快,从小学到初中,到高中,再到现在的大学,我也搬过好几次家,可就是当时在老屋时的记忆,依旧根深蒂固地封存在脑海里,不曾改变。

我的童年是在老屋度过的,据说老屋是在爷爷的好几代之前落成的。先是爷爷翻修老屋,小时候常听爷爷说起,他和青年时代的爸爸在热气灼人的炎夏挥动锄头,汗渗进木料、砖块和沙石,直到寒风呼啸的严冬披上青瓦。

高中毕业的那一年,我曾去看望过老屋,没想到,那一次,竟是和老屋最后的诀别。

最后一次看望老屋,我推开吱呀作响的木门,走在凹凸不平的地面上,一切都是那熟悉的感觉,记得院子里的两棵万年青是奶奶亲手种下的,陪老屋很多年了,夏天时树冠青翠欲滴犹如锦绣的伞,奶奶就将用来乘凉的睡床的两端分别拴在两棵粗壮的树干上,躺在上面悠哉悠哉地边摇扇边抽旱烟,"啪啪"呼出一缕一缕的烟圈,弥散在一阵阵从山林远道而来的风中,与屋顶炊烟朝同个方向晕在一片余晖里。狗叫撕破夏日闷热的静谧,我也伏在奶奶肩膀上安心地睡着了。记忆中的每个黄昏都恰似初生的梦一样落在我和奶奶的身上,这场景随着奶奶自制的睡床摇了十几年,我也在摇床儿上梦了十几年,直至奶奶的逝去。如今,也值日落,而我眼前却是残阳,落了却不再起。终究,没了守在院子里的人。

记得我初中的时候,爸爸去县城做生意,赚了些钱建了新房,接爷爷迁新居。爷爷执意不肯,说是要和已故的奶奶在老屋过活。家里人拗不过爷爷,于是爷爷成了第二个守着老屋的人。回了回神,我沿大门的墙壁摸索,进到老屋左边的那间奶奶住的房间。地上有些散乱的砖,整间屋子没有太多光线,暗暗的一片,灰尘氤氲在空气中。窗前倚着一张古旧的书桌,红漆已被岁月磨得寥寥无几;房间的一隅,一张带网纱的高高雕花床似乎感受到我的脚步,被岁月腐蚀的床榻似低语着这几年的寂寞。我抚了抚木桌和床沿,尘灰不舍,指尖一圈黑,算是个问候吧,亲切又陌生。

爷爷是爱看压在桌面玻璃下的老照片的,那时候的照片没有过多美化,黑白色调中,爸爸和大伯的脸稚嫩而纯真。而小小的我喜欢缠着爷爷,让爷爷讲讲"这是谁那是谁""这在哪",他或唠嗑我好奇的过去,或动情处讲到奶奶,不禁呜咽,起身穿鞋,走到桌前,埋怨奶奶走得比他早。瘦瘦的月光从窗外洒进来,泻到爷爷身上,孤零零的背影倚在桌沿。而我如今再也听不见爷爷的嘴里有趣的往事,也看不见爷爷颤抖的背影了,只有轻轻地绕着房间走着,追忆那时的天伦之乐。

开门太阳,关门月亮,日子随着吱呀的木门静静地溜走。新农村也在老家如火如荼地展开,老屋连同门前的小院和庄稼都被划为建设示范村的地区。面对政府给出的高额的拆迁费,我不肯,爸爸也不同意。经历了这么多年风雨的老屋,承载着爷爷到我这代人的深沉无言的感情,岂是钱能买断的?记得爸爸刚乔迁新居的时候,总是意味深长地对我提起乡下的老屋,屋前的小院,院里的俩树。其实我知道,爸爸真正想念的是那曾住在老屋里的人和流淌在老屋里的时间罢了。

而如今,我写下这些往事的时候,无奈政策难违,爸爸打电话告知我,老屋已经被拆掉了,当时我在成都,大一。

我也深深地庆幸上次春节回家祭祖的时候不忘走进她,叩响她,而爸爸也似乎早已料到了一般,将院里两棵树拔起带回了家,种在了现在房子的旁边。如今,不知是否已是"亭亭如盖也",但我心中两棵树就如爷爷和奶奶一般,陪着彼此,陪着老屋,也陪着我们。

我愿时间,也被老屋锁着。

关于老屋的记忆,就是关于家的记忆,失去的,永远不会回来,写下这些旧的回忆,是对老人的怀念,对老屋的怀念和对未老的向往,只有不忘过去,才能脚踏实地走向未来。

3.《匆匆》朱自清

燕子去了,有再来的时候;杨柳枯了,有再青的时候;桃花谢了,有再开的时候。但是,聪明的,你告诉我,我们的日子为什么一去不复返呢?——是有人偷了他们罢:那是谁?又藏在何处呢?是他们自己逃走了罢:现在又到了哪里呢?

我不知道他们给了我多少日子,但我的手确乎是渐渐空虚了。在默默里算着,八千多日子已经从我手中溜去;像针尖上一滴水滴在大海里,我的日子滴在时间的流里,没有声音,也没有影子。我不禁头涔涔而泪潸潸了。

去的尽管去了,来的尽管来着;去来的中间,又怎样地匆匆呢?早上我起来的时候,小屋里射进两三方斜斜的太阳。太阳他有脚啊,轻轻悄悄地挪移了;我也茫茫然跟着旋转。于是——洗手的时候,日子从水盆里过去;吃饭的时候,日子从饭碗里过去;默默时,便从凝然的双眼前过去。我觉察他去的匆匆了,伸出手遮挽时,他又从遮挽着的手边过去,天黑时,我躺在床上,他便伶伶俐俐地从我身上跨过,从我脚边飞去了。等我睁开眼和太阳再见,这算又溜走了一日。我掩着面叹息。但是新来的日子的影儿又开始在叹息里闪过了。

在逃去如飞的日子里,在千门万户的世界里的我能做些什么呢?只有徘徊罢了,只有匆匆罢了;在八千多日的匆匆里,除徘徊外,又剩些什么呢?过去的日子如轻烟,被微风吹散了,如薄雾,被初阳蒸融了;我留着些什么痕迹呢?我何曾留着像游丝样的痕迹呢?我赤裸裸来到这世界,转眼间也将赤裸裸的回去罢?但不能平的,为什么偏要白白走这一遭啊?

你聪明的,告诉我,我们的日子为什么一去不复返呢?

篇目4—20,见二维码22

二维码22

(三)记叙文

1.《时间都去哪了》李旖晨

去年夏末,你被确诊出癌症,人造血管,化疗与放疗让你从一个气宇非凡的军人变得憔悴不堪,风中裹着冲锋衣的你,黑发不再,稀疏的灰白短发,深陷的眼窝,身上已没有一点血肉,剩下裤管空空的像骆驼一样的骨架,我惊呆的同时全是心酸。时间如此扭曲失真,记忆中的你,还是西装革履的美国超人,我在心里默默祈祷,泪腺崩溃,超人,请你一定要平安回来。

回忆里的时光朴素毫无润色。你带我穿越溪涧折一株生命顽强的狗尾草给我玩耍,我在有力的大手里眨巴睡意蒙胧的眼睛看到初生的第一缕阳光。我跟着你跑,你放慢脚步假装跑得比我慢;抽屉里那个"黑匣子"播放器是你在我随口一说的玩笑下变出的一个魔术，还有架子上那台落满灰尘的卡西欧电子琴，我的玩笑却是你细心实践的一个诺言。你曾经在千米高山上的微波站工作，每周只有两天下山，你踏过雪地、荆棘，不分冬夏地往返，把唯一的空闲用来带我玩遍儿童乐园的器材。照片上你坐在对于你的体格而说过于迷你的小火车上，你一米八的个头被挤在座位上显得滑稽却充满深爱。我最乐意坐在你的长腿跷跷板上和你一起看憨豆先生，或是从一个满头大汗的野小孩在你清澈的吉他声中平静下来。

  我的叛逆不羁曾经导致我们长期的交流错位，而你的不善表达也使我以为是职务改变你，是时间改变了你，所以我痛恨时间给你的改变，我摔门而你大声嚷："读书有什么用，连做人都不会。"那是我们最僵持的一次争执，互不让步。可是，当别人说起他们的父亲从未给他们做过一顿饭，从未给他们送过一次伞，我会想这些，似乎都是理所应当，你该做该送该给的，比如高三时你在我早自习时出现在窗外只是为了给我送本书。

  时间可以改变人的模样，改变人的脾性，但我从不曾料想它会让你经历这般坎坷。我去你住院的病房，你一看到我进来，便虚弱地叫了我一声，很明显察觉到你眼里微妙起伏，那里有期待的兴奋，即便身上插着那些可怕的针管以及人造血管。我似乎感到那些针管好像插在我身上一样痛。我突然记起每次你开车接远道而来的我，都会提早一个小时在门口守候，妈妈怎么劝你不必那么早起你也不乐意。你在车站门外望眼欲穿的等待你从不曾说起。你过去从来不碰水果蔬菜，而今必须大量吃这些食物，你甚至为此发怒。然而在假期很快结束，在我离家的前一天你主动地削了一个苹果，你说："以后每天自己吃苹果的时候都想着等我女儿回来削给我吃。"我不露声色地低下头，阳光从落地窗照进来，此刻你的温柔是你内心的担忧，担忧这次的离别会是永别，但我知道你承受了多大的折磨苦难，你能坚持下来了，你的生命也一定会延续，你要等我回家团圆。时间都去哪了？我不禁要问，它是将你的青春韶华吞噬的怪物，将你的温柔隐藏在锋芒外露的严父形象中，或是将你硬朗的体魄摧毁得一败涂地。可是时间却又证明了你细雨无声的爱，它始终如一。离家那天，我在天台上看日落的壮阔出了神——日落不是消亡，日落是等待着新生。

2.《最后一只藏羚羊》彭波

  夕阳西下，晚霞轻柔地洒在可可西里的土地上，宁静而贫瘠的土地仿佛又多了几分生机。

  我呆呆伫立在寒风中，影子拉得很远，很远。脚下，是我刚刚死去的妻子和女儿，她们已被踩蹋得面目全非。四周，满是我的部族的尸体，他们的皮全部被扒光。空气中充满了血腥，地上血流成河，在夕阳的照耀下愈加显得惨烈……

  我——这场大屠杀中唯一的幸存者，便成了可可西里最后的一只藏羚羊。

就在几年前,我们藏羚羊还是一个有着二十万之多的种族。那时,我们几个部族一齐在荒无人烟的高原上驰骋,烟尘蔽日,黄土满天,情景极为壮观;每逢产子时节,妻子们便要和丈夫告别,成群结队地离开北方,当几千只母藏羚同时产下小藏羚时,整片大地都泛出了血光。当她们带着孩子再次返回南方后,我们的部族便又增添了生机与希望。

　　我曾为我是一只藏羚羊而无比自豪。我们生活在遥远的可可西里,那里气候十分恶劣,土地贫瘠,但我们却拥有着惊人的耐力。什么"水草丰茂"的地方,对于我们没有任何的吸引力,我们常常悠然地卧在雪中,或是在猛烈的冰雹下嬉闹。那时的可可西里呀,无疑是"世外桃源"。——这梦一般的世界曾经是多么美好!

　　然而,当第一声枪响穿透了可可西里的黎明,我的梦也被击得粉碎。当一辆辆吉普在高原上飞驰时,我的无数的同伴也好奇地紧随其后,要跟它比个高低。"追逐"——这是我们常玩的游戏。但这一次,他们只猜对了开头,却猜不着这结局。一只只乌黑的枪举了起来,对准了我的同伴……

　　那一刻,我的种族的大杀戮便开始了,静谧的可可西里被枪声毁掉了。

　　我清楚地记得,就在那个夏天,几千只母藏羚结队去北方产子,却永远地留在了那里。她们本已带着孩子们,准备返回南方骨肉团聚,但迎接她们的,却是人类一杆杆猎枪。一时间,产子的圣地成了血腥的屠宰场。她们的尸体儿百只几百只地堆在一起,她们的皮被完全剥去,有的甚至是被活活剥下的。孩子们虽然没有遭到杀戮,但也没能逃过一劫——都在回家的途中饿死了。于是,几千个母亲和几千个孩子就这样被人类残忍地杀害了。

　　我开始后悔我是一只藏羚羊。我们其实并不美丽,只是这身皮毛价值连城,但就是这一身皮毛给我们招来了杀身之祸,几年来,不知多少兄弟姐妹都惨死在人类的枪下,他们的皮都是被完全剥去的,鲜血淋淋的肉啊,露在了外面。可可西里,你不再是"美丽的少女",而是恐怖的墓地,十几万只藏羚羊长眠在这里。

　　为了活命,这个夏末,我们——唯一的一个幸存的部族和其他几个部族的幸存者——开始迁徙,几千只藏羚羊浩浩荡荡地向北方前进。途中,我由于身体不适掉了队,刚在后面歇了一会儿,这个时候,这个时候远处传来了密集的枪声。我绝望地闭上了双眼……

　　我俯下身子,舔着我的爱妻,她的眼睛还是那么大,那么明亮,只是充满了惊恐;我又去亲吻我的小女儿,她的眼中只是好奇与惊诧——毕竟,她还小,不能明白发生的这一切。我甚至能够想象,当面对人类的猎枪,她可能还想跑过去玩耍,然而却倒在了血泊中。女儿,你是至死也不会明白的。其实,我也不明白,为什么人类在自己的亲人死去时悲痛欲绝,却能坦然地杀死别人的亲人。难道他们开枪时没有一丝犹豫吗?他们动手剥皮时没有一点怜悯吗？当他们的亲人惨遭杀戮时，他们又会怎样呢？

　　此时，一丝声响在身后响起，我慢慢转过身，眼前是乌黑的枪口。在惨淡的夕阳下，在同伴的尸体中，我竟露出了一丝惨淡的笑容。无知的人类啊，你们究竟要愚昧到几时！你们毁灭了我们，其实正是在毁灭你们自己。你们今天可以踏在我们的尸体上，总有一天，你们的尸体将会被自己践踏。尽管开枪吧，开枪吧。你们唯一的"贡献"便是在已灭绝动物的名单上又增添了一笔，你们把毁灭人类的日期又提前了一天。

　　枪响了，我大睁着双眼倒在了地上，嘴角仍挂着笑容，眼角却滴下一滴混浊的泪。望着夕阳，我仿佛又看到了我的妻子和女儿，还有那梦中的可可西里：几万只藏羚羊在高原上奔跑，烟尘蔽日，黄土满天。夕阳照在他们的皮毛上，泛着金光……

3.《秋天的怀念》史铁生

　　双腿瘫痪后，我的脾气变得暴怒无常。望着望着天上北归的雁阵，我会突然把面前的玻璃砸碎；听着听着李谷一甜美的歌声，我会猛地把手边的东西摔向四周的墙壁。母亲就悄悄地躲出去，在我看不见的地方偷偷地听着我的动静。当一切恢复沉寂，她又悄悄地进来，眼边红红的，看着我。"听说北海的花儿都开了，我推着你去走走。"她总是这么说。母亲喜欢花，可自从我的腿瘫痪后，她侍弄的那些花都死了。"不，我不去。"我狠命地捶打这两条可恨的腿，喊着："我活着有什么劲！"母亲扑过来抓住我的手，忍住哭声说："咱娘儿俩在一块儿，好好儿活，好好儿活……"可我却一直都不知道，她的病已经到了那步田地。后来妹妹告诉我，她常常肝疼得整宿整宿翻来覆去地睡不了觉。

　　那天我又独自坐在屋里，看着窗外的树叶"唰唰啦啦"地飘落。母亲进来了挡在窗前："北海的菊花开了，我推着你去看看吧。"她憔悴的脸上现出央求般的神色。"什么时候？""你要是愿意，就明天？"她说。我的回答已经让她喜出望外了。"好吧，就明天。"我说。她高兴得一会坐下，一会站起："那就赶紧准备准备。""唉呀，烦不烦？几步路，有什么好准备的！"她也笑了，坐在我身边，絮絮叨叨地说着："看完菊花，咱们就去'仿膳'，你小时候最爱吃那儿的豌豆黄儿。还记得那回我带你去北海吗？你偏说那杨树花是毛毛虫，跑着，一脚踩扁一个……"她忽然不说了。对于"跑"和"踩"一类的字眼儿。她比我还敏感。她又悄悄地出去了。

　　她出去了。就再也没回来。

　　邻居们把她抬上车时，她还在大口大口地吐着鲜血。我没想到她已经病成那样。看着三轮车远去，也绝没有想到那竟是永远的诀别。

　　邻居的小伙子背着我去看她的时候，她正艰难地呼吸着，像她那一生艰难的生活。别人告诉我，她昏迷前的最后一句话是："我那个有病的儿子和我那个还未成年的女儿……"又是秋天,妹妹推我去北海看了菊花。黄色的花淡雅、白色的花高洁、紫红色的花热烈而深沉,泼泼洒洒,秋风中正开得烂漫。我懂得母亲没有说完的话。妹妹也懂。我俩在一块儿,要好好儿活……

篇目4—10,见二维码23

二维码23

(四)诗词

1.《将进酒》李白

君不见,黄河之水天上来,奔流到海不复回。
君不见,高堂明镜悲白发,朝如青丝暮成雪。
人生得意须尽欢,莫使金樽空对月。
天生我材必有用,千金散尽还复来。
烹羊宰牛且为乐,会须一饮三百杯。
岑夫子,丹丘生,将进酒,杯莫停。
与君歌一曲,请君为我倾耳听。
钟鼓馔玉不足贵,但愿长醉不复醒。
古来圣贤皆寂寞,惟有饮者留其名。
陈王昔时宴平乐,斗酒十千恣欢谑。
主人何为言少钱,径须沽取对君酌。
五花马,千金裘,呼儿将出换美酒,与尔同销万古愁。

2.《琵琶行》白居易

浔阳江头夜送客,枫叶荻花秋瑟瑟。
主人下马客在船,举酒欲饮无管弦。
醉不成欢惨将别,别时茫茫江浸月。
忽闻水上琵琶声,主人忘归客不发。
寻声暗问弹者谁?琵琶声停欲语迟。
移船相近邀相见,添酒回灯重开宴。
千呼万唤始出来,犹抱琵琶半遮面。
转轴拨弦三两声,未成曲调先有情。
弦弦掩抑声声思,似诉平生不得志。
低眉信手续续弹,说尽心中无限事。
轻拢慢捻抹复挑,初为《霓裳》后《六幺》。

大弦嘈嘈如急雨,小弦切切如私语。
嘈嘈切切错杂弹,大珠小珠落玉盘。
间关莺语花底滑,幽咽泉流冰下难。
冰泉冷涩弦凝绝,凝绝不通声暂歇。
别有幽愁暗恨生,此时无声胜有声。
银瓶乍破水浆迸,铁骑突出刀枪鸣。
曲终收拨当心画,四弦一声如裂帛。
东船西舫悄无言,唯见江心秋月白。
沉吟放拨插弦中,整顿衣裳起敛容。
自言本是京城女,家在虾蟆陵下住。
十三学得琵琶成,名属教坊第一部。
曲罢常教善才服,妆成每被秋娘妒。
五陵年少争缠头,一曲红绡不知数。
钿头银篦击节碎,血色罗裙翻酒污。
今年欢笑复明年,秋月春风等闲度。
弟走从军阿姨死,暮去朝来颜色故。
门前冷落鞍马稀,老大嫁作商人妇。
商人重利轻别离,前月浮梁买茶去。
去来江口守空船,绕船月明江水寒。
夜深忽梦少年事,梦啼妆泪红阑干。
我闻琵琶已叹息,又闻此语重唧唧。
同是天涯沦落人,相逢何必曾相识!
我从去年辞帝京,谪居卧病浔阳城。
浔阳地僻无音乐,终岁不闻丝竹声。
住近湓江地低湿,黄芦苦竹绕宅生。
其间旦暮闻何物?杜鹃啼血猿哀鸣。
春江花朝秋月夜,往往取酒还独倾。
岂无山歌与村笛,呕哑嘲哳难为听。
今夜闻君琵琶语,如听仙乐耳暂明。
莫辞更坐弹一曲,为君翻作《琵琶行》。
感我此言良久立,却坐促弦弦转急。
凄凄不似向前声,满座重闻皆掩泣。
座中泣下谁最多?江州司马青衫湿。

3.《梦游天姥吟留别》李白

海客谈瀛洲,烟涛微茫信难求。

越人语天姥,云霞明灭或可睹。

天姥连天向天横,势拔五岳掩赤城。

天台四万八千丈,对此欲倒东南倾。

我欲因之梦吴越,一夜飞度镜湖月。

湖月照我影,送我至剡溪。

谢公宿处今尚在,渌水荡漾清猿啼。

脚著谢公屐,身登青云梯。

半壁见海日,空中闻天鸡。

千岩万转路不定,迷花倚石忽已暝。

熊咆龙吟殷岩泉,栗深林兮惊层巅。

云青青兮欲雨,水澹澹兮生烟。

列缺霹雳,丘峦崩摧。

洞天石扉,訇然中开。

青冥浩荡不见底,日月照耀金银台。

霓为衣兮风为马,云之君兮纷纷而来下。

虎鼓瑟兮鸾回车,仙之人兮列如麻。

忽魂悸以魄动,恍惊起而长嗟。

惟觉时之枕席,失向来之烟霞。

世间行乐亦如此,古来万事东流水。

别君去兮何时还?

且放白鹿青崖间。须行即骑访名山。

安能摧眉折腰事权贵,使我不得开心颜。

篇目4—25,见二维码24

(五)台词

1.《我的1919》(节选)陈道明

二维码24

牧野男爵愤怒了,他真的愤怒了,姑且算是我偷了他的金表,那我倒想问问牧野男爵,你们日本,在全世界面前偷了整个山东省,山东省的三千六百万人民该不该愤怒,四万万中国人民该不该愤怒!我想请问日本的这个行为算不算是盗窃,是不是无耻啊,是不是极端的无耻!

山东是中国文化的摇篮,中国的圣者孔子和孟子就诞生在这片土地上,孔子,孔子犹如西方的耶稣,山东是中国的,无论从经济方面还是战略上,还有宗教文化,中国不能失去山东,就像西方不能失去耶路撒冷!

　　尊敬的主席阁下,尊敬的各位代表,我很高兴能代表中国参加这次和会,我自感责任重大,因为我是代表了占全世界四分之一的中国在这里发言,刚才牧野先生说中国是未出一兵一卒的战胜国,这是无视最起码的事实,请看,(拿出照片),战争期间,中国派往欧洲的劳工就达十四万,他们遍布战场的个个角落,他们和所有战胜国的军人一样在流血,在牺牲。我想让大家再看一张在法国战场上牺牲的华工墓地照片,这样的墓地在法国在欧洲就有十几处,他们大多来自中国的山东省,他们为了什么,就是为了赢得这场战争! 换回自己家园的和平和安宁! 因此,中国代表团深信,会议在讨论中国山东省问题的时候,会考虑到中国基本的合法权益,也就是主权和领土完整,否则,亚洲将有无数的灵魂哭泣,世界不会得到安宁!

　　尊敬的主席阁下,尊敬的各位代表,我,我,我很失望,最高委员会无视中国人民的存在,出卖了作为战胜国的中国,我很愤怒,我很愤怒,你凭什么,凭什么把中国的山东省送给日本人,中国人已经做到了仁至义尽,我想问问,这样一份丧权辱国的协约,谁能接受?! 所以,我们拒绝签字,请你们记住,请你们记住,中国人永远不会忘记这沉痛的一天!

2.《一封父亲给儿子的信》

　　我的儿子,哪天当你看到我日渐老去,身体也渐渐不行,请耐着性子,试着了解我。

　　如果我吃得脏兮兮,甚至已不会穿衣服,耐心一点儿,你记得,我曾经花了多少时间教你这些事吗?

　　当我一再重复,说着同样的事情,请你不要打断我,听我说。你小时候,我必须一遍又一遍地读着同样的故事,直到你静静睡着。

　　当我不想洗澡,不要羞辱我,也不要责骂我,你记得小时候,我曾经编出多少理由,只为了哄你洗澡。

　　当你看到我对新科技一无所知,给我一点儿时间,不要嘲笑我,我曾经教会了你多少事情啊,如何好好儿地吃,好好儿地穿,如何面对你的生命。

　　如果交谈中,我忽然失忆,不知该说什么了,给我一点儿时间想想。如果我还是无能为力,不要紧张,对我而言,重要的不是说话,而是能跟你在一起。

　　当我的腿不听使唤,扶我一把,就像我当初扶着你,踏出你人生的第一步。

　　当哪天我告诉你,我不想再活下去了,不要生气,总有一天,你会了解,了解我已风烛残年,来日可数。

有一天你会发现,即使我有许多过错,我总是尽我所能,给你最好的。

当我靠近你时,不要觉得感伤,生气,或埋怨,你要紧挨着我,如同我当初帮着你展开人生一样地了解我,帮我。

扶我一把,用爱和耐心帮我走完人生。我将用微笑和我始终不变的爱来回报你。

我爱你,我的孩子。

3.《嘎达梅林》

鲜血和汗水刺痛了我的眼睛,使我对眼前的一切越来越模糊了。

长生天呐,你睁开双眼看看这被血泪浸透的科尔沁草原吧,如今,她只留下了一片凄凉。

达尔汗王爷为了满足自己抽大烟的嗜好,竟然要把草原卖给日本人。一夜之间,牧民们失去了家园,温暖的蒙古包被烈火烧光了,风吹草低再也看不见了牛羊。军阀匪徒横行霸道,穷苦牧民受尽了折磨,这像鲜花一样的草原被践踏了,草原上到处是百姓们揪心的哀号。

我身为梅林,见百姓有难而不救是我的失职。这草原是祖先留下的生存之地呀,王爷,请为子孙后代着想,草原可不是荒地,一经翻垦,大风吹过,土被刮尽,只剩下了沙子,不出十年,科尔沁千里草原将化为沙漠。王爷,您是达尔汗之主,不能不顾百姓的死活就这么走了呀。王爷,草原上的草可以喂牛羊,也可以化为烈火,若是将百姓们逼到死路上去,你有没有想过,当年老王爷……

(画外音:你已经不再是梅林了。)

不能保护百姓,就是当一辈子的梅林也只是个奴才。我明白了,牧民们就是剥下一层皮,也不够王府摆一次宴席;农民们辛苦劳累一年的收成,也不够王爷和福晋点一盏烟灯。老百姓过不上安生日子,就是因为有你们这些吃人肉、喝人血的魔鬼。日本人,日本人勾结官府占我草原,用心阴险呐。王爷,自古官逼民反,你们鱼肉百姓,早晚会有报应的这一天。

(画外音:说呀?继续说。你一个将死之人说什么我还在乎吗?)

长生天在上,达尔汗的百姓们,我和你们一样,不分满蒙还是汉回,都生长在这片草原上,我们脚下的这片土地和草原,是长生天赐给我们每一个人的。祖先把这块草原留给了我们,而我们绝不能给后代留下沙漠。今天,老百姓没有了活路就只有造反,谁伤害百姓就让他用命来偿还。在这里,向长生天起誓的,是我,嘎达梅林。

受苦受难的百姓们,草原上的牧民们,拿起你们的棍棒刀枪,为了我们的土地和草原不落到日本人的手里,我们就是粉身碎骨,也要和他们决一死战。

现在,摆在我面前的,是明晃晃的刺刀和黑洞洞的枪口。开枪吧,你们的子弹可以从我的身上穿过去,可是却永远不会射穿这个伟大民族的胸膛。来呀,试试你们的胆量,冲这儿开枪。放心,草原上的男人不会跪着死。

嘎达死了,他是为了百姓的土地,为了人民的利益而死的。长生天呐,请厚葬这位蒙古民族的英雄吧。

请永远地记住,那些为了美丽的草原流淌过鲜血和付出过生命的勇士;请永远地记住,嘎达梅林。

4.《康熙王朝》

当朝大学士,统共有五位,朕不得不罢免四位;六部尚书,朕不得不罢免三位。看看这七个人吧,哪个不是两鬓斑白,哪个不是朝廷的栋梁,哪个不是朕的儿女亲家,他们烂了,朕心要碎了!祖宗把江山交到朕的手里,却搞成了这个样子,朕是痛心疾首,朕有罪于国家,愧对祖宗,愧对天地,朕恨不得自己罢免了自己!还有你们,虽然个个冠冕堂皇站在朝上,你们,就那么干净吗?朕知道,你们当中有些人,比这七个人更腐败!朕劝你们一句,都把自己的心肺肠子翻出来,晒一晒,洗一洗,拾掇拾掇!朕刚即位的时候以为朝廷最大的敌人是鳌拜,灭了鳌拜,又以为最大的敌人是吴三桂,朕平了吴三桂,台湾又成了大清的心头之患,啊,朕收了台湾,噶尔丹又成了大清的心头之患。朕现在是越来越清楚了,大清的心头之患不在外边,而是在朝廷,就是在这乾清宫!就在朕的骨肉皇子和大臣们当中,咱们这儿烂一点,大清国就烂一片,你们要是全烂了,大清各地就会揭竿而起,让咱们死无葬身之地呀!想想吧,崇祯皇帝朱由检,吊死在煤山上才几年哪?忘了!那棵老歪脖子树还站在皇宫后边,天天地盯着你们呢!朕已经三天三夜没有合眼了,总想着和大伙说些什么,可是话,总得有个头啊。想来想去,只有四个字,这四个字,说说容易啊,身体力行又何其难?这四个字,是朕从心里刨出来的,从血海里挖出来的。记着,从今日起,此殿改为正大光明殿!好好看看……哦,你们都抬起头来,好好看看,想想自己,给朕看半个时辰……

5.《大宅门》

我,白景琦,生于光绪六年,自幼顽劣,不服管教,闹私塾,打兄弟,毁老师,无恶不作。长大成人更肆无忌惮,与仇家女私订终身,杀德国兵,交日本朋友,终被慈母大人赶出家门;从此闯荡江湖,独创家业。一泡屎骗了两千银子,收了沿河二十八坊,独创"泷胶"、"保生"、"九宝"、"七秀"三十二张秘方,济世救民,兴家旺族;为九红,我坐过督军的大牢,为槐花,坐过民国的监狱,为香秀,得罪过全家老少,越不叫我干什么,我偏要干什么!除了我妈,我没向谁低过头,没向谁弯过腰!如今,日本鬼子打到了咱们家门口,逼死了三老太爷,我立誓,宁死不当亡国奴!我死以后,本族老少如有与日本鬼子通同一气者人人可骂之！我死以后，如有与日本鬼子通同一气者，人人可诛之！我死以后，……如有与日本鬼子通同一气者……照着我这口刀说话！

立遗嘱人，白景琦！

(六)寓言故事

1.《猴吃西瓜》

猴王找到了一个大西瓜，可是，怎么吃呢？这个猴啊，是从来也没有吃过西瓜。忽然，他想出了一条妙计，于是，把所有的猴都招集来了。

他清了清嗓子："今天，我找到了一个大西瓜。至于这西瓜的吃法嘛，我当然……当然是知道的。不过，我要考验一下大伙的智慧，看看谁能说出这西瓜的吃法。如果说对了，我可以多赏他一块。如果说错了，我可要惩罚他！"

大伙你看看我，我看看你，可谁也没有吃过西瓜。

小毛猴眨巴眨巴眼睛，挠了挠腮说："我知道，吃西瓜是吃瓢！"

"不对！小毛猴说得不对！"秃尾巴猴跳了起来："我小的时候跟我妈去姥姥家，吃过甜瓜，吃甜瓜就是吃皮。我想，这甜瓜也是瓜，西瓜也是瓜，吃西瓜嘛，当然也是吃皮咯。"

这时候，大伙争执起来，有的说："吃西瓜吃皮！"有的说："吃西瓜吃瓢！"可争了半天，也没争出个结果，于是都不由地把目光集中到一只老猴的身上……

这老猴认为出头露面的机会来了，他将了将胡子，打扫了一下嗓子说："这吃西瓜嘛，当然……当然是吃皮咯。我从小就爱吃西瓜，而且……而且一直都是吃皮的。我想，我之所以老而不死，就是因为吃了这西瓜皮的缘故……"

大伙都欢呼起来："对！吃西瓜吃皮！""吃西瓜吃皮！"……

猴王认为找到了正确答案，他站起身来，上前一步，开言道："对！大伙说得对！吃西瓜是吃皮。哼！就小毛猴崽子一个人说吃西瓜吃瓢，那就让他一个人吃吧！咱们大伙，都吃西瓜皮！"

西瓜一刀两半，小毛猴吃瓢。大伙，是共分西瓜皮……

有个猴吃了两口，就捅了捅旁边的说："哎，我说这可不是滋味啊！"

"咳，老弟，我常吃西瓜，西瓜嘛，就是这味……"

2.《乌鸦兄弟》

乌鸦兄弟俩同住在一个窠里。有一天，窠破了一个洞。大乌鸦想："老二会去修的。"小乌鸦想："老大会去修的。"结果谁也没有去修。

后来洞越来越大了。大乌鸦想:"这一下老二一定会去修了,难道窠这样破了,它还能住吗?"小乌鸦想:"这一下老大一定会去修了,难道窠这样破了,它还能住吗?"结果又是谁也没有去修。

一直到了严寒的冬天,西北风呼呼地刮着,大雪纷纷地飘落。乌鸦兄弟俩都蜷缩在破窠里,哆嗦地叫着:"冷啊!冷啊!"大乌鸦想:"这样冷的天气,老二一定耐不住,它会去修了。"小乌鸦想:"这样冷的天气,老大还耐得住吗?它一定会去修了。"可是谁也没有动手,只是把身子蜷缩得更紧些。

风越刮越凶,雪越下越大。结果,窠被吹到地上,两只乌鸦都冻僵了。

附录五 全国招收播音与主持艺术专业院校地址和联系方式

说明

1. 本附录为不完全统计，院校排名不分先后。
2. 本附录有些院校播音与主持艺术专业招生层次为本科和专科。
3. 本附录有些院校播音与主持艺术专业招生层次仅为专科。
4. 本附录根据2017年各院校招收播音与主持艺术专业情况编制，有些院校因改革重组或转型更名，院校名称和招生计划每年不定，具体情况请关注学校官方网站。

（1）北京

清华大学
地址：北京市海淀区清华大学
招生办公室电话：(010)62770334
　　　　　　　　(010)62782051
招生办公室传真：(010)62782061
网址：http://www.tsinghua.edu.cn/

中国传媒大学
地址：北京市朝阳区定福庄东街一号
招生办公室电话：(010)65779370
　　　　　　　　(010)65779256
网址：http://www.cuc.edu.cn/

中央戏剧学院
东城校区地址：北京市东城区东棉花胡同39号
昌平校区地址：北京市昌平区宏福中路4号
招生办公室电话：(010)64040702
网址：http://www.chntheatre.edu.cn/

中华女子学院
地址：北京市朝阳区育慧东路1号
招生办公室电话：(010)84659299
　　　　　　　　(010)84659611
网址：http://www.cwu.edu.cn/

中国劳动关系学院
北京校区：北京市海淀区增光路45号
涿州校区：河北省涿州市东城坊镇宁村
招生办公室电话：(010)68416757
　　　　　　　　(010)68411395

网址：http://www.ciir.edu.cn/

首都师范大学科德学院

地址：北京市大兴区榆垡镇榆祥路10号

招生办公室电话：(010)89229201
　　　　　　　　(010)89229202
　　　　　　　　(010)89290662，
　　　　　　　　(010)89290663

招生办公室传真：(010)89229261

网址：http://www.kdcnu.com/

北京演艺专修学院

地址：北京市昌平区京银路石牌坊南

招生办公室电话：(010)56121653

招生办公室传真：(010)69739644

网址：http://www.interart.cn/

(2)天津

天津师范大学

地址：天津市西青区宾水西道393号

招生办公室电话：(022)23541338
　　　　　　　　(022)23767181

网址：http://www.tjnu.edu.cn/

天津师范大学津沽学院

地址：天津市西青区宾水西道393号
　　　天津师范大学主校区

招生办公室电话：(022)23766422

网址：http://www.jinguxy.cn/

天津体育学院运动与文化艺术学院

地址：天津市蓟州区盘山大道68号

招生办公室电话：(022)23910371

招生办公室传真：(022)23910195

网址：http://www.tjtwy.cn/

(3)河北

衡水学院

地址：河北省衡水市和平西路1088号

招生办公室电话：(0318)6016310

网址：http://www.hsnc.edu.cn/

河北传媒学院

地址：河北省石家庄市栾城区兴安大街109号

招生办公室电话：(0311)85100688
　　　　　　　　(0311)85100699

网址：http://www.hebic.cn/

河北民族师范学院

地址：承德市高教园区

招生办公室电话：(0314)2370039

网址：http://www.hbun.net/

河北师范大学

地址：河北省石家庄市南二环东路20号

招生办公室电话：(0311)80786666
　　　　　　　　(0311)80789780

网址：http://www.hebtu.edu.cn/

河北体育学院

地址：河北省石家庄市学府路82号

招生办公室电话：(0311)85337658

招生办公室传真：(0311)85337585

网址：http://zsxx.hepec.edu.cn/

河北大学工商学院

地址：河北省保定市七一东路 2666 号

招生办公室电话：(0312)5073111

网址：http://www.hicc.cn/

河北大学

地址：河北省保定市五四东路 180 号

招生办公室电话：(0312)5079698

网址：http://www.hbu.edu.cn/

廊坊师范学院

地址：河北省廊坊市爱民西道 100 号

招生办公室电话：(0316)2188213

招生办公室传真：(0316)2112462

网址：http://www.lfsfxy.edu.cn/

邯郸学院

地址：河北省邯郸市邯山区学院北路 530 号

招生办公室电话：(0316)6260228
　　　　　　　　　(0316)6260050

网址：http://www.hdc.edu.cn/

(4)山西

山西师范大学

地址：山西省临汾市尧都区贡院街 1 号

招生办公室电话：(0357)2051067

招生办公室传真：(0357)2051067

网址：http://www.sxnu.edu.cn/

山西师范大学现代文理学院

地址：山西临汾尧都区解放东路 85 号

招生办公室电话：(0357)2051067
　　　　　　　　　(0357)3013513

招生办公室传真：(0357)2051067
　　　　　　　　　(0357)3013525

网址：http://www.xdwl－sxnu.cn/

运城学院

地址：山西省运城市复旦西街 1155 号

招生办公室电话：(0359)2090661
　　　　　　　　　(0359)2090662

网址：http://www.ycu.edu.cn/

山西工商学院

地址：山西省太原市坞城南路 99 号

招生办公室电话：(0351)7965790
　　　　　　　　　(0351)7965829

网址：http://www.sxtbu.net/

山西传媒学院

文华校区：山西省高校新区文华街 125 号

东华校区：山西省太原市五龙口街 118 号

招生办公室电话：(0351)2772155
　　　　　　　　　(0351)2772156
　　　　　　　　　(0351)2772157

网址：http://www.arft.net/

(5)内蒙古

内蒙古大学

地址：内蒙古自治区呼和浩特市大学西路 235 号

招生办公室电话：(0471)499225

网址：http://www.imu.edu.cn/

内蒙古大学创业学院

地址:内蒙古自治区呼和浩特市昭君路24号

招生办公室电话:(0471)4996576

网址:http://www.imuchuangye.cn/

呼和浩特民族学院

地址:内蒙古自治区呼和浩特市新城区通道北路56号

招生办公室电话:(0471)6585520
　　　　　　　(0471)6585247

网址:http://www.imnc.edu.cn/

(6)辽宁

沈阳师范大学

地址:辽宁省沈阳市黄河北大街253号

招生办公室电话:(024)86574436
　　　　　　　(024)86592982

招生办公室传真:(024)86592067

网址:http://www.synu.edu.cn/

渤海大学

松山校区地址:锦州市松山新区科技路19号

滨海校区地址:锦州经济技术开发区(滨海新区)金山大街20号

招生办公室电话:(0416)3400131
　　　　　　　(0416)3400132

招生办公室传真:(0416)3400131

网址:http://www.bhu.edu.cn/

沈阳音乐学院

地址:辽宁省沈阳市和平区三好街61号

招生办公室电话:(024)23894405
　　　　　　　(024)23894467

网址:http://www.sycm.com.cn/

大连艺术学院

新校区地址:辽宁省大连市金州新区同汇路19号

老校区地址:辽宁省大连市开发区东北大街92号

招生办公室电话:(0411)39256115
　　　　　　　(0411)39256116

网址:http://www.dac.edu.cn/

辽宁大学

崇山校区地址:沈阳市皇姑区崇山中路66号

蒲河校区地址:沈阳市沈北新区道义南大街58号

招生办公室电话:(024)62202353

网址:http://www.lnu.edu.cn/

沈阳大学

地址:沈阳市大东区望花南街21号

招生办公室电话:(024)62268563
　　　　　　　(024)62268564
　　　　　　　(024)62721597

网址:http://www.syu.edu.cn/

辽宁科技大学

地址:辽宁省鞍山市立山区千山中路185号

招生办公室电话:(0412)5929096
　　　　　　　(0412)5929092
招生办公室传真:(0412)5929093
网址:http://www.ustl.edu.cn/new/

辽宁师范大学

地址:辽宁省大连市沙河口区黄河路850号
招生办公室电话:(0411)82158993
网址:http://www.lnnu.edu.cn/

(7)吉林

吉林大学

地址:吉林省长春市前进大街2699号
招生办公室电话:(0431)85168305
招生办公室传真:(0431)85166226
网址:http://www.jlu.edu.cn/

长春大学光华学院

地址:吉林省长春市经济技术开发区武汉路3555号
招生办的公室电话:(0431)85552348
　　　　　　　　(0431)85552353
网址:http://www.ccughc.net/

吉林动画学院

地址:长春市高新开发区博识路168号
招生办公室电话:(0431)87021904
网址:http://www.jlai.edu.cn/

东北师范大学人文学院

地址:长春市净月国家高新产业开发区博硕路1488号
招生办公室电话:(0431)84537195
　　　　　　　(0431)84537149
　　　　　　　(0431)84512388
招生办公室传真:(0431)84537108
网址:http://www.chsnenu.edu.cn/

东北师范大学

地址:吉林省长春市人民大街(130024)
招生办公室电话:(0431)85098500
　　　　　　　(0431)85687511
网址:http://zsb.nenu.edu.cn/

北华大学

地址:吉林省吉林市滨江东路3999号
招生办公室电话:(0432)64608596
招生办公室传真:(0432)64608592
网址:http://www.beihua.edu.cn/

长春师范大学

主校区地址:吉林省长春市长吉北路677号
乐群校区地址:吉林省长春市吉林大路3291号
招生办公室电话:(0431)86168222
网址:http://www.cncnc.edu.cn/

(8)黑龙江

东北农业大学成栋学院

地址:黑龙江省哈尔滨市利民开发区学院路群英街33号
招生办公室电话:(0451)55190000
网址:http://www.chdxy.cn/

齐齐哈尔大学

地址：黑龙江省齐齐哈尔市文化大街42号

招生办公室电话：(0452)2738190

网址：http://www.qqhru.edu.cn/

黑龙江工商学院

地址：黑龙江省哈尔滨市利民开发区群英大街33号

招生办公室电话：(0467)2395188

网址：http://www.hgs-edu.cn/

哈尔滨师范大学

松北校区地址：黑龙江省哈尔滨市利民经济开发区师大路1号

江南校区地址：黑龙江省哈尔滨市南岗区和兴路50号

招生办公室电话：(0451)88060177

网址：http://www.hrbnu.edu.cn/

黑龙江外国语学院

地址：黑龙江省哈尔滨市呼兰区师大南路1号

招生办公室电话：(0451)88121000
　　　　　　　 (0451)88121111

网址：http://www.hiu.edu.cn/

(9)上海

华东师范大学

闵行校区地址：上海市闵行区东川路500号

中山北路校区地址：上海市普陀区中山北路3663号

招生办公室电话：(021)62232212

网址：http://www.ecnu.edu.cn/

上海师范大学

徐汇校区地址：上海市徐汇区桂林路100号

奉贤校区地址：上海市奉贤区海思路100号

招生办公室电话：(021)64322695

网址：http://www.shnu.edu.cn/

上海戏剧学院

华山路校区地址：上海市华山路630号

莲花路校区地址：上海市莲花路211号

虹桥路校区地址：上海市虹桥路1674号

招生办公室电话：(021)62482920

招生办公室传真：(021)62482646

网址：http://www.sta.edu.cn/

上海视觉艺术学院

地址：上海市松江区文翔路2200号

招生办公室电话：(021)67822500

网址：http://www.siva.edu.cn/

上海交通大学

地址：上海市东川路800号

招生办公室电话：(021)34200000

招生办公室传真：(021)34207255

网址：http://www.sjtu.edu.cn/

上海体育学院

地址：上海市杨浦区长海路 399 号

招生办公室电话：(021)51253145

招生办公室传真：(021)51253146

网址：http://www.sus.edu.cn/

(10) 江苏

南京林业大学

地址：江苏省南京市龙蟠路 159 号

招生办公室电话：(025)85427320

招生办公室传真：(025)85427320

网址：http://www.njfu.edu.cn/

南京艺术学院

地址：江苏省南京市北京西路 74 号

招生办公室电话：(025)83498055

网址：http://www.njarti.edu.cn/

南京航空航天大学金城学院

地址：南京市江宁区禄口街道航金大道 88 号

招生办公室电话：(025)87190011

南京传媒学院

地址：江苏省南京市江宁区弘景大道 3666 号

招生办公室电话：(025)86179886
　　　　　　　　(025)86179887

招生办公室传真：(025)86179888

网址：http://www.cucn.edu.cn/

苏州大学

地址：江苏省苏州市十梓街 1 号

招生办公室电话：(0512)67509412
　　　　　　　　(0512)67504735
　　　　　　　　(0512)67503407，
　　　　　　　　(0512)67503542

网址：http://www.suda.edu.cn/

南京师范大学

地址：江苏省南京市宁海路 122 号

招生办公室电话：025－83720759

网址：http://www.njnu.edu.cn/

南京师范大学泰州学院

地址：江苏省泰州市东风南路 518 号

招生办公室电话：(0523)86152006
　　　　　　　　(0523)86152007

网址：http://www.nnutc.edu.cn/

江苏师范大学科文学院

地址：江苏省徐州市铜山新区上海路 101 号

招生办公室电话：(0516)83500188

招生办公室传真：(0516)80270220

网址：http://kwxy.xznu.edu.cn/

(11) 浙江

浙江传媒学院

地址：浙江省杭州市下沙高教园区学源街 998 号

招生办公室电话：(0571)86832600
　　　　　　　　(0571)86832630

网址：http://www.zjicm.edu.cn/

杭州师范大学钱江学院
地址:浙江省杭州市下沙高教园区学林街16号
招生办公室电话:(0571)28865806
招生办公室传真:(0571)28865857

浙江工业大学
地址:浙江省杭州市下城区潮王路18号
招生办公室电话:(0571)88320032
招生办公室传真:(0571)88320501
网址:http://www.zjut.edu.cn/

(12)安徽
安徽师范大学
赭山校区地址:安徽省芜湖市北京东路1号
花津校区地址:安徽省芜湖市九华南路189号
招生办公室电话:(0553)5910161
招生办公室传真:(0553)5910158
网址:http://www.ahnu.edu.cn/

阜阳师范学院信息工程学院
地址:安徽省阜阳市清河东路741号
招生办公室电话:(0558)2595990
　　　　　　　　(0558)2596228
网址:http://cie.fync.edu.cn/

安徽新华学院
地址:安徽省合肥市望江西路555号
招生办公室电话:(0551)65872888
招生办公室传真:(0551)65872323

网址:http://www.axhu.cn/

皖西学院
地址:安徽省六安市云露桥西月亮岛
招生办公室电话:(0564)3305015
招生办公室传真:(0564)3305015
网址:http://www.wxc.edu.cn/

安徽文达信息工程学院
地址:安徽省合肥市紫蓬山风景区森林大道三号
招生办公室电话:(0551)68583277
网址:http://www.wendaedu.com.cn/

(13)福建
福建师范大学
地址:福建省福州市仓山区上三路8号
招生办公室电话:(0591)22867412
　　　　　　　　(0591)22867413
网址:https://www.fjnu.edu.cn/

厦门理工学院
地址:厦门市集美区理工路600号
招生办公室电话:(0592)6291114
网址:http://www.xmut.edu.cn/

(14)江西
南昌航空大学
地址:江西省南昌市丰和南大道696号
招生办公室电话:(0791)83957505
网址:http://www.nchu.edu.cn/

江西师范大学

地址：江西省南昌市紫阳大道99号

招生办公室电话：(0791)88120152

招生办公室传真：(0719)88120152

网址：http://www.jxnu.edu.cn/

宜春学院

地址：江西省宜春市学府路576号

招生办公室电话：(0795)3201926

网址：http://old.ycu.jx.cn/

南昌大学

地址：江西省南昌市红谷滩新区学府大道999号

招生办公室电话：(7910)88305092

网址：http://www.ncu.edu.cn/

江西师范大学科学技术学院

地址：江西省南昌市东湖区北京西路437号

招生办公室电话：(0791)8507645

网址：http://www.gpu2001.com/

南昌理工学院

地址：江西省南昌市昌北经济开发区英雄大道901号

招生办公室电话：(0791)83890888
　　　　　　　　(0791)8205010

招生办公室传真：(0791)82069288

网址：http://www.nclg.com.cn/

上饶师范学院

地址：江西省上饶市信州区志敏大道401号

招生办公室电话：(0793)8150684
　　　　　　　　(0793)8153934

招生办公室传真：(0793)815056

网址：http://www.sru.jx.cn/

赣南师范大学

地址：江西省赣州市蓉江新区师院南路

招生办公室电话：(0797)8393638

招生办公室传真：(0797)8393638

网址：http://www.gnnu.cn/

九江学院

地址：江西省九江市前进东路551号

招生办公室电话：(0792)8310030
　　　　　　　　(0792)8310031

网址：http://www.jju.edu.cn/

新余学院

地址：江西省新余市高新区阳光大道2666号

招生办公室电话：(0792)6666058

网址：http://www.xyc.edu.cn/

(15) 山东

山东师范大学

千佛山校区地址：山东省济南市历下区文化东路88号

长清湖校区地址：山东省济南市长清区大学科技园大学路1号

招生办公室电话：(0531)86182201

(0531)86182202
网址:http://www.sdnu.edu.cn/

山东艺术学院
长清校区地址:山东省济南市长清区大学科技园紫薇路6000号
文东校区地址:山东省济南市历下区文化东路91号
招生办公室电话:(0531)86423300
招生办公室传真:(0531)86423300
网址:http://zsbgs.sdca.edu.cn/

潍坊学院
地址:山东省潍坊市东风东街5147号
招生办公室电话:(0536)8785173
网址:http://www.wfu.edu.cn/

临沂大学
地址:山东省临沂市双岭路中段
招生办公室电话:(0539)8766777
网址:http://www.lyu.edu.cn/

泰山学院
地址:山东省泰安市东岳大街525号
招生办公室电话:(0538)6715631
招生办公室传真:(0538)6715123
网址:http://www.tsu.edu.cn/

山东青年政治学院
地址:山东省济南市经十东路31699号
招生办公室电话:(0531)58997707
网址:http://www.sdyu.edu.cn/

(16)河南

河南工业大学
地址:河南省郑州市高新技术产业开发区莲花街100号
招生办公室电话:(0371)67756015
网址:http://www.haut.edu.cn/

中原工学院
地址:河南省郑州市中原中路41号
招生办公室电话:(0371)67698700
网址:http://www.zzti.edu.cn/

河南大学
地址:河南省开封市明伦街/金明大道
招生办公室电话:(0371)22196686
招生办公室传真:(0371)22868221
网址:http://www.henu.edu.cn/

信阳师范学院
地址:河南省信阳市南湖路237号
招生办公室电话:(0376)6391212
招生办公室传真:(0376)6391959

周口师范学院
地址:河南省周口市川汇区文昌路东段
招生办公室电话:(0394)8592469
网址:http://www.zknu.edu.cn/

安阳师范学院
地址:河南省安阳市弦歌大道436号
招生办公室电话:(0372)2900135
网址:http://www.aynu.edu.cn/#

许昌学院

地址：河南省许昌市八一路88号

招生办公室电话：(0374)2968818

网址：http://www.xcu.edu.cn/

南阳师范学院

地址：河南省南阳市卧龙区卧龙路1638号

招生办公室电话：(0377)63513466

招生办公室电话：(0377)63516507

网址：http://www.nynu.edu.cn/

洛阳师范学院

地址：河南省洛阳市伊滨区吉庆路6号

招生办公室电话：(0379)68618104

网址：http://www.lynu.cn/

平顶山学院

地址：河南省平顶山市新城区未来路南段

招生办公室电话：(0375)2657677

网址：http://www.pdsu.edu.cn/

南阳理工学院

地址：河南省南阳市长江路80号

招生办公室电话：(0377)63121358

网址：http://www.nyist.net/

黄河科技学院

北校区地址：河南省郑州市航海中路94号

南校区地址：郑州市紫荆山南路666号

招生办公室电话：(0371)68880130

(0371)68951486

网址：http://www.hhstu.edu.cn/

河南大学民生学院

地址：河南省开封市明伦大街/金明大道

招生办公室电话：(0371)23880086

(0371)23885656

(0371)23881010

网址：http://minsheng.henu.edu.cn/

商丘学院

地址：河南省商丘市北海东路66号

招生办公室电话：(0370)3167999

(0370)3699999

网址：http://www.squ.net.cn/

郑州航空工业管理学院

大学路校区地址：河南省郑州市大学中路2号

龙子湖校区地址：河南省郑州市郑东新区文苑西路15号

招生办公室电话：(0371)60632539

招生办公室传真：(0371)60632533

安阳工学院

地址：河南省安阳市黄河大道西段

招生办公室电话：(0372)2909038

(0372)2909040

招生办公室传真：(0372)2909887

网址：http://www.ayit.edu.cn/

商丘师范学院

地址：河南省商丘市平原中路 55 号

招生办公室电话：(0370)3057992

　　　　　　　　(0370)3057996

网址：http://www.sqnc.edu.cn/

黄淮学院

地址：河南省驻马店市开源大道 6 号

招生办公室电话：86－396－2853111

网址：http://www.huanghuai.edu.cn/

(17)湖北

武汉大学

地址：湖北省武汉市武昌区八一路 299 号

招生办公室电话：(027)68754231

网址：http://www.whu.edu.cn/

武汉体育学院

地址：湖北省武汉市武昌珞喻路 461 号

招生办公室电话：(027)87190168

网址：http://www.wipe.edu.cn/

武汉大学东湖学院

地址：湖北省武汉市江夏区文化大道 301 号

招生办公室电话：(027)81931188

网址：http://www.wdu.edu.cn/

武汉传媒学院

地址：湖北省武汉市江夏区凤凰大道 2 号

招生办公室电话：(027)81979007

网址：http://www.whmc.edu.cn/

武汉大学珞珈学院

地址：湖北省武汉市东湖新技术开发区中华科技产业园玉屏大道 9 号

招生办公室电话：(027)87934500

招生办公室传真：027－87934600

网址：http://luojia－whu.cn/

汉口学院

地址：湖北省武汉市江夏区文化大道 299 号汉口学院

招生办公室电话：(027)59410087

　　　　　　　　(027)59410089

　　　　　　　　(027)59410038

　　　　　　　　(027)59410037

网址：http://www.hkxy.edu.cn/

湖北大学

地址：湖北省武汉市武昌区友谊大道 368 号

招生办公室电话：(027)88662270

　　　　　　　　(027)86727014

　　　　　　　　(027)86727004

网址：http://www.hubu.edu.cn/

江汉大学

地址：湖北省武汉市经济技术开发区三角湖路 8 号

招生办公室电话：(027)84237208

网址：http://www.jhun.edu.cn/

三峡大学

地址：湖北省宜昌市大学路8号

招生办公室电话：(0717)6392665
　　　　　　　　(0717)6392282

网址：http://www.ctgu.edu.cn/

三峡大学科技学院

地址：湖北省宜昌市大学路18号

招生办公室电话：(0717)6394010
　　　　　　　　(0717)6393106

网址：http://kjxy.ctgu.edu.cn/

武昌理工学院

地址：湖北省武汉市江夏大道16号

招生办公室电话：(027)81652037
　　　　　　　　(027)81652828
　　　　　　　　(027)81652829

网址：http://www.wut.edu.cn/

湖北师范大学

地址：湖北省黄石市磁湖路11号

招生办公室电话：(0714)6572179

网址：http://www.hbnu.edu.cn/

湖北工程学院

地址：湖北省孝感市交通大道272号

招生办公室电话：(0712)2345651
　　　　　　　　(0712)2345652
　　　　　　　　(0712)2345653，
　　　　　　　　(0712)2345654

网址：http://www.hbeu.cn/

湖北工程学院新技术学院

地址：湖北省孝感市学院路158号

招生办公室电话：(0712)2345919

网址：http://www.hbeutc.cn/

黄冈师范学院

地址：湖北省黄冈市开发区新港二路
　　　146号

招生办公室电话：(0713)8616617

网址：http://www.hgnc.net/2016/
　　　index.jsp

湖北经济学院法商学院

地址：湖北省武汉市江夏区藏龙岛开
　　　发区杨桥湖大道8号

招生办公室电话：(027)81977209
　　　　　　　　(027)81972078
　　　　　　　　(027)81972256

网址：http://fsxy.hbue.edu.cn/

武汉体育学院体育科技学院

地址：湖北省武汉市江夏区藏龙岛科
　　　技园区环岛路1号

招生办公室电话：(027)81300007
　　　　　　　　(027)87190046
　　　　　　　　(027)87190775

网址：http://www.wipe.edu.cn/

(18)湖南

湖南大学

地址：湖南省长沙市岳麓山

招生办公室电话：(0731)88823560
　　　　　　　　(0731)88823067

网址：http://www.hnu.edu.cn/

湖南师范大学
地址：湖南省长沙市麓山路36号
招生办公室电话：(0731)88872222
网址：http://www.hunnu.edu.cn/

长沙学院
地址：湖南省长沙市开福区洪山路98号
招生办公室电话：(0731)84261436
　　　　　　　　(0731)84261447
网址：http://www.ccsu.cn/structure/index.htm

湖南女子学院
地址：湖南省长沙市中意一路160号
招生办公室电话：(0731)5570812
　　　　　　　　(0731)2825069
网址：http://www.hnnd.com.cn/

(19) 广东
暨南大学
地址：广东省广州市黄埔大道西601号
招生办公室电话：(020)85220130
　　　　　　　　(020)85228929
网址：http://www.jnu.edu.cn/

广州体育学院
地址：广东省广州市天河区广州大道中1268号
招生办公室电话：(020)87551070-685
　　　　　　　　(020)87553785(含传真)
网址：http://www.gipe.edu.cn/

广东商学院
地址：广东省广州市黄埔区九龙大道206号
招生办公室电话：(020)82872773
网址：http://www.gzcc.cn/

广州大学
地址：广东省广州市大学城外环西路230号
招生办公室电话：(020)39366232
网址：http://www.gzhu.edu.cn/

广东外语外贸大学
地址：广东省广州市白云区白云大道北2号
招生办公室电话：(020)36204310
网址：http://www.gdufs.edu.cn/

北京师范大学珠海分校
地址：广东省珠海市香洲区唐家湾金凤路18号
招生办公室电话：(0756)6126773
　　　　　　　　(0756)6126787
网址：http://www.bnuz.edu.cn/index.htm

深圳大学
地址：广东省深圳市南山区南海大道3688号
招生办公室电话：(0755)26536235

网址：http://www.szu.edu.cn/2014/

广东财经大学

广州校区地址：广东省广州市海珠区仓头路21号

三水校区地址：广东省佛山市三水区云东海旅游经济区

招生办公室电话：(020)84096844

网址：http://www.gdufe.edu.cn/

(20) 广西

广西民族大学

地址：广西壮族自治区南宁市大学东路188号

招生办公室电话：(0771)3260410

网址：http://www.gxun.edu.cn/

广西民族大学相思湖学院

地址：广西壮族自治区南宁市腾飞路北段1号

招生办公室电话：(0771)3262025

网址：http://xshxy.gxun.edu.cn/

广西师范大学漓江学院

地址：广西壮族自治区桂林市雁山区雁山镇雁中路3号

招生办公室电话：(0773)3696386
(0773)3696116

网址：http://www.gxljcollege.cn/

广西大学

地址：广西壮族自治区南宁市大学东路100号

招生办公室电话：(0771)3232999

网址：http://www.gxu.edu.cn/

广西师范学院

明秀校区地址：广西壮族自治区南宁市明秀东路175号

长岗校区地址：广西壮族自治区南宁市燕子岭路4号

五合校区地址：广西壮族自治区南宁市青秀区合兴路三号

招生办公室电话：(0771)3903928

网址：http://www.gxtc.edu.cn/

广西外国语学院

地址：广西壮族自治区南宁市青秀区五合大道19号

招生办公室电话：(0771)4797126
(0771)4797113
(0771)4797229，
(0771)47907117

网址：http://www.gxufl.com/

(21) 海南

海南大学三亚学院

地址：海南省三亚市迎宾大道学院路

招生办公室电话：(0898)88386666

网址：http://www.sanyau.edu.cn/

海口经济学院

地址：海南省海口市桂林洋高校区

招生办公室电话：(0898)65733733
(0898)65733702

网址：http://www.hkc.edu.cn/

(22)重庆

重庆大学

地址:重庆市沙坪坝区沙正街174号

招生办公室电话:(023)65102371

网址:http://www.cqu.edu.cn/v1/

西南大学

地址:重庆市北碚区天生路2号

招生办公室电话:(023)68252513
　　　　　　　(023)68250942

网址:http://www.swu.edu.cn/

四川外国语大学

地址:重庆市沙坪坝区壮志路33号

招生办公室电话:(023)65385206

网址:http://www.sisu.edu.cn/sisu2013/

长江师范学院

地址:重庆市涪陵区李渡聚龙大道98号

招生办公室电话:(023)72791999

网址:http://www.yznu.cn/

重庆师范大学涉外商贸学院

地址:重庆市合川区学府路9号

招生办公室电话:(023)42897897
　　　　　　　(023)42888798
　　　　　　　(023)42888768

网址:http://www.swsm.cn/

重庆人文科技学院

地址:重庆市合川区草街街道

招生办公室电话:(023)42465352
　　　　　　　(023)42464905
　　　　　　　(023)42463503

网址:http://www.cqrk.edu.cn/

(23)四川

四川师范大学

地址:四川省成都市锦江区静安路5号

招生办公室电话:(28)84768899

网址:http://www.sicnu.edu.cn/

西华师范大学

地址:四川省南充市师大路1号

招生办公室电话:(0817)2568373
　　　　　　　(0817)2568301
　　　　　　　(0817)2568273

网址:http://www.cwnu.edu.cn/

绵阳师范学院

地址:四川省绵阳市高新区绵兴西路166号

招生办公室电话:(0816)2200001
　　　　　　　(0816)2202650

网址:http://www.mnu.cn/

乐山师范学院

地址:四川省乐山市市中区滨河路778号

招生办公室电话:(0833)2276288
　　　　　　　(0833)2276247

网址:http://www.lstc.edu.cn/

四川音乐学院

地址:四川省成都市新都区蜀龙大道中段 620 号

招生办公室电话:(028)85430270
　　　　　　　(028)85430022
　　　　　　　(028)85430277

网址:http://www.sccm.cn/

四川传媒学院

地址:四川省成都市郫都区团结学院街 67 号

招生办公室电话:(028)87953006
　　　　　　　(028)87953008

网址:http://www.scmc.edu.cn/

四川大学锦城学院

地址:四川省成都市高新西区西源大道 1 号

招生办公室电话:(028)87580030
　　　　　　　(028)87580036
　　　　　　　(028)87580038

网址:http://www.scujcc.com.cn/

四川大学锦江学院

地址:四川省眉山市彭山区锦江大道 1 号

招生办公室电话:(0833)7606666
　　　　　　　(0833)7601666
　　　　　　　(0833)7600688

网址:http://www.scujj.com/

成都理工大学

地址:四川省成都市成华区二仙桥东三路 1 号

招生办公室电话:(028)84078927

网址:http://www.cdut.edu.cn/default.html

西南石油大学

地址:四川省成都市新都区新都大道 8 号

招生办公室电话:(028)83032224
　　　　　　　(028)83032001

网址:http://www.swpu.edu.cn/

内江师范学院

地址:四川省内江市东桐路 705 号

招生办公室电话:(0832)2341097

网址:http://www.njtc.edu.cn/

四川文理学院

地址:四川省达州市通川区塔石路中段 519 号

招生办公室电话:(0818)2790027
　　　　　　　(0818)2760947

网址:http://www.sasu.edu.cn/

四川文化艺术学院

地址:四川省绵阳市机场东路 83 号

招生办公室电话:(0816)6357995
　　　　　　　(0816)6357996
　　　　　　　(0816)6358132

网址:http://www.cymy.edu.cn/

西昌学院

地址:四川省西昌市北工业园区

招生办公室电话:(0834)2580038
网址:http://www.xcc.sc.cn/

(24)贵州

贵州大学
地址:贵州省贵阳市花溪区
招生办公室电话:(0851)8292075
网址:http://www.gzu.edu.cn/

贵州师范大学
地址:贵州省贵阳市宝山北路116号
招生办公室电话:(0851)6701855
　　　　　　　 (0851)6701964
网址:http://www.gznu.edu.cn/

贵州师范大学求是学院
地址:贵州省贵阳市白云区白云北路397号
招生办公室电话:(0851)86771489
　　　　　　　 (0851)86770323
网址:http://qsxy.gznu.edu.cn/

遵义师范学院
地址:贵州省遵义市新蒲新区(红花岗区新蒲镇)平安大道中段
招生办公室电话:(0851)28927462
网址:http://www.zync.edu.cn/index.html

(25)云南

曲靖师范学院
地址:云南省曲靖市经济技术开发区三江大道
招生办公室电话:(0874)8998692
　　　　　　　 (0874)8998620
　　　　　　　 (0874)8965030
网址:http://www.qjnu.edu.cn/

云南艺术学院
地址:云南省昆明市呈贡区雨花路1577号
招生办公室电话:(0871)5353132
网址:http://www.ynart.edu.cn/

云南艺术学院文化学院
地址:云南省昆明市五华区王家桥王筇路中段
招生办公室电话:(00871)8303466
　　　　　　　 (0871)8358333
网址:http://whxy.ynart.edu.cn/

昆明理工大学
地址:云南省昆明市一二一大街文昌路68号
招生办公室电话:(0871)5194108
网址:http://www.kmust.edu.cn/

云南师范大学
地址:云南省昆明市呈贡区雨花片区1号
招生办公室电话:(0871)5516256
　　　　　　　 (0871)65910379
网址:http://www.ynnu.edu.cn/default.html

云南师范大学文理学院

地址:云南省昆明市龙泉路

招生办公室电话:(0871)65825028

网址:http://www.ysdwl.cn/

(26)西藏

西藏民族学院

地址:陕西省咸阳市文汇东路6号

招生办公室电话:(029)33755799

网址:http://www.xzmy.edu.cn/

(27)陕西

西北大学

地址:陕西省西安市太白北路229号

招生办公室电话:(029)88302211

网址:http://www.nwu.edu.cn/

西安工程大学

地址:陕西省西安市金花南路19号

招生办公室电话:(029)82330087

网址:http://www.xpu.edu.cn/

陕西师范大学

地址:陕西省西安市长安南路199号

招生办公室电话:(029)85310330

网址:http://www.snnu.edu.cn/default.php

宝鸡文理学院

地址:陕西省宝鸡市宝光路44号

招生办公室电话:(0917)3566366
　　　　　　　　(0917)3368966

网址:http://www.bjwlxy.cn/

西安外国语大学

地址:陕西省西安市郭杜教育科技产业开发区文苑南路

招生办公室电话:(029)85319401
　　　　　　　　(029)85309401

网址:http://www.xisu.edu.cn/

西安体育学院

地址:陕西省西安市含光北路65号

招生办公室电话:(029)88409422

网址:http://www.xaipe.edu.cn/

西安培华学院

地址:陕西省西安市长安区培华南路

招生办公室电话:(029)85680000

网址:http://www.peihua.cn/

西北大学现代学院

地址:陕西省西安市长安区滦镇科教园陈北路1号

招生办公室电话:(029)81555892
　　　　　　　　(029)81555893

网址:http://www.xdxd.cn/

西北工业大学明德学院

地址:陕西省西安市长安区西北工业大学沣河校区

招生办公室电话:(029)85603066
　　　　　　　　(029)85603067

网址:http://www.npumd.cn/

陕西科技大学

地址:陕西省西安市未央大学园区

招生办公室电话:(029)86168100
　　　　　　 (029)86168101
网址:http://www.sust.edu.cn/

咸阳师范学院
地址:陕西省咸阳市文林路
招生办公室电话:(029)33720888
网址:http://www.xysfxy.cn/

西安翻译学院
地址:陕西省西安市长安区太乙宫
招生办公室电话:(029)85896666
　　　　　　 (029)85891139
网址:http://www.xafy.edu.cn/

(28)甘肃
西北师范大学
地址:甘肃省兰州市安宁东路967号
招生办公室电话:(0931)7970312
网址:http://www.nwnu.edu.cn/

兰州城市学院
地址:甘肃省兰州市安宁区街坊路
　　　11号
招生办公室电话:(0931)7601082

招生传真:(0931)7601091
网址:http://www.lzcu.edu.cn/

(29)青海
青海师范大学
地址:青海省西宁市城西区五四西路
　　　38号
招生办公室电话:(0971)6318787
网址:http://www.qhnu.edu.cn/

(30)新疆
新疆艺术学院
地址:新疆维吾尔自治区乌鲁木齐市
　　　团结路734号
招生办公室电话:(0991)2554104
　　　　　　 (0991)2575210
网址:http://www.xjart.edu.cn/

新疆大学
地址:新疆维吾尔自治区乌鲁木齐市
　　　胜利路14号
招生办公室电话:(0991)8585671
　　　　　　 (0991)8585302
招生传真:(0991)8586161
网址:http://www.xju.edu.cn/

参考文献

[1] 张颂. 中国播音学[M]. 北京：中国传媒大学出版社，2003.

[2] 吴弘毅. 实用播音教程：第1册：普通话语音和播音发声[M]. 北京：中国传媒大学出版社，2002.

[3] 付程. 实用播音教程：第2册：语言表达[M]. 北京：中国传媒大学出版社，2001.

[4] 范燕生，周海兵. 新编普通话水平测试应试指南[M]. 北京：首都师范大学出版社，2013.

[5] 王克瑞，杜丽华. 播音员、主持人训练手册：绕口令[M]. 北京：中国传媒大学出版社，2001.

图书在版编目(CIP)数据

播音主持实用训练教程 / 叶政编著. -- 北京：中国传媒大学出版社，2021.4
（艺考直通车）
ISBN 978-7-5657-2808-2

Ⅰ. ①播… Ⅱ. ①叶… Ⅲ. ①播音—语言艺术—高等学校—入学考试—自学参考资料 ②主持人—语言艺术—高等学校—入学考试—自学参考资料 Ⅳ. ①G222.2

中国版本图书馆 CIP 数据核字（2020）第 210547 号

播音主持实用训练教程
BOYIN ZHUCHI SHIYONG XUNLIAN JIAOCHENG

编　　著	叶　政
责任编辑	张　静
责任印制	阳金洲
封面设计	风得信书籍装帧·阿东
出版发行	中国传媒大学出版社
社　　址	北京市朝阳区定福庄东街 1 号　　邮　编　100024
电　　话	86-10-65450528　65450532　　传　真　65779405
网　　址	http://cucp.cuc.edu.cn
经　　销	全国新华书店
印　　刷	三河市东方印刷有限公司
开　　本	787mm×1092mm　1/16
印　　张	20.5
字　　数	378 千字
版　　次	2021 年 4 月第 1 版
印　　次	2021 年 4 月第 1 次印刷
书　　号	ISBN 978-7-5657-2808-2/G·2808　　定　价　69.80 元

本社法律顾问：北京李伟斌律师事务所　郭建平
版权所有　　翻印必究　　印装错误　　负责调换